International Academy of Noosphere
the Baltic branch

Виктор Аладьев
Вячеслав Ваганов
Михаил Шишаков

Базовые элементы теории
клеточных автоматов

Lulu Press – 2019

В.З. Аладьев, В.А. Ваганов, М.Л. Шишаков: Базовые элементы теории клеточных автоматов.– USA: Lulu Press, 2019, 418 с.

В книге представлены некоторые наши результаты, относящиеся к теории *классических клеточных автоматов* (*КА*). В настоящее время эти результаты составляют довольно существенную составляющую общей теории клеточных автоматов. В частности, мы изучали такие проблемы, как проблема неконструируемости конфигураций в *КА*, экстремальные конструктивные возможности, проблема сложности конечных конфигураций и глобальных функций перехода в *КА*, *параллельные* формальные грамматики и языки, определенные *КА*, моделирование в клеточных автоматах, декомпозиция глобальных функций перехода в *КА* и т.д. В настоящее время проблематика *КА* представляет собой достаточно хорошо развитый независимый раздел математической кибернетики, имеющий весьма широкую область различных приложений. Более того, с равным правом *КА*-проблематику можно рассматривать в качестве компоненты таких областей, как дискретные параллельные динамические системы, дискретная математика, кибернетика, сложные системы наряду с рядом других. По нашему мнению, настоящая книга представит определенный интерес для студентов, аспирантов и всех тех лиц, которые работают в рамках получения научной степени доктора наук соответствующих факультетов университетов, прежде всего естественно-научного уровня наряду с преподавателями по таким предметам, как теория автоматов, информатика, математическое и физическое моделирование, дискретная математика, кибернетика, теоретическая биология, компьютерная техника и многие другие. Следует отметить, что в последнее время классические клеточные автоматы являются одной из наиболее перспективных модельных сред для различных высоко-параллельных дискретных процессов, объектов и явлений, которые допускают обратимую динамику, что достаточно важно, в первую очередь, с физической точки зрения.

ISBN 978-0-359-73512-9

Эстония, Таллинн, июнь 2019

Содержание

Таллинн, Июнь – Июль 2019
Для контактов: aladjev@europe.com, aladjev@yandex.ru, aladjev@mail.ru

Введение

Прежде всего, вкратце о терминологии, используемой нами ниже. Сегодня проблематика *клеточных автоматов (КА)* хорошо развита, будучи разделом современной математической кибернетики, имея собственные терминологию и аксиоматику при существовании достаточно широкой области различных приложений. Более того, следует отметить, что при зарождении этой проблематики в *СССР* в русскоязычной терминологии, чья основа была заложена нами в *1970 г.*, для понятия «*клеточные автоматы*» использовался термин «*однородные структуры*», который в настоящее время является обще принятым термином в отечественной литературе наряду с целым рядом других понятий, определений и обозначений [1-6]. Поэтому в книге под этим термином понимается также его общероссийский языковый эквивалент «*Однородные структуры (ОС)*», что не должно вызывать какой-либо двусмысленности.

Клеточный автомат (КА) является *параллельной* системой обработки информации, которая состоит из взаимодействующих *идентичных* автоматов *Мили (элементарных автоматов)*. Итак, *КА* вполне можно интерпретировать в качестве теоретической основы искусственных высокопараллельных систем обработки информации. С *логической* точки зрения *КА* является *бесконечным* автоматом со *специфической* внутренней структурой. Таким образом, теорию *КА* вполне можно рассматривать в контекстах структурной и динамической теорий бесконечных автоматов. При этом, *КА* могут послужить отличной базой для моделирования многих дискретных процессов, которые представляют собой достаточно интересные независимые объекты исследования. В последнее время возник несомненный интерес к проблематике *КА* заново *(прежде всего именно в прикладном аспекте)*, и в этом направлении был получен ряд интересных результатов. В дальнейшем под *КА* в зависимости от контекста мы подразумеваем как клеточные автоматы, так и отдельный клеточный автомат.

Аксиоматика *КА* обеспечивает три фундаментальных свойства, а именно: *однородность*, *локальность* и *параллелизм функционирования*. Если в такой вычислительной модели мы с каждым элементарным автоматом будем ассоциировать отдельный микропроцессор, то в ней можно неограниченно увеличивать количество элементарных автоматов без существенного увеличения как ее конструктивных, так и временных затрат, которые необходимы для каждого нового расширения вычислительного пространства модели, а также без каких-либо накладных расходов, которые связаны с координацией функционирования произвольного дополнительного количества элементарных микропроцессоров. Подобные высокопараллельные вычислительные модели имеют вполне практические реализации, состоящие из довольно большого числа достаточно элементарных микропроцессоров, ограниченных не столько из-за архитектурных причин, сколько экономико-технологическими причинами, между тем, определяемыми современным уровнем развития технологии, однако с большими возможностями в будущем, в первую очередь, в свете довольно интенсивных работ в области нанотехнологий. В то же время модели **КА** могут вполне успешно использоваться для решения многих задач преобразования информации (*шифрование, кодирование и сжатие данных, обработка образов, и др.*) [7,27].

Упомянутые три свойства: высокие однородность и параллелизм, а также локальность взаимодействий, предоставляются собственно самой **КА**-аксиоматикой, тогда как такое свойство как *обратимость* динамики, важное с *физической* точки зрения, задается програмно. В свете указанных свойств уже даже классические **КА** представляют собой некоторые абстрактные модели *реального* физического мира, которые функционируют в пространстве и времени. Поэтому они в ряде случаев лучше многих других формальных структур могут быть сопоставимы с рядом физических реалий в их современном понимании. Более того, **КА**-концепция хорошо приспособлена для решения разнообразных задач моделирования в таких областях, как математика, кибернетика, биология развития, теоретическая физика, вычислительные науки, дискретная синергетика, теория динамических систем, робототехника и др. Имеющиеся на сегодня многочисленные примеры приводят нас к выводу, что **КА** вполне могут представлять довольно серьезный интерес в качестве новой перспективной среды исследования многих дискретных процессов и явлений, определяемых вышеуказанными свойствами; при этом, с одной стороны, это выводит **КА**-проблематику на совсем новый междисциплинарный уровень, с другой стороны, как интересный независимый формальный математический объект исследований.

Современные тенденции разработки перспективной архитектуры высоко параллельных вычислительных средств, робототехника, моделирование дискретных параллельных процессов, дискретная математика и синергетика, проблемы искусственного интеллекта и параллельная обработка информации и алгоритмы, физическое и биологическое моделирование, а также многие другие довольно важные предпосылки в различных областях естественных наук, определяют в последние годы рост нового интереса к формальным *клеточным* моделям различного типа, обладающим очень высоким параллельным принципом функционирования; среди которых *КА* являются одними из основных моделей подобного типа.

За время, прошедшее после появления *первых* работ, посвященных теоретическим и прикладным аспектам *КА*-проблематики, в этом направлении достигнут существенный прогресс, который связан, прежде всего, с успехами теоретического характера и достаточно существенным расширением областей приложений *КА*, главным образом, в информатике, кибернетике, физике, моделировании, биологии развития и значительным ростом числа исследователей в данном направлении. Наряду с этим, в ряде стран появилась серия работ, обобщающих результаты по тем либо иным направлениям *КА*-проблематики, включая ее приложения в различных областях. В частности, в наших монографиях на *содержательном* уровне были представлены подробные обзоры основных результатов, которые были получены в *Tallinn Research Group (TRG)* по *КА*-проблематике и ее приложениям, прежде всего, в биологии развития [1,7-18,27].

На сегодня *КА* исследуются со многих точек зрения, обнаруживая взаимосвязи объектов этого типа с существующими проблемами. В целях ознакомления с обширной *КА*-проблематикой в целом и ее отдельными главными направлениями рекомендуется обратиться к интересным обзорам таких исследователей, как *V.Z. Aladjev, V. Cimagalli, K. Culik, D. Hiebeler, A. Lindenmayer, A. Smith, P. Sarkar, M. Mitchell, T. Toffoli, R. Vollmar, S. Wolfram,* и др. [7,8]. Ряд книг и монографий таких авторов, как *V. Aladjev, A. Adamatzky, E. Codd, A. Ilachinskii, M. Garzon, M. Duff, P. Kendall, T. Toffoli, B. Voorhees, M. Siper, O. Martin, K. Preston, V. Kudrjvcev, N. Margolus, R. Vollmar, B. Voorhees, S. Wolfram* и некоторых других содержат достаточно интересный исторический экскурс в *КА*-проблематику; между тем, к сожалению, до сих пор отсутствует общая точка зрения на сугубо исторический аспект в данном вопросе [7-18,27,173-177].

В связи с этим здесь довольно уместно еще раз вкратце упомянуть нашу точку зрения на исторический аспект *КА*-проблематики, а именно: целью представленного краткого исторического экскурса является выявление основных этапов становления теории *КА* без отвлечения на многочисленные подробности. Начав собственные исследования по **КА**-проблематике в *1969*, мы на основе анализа большого количества публикаций и прямого диалога со многими ведущими исследователями в этом направлении имеем достаточно достоверную информацию об объективном развитии ее основных направлений, прежде всего, теоретического характера, позволяя с достаточной степенью объективности начертить основные этапы ее развития; более того, многие детали исторического характера, касающиеся **КА**-проблематики, читатель сможет найти, например, в целом ряде работ, представленных в справочном перечне [7,27].

С теоретической точки зрения **КА**-концепция была определена в конце *40-х* годов прошлого века *Дж. Нейманом* по совету *С. Улама* с целью выявления более реалистичной и формализованной модели исследования поведения сложных эволюционных систем, включая самовоспроизведение живых организмов. В то же время сам *С. Улам* использовал **КА**-подобные модели, в частности, для исследований проблемы роста кристаллов, наряду с рядом других дискретных систем, которые растут по *рекуррентным* правилам. Эти структуры, исследованные им с коллегами, были, в основном, *1-* и *2-*мерными, однако и более высокие размерности были рассмотрены. При этом были исследованы вопросы универсальной вычислимости наряду с некоторыми другими теоретическими вопросами поведения **КА** такого типа. Чуть позднее *А. Черч* начал исследовать аналогичные структуры в связи с работами в области бесконечных абстрактных автоматов и математической логики [7,27,44-49,173-177].

КА-модель *Дж. Неймана* получила дальнейшее развитие в работах его прямых последователей, результаты которых вместе с готовой и отредактированной работой первого опубликованы *А.В. Бёркс* в его превосходных работах [19,20], которые во многом определили развитие исследований в этом направлении в течение нескольких последующих лет. В процессе исследований по **КА**-проблематике *А. Бёркс* организовал научную группу «*The Logic of Computer Group*» в Мичиганском университете, откуда впоследствии вышло немало первоклассных исследователей по **КА**-проблематике (*Т. Тоффоли, Дж. Холланд, Р. Лэйнг и многие другие*).

Между тем, учитывая исторический аспект **КА**-проблематики, мы не должны забывать о важном вкладе в нее, сделанном работами *К. Цузе (Германия)*, с которыми научное сообщество было ознакомлено довольно поздно и часто без его упоминания в этом историческом аспекте. Хотя *К. Цузе* не только создал первые программируемые компьютеры *(1935–1941)*, изобрел первый высоко уровневый язык программирования *(1945)*, и первым представил идею «*Rechnender Raum*» *(Вычисляемые пространства)*, а также клеточные автоматы в современной терминологии [21-23]. Так, *К. Цузе* предположил, что все физические процессы фактически являются вычислениями, а наша Вселенная есть некий «*клеточный автомат*» [21]. В конце *70-х* годов прошлого века такой взгляд на Вселенную был новаторским, а теперь идея вычислительной *Вселенной* никого не пугает, находя определенное место в современных теориях ряда исследователей, работающих в области квантовой механики [7]. К сожалению, даже в настоящее время с идеями *К. Цузе* не знакомы некоторые довольно серьезные исследователи в этом направлении. В целях исключения каких-либо спекулятивных исторических аспектов, существующих зачастую на сегодня, в последующих исторических исследованиях необходимо уделять самое пристальное внимание этому довольно существенному обстоятельству. Из-за этого лишь спустя много лет подобные идеи были переизданы, популяризированы и появились в трудах других исследователей, таких как *С. Вольфрам, Э. Фредкин, Т. Тоффоли* и др. [7]. Кроме того, сама *КА*–концепция была введена *Дж. Нейманом*. Возможно, *Дж. Нейманн*, знакомый с идеями *К. Цузе*, смог применить клеточные автоматы для моделирования процесса самовоспроизведения, а также для создания высоко параллельных вычислительных моделей.

С более практической точки зрения и игрового подхода модели *КА* заявили о себе в конце *60-х* годов прошлого века, когда *Дж. Конуэй* представил известную сегодня игру «*Жизнь*». Эта игра стала весьма популярной и привлекла внимание к *КА* многих ученых из разных областей и любителей [7,24]. В настоящее время «*Жизнь*», пожалуй, является наиболее известной моделью *КА*; при этом, она обладает способностью к самовоспроизведению конечных конфигураций и универсальной вычислимостью. Моделируя работу произвольной машины *Тьюринга* на основе динамики такой модели *КА*, *Д. Конуэй* доказал способность модели к универсальной вычислимости. Был предложен довольно простой способ реализации любой булевой функции в конфигурациях модели «*Жизнь*» [7,8]. Итак, даже такая очень простая модель *КА* оказалась эквивалентной универсальной машине *Тьюринга*. К данной модели *КА* существует и до сих пор не исчезает интерес в ее различных компьютерных реализациях [7].

Вторым этапом в формировании *КА*-проблематики вполне можно считать публикацию широко известных работ Дж. *Майхила* и Э.Ф. *Мура* по проблеме *неконструируемости* в классических *КА*, которые наряду с решением ряда сугубо математических задач в некотором смысле стали катализаторами, привлекая достаточно пристальное внимание к проблематике многих математиков и исследователей из других областей [7]. Так, мы ознакомились с *КА*-проблематикой в *1969* году благодаря русскому переводу превосходной работы под редакцией *Р. Беллмана*, в которой содержались известные статьи Э. Ф. *Мура, С. Улама* и Дж. *Майхилла* [25]. Сформировались научные группы по *КА*-проблематике в США, Германии, Японии, Венгрии, Италии, Франции и СССР (*ЭССР, 1969*). Дальнейшее становление *КА*-проблематики можно связать с такими известными учеными, как: *E. Codd, S. Cole, E.F. Moore, J. Myhill, H. Yamada, S. Amoroso, E. Banks, J. Buttler, V.Z. Aladjev, J. Holland, G.T. Herman, A.R. Smith, T. Yaku, A. Maruoka, Y. Kobuchi, G. Hedlund, M. Kimura, H. Nishio, T.J. Ostrand, A. Waksman* и целым рядом других, чьи работы в *60 – 70-х* прошлого столетия привлекли внимание к данной проблематике с теоретической точки зрения; они решили и сформулировали ряд довольно интересных задач [7]. Впоследствии математики, физики и биологи начали использовать модели *КА* с целью исследования собственных специфических проблем. В частности, в начале *60-х* - конце *70-х* прошлого столетия исследователи подготовили выход *КА*-тематики на современный этап развития, характеризующийся объединением ранее разрозненных идей, методов и концепций на общих концептуальных и методологических платформах наряду с достаточно существенным расширением областей применения.

Мы можем отнести начало *третьего* периода к началу *80-х* годов прошлого века, когда к *КА*-проблематике вновь проявился особый интерес в связи с достаточно активными исследованиями по таким проблемам, как физическое моделирование, исследование новых перспективных архитектур высоко-параллельных компьютерных систем и другими важными мотивами. По нашему мнению с работ исследователей таких, как: *Bennet C., Grassberger P., Boghosijan B., Crutchfield J., Chopard B., Culik II K., Gács P., Green D., Gutowitz H., Langton C.G., Martin O., Ibarra O., Kobuchi Y., Margolus M., Mazoyer J., Toffoli T., Wolfram S., Aladjev V.Z., Bandman O.L.,* и др. начался новый всплеск интереса к *КА*-проблематике, как к среде, прежде всего, физического моделирования [7]. Хороший подбор ссылок, в том числе на отечественных авторов, можно найти в книге [26].

В настоящее время *КА*–проблематика исследуется с разных точек зрения, часто обнаруживаются ее взаимосвязи с существующими проблемами. *КА*-проблематикой занимается целый ряд достаточно больших групп исследователей во многих странах, прежде всего, в США, Германии, Великобритании, Венгрии, Италии, Австралии, Франции и Японии. Достаточно активная научная деятельность в данном направлении велась и в Эстонии в составе *Tallinn Research Group (TRG)*, многие результаты которой получили международное признание, составив довольно существенную часть современной *КА*-проблематики.

Современная точка зрения на теорию *КА* была сформирована под влиянием работ таких исследователей, как *Adamatzky A.I., Aladjev V.Z., Amoroso S., Arbib M., Bagnoli F., Bandini S., Bandman O., Bays C., Banks E.R., Barca D., Barzdin J., Binder P., Boghosian B., Burks A. W., Butler J., Cattaneo G., Chate H., Chowdhury D., Church A., Cole S., Codd E.F., Crutchfield J.P., Culik K.II, Das A.K., Durand B., Durret R., Fokas A.S., Fredkin E., Gács P., Gardner M., Gerhardt M., Griffeath D., Golze U., Grassberger P., Green D., Gutowitz H.A., Hedlund G., Honda N., Hemmerling A., Holland J., Ibarra O.H., Ikaunieks E., Ilachinskii A., Jen E., Kaneko K., Kari J., Kimura M., Kobuchi Y., Langton C., Legendi T., Lieblein E., Lindenmayer A., Maneville P., Margolus N., Martin O., Maruoka A., Mazoyer J., Mitchell M., Moore E.F., Morita K., Myhill J., Nasu M., Neumann J., Nishio H., Ostrand T., Pedersen J., Podkolzin A., Richardson D., Sarkar P., Sato T., Shereshevsky M., Sipper M., Smith A. R., Sutner K., Takahashi H., Thatcher J., Toffoli T., Toom A., Tseitlin G.E., Varshavsky V.I., Vichniac G., Vollmar R., Voorhees B., Waksman A., Weimar J., Willson S.J., Wolfram S., Wuensche A.A., Yaku T., Kari J.* наряду с другими многочисленными исследователями из многих стран. Наряду с нашими работами по теории *КА* необходимо также отметить целый ряд других советских исследователей, получивших в этой области как фундаментальные, так и весьма существенные результаты в *60-е – 80-е* годы прошлого века. Их перечень *(далеко не полный)* наряду с основными направлениями исследований в этой области заинтересованный читатель может найти в [16-18,27].

Предполагается, что модели *КА* могут играть чрезвычайно важную роль как в качестве концептуальных, так и прикладных моделей пространственно распределенных динамических систем, особый интерес среди которых представляют, прежде всего, физические, вычислительные, а также и биологические клеточные системы. В этом направлении проводится весьма существенная деятельность многих исследователей, получивших достаточно обнадеживающие результаты [7,18,27]. Теоретические результаты вышеупомянутых и многих других исследователей привели к тому, что современная математическая теория *KA* превратилась в самостоятельную ветвь теории абстрактных автоматов, которая имеет достаточно много интересных приложений в различных областях науки и техники, в частности, в таких областях, как физика, создание перспективных архитектур эффективных вычислительных систем, параллельная обработка информации, биология развития, вычислительная наука и информатика, и связанные с математическим и компьютерным моделированием, и т.д., существенно поднимая *KA*-концепцию на новый междисциплинарный уровень. Наша весьма краткая точка зрения на основные этапы становления *KA*-тематики представлена выше; на сегодняшний день существует ряд обзоров, посвященных этому вопросу, например [28], многие работы по *KA*-проблематике в той или иной степени касаются и этого вопроса [7-9,29-38]. Более того, следует иметь ввиду, что этот вопрос в определенной степени носит достаточно субъективный характер.

Между тем, отдельные исследователи *KA* в порыве определенной эйфории пытаются представить *KA*–методику как всеобъемлющее универсальное средство решения проблем познания окружающего мира, понимая под *KA*-методом «*новый вид*» науки универсального характера. В связи с этим необходимо отметить объемную и весьма претенциозную книгу *С. Вольфрама* [39], чье название «*A New Kind of Science*» носит скорее рекламный и коммерческий, чем научный характер. Данная книга содержит много результатов, полученных намного ранее целым рядом других исследователей проблематики *KA*, включая советских авторов *(см. ссылки в* [7-9,29-38] *и некоторых других)*. Приоритет многих фундаментальных результатов в этой области принадлежит другим исследователям. Весьма нездоровое тщеславие автора данной книги не позволяет ему без предвзятости взглянуть на историю проблематики в целом. Вообще, *С. Вольфрам* достаточно легкомысленно обращается с авторством результатов, полученных в *KA*-проблематике, поэтому вполне может сложиться впечатление, что все, сделанное в данной области, принадлежит, в основном, ему. При этом, книга содержит, в основном, результаты компьютерного моделирования с довольно простыми типами *KA*-моделей, делая выводы и предположения на их основе с довольно сомнительной достоверностью и качеством. В книге представлено множество отрывков, в которых автор представляет идеи, которые являются «*общеизвестными*» в среде специалистов соответствующих областей. По-видимому, такие пассажи *С. Вольфрама* и подобные им выводы вызывают совершенно определенные сомнения в научной порядочности и рассудительности их автора.

Наконец, мы совершенно не согласны с тем, что книга *С. Вольфрама* представляет «*новый вид*» науки; между тем, книгу можно было бы приятнее читать, если бы автор был скромнее. На наш взгляд, эта книга представляет собой во многом умозрительный взгляд как на **КА**-проблематику, так и на науку в целом. Мы лишь отметим, что вопреки заявленным целям книга не только не стала откровением для исследователей, занимающихся **КА**, но и в некоторой степени вызвала несколько искаженное представление об исследованиях, являющихся достаточно перспективными во многих отношениях. С подробными точками зрения, относящимися к книге, читатель может ознакомиться в целом ряде рецензий на книгу. Между тем, несмотря на вышесказанное, книга представляет определенный интерес, принимая во внимание отмеченные и некоторые другие соображения. На наш взгляд, в книге нет ничего принципиально нового, прежде всего, в связи с математической составляющей **КА**.

Наконец, сделаем одно довольно существенное замечание по месту **КА**-проблематики в системе научного знания. В противовес точке зрения на **КА**-проблематику, представленной в упомянутой книге, наше видение этого вопроса представляется следующим образом. Наш опыт исследований в **КА**-проблематике и на прикладном, и на теоретическом уровне говорит совершенно о другом, а именно:

*(1) **КА**-модели – один из специальных классов бесконечных абстрактных автоматов со специфической внутренней структурой, обеспечивающей чрезвычайно высокий параллельный уровень обработки информации; **КА**-модели образуют особый вид дискретных динамических систем, которые функционируют максимально параллельным образом на основе принципа локального близкодействия;*

*(2) **КА** могут служить достаточно удовлетворительной моделью высоко параллельной обработки точно так же, как машина Тьюринга (машины Поста, нормальные алгоритмы Маркова, и т.д.) служат формальными моделями последовательных вычислений; с этой точки зрения **КА**-модели можно рассматривать как алгебраические системы обработки конечных и / или бесконечных слов, определенных в конечных алфавитах, на основе конечного набора правил параллельных подстановок; например, **КА**-модель*

может быть интерпретирована как некоторая система параллельного программирования, где правила параллельных подстановок выступают в качестве параллельного языка самого низкого уровня;

*(3) принцип локального взаимодействия всех элементарных автоматов, составляющих **КА**–модель, в результате определяющий их глобальную динамику, позволяет использовать **КА** в качестве среды моделирования достаточно широкого круга процессов, явлений и объектов; кроме того, явление обратимости, допустимое **КА**, делает их весьма интересными средствами физического моделирования и создания очень перспективных вычислительных структур на основе нанотехнологий;*

*(4) **КА**–модели представляют собой довольно интересный независимый математический объект, суть которого состоит в высоко параллельной обработке слов в конечном или бесконечном алфавитах.*

При этом, **КА**–подход можно связать с неким модельным аналогом дифференциальных уравнений в частных производных, которые описывают те или иные процессы с той только разницей, что если дифференциальные уравнения описывают процесс в среднем, в **КА**–модели, определенной надлежащим образом, сам исследуемый процесс реально встроен, и динамика **КА**–модели весьма наглядно отражает качественное поведение исследуемого процесса. Таким образом, для элементарных автоматов модели соответствующим образом необходимо определить необходимые свойства и правила их локального взаимодействия. **КА**–подход может быть использован для исследования процессов, описываемых достаточно сложными дифференциальными уравнениями, которые не имеют решения в аналитическом виде, и для процессов, которые невозможно описать такими уравнениями. Наряду с этим, **КА** представляют достаточно перспективную среду моделирования для исследования явлений, процессов и объектов, для которых нет классических средств либо они являются достаточно сложными.

Как мы уже отмечали, в отличие от многих других современных областей науки, теоретическая компонента **КА**–проблематики не столь заметно пересекается с ее прикладной компонентой, посему вполне можно рассматривать **КА**–проблематику как два достаточно независимых направления: исследование **КА** как математических объектов и использование **КА** для моделирования; при этом, *второе* направление характеризуется более широким спектром. Уровень эволюции второго направления в значительной мере определяется возможностями современных вычислительных систем, поскольку

КА–модели, как правило, создаются на основе довольно большого количества элементарных автоматов и, как правило, с достаточно сложными правилами локального взаимодействия между собой.

Несомненный интерес к *КА*–проблематике усиливает возможность практической реализации высоко параллельных вычислительных *КА*–моделей на основе современных успехов микроэлектроники и перспектив обработки информации на молекулярном уровне; в то время как *КА*–концепция обеспечивает создание концептуальных и реальных моделей пространственно распределенных систем, из которых физические системы являются наиболее интересными и перспективными. Модели, сводящие макроскопические процессы к строго детерминированным микроскопическим процессам, особо интересны с эпистемологической и методической точек зрения, т.к. они обладают большой убедительностью и прозрачностью. Посему именно с этой точки зрения *КА*–модели разного типа представляют несомненный интерес, прежде всего, с прикладной точки зрения в задачах исследования множества процессов, явлений и объектов в самых различных областях, прежде всего, в физике, информатике, биологии развития и математической биологии.

Если в развитие первого направления основной вклад привносят, в основном, математики, то вклад в развитие второго направления вносит намного более представительный круг исследователей из различных теоретических и прикладных областей (*физика, химия, биология, техника и др.*). Итак, если теоретические исследования по *КА*–проблематике, в массе своей, ограничиваются классическими, полигенными и стохастическими *КА*–моделями, то результаты из второго направления базируются на существенно более широком представлении классов и типов *КА*–моделей. Вообще говоря, если классические *КА*–модели представляют собой, в первую очередь, некоторые формальные математические системы, исследуемые в соответствующих контекстах, то их многочисленные обобщения представляют собой весьма перспективную среду моделирования различных процессов, явлений и объектов.

В заключение еще раз отметим достаточно важное обстоятельство - при обсуждении классических *КА* мы рассматриваем классические *КА* как класс параллельных дискретных динамических систем либо как формальные алгебраические системы обработки *конечных слов (конфигураций)* в конечных алфавитах без какой–либо ссылки, как правило, на их микропрограммное управление, т.е. игнорируя их клеточную организацию на самом низком уровне, присущем им, что отличает наш подход к исследованию **КА** от подходов многих других исследователей. Более того, мы рассматриваем **КА**-модели как формальный математический объект, имеющий *специфическую* внутреннюю организацию, не приписывая им какой-то общности и универсальности в восприятии *Мира*. При аналогичном подходе **КА** рассматриваются на сугубо формальном уровне, не позволяя в полной мере использовать присущее им свойство параллелизма в области вычислений и обработки информации в целом.

Естественно, для решения многих прикладных задач в **КА**-средах и получения серии тонких результатов, прежде всего модельного характера, необходим подход на микропрограммном уровне, когда исследуемый процесс либо алгоритм непосредственно погружен в **КА**-среду, используя ее параметры: размерность, индекс соседства, алфавит внутренних состояний и локальную функцию перехода. При таком подходе можно получать решения множества важных приложений с обобщениями весьма высокого уровня. Например, путем прямого встраивания универсальных логических элементов или вычислительных алгоритмов можно конструктивно доказать существование универсальной вычислимости **КА**-моделей и т.д.

Несмотря на чрезвычайно простую концепцию **КА**-моделей, они в целом допускают довольно сложную динамику. Во многих случаях теоретическое исследование их динамики сталкивается с большой сложностью. Посему компьютерное моделирование этих моделей, эмпирически позволяющее эффективно исследовать их динамику, является достаточно мощным средством. Поэтому данный аспект является вполне естественным в исследованиях **КА**-проблематики, учитывая факт, что **КА**-модели на формальном уровне являются динамическими системами высоко параллельных подстановок.

Проблема компьютерного симулирования **КА**-моделей решается на уровнях: *(1) на компьютерах традиционной архитектуры,* и *(2) на аппаратной архитектуре, максимально отвечающей **КА**-концепции;* так называемой **КА**-ориентированной архитектуре вычислительных систем. Таким образом, компьютерное моделирование **КА** играет весьма существенную роль при теоретических исследованиях их динамики, а тем более важно при практической реализации в **КА**-моделях различных процессов. На сегодня имеется немало весьма интересных систем программного и аппаратного обеспечения для исследования различных типов **КА**-моделей; с их характеристикой можно ознакомиться в [7,35,40]. В наших работах [18,27,40-43] было представлено много средств, запрограммированных в различных системах для разных компьютерных платформ. Среди них немало интересных программ для моделирования *КА* в системах *Maple* и *Mathematica*. Посредством компьютерного моделирования было получено немало интересных теоретических результатов по *КА* и их применению в таких областях, как математика, информатика, биология развития и др. Но данный вопрос также как прикладные аспекты *КА*-моделей в этой книге не рассматриваются, направляя заинтересованного читателя к довольно подробному обсуждению данных аспектов в соответствующих публикациях в перечне [7,27].

Итак, рассматриваемая нашими исследователями проблематика во многом обусловлена собственными интересами и вкусами авторов, а также традициями творческой деятельности *TRG* в этой области. Наконец, отметим, что в нашей деятельности можно выделить три основных направления, а именно: *(1) исследования классических КА как формальных параллельных алгоритмов обработки конфигураций в конечных алфавитах, (2) приложения классических и обобщенных КА в математике и вычислительной технике высокопараллельного действия и (3) биологии развития.* С нашими результатами в двух последних направлениях читатель может довольно подробно ознакомиться в [13-18,27,44-47] и многочисленных ссылках, содержащихся в них, а также ссылках, касающихся многих других исследователей в этой области. Тогда как здесь мы рассматриваем проблемы, касающиеся лишь классических *КА*, как формальных параллельных алгоритмов обработки конфигураций в конечных алфавитах. Эти проблемы в значительной мере лежат у истоков зарождения и становления *КА*, составляя базу последующих как теоретических, так и прикладных аспектов теории клеточных автоматов. Целый ряд из них и сегодня исследуются как теоретически, так и посредством компьютерного моделирования. Переходим к основным понятиям и концепциям теории *КА*, предварительно введя базовые понятия, определения и обозначения.

Глава 1. Базовые понятия классических клеточных автоматов (КА-моделей)

В соответствии с вышесказанным, *клеточные автоматы* (**КА**) во всей своей общности представляют высоко формализованные модели неких абстрактных вселенных, развивающихся по весьма простым правилам, состоящие из довольно простых идентичных элементов. **КА**-вселенные такого типа развиваются согласно *локальным* и везде одинаковым правилам взаимодействия образующих их элементов (*законам*). В таком контексте мы можем рассматривать **КА**-модели как некий аналог физического понятия «*поле*». Пространство **КА**-вселенной представляет собой *регулярную* решетку, ячейка которой представляет определенный идентичный элемент («*элементарная частица*», *конечный автомат, элемент*), который получает конечное число состояний. История развития такой **КА**-вселенной задается в дискретном масштабе времени (*t* = *0,1,2,3, ...*) согласно конечному набору команд изменения состояния как элементарного автомата в момент времени *t>0*, так и конечного количества его ближайших элементов в предыдущий момент времени (*t-1*). Будем говорить, что функция, действующая на каждый ее элементарный автомат в его окрестности, называется *локальной функцией перехода* (*ЛФП*), а ее действие на всю область **КА** определяет так называемую функцию *глобального перехода* (*ГФП*). При этом, изменение конфигураций для такой вселенной под действием *ГФП* определяет саму *динамику* ее функционирования со временем; данный аспект играет основную роль в исследованиях ее поведенческих (*динамических*) свойств.

При этом, состояния элементарных автоматов **КА**-моделей могут быть ассоциированы с различными понятиями, например, такими, как команды клеточных микропроцессоров, характеристики точек абстрактного поля, символы каких-то параллельных формальных систем, состояния биологических клеток и т.д. Тогда как история конечных конфигураций в некоторой **КА**-модели вполне может ассоциироваться с динамикой разного рода дискретных явлений, процессов и объектов, вложенных в такую **КА**-модель. Подобные модели могут быть успешно применены в самых разных областях. Мы вполне сможем интерпретировать **КА**-модели не только как некоторую абстракцию биологических клеточных систем, но и как теоретическую основу неких искусственных параллельных систем обработки информации или как некоторую среду представления концептуальных, а также практических моделей пространственно-распределенных динамических систем. Кроме того, с логической точки зрения сами **КА**-модели представляют собой бесконечные абстрактные автоматы со специфической внутренней структурой, определяющей ряд довольно важных свойств, которые позволяют использовать их в качестве новой достаточно перспективной среды моделирования различных дискретных процессов с применением режима максимального распараллеливания. В целом же, задачи **КА** можно рассматривать как структурно-динамическую компоненту теории бесконечных автоматов с определенной специфической внутренней организацией, которая носит качественный характер наряду с достаточно важными ее прикладными аспектами.

Несмотря на такие достаточно простые организацию и принцип функционирования, **КА**-вселенные допускают довольно сложное поведение *(динамику поведения конфигураций состояний образующих их элементов)*, обеспечивая моделирование множества процессов, объектов и явлений в самых разных областях науки, техники и т.д. Для более объективного рассмотрения концепции **КА**-вселенных *(моделей)* нам понадобится ряд базовых понятий и определений, позволяющих на формальном уровне исследовать возможности **КА** как перспективной среды моделирования во многих стратегически важных направлениях современного естествознания, а также ряде других прикладных областях. Кроме того, подобные **КА**-модели представляют определенный интерес как самостоятельный объект исследований. В настоящей книге такие объекты рассматриваются именно в этом контексте, то есть как формальные системы высоко параллельной обработки информации.

В настоящей главе представлены основные понятия, определения и обозначения, связанные с концепцией классических **КА**-моделей и используются на протяжении всего дальнейшего рассмотрения. Детальное обсуждение базовых понятий **КА**-проблематики наряду с вопросами, с ними связанными, позволит глубже понять основы этой области общей теории бесконечных абстрактных автоматов.

Прежде всего отметим, что рассмотрение материала базируется на т.н. *классической* концепции *d*-мерных клеточных автоматов (*d*-**КА**, $d \geq 1$), относительно которой вводится ряд базовых определений и даются некоторые результаты, относящиеся к ним, включая также довольно важный вопрос *степени общности* классического понятия. Аксиоматическое определение произвольного классического *d*-**КА**

*($d \geq 1$) вводится следующим образом (впредь мы будем использовать обозначение **КА** как для отдельного клеточного автомата, так и для их множества; смысл этого обозначения легко вытекает из контекста).*

1. *Классический d-мерный клеточный автомат (d-КА) определяется как упорядоченный набор следующих четырех компонент, а именно:*

$$d\text{-}KA \equiv <Z^d, A, \tau^{(n)}, X>$$

где **А** – конечное непустое множество (алфавит состояний), и это то множество состояний, которые может принимать каждый автомат в **d-КА**. Алфавит состояний **А** включает *отдельный элемент*, который называется состоянием *покоя* (обозначается символом «**0**»; кроме того, для удобства в ряде случаев символ «**0**» заменяется символом «□»). Суть такого особого состояния будет выяснена чуть позже. Не нарушая общности, мы будем использовать алфавит **А={0,1, ..., p-1}**, который содержит **p** элементов – целых чисел от **0** до **p-1**, как его состояния. Состояния алфавита **А**, включая само состояние покоя, допускают различные интерпретации в довольно широком диапазоне [1,8,9].

Компонент **Z^d** – это набор всех **d**-мерных кортежей из координат всех точек в евклидовом пространстве **E^d**, т.е. **Z^d** – целочисленная решетка в **E^d**, она служит для пространственной идентификации отдельных автоматов **d-КА**. Показано [1,8,9], что такая решетка не дает ничего принципиально нового для фундаментальных свойств динамики конфигураций (конечных и бесконечных) в классических **d-КА**, поэтому для наших целей вполне достаточно ограничиться целочисленной решеткой **Z^d**. Итак, решетка **Z^d** будет определять однородное пространство **d-КА**, в котором они функционируют. Итак, **Z^d** - это набор всех **d**-мерных кортежей целых чисел, который используется для именования ячеек **d-КА**, где **Z** – это набор целых чисел, и называется **пространством**, т.е. пространством, в котором все обрабатываемые элементарные элементы идентичны.

Элемент в решетке **Z^d** возможно рассматривать как *имя* или *адрес* конкретного конечного автомата, который занимает эту позицию в пространстве **Z^d**. Более того, часто довольно удобно отождествлять **j**-автомат, расположенный в **j**-ячейке, с самой **j**-ячейкой. Во многих прикладных аспектах **d-КА ($d \geq 1$)** их геометрия играет достаточно важную роль (поэтому вопрос геометрии решетки приобретает особое значение в структурной теории, когда свойства **d-КА** рассматриваются в зависимости от внутренней организации), однако в этой книге этот вопрос не рассматривается и читатель может обратиться к работам, представленным в библиографии [7,11-18,26,27,29-31,33,34,36].

Размерность (d) однородного пространства **КА** играет достаточно существенную роль, дифференцируя весь набор моделей на два различных подмножества: одномерные *(d = 1)* и *d*-мерные модели *(d ≥ 2)*. Переход от одномерного к двух-мерному случаю не только резко меняет динамику **КА**-моделей, что обусловлено *увеличением размерности*, но и увеличивает сложность большинства решаемых в отношении их проблем. В частности, ниже будет показано, что некоторые задачи динамики для случая классических *1-КА* и *d-КА* *(d≥2)* разрешимы и неразрешимы соответственно; во втором случае для их решения отсутствуют алгоритмы решения. В большинстве случаев доказательство неразрешимости сталкивается с достаточно существенными сложностями, что в полной мере можно отнести и к **КА**-проблематике в целом.

1-КА представляют специальный подкласс класса всех *d-КА (d ≥ 1)*, исследованный достаточно эффективно. Если в плане собственно моделирования *1-КА*, по нашему мнению, особых перспектив не имеют, тем не менее они представляют определенный интерес как самостоятельный математический объект. Кроме того, на примере *1-КА* гораздо проще осваивать концепцию классических моделей **КА**, что и будет широко использоваться нами в дальнейшем. *1-КА* намного проще даже *2-КА (гораздо меньший набор возможных правил перехода для отдельного автомата 1-КА; разрешимость многих задач и т.д.).* Много типов *1-КА* наиболее интенсивно было исследовано с теоретической точки зрения; при этом, подавляющее большинство как теоретических работ, так и их компьютерного моделирования с целью исследования тех или других динамических свойств были посвящены именно данному классу **КА**-моделей.

В каждую ячейку решетки Z^d помещается копия автомата *Мура* с алфавитом состояний **A**. Известно, что автомат *Мура* представляет конечный автомат, чей выход в момент времени *t* зависит лишь от его внутреннего состояния в момент *t* и не зависит от значений его входов. Состояние такого автомата в момент времени *t > 0* является некоторой функцией его входов в момент *(t-1)*; при этом, выходной сигнал автомата в момент времени *t>0* идентичен его внутреннему состоянию. Тогда каждая ячейка решетки Z^d будет определять имя *(координату)* элементарного автомата *Мура*, размещенного в такой точке. Для удобства ниже мы будем отождествлять точки решетки

Z^d с расположенными в них элементарными автоматами. Итак, два термина «*автомат z*» или «*автомат с координатой* $z \in Z^d$» мы будем считать тождественными.

Далее мы предполагаем, что компонента **X**, называемая *индексом соседства d–КА*, является упорядоченным набором из *n* элементов решетки Z^d, который служит для определения автоматов, *соседних* для любого элементарного автомата из *d–КА*, т.е. те его автоматы, с которыми данный автомат напрямую связан информационными каналами. Так, в простейшем примере **2-КА** мы можем представить решетку Z^d в виде клеточной бумаги, где каждая клетка содержит копию некоего автомата *Мура*. Тогда $X_N = \{(0,0),(0,1),(1,0),(0,-1),(-1,0)\}$ и $X_M = \{(i, j)\}$ $(i, j \in \{0, 1, -1\})$ называются соответственно индексами соседства *Дж. Неймана* и *Э.Ф. Мура*. Эти индексы соседства **X** давно стали классическими и широко используются в исследованиях как теоретических, так и прикладных аспектов *d–КА*, тогда как *шаблоны соседства (ШС)*, определяемые ими, имеют достаточно прозрачное геометрическое представление *(рис. 1)*. Данный пример достаточно прозрачен, не требуя каких-либо особых пояснений.

	0,1			*-1,1*	*0,1*	*1,1*
-1,0	*0,0*	*1,0*		*-1,0*	*0,0*	*1,0*
	0,-1			*-1,-1*	*0,-1*	*1,-1*
	X_N			X_M		
	(a)			*(b)*		

Рис. 1. Шаблоны соседства Дж. Неймана (a) и Э.Ф. Мура (b)

В одномерном случае оба этих типа индексов соседства совпадают. Таким образом, читатель сможет несложно обобщить двух-мерные индексы соседства X_N и X_M на общий *d*-мерный случай $(d \geq 3)$. Как правило, шаблон соседства **КА**-моделей произволен; он принимает форму, которая определяется только прикладными аспектами **КА**-моделей. Так, следующие индексы соседства *(с соответствующими им шаблонами соседства)* в совокупности с индексами соседства *Дж. Неймана* и *Э. Мура* можно отнести к наиболее часто используемым:

		(0,1)								
0	*1*	*(0,0)*	*(1,0)*	*-1*	*0*	*1*	*0*	*1*	*...*	*n-1*

$X_1=\{0,1\}$ $X_2=\{(0,0), (0,1), (1,0)\}$ $X_3=\{-1, 0, 1\}$ $X_4=\{0, 1, 2, ..., n-1\}$

Индексы соседства X_1 и X_2 элементарны соответственно для *1-КА* и *2-КА*. Для случая классических *d-КА* ($d{\geq}1$) элементарный индекс соседства *X* принимает следующий вид:

$$X = \{(0, 0, \ldots\ldots, 0), (1, 0, 0, \ldots, 0), (0, 1, 0, \ldots, 0), \ldots, (0, 0, \ldots, 0, 1)\}$$

$$\underbrace{}_{d} \quad \underbrace{}_{d} \quad \underbrace{}_{d} \quad \underbrace{}_{d}$$

$$\underbrace{}_{d+1}$$

т.е. автомат z_o элементарного *ШС* является центральным и из него вдоль каждой оси решетки E^d отходит строго по одному автомату *d-КА* ($d \geq 1$). Несмотря на универсальность простейших индексов соседства (*любой классический **d-КА** можно моделировать посредством некоторого **d-КА**, но с элементарным индексом соседства*), для целого ряда приложений используются более сложные индексы соседства (*так, для случая **1-КА** – индекс соседства X = {0,1,2,3, …, n-1}*). Данный подход в ряде практически важных случаев позволяет существенно упростить процесс встраивания в классические *d-КА* конкретных процессов, объектов, явлений и алгоритмов. При этом, этот подход весьма эффективно применяется для теоретических исследований *d-КА* ($d{\geq}1$), в частности, при их компьютерном исследовании.

Таким образом, индекс соседства *d-КА* ($d \geq 1$) является *n*-кортежем разных *d*-кортежей целых чисел; он используется для определения соседей любой ячейки, то есть тех ячеек, из которых данная ячейка напрямую получает информацию. Тогда *n* соседями некой ячейки *z* являются ячейки $z + \alpha_o$, $z + \alpha_1$, …, $z + \alpha_{n-1}$, где $X = \{\alpha_o, \alpha_1, \alpha_2, …, \alpha_{n-1}\}$. Индекс соседства описывает однородную схему взаимосвязи среди элементарных автоматов в *d-КА* ($d{\geq}1$). Он представляет положения относительно ячейки *z* всех ячеек, чьи автоматы непосредственно связаны с ячейкой *z*. Если индекс *X* содержит точку $0^n = \{0, 0, 0, …, 0\}$, то каждый автомат будет находится в своем собственном шаблоне соседства, где шаблон соседства содержит всех соседей ячейки. Без ограничения общности будем, как правило, полагать, что индекс *X* содержит точку 0^n, которая определяет *центральный* автомат *ШС*.

В целом доказано, что динамика *d-КА* ($d \geq 1$) не зависит от выбора автомата *ШС* в качестве центрального. Следовательно *d-КА* с явно выраженным градиентом передачи информации, обусловленным выбором центрального автомата *ШС*, не изменяет динамические и вычислительные возможности моделей *d-КА* ($d \geq 1$) во временном отношении, но влияет на их конструктивные характеристики, т.е. на характеристики, зависящие от геометрия пространства модели.

В конструктивном отношении такие модели *d–КА* (*d* ≥ 1) будут, как правило, различаться. Довольно интересные примеры такого рода с соображениями в этом контексте можно найти, например, в [8,24].

Среди всех шаблонов соседства различают *связные* и *несвязные ШС*; этот параметр, вообще говоря, существенно влияет на динамику *d–КА*. *ШС* называется *связным*, если занимаемая им область связана в топологическом смысле; иначе *ШС* называется *несвязным*. Так, *1-КА*, например, с индексами соседства *X* и *X**, имеющие связный и несвязный *ШС* соответственно, даже при идентичных локальных функциях перехода могут вызывать весьма серьезные различия в их динамике. Детальный анализ обоих типов *ШС* в контексте их влияния на динамику *КА*–моделей можно найти в [1,8]. Далее, как правило, мы будем иметь дело со *связными ШС*, имея в виду то, что произвольнай *несвязный ШС* всегда можно заменить на некоторый эквивалентный *связный ШС* того же самого *максимального* размера, использовав соответствующие несущественные элементы. Между тем, тренды большинства основных динамических характеристик *d–КА* (*d* ≥ 1) со *связными* и *несвязными ШС* сохраняются при условии идентичности их локальных функций перехода. Так, их свойство универсальной воспроизводимости конфигураций в смысле *Мура* сохраняется при изменении только ряда числовых характеристик процесса воспроизведения конфигураций [8,9,12-15,17,27,32].

2. Таким образом, три первых составляющие произвольного *d–КА* (*d* ≥ 1): алфавит состояний *A*, пространство Z^d и индекс соседства *X* образуют так называемое однородное пространство. Однородное пространство – *статическая* часть *d–КА* (*d* ≥ 1), которая описывает *физическую* структуру *d–КА*, но оно не определяет взаимодействий, которые будут иметь место между единичными автоматами в Z^d, т. е., строго говоря, вышеуказанные три компоненты не определяют динамику *КА*–моделей.

Для определения и исследования функционирования (*динамики*) *d–КА*, необходимо иметь средства описания текущего состояния всего однородного пространства в любой момент времени *t>0*. Под *состоянием* всего пространства понимается *конфигурация (КФ)* Z^d, т.е. просто полный набор текущих состояний каждого единичного автомата в Z^d. Итак, конфигурация – произвольное отображение *КФ*: $Z^d \to A$; пусть *C(A,d)* обозначает множество *всех* конфигураций относительно Z^d и *A*, т.е. *C(A, d)* = {*КФ* | *КФ*: $Z^d \to A$}. Специальным символом «$\square^d$» обозначается *полностью нулевая конфигурация* (*КФ*); $\square^d$: $Z^d \to 0$, т.е. когда все элементарные автоматы в Z^d находятся в состоянии покоя «*0*». Отождествляя состояния {«*0*», «$\square$»}, мы будем использовать *второе* из них для обозначения бесконечных областей пространства Z^d, заполненных автоматами лишь в состоянии покоя «*0*». Состояние «*0*» имеет многочисленные и вполне естественные интерпретации с прикладной точки зрения. Следует иметь в виду, что все результаты, представленные в данной книге относительно состояния покоя «*0*», справедливы и для общего случая состояния покоя $h \in A$, т.е. для всех классических *d–КА* (*d ≥ 1*) (*более того, под обозначением «КФ» мы будем понимать как отдельную конфигурацию, так и их множество в случае отсутствия двусмысленности*).

Множество всех конфигураций *C(A,d)* неоднородно относительно *динамики* функционирования *d–КА* из-за наличия в нем состояния покоя «*0*», поэтому мы определяем два его основных подмножества: *конечные конфигурации C(A,d,ɸ)* и *бесконечные конфигурации C(A,d,∞)*. Конфигурация классического *d–КА* называется *конечной*, если она содержит конечное число элементарных автоматов в состояниях, отличных от состояния покоя, в противном случае она называется *бесконечной*. На рис. 2 приведены два простых примера *1*–мерной конечной и бесконечной *КФ* в алфавите *A*={$\square$, *0,1,2,3*} (*'0' ≡ '$\square$'*); при этом, символ «$\square$» обозначает бесконечную цепочку состояний «*0*» слева и / или справа от крайних автоматов конфигурации.

а.1	...	$\square$	2	1	3	2	0	1	3	0	1	2	3	$\square$	...
а.2	...	1	2	1	0	1	2	2	1	0	3	2	1	3	...

Рис. 2. Примеры конечной (а.1) и бесконечной (а.2) конфигураций.

Итак, под *конечной* конфигурацией $c \in C(A, d)$ мы будем понимать конфигурацию, содержащую лишь конечное число элементарных автоматов в состояниях, отличных от состояния покоя «*0*»; иначе конфигурация будет считаться *бесконечной*. Формально это можно сформулировать следующим образом.

Пусть $c(z)$ – текущее состояние автомата z, расположенного в точке $z \in Z^d$. *Шаблон конфигурации c* (обозначается как [c]) – множество всех точек z таких, что $c(z) \neq 0$; т.е. в качестве *шаблона* выступает *ненулевая* часть конфигурации *c*. *КФ* с конечными шаблонами представляют особый интерес; множество всех таких конфигураций обозначается через *C(A, d, ɸ)*, тогда как *C(A, d, ∞)* обозначает множество всех *КФ* с бесконечными шаблонами и $C(A,d)=C(A,d,\phi)\cup C(A,d,\infty)$; кроме того, $C(A,d,\phi)\cap C(A,d,\infty)=\varnothing$ ($\varnothing$ – *пустое множество*), при этом, *размерность* d конфигураций определяется размерностью классического *d–КА* ($d\geq 1$). Ниже мы будем использовать стандартные обозначения из теории множеств и логики.

При этом, специальные обозначения используются для множеств одномерных *КФ* с конечным и бесконечным шаблонами в *1–КА*, а именно: $C(A,1,\phi)$ и $C(A,1,\infty)$ соответственно; $C(A)=C(A,1,\phi)\cup C(A,1,\infty)$. Любая конечная конфигурация $c^*\in C(A,1,\phi)$ представляется в виде $\Box x_1 x_2 \dots x_m \Box$, где по меньшей мере x_1 и x_m не равны «*0*», тогда как $\Box$ определяет строку *неограниченной* длины из единичных автоматов в состояниях «*0*», т.е.

$$c^* = \Box x_1 x_2 \dots x_m \Box \equiv \dots 00 x_1 x_2 \dots x_m 00 \dots; \quad x_j \in A; \ x_1 \neq 0 \ \text{или} \ x_m \neq 0; \ j=1..m$$

Принимая во внимание специфику классических *d–КА*, которая во многом обусловлена наличием *состояния покоя* «*0*», наряду с рядом других довольно важных причин, мы впредь будем приписывать *полностью нулевую* конфигурацию $c_o=\text{'}\Box\text{'}$ множеству $C(A,d,\phi)$. Такой подход позволяет получить много весьма интересных результатов, касающихся динамики классических *d–КА* ($d\geq 1$). Так, это касается рассматриваемых ниже *неконструируемости* и *обратимости*. Будем понимать под *диаметром* *d–*мерной конфигурации *с* максимальное расстояние между двумя ее крайними элементарными автоматами в состояниях из множества $A\backslash\{0\}$, и это будет обозначаться как $|c|$. Для одномерного случая диаметр будет связан с длиной конечной конфигурации, определенной выше. Диаметр играет достаточно существенную роль в некоторых *численных* оценках динамики *КА*.

Наряду с *КФ* всей решетки Z^d определяется также *КФ* c_b, конечного *d–*мерного гиперкуба *(блока)* $b\subset Z^d$ элементарных автоматов *d–КА*; множество *всех* таких конфигураций мы будем обозначать $C(A,d,B)$. Понятие *блочных* конфигураций играет достаточно важную роль, в частности, при исследовании проблемы неконструируемости *КФ* в классических *d–КА* ($d\geq 1$). Ниже этот вопрос будет детализирован. Поскольку в дальнейшем речь пойдет в значительной степени об одномерных *КА* (*1–КА*), то для обозначения *1*–мерных конечной, блочной и бесконечной *КФ* будут использоваться соответственно обозначения $c\grave{}=\Box c_1 c_2 c_3 \dots c_k \Box$, $c_b=b_1 b_2 b_3 \dots b_p$ и $c_\infty=\infty c_1 c_2 c_3 \dots c_k \infty$, где $c_1, c_k \in A\backslash\{0\}$ и $c_j, b_q \in A$; $j=2..(k-1)$; $q=1..p$. При этом, длина конечной конфигурации c` равна $k$ и обозначается как $|c$`$|$, $|c$`$|=k$; тогда как длина блочной конфигурации c_b определяется аналогично.

Как показано, различия между d-мерными *конечными*, *блочными* и *бесконечными* конфигурациями носят фундаментальный характер как с теоретической, так и с прикладной точек зрения. Например, с точки зрения динамического моделирования в среде клеточных автоматов многих феноменов биологии развития, на наш взгляд, намного более естественно рассматривать динамику *конечных* **КФ**, чем динамику блочных конфигураций и, кроме того, в окружении других элементарных клеточных автоматов в состояниях, которые отличны от состояния покоя. Тогда как в некоторых специальных случаях такое моделирование может быть вполне приемлемым.

Существуют весьма принципиальные различия между d-мерными конечными, блочными и бесконечными конфигурациями, прежде всего, в случае рассмотрения динамических свойств поведения **КФ** указанных типов. Так, *неконструируемость* типа **НКФ** блочной **КФ** приводит к *неконструируемости* **НКФ** любой *конечной* **КФ**, которая содержит такую блочную конфигурацию. С другой стороны, если определенная конечная конфигурация в классическом d-**KA** $(d \geq 1)$ является *неконструируемой* **КФ** типа **НКФ-1**, то соответствующая ей блочная конфигурация вполне может быть конструируемой в той же самой модели d-**KA**. Так, в классической бинарной модели **1-KA** с индексом соседства $X = \{0, 1\}$ и с локальной функцией перехода σ, определяемой параллельными подстановками $xy \rightarrow x + y \ (mod \ 2)$, x, $y \in \{0, 1\}$, конечная конфигурация $\square 1011 \square$ будет иметь тип **НКФ-1**, в то время как блочная конфигурация *1011* будет конструируемой и даже самовоспроизводящейся в смысле *Мура*. Ниже рассмотрены и другие различия между конфигурациями вышеуказанных типов. Дифференцирование конфигураций на множества всех конечных и блочных конфигураций имеет смысл только для классических моделей d-**KA** $(d \geq 1)$, рассматриваемых в книге. Вышеупомянутое дифференцирование конечных конфигураций позволяет намного более детально исследовать динамические свойства классических моделей d-**KA** $(d \geq 1)$ наряду с их прикладными аспектами.

Множества **1**-мерных *конечных*, *блочных* и *бесконечных* **КФ** будем обозначать как $C(A,1,\phi)$, $C(A,1,B)$ и $C(A,1,\infty)$ соответственно. Таким образом, из определений множеств $C(A,1,\phi)$ и $C(A,1,B)$ следует, что *первое является замкнутым* относительно глобального отображения $\tau^{(n)}$, определенного ниже, а *второе* – относительно *конкатенации*. В то же время следующие два соотношения очевидны, а именно:

$$(\forall c_b \in C(A,1,B))(c = \square c_b \square \in C(A,1,\phi)) \ \& \ (\forall c^* \in C(A,1,\phi))([c^*] \in C(A,1,B))$$

Нулевая конфигурация $c = «\square»$ может рассматриваться как *конечная* конфигурация *нулевого* размера. Поэтому мы можем приписать ее множеству $C(A,d,\phi)$. Это предположение целесообразно в силу ряда довольно важных причин, которые подробно обсуждаются ниже. Переходим к описанию принципа действия классических *d–КА*.

3. Работа *d–КА* ($d \geq 1$) происходит в дискретное время $t = 0,1,2,3,...$ и определяется *локальной функцией перехода* (*ЛФП*) $\sigma^{(n)}$, которая задает состояние каждого единичного автомата в текущий момент $t > 0$ на основе состояний его соседних автоматов (*согласно индекса соседства* X) в предыдущий момент $(t-1)$. Иными словами, *ЛФП* $\sigma^{(n)}$ является произвольным отображением $\sigma^{(n)}: A^n \to A$; ниже для *ЛФП* $\sigma^{(n)}$ будут использоваться следующие основные обозначения, а именно:

$$\sigma^{(n)}(a_1, a_2, ..., a_n) = a^*_1; \qquad a_j, a^*_1 \in A \quad (j = 1 .. n) \qquad (1)$$

$$a_1 a_2 ... a_n \Rightarrow a^*_1 \text{ - набор параллельных подстановок} \qquad (2)$$

где a_j – состояния z-автомата *d–КА* ($d \geq 1$) и всех его соседей (*согласно индекса соседства* $X = \{x_1, x_2, x_3,..., x_n\}$) в момент $(t-1)$ и a^*_1 - состояние того же z-автомата в следующий момент $t > 0$. Рассматриваемый z-автомат *d–КА* ($d \geq 1$) считается *центральным* относительно шаблона соседства. При этом, произвольность выбора *центрального* автомата шаблона соседства подтверждает существование односторонней универсальной классической модели *1–КА*. Детальное обсуждение произвольности выбора центрального автомата можно найти в [4, 5]. Тогда как в каждом конкретном случае в качестве центрального выбирается наиболее приемлемый автомат шаблона соседства.

Представление *ЛФП* формулой (*1*) является наиболее удобным во многих отношениях. Во многих интересных случаях такой подход целесообразен, между тем, в ряде случаев требуется использование локальной функции перехода $\sigma^{(n)}$ в виде множества параллельных подстановок (*2*). Набор параллельных подстановок (*2*) определяет программу (*параллельный алгоритм*) функционирования моделей *КА*; параллельные замены (*2*) представляют низкоуровневый язык параллельного программирования в среде моделей *КА*.

В частности, если в момент $t>0$ текущая конфигурация c^* в *1–КА* с алфавитом $A = \{0, 1, 2, 3, 4, 5\}$, индексом соседства $X = \{0,1,2,3\}$ и *ЛФП*

$\sigma^{(4)}$, определяемой параллельной заменой *1023 ⇒ 2* {*либо формулой* $\sigma^{(4)}(1, 0, 2, 3) = 2$}, имеет форму (φ), то в следующий момент *t + 1* она переходит в конфигурацию φ*, которая содержит выделенный *S*–автомат в новом состоянии, полученном в соответствии с *ЛФП* $\sigma^{(4)}$ (*параллельные правила замен/подстановок*) такой модели *КА*:

| t | ... | 1 | 3 | 0 | 1 | 0 | 2 | 3 | 5 | 2 | 4 | 3 | ... | : φ |

⇓

| $t+1$ | ... | | | | 2 | | | | | | | | ... | : φ* |

S – выделенный элементарный автомат 1–КА

Формульное представления *ЛФП* $\sigma^{(n)}$ особенно предпочтительно в компьютерной реализации *d–КА*, тогда как параллельные замены незаменимы на этапе программирования целого ряда конкретных моделей *КА*. Вопросы формульных представлений параллельных подстановок (*2*) достаточно подробно рассмотрены в [4,5,11-14,40]. Между тем далеко не все локальные функции перехода могут быть представлены в формульном виде, обеспечивая работу с *КА* лишь на уровне систем параллельных подстановок (*2*), определяющих их локальные функции перехода $\sigma^{(n)}$.

В книге рассматриваются *КА*-модели, чьи *ЛФП* $\sigma^{(n)}$ удовлетворяют определяющему условию $\sigma^{(n)}: 0^n \Rightarrow 0$ или $\sigma^{(n)}(0, ..., 0) = 0$, т.е. модели с ограничением скорости передачи информации в них (*некоторый аналог конечной скорости света согласно современной физической точке зрения*). Данное допущение играет весьма существенную роль при исследованиях *динамических* свойств *d–КА* (*d ≥ 1*) и хорошо отвечает требованиям использования моделей как основы моделирования параллельных динамических систем различных типа и природы.

Указанное *определяющее* условие не только вводит ограничение на скорость распространения информации в *КА*-моделях, но также определяет пространство (*некоторый формальный вакуум*), в котором происходит *динамика* развития исследуемых дискретных объектов, процессов и явлений. При этом, произвольный элемент алфавита *А* модели *КА* может быть выбран в качестве состояния покоя, но по ряду соображений для этого будем использовать элемент {*'0'* | *'□'*} в качестве наиболее приемлемого и привычного.

КА, удовлетворяющие вышеуказанному определяющему условию, будем называть *стабильными*, в противном случае – *нестабильными*. В исследовании *КА*-моделей как самостоятельных математических объектов определенный интерес представляют также *нестабильные* модели. При этом, нестабильные *KA* могут представлять интерес и с точки зрения исследования в них моделей, которые основаны на концепции мгновенной передачи информации на произвольные расстояния. Примеры использования нестабильных *KA*-моделей нам не известны, но работы в данном направлении представляются достаточно интересными.

При определении классических *d-KA (d≥1)*, являющихся основным предметом рассмотрения в настоящей книге, мы будем постоянно прибегать к вышеуказанному определяющему условию $\sigma^{(n)}(0, 0, ..., 0, 0, 0) = 0$ для их локальных функций перехода $\sigma^{(n)}$; данное условие определяет довольно важный класс *KA*-моделей. При этом, следует иметь в виду, что определяющее условие для *ЛФП* произвольного классического *d-KA (d ≥ 1)*, как правило, имеет следующий вид:

$$(\exists h \in A)(\sigma^{(n)}(h, h, ..., h) = h)$$

Следовательно, произвольный элемент алфавита состояний *A (или их подмножество)* может выступать в качестве состояния покоя *KA*. Большинство результатов, представленных ниже и обусловленных наличием для *KA* наиболее типичного условия $\sigma^{(n)}(0, 0, ..., 0, 0) = 0$, естественно распространяются на класс автоматов *d-KA (d ≥ 1)*, чьи *ЛФП* удовлетворяют вышеуказанному определяющему условию.

Из определения классических *KA*-моделей следует, что *мгновенный* переход *(за один шаг глобальной функции перехода)* от конечной *КФ* к бесконечной *КФ (бесконечный рост конечных конфигураций возможен только потенциально)* невозможен, тогда как *мгновенный* переход из бесконечной *КФ* в конечную *(теоретически допустимый с помощью аксиоматики классических КА-моделей)* в определенной степени не имеет какого-либо естественного смысла. Между тем, в отдельных случаях это имеет определенное значение [36,45]. Таким образом, *динамика* конечных конфигураций представляет основной интерес с целью исследования и теоретических, и прикладных аспектов *KA* во всей их обширности и общности сфер применения [7,17,27,44].

Нетрудно оценить число классических *d-KA (d≥1)* с алфавитом *A* = {0, 1, ..., *a-1*} и индексом соседства *X* = {0,1,2, ..., *n-1*} в зависимости от упомянутого условия, присущего этому классу *KA*. На основании достаточно простых комбинаторных соображений мы определяем число всех классических *d-KA (d ≥ 1)* [18], из которых следует, что доля всех классических *d-KA* относительно всех возможных *d-KA*, включая *нестабильные*, не зависит от размерности и размера *ШС*, но зависит лишь от мощности алфавита *A* и оценивается как ≈*0.63*.

Оценим число *N* всех классических моделей с алфавитом *A = {0,1,2, ..., a-1}* и индексом соседства *X = {0,1,2, ..., n-1}* при наличии для них вышеуказанного условия, определяющего данный класс *d–KA*. На основании достаточно простых комбинаторных соображений мы определяем число *N* всех классических моделей *d–KA* (*d ≥ 1*) как:

$$N = \sum_{j=1}^{a} C_a^j (a-1)^{a-j} a^{a^n-a} = (a-1)^a a^{a^n-a} \sum_{j=1}^{a} C_a^j (a-1)^{-j} = a^{a^n} \left(1-\frac{1}{a}\right)^a \sum_{j=1}^{a} C_a^j (a-1)^{-j} =$$

$$a^{a^n} \left(1-\frac{1}{a}\right)^a \left[\sum_{j=1}^{a} C_a^j (a-1)^{-j} - 1 \right] = a^{a^n} \left(1-\frac{1}{a}\right)^a \left[\left(1+\frac{1}{a-1}\right)^a - 1 \right] = a^{a^n} \left(1-\frac{(a-1)^a}{a^a}\right)$$

либо на основе более простого подхода мы можем легко получить число моделей *d–KA*, относящихся к *классическому* типу, а именно:

$$N = a^{a^n} - (a-1)^a a^{a^n-a}$$

Итак, доля (Δ) всех классических *KA*-моделей относительно всех возможных *d–KA*, включая *нестабильные*, не зависит от размера *ШС* и размерности, и определяется следующим соотношением:

$$\Delta = \frac{N}{a^{a^n}} = 1 - \left(\frac{a-1}{a}\right)^a$$

и зависит только от мощности алфавита *A* модели *d–KA* (*d ≥ 1*) при следующем условии, а именно:

$$\lim_{a \to \infty} \left[1 - \left(\frac{a-1}{a}\right)^a \right] = 1 - \frac{1}{e} \approx 0.63212$$

т.е. доля классических моделей *d–KA* для произвольных индексов соседства и размерности составляет большинство, которое лежит в диапазоне *[0.63 – 0.75]*. Более того, следует иметь в виду, что случай, когда все состояния из алфавита *A* являются состояниями покоя, в определенном смысле является особым по отношению ко многим результатам, полученным по классическим *KA*-моделям, алфавит которых *A* содержит различные состояния из состояний покоя. В то время как в других случаях многие довольно *важные* результаты, полученные для случая одного состояния покоя, распространены также на классические *KA*-модели в их обобщенном понимании.

Итак, среди *d–KA*, имеющих более одного состояния покоя, то есть *KA*, относящихся к классическому типу, справедливы и основные результаты, касающиеся самовоспроизводимости конечных *КФ* в смысле *Мура*. Можно показать, что классическая *1–КА* с индексом соседства *X* = {*0,1*}, алфавитом *A* = {*0,1, ..., a–1*} и симметричной *ЛФП* $\sigma^{(2)}$, которая удовлетворяет условию $(\forall b \in A)(\sigma^{(2)}(b, b) = b)$ имеет все конечные *КФ* самовоспроизводящими в смысле *Мура*. Примером может служить *ЛФП* $\sigma^{(2)}(x, y) = (a + 1)(x + y)/2 \ (mod \ a)$ обобщенного класса линейных *1–КА*. Имеет место следующий результат:

Для простых целых a ≥ 3 и n ≥ 3 существуют классические 1–КА с алфавитом A = {0,1,2, ..., a–1} и симметричными ЛФП $\sigma^{(n)}$, которые удовлетворяют соотношению $(\forall b \in A)(\sigma^{(n)}(b,...,b) = b)$, обладающие универсальной воспроизводимостью в смысле Мура; однако далеко не все классические 1–КА с такими ЛФП обладают универсальной воспроизводимостью в смысле Мура конечных конфигураций.

Результат подтверждает факт существования классических *d–КА*, для которых строгая линейность их *ЛФП* $\sigma^{(n)}$ не обязательна, т.е. существует более широкий класс *КА*, обладающих универсальной воспроизводимостью в смысле *Мура* конечных конфигураций. *КА*, которые обладают свойством универсальной воспроизводимости в смысле *Мура*, в определенном смысле определяют экстремальные свойства клеточных автоматов. Для эмпирического исследования *универсальной* воспроизводимости в системах *Mathematica* и *Maple* был запрограммирован ряд процедур, позволивших исследовать данное явление с различных точек зрения [7,27,40-43]. Между тем, существование в *КА* нескольких состояний покоя в большинстве приложений не находит достаточно адекватной интерпретации. Поэтому в дальнейшем мы *(без ограничения общности и по некоторым концептуальным соображениям)* будем рассматривать только *d–КА* с одним состоянием покоя как наиболее типичные и используемые. Довольно интересные общие обсуждения *КА*–моделей этого типа, хотя во многих случаях и не совсем бесспорные, можно найти в [5].

Естественно, можно исследовать также и нестабильные *d–КА*, для которых не существует специально выбранных *состояний покоя;* т.е. автоматы, не удовлетворяющие вышеуказанному определяющему условию $\sigma^{(n)}(h, h, ..., h) = h$. Однако такие клеточные автоматы носят сугубо умозрительный характер и, на наш взгляд, не представляют особого интереса с практической точки зрения. Обсуждение этого вопроса можно найти, в частности, в [8,9,11-18,27,44-49,173-177].

4. Итак, динамика классического *d–КА* полностью определяется в терминах *ЛФП*, т.е. локальных взаимодействий автоматов шаблона соседства элементарного z-автомата, тогда как сама *ЛФП* $\sigma^{(n)}$ есть типичный пример *локального* алгоритма, который функционирует высоко параллельным образом, на базе конфигурации состояний единичных автоматов *локальной* окрестности, которая определяется индексом соседства X текущего z-автомата решетки Z^d некоторой классической *КА*-модели. Одновременное применение локальной функции перехода к окрестности каждого z-автомата *всей* решетки Z^d определяет глобальную функцию перехода $\tau^{(n)}$ (*ГФП*), которая преобразует *текущую КФ* $c \in C(A,d)$ решетки Z^d в *последующую КФ* $c\tau^{(n)} \in C(A,d)$. Формальное определение конфигурации $c\tau^{(n)}$ можно представить следующим образом. Пусть $C(A,d)$ – множество *КФ* по отношению к решетке Z^d и алфавиту A, и $s[z]$ обозначает текущее состояние единичного z-автомата; в этом случае формально *ГФП* $\tau^{(n)}$ с индексом соседства $X = \{x_1, x_2, ..., x_n\}$ определяется следующим формальным условием, а именно:

$$c\tau^{(n)} = c^{**} \leftrightarrow (\forall z \in Z^d)(s^{**}[z] = \sigma^{(n)}(s[z+x_1], s[z+x_2], ..., s[z+x_n]))$$

Из этого определения непосредственно следует, что каждая *ЛФП* $\sigma^{(n)}$ определяет единственную *ГФП* $\tau^{(n)}$, и $\tau^{(n)}$ нельзя определить двумя различными *ЛФП* $\sigma^{(n)}$. Иными словами, существует *взаимно-однозначное* соответствие между набором всех *ГФП* $\tau^{(n)}$ и набором всех *ЛФП* $\sigma^{(n)}$ для заданных алфавита состояний A, размерности d решетки Z^d и индекса соседства X. Итак, можно говорить о *ГФП* $\tau^{(n)}$, определяемой *ЛФП* $\sigma^{(n)}$, и наоборот. Доказано [5], что произвольная *ГФП* в классической *КА*-модели является примитивно рекурсивной функцией. Данный результат определяет не только место *ГФП* $\tau^{(n)}$ в иерархии всех рекурсивных функций, но и совместно с другими компонентами определяет простоту математических объектов, как клеточные автоматы d-*КА* (*d≥1*). Между тем, такие простые модели допускают довольно сложную динамику конечных и бесконечных конфигураций, в том числе универсальную вычислимость.

Оказалось, множество *ГФП* классических d-*КА* представляют собой прекрасный инструмент для решения достаточно широкого круга задач моделирования в режиме *максимального* распараллеливания. Кроме того, глобальные параллельные преобразования, которые определяются классическими *КА*-моделями, по нашему мнению, могут использоваться достаточно эффективно и широко подобно известным математическим преобразованиям (*Фурье, Лапласа и др.*).

Виктор Аладьев, Вячеслав Ваганов, Михаил Шишаков

Теперь можно определить четвертую компоненту *d–КА* $(d \geq 1)$. Для *A*, Z^d и *X* набор допустимых преобразований *T* – любое непустое подмножество полного набора всех *ГФП* $\tau^{(n)}$, которые определены 3 параметрами *A*, Z^d и *X*. Кроме того, если набор *T* содержит одну функцию глобального перехода $\tau^{(n)}$, то объект *d–КА*$\equiv$<Z^d, *A*, $\tau^{(n)}$, *X*> называется *моногенным* или *классическим d–КА* $(d \geq 1)$. Работа любого классического *d–КА* $(d \geq 1)$ особенно проста: если $c = c_o$ – начальная *конфигурация* однородного пространства Z^d в момент времени $t = 0$, то конфигурация пространства Z^d в момент $t = m$ равна $c^* = c_o \tau^{(n)m}$ – результат *m*–кратного применения глобальной функции перехода $\tau^{(n)}$ к конфигурации c_o однородного пространства Z^d.

Пусть $\xi = <c_o>[\tau^{(n)}]$ обозначает последовательность конфигураций, сгенерированную некоторой *ГФП* $\tau^{(n)}$ из *начальной КФ* c_o. Тогда для конечной *КФ* $c_o \in C(A,d,\phi)$ последовательность ξ представляет собой историю конфигурации c_o в некотором классическом *d–КА* $(d \geq 1)$, играющую основную роль в исследованиях динамических свойств *КА*–моделей. Под *динамикой* понимается функционирование *d–КА* любого типа, заключающееся в изменении со временем *КФ КА* как функции его *начальной* конфигурации и *ЛФП (ГФП)*. Так *динамика d–КА* $\equiv$ <Z^d, *A*, $\tau^{(n)}$, *X*> {*последовательность конфигураций* <c_o>[$\tau^{(n)}$]; *история развития объектов, погруженных в КА–модель*}, определяется однозначно перечисленными выше *базовыми* пятью компонентами *d*, Z^d, *A*, *X* и $\tau^{(n)}$ {$\sigma^{(n)}$}.

Конфигурация $c^{-1} \in C(A, d)$ – *непосредственный предшественник* для конфигурации $c \in C(A, d)$, если $c^{-1}\tau^{(n)} = c$. Конфигурация $c \in C(A, d)$ может иметь несколько непосредственных предшественников, их бесконечное число, или не иметь предшественников вообще. При этом непосредственные предшественники для блочных, конечных и бесконечных конфигураций в классическом *d–КА* $(d \geq 1)$ вполне естественно определяются очевидным образом [1,4,5,9-18,27].

Задача реального вычисления предшественников для *КФ* уже для случая *1–КА* является достаточно трудоемкой. В этом вопросе мы будем иметь дело с блочными и конечными конфигурациями, т.к. случай бесконечных *КФ* выпадает из сферы нашего внимания, ибо такого типа *КФ* возможно реально рассматривать, в основном, если они имеют четкую обозримую структуру, в противном случае, как

34

правило, они имеют непредсказуемую динамику; даже начальная **КФ** должна быть представимой, например, быть периодической в том либо ином контексте. К настоящему времени создано немало программных средств для компьютерного анализа существования предшественников для блочных конфигураций [18]. В частности, мы запрограммировали процедуры для этой цели в *Mathematica* и *Maple* [40-42]. Так, для одномерных **КА**-моделей данная проблема решается с помощью *Mathematica* процедуры [18,42], вызов которой ***HistPredecessors*[x, L, n]** возвращает список предшественников для блочной конфигурации *x* относительно **ЛФП L**, заданной списком параллельных подстановок, на глубину *n*. Если у блочной **КФ** *x* нет предшественников, то вызов процедуры возвращает *пустой* список с печатью соответствующего сообщения. Следует иметь в виду, что процедура ориентирована как на блочные конфигурации, так и на локальные функции перехода, заданные в алфавите *A={0,1,2,...,a-1}* для *a <= 10*, что вполне достаточно для исследования большинства динамических аспектов классических одномерных **КА**-моделей. В то же время процедура оказалась достаточно удобным средством в компьютерном исследовании задач воспроизводимости конечных блочных конфигураций в классических одномерных **КА**-моделях.

Алгоритм процедуры относительно несложно обобщить на случай двумерных классических **КА**-моделей, между тем его программная реализация требует намного больших вычислительных ресурсов. Процедура дает возможность получать для произвольной блочной конфигурации историю ее предшественников на любую глубину. Исследования по оценке числа γ предшественников произвольной блочной конфигурации на глубину *n* показали, уже при довольно малых значениях *n* множество предшественников блочной **КФ** на *n*-м уровне становится громоздким и даже малообозримым. Более того, в значительной степени значение γ зависит как от начальной конфигурации, так и наличия неконструируемости для *1-КА*, что определяется степенью *сбалансированности* предшественников (см. *определение неконструируемости согласно* **Aladjev–Kimura–Maruoka**). Так, оценка числа γ предшественников блочной **КФ** на глубину *n* для одномерных линейных классических **КА**-моделей, т.е. моделей *1-КА*, не обладающих неконструируемостью типа **НКФ**, линейные локальные функции перехода $\sigma^{(n)}$ которых имеют вид:

$$\sigma^{(n)}(x_1,...,x_n) = \sum_1^n b_k x_k \;\; (mod\; a) \quad x_k, b_k \in A = \{0,1,...,a-1\}; \;\; (k = 1..n),\; a\text{ - }prime$$

позволяет получить оценку γ(n) ≤ *HistPredecessors*["1", *g, n*]^(*n* + 1), где *g* – локальная функция перехода линейного *1–КА* с алфавитом *A* = {*0,1, ..., a–1*}. Так, для линейного классического *1–КА* с индексом соседства *X*={*0,1,2,3*} существует оценка γ(6)=2097152. Значение γ(*n*) для классических *КА*-моделей без неконструируемости типа *НКФ* представляет собой определенный вид усредненного баланса для предшественников на *n*-м уровне. В целом, эта и ряд аналогичных процедур достаточно полезны для компьютерного исследования *обратной динамики* конечных конфигураций в классических *1–КА*, а также при расширении процедуры на случай классических *2–КА*.

Задача нахождения *ЛФП*, чьи соответствующие *ГФП* генерируют требуемую историю *(динамику)* конфигураций в *d–КА*, аналогична проблеме определения законов, лежащих в основе наблюдаемого явления. Эта аналогия лежит в основе моделирования в *КА*-среде различных как естественных, так и искусственных систем, прежде всего, клеточной природы наряду со многими другими мотивами, вызванными задачами исследования. В общем случае эта проблема полного и точного описания динамики даже достаточно простых классических *КА*-моделей является одной из самых сложных в *КА*-проблематике, и многочисленные попытки, существующие в этом направлении, все еще недостаточно эффективны. При этом, целый ряд задач полного описания динамики подобных моделей требует весьма значительных вычислительных ресурсов.

Несложно убедиться, что, несмотря на простоту математических объектов, таких как классические *КА*-модели, их динамика носит достаточно сложный характер, и ее исследование предполагает, в целом, значительные усилия, а в целом ряде случаев даже включая использование нетрадиционных подходов. По этой причине в этом направлении есть относительно немного результатов, полученных теоретическими методами, тогда как довольно значительная часть их была получена посредством эмпирического подхода, включая и компьютерное моделирование [7,14-17,27,31,36,40,173-177].

В общей постановке *локальные* функции перехода σ^(*n*) моделей *d-КА* (*d* ≥ *1*), обладающие свойством универсальной воспроизводимости в смысле *Мура* конечных конфигураций, имеют формульный вид

$$\sigma^{(n)}(x_1,...,x_n) = \left(\sum_1^n b_k x_k^a \right)^a (mod\,a); \quad x_k, b_k \in A = \{0,1,...,a-1\}; \ (k=1..n)$$

где *a* – простое и *x_к* – значения состояний элементарных автоматов, расположенных в обобщенных координатах модели *d-КА* (*d* ≥ *1*). В связи с тождеством $a^j \ (mod \ j) \equiv a \ (mod \ j)$, где j – простое, для случая связного индекса соседства предыдущая формула принимает вид

$$\sigma^{(n)}(x_1,...,x_n) = \sum_{k=1}^{n} b_k x_k \ (mod \ a) \ ; x_k \in A = \{0,1,...,a-1\}, \ b_k \in A \setminus \{0\}; \ a-prime \ (k=1..n) \quad (2a)$$

В результате простых вычислений несложно убедиться, количество **КА**-моделей указанного вида с алфавитом $A=\{0,1,...,a-1\}$ и связным индексом соседства $X=\{0,1,2,3,...,n-1\}$, которые обладают свойством универсальной самовоспроизводимости в смысле *Мура* конечных конфигураций составляет величину $N=(a-1)^n$, в то время как число таких моделей включая с несвязным индексом соседства, который имеет не менее двух активных элементов, определяется формулой $N(a, n)=a^n - n(a-1) - 1$, т.е. число таких **КА** определяется алфавитом и индексом соседства. В ходе теоретико-компьютерного изучения этого типа **КА** с применением процедур, запрограммированных в системах *Mathematica* и *Maple*, например, *Mathematica* процедуры *Srepr*, был определен целый ряд **КА**, отличных от вышеуказанных, которые в *существенной* мере имеют свойство воспроизводимости в смысле *Мура* конечных конфигураций. Так, вызов *Srepr[f, j, n, m]*, где *f* – чистая функция, определяющая *ЛФП* модели *(которая неявно включает также индекс соседства)*, *j* – тестируемая **КФ**, *n* – заданное число копий и *m* – максимальное число шагов модели, на которых проводится тестирование **КА**-модели, возвращает двухэлементный список, чей первый элемент определяет число сгенерированных копий конфигурации *z*, тогда как второй – число затраченных для этого шагов модели *1-КА* с локальной функцией перехода *f*. Ниже в качестве примера приведен фрагмент вызова процедуры *Srepr*:

In[7677]:= **h = Mod[3*#1 + 4*#2 + 5*#3 + 6*#4 + 2*#5 + 6*#6 + #7, 7] &;**
In[7678]:= **Srepr[h, "206156200062601204", 30, 2000]**
Out[7678]= {30, 1567}

Детальнее с процедурой *Srepr*, включая ее исходный код в системе *Mathematica*, можно ознакомиться, в частности, в [7,27,42,44-49].

Довольно интересным представляется класс **КА**–моделей *SVG*, чьи локальные функции определяются следующими соотношениями:

$$\begin{cases} \sigma_j^{(n_j)}(x_0,x_1,x_2,x_3,...,x_{n_j-1}) = x_0^{'} = \Psi_j(x_0,x_1,x_2,x_3,...,x_{n_j-1}), \\ X_j = \{0,1,...,n_j-1\}; \ x_k \in \{0,1,...,a-1\}; \ j \in A = \{0,1,...,a-1\}; \ k=1..j \end{cases}$$

т.е. локальная функция и индекс соседства для нее определяются в зависимости от текущего состояния единичного автомата модели. Итак, каждому состоянию элементарного автомата из *A* алфавита ставится в соответствие индекс соседства и локальная функция $\sigma_j^{(n_j)}$, определенная в тот же алфавите *A*. Как правило, индекс соседства и локальная функция носят переменный характер; $j \in A = \{0,1,...,a\text{-}1\}$. Теоретическое исследование такого класса *KA*–моделей довольно затруднительно и для этих целей был использован компьютерный подход, позволивший получить довольно интересные результаты [27,44-49]. Так, для изучения проблемы воспроизводимости в таких моделях применялась *Mathematica* процедура, вызов *Svg[A,f,z,n,m]* которой (*где A – алфавит состояний модели, f – упорядоченный список локальных функций перехода $\sigma_j^{(n_j)}$, строго соответствующих состояниям KA–модели, заданных в форме чистых функций, z – тестируемая КФ, заданная в алфавите A, n – число копий z, m – максимальное число шагов модели, до которого производится тестирование*), возвращает список из двух элементов, чей *первый* элемент определяет число копий *КФ z*, тогда как *второй* определяет число шагов модели, затребованное для получения такого числа копий *подконфигурации z* в финальной конфигурации модели класса *SVG* на заключительном шаге. Наши результаты многочисленных экспериментов с процедурой *Svg* и ей подобными говорят в пользу справедливости предложения:

Для произвольного алфавита A={0,1,...,a-1} существует список из ЛФП $\{\sigma_0^{(n_0)}, \sigma_1^{(n_1)}, \sigma_2^{(n_2)},...,\sigma_{a\text{-}1}^{(n_{a\text{-}1})}\}$*, которые однозначно соответствуют элементам алфавита A и представляются в виде (2a) таких, что KA–модель из класса SVG не будет обладать воспроизводимостью в смысле Мура конечных конфигураций; кроме того, во временном отношении генерация уже небольшого числа достаточно простых конфигураций может потребовать больших временных издержек.*

В наших книгах по системам *Mathematica* и *Maple* [27,43,141] было отмечено, что в отличие от системы *Maple*, первая снабжена менее эффективным механизмом поддержания *циклических* вычислений, что выражается, порой, достаточно значительным увеличением во временном отношении, что и иллюстрирует целый ряд процедур. Другие полезные средства исследования таких *KA*–моделей можно найти в пакете [42]. В частности, многочисленные эксперименты с с моделями данного класса показывают, что для огромного числа самых разнообразных начальных *КФ* все они обладают свойством *универсальной* воспроизводимости по *Муру*, принимая во внимание, что таким свойством обладают все локальные функции перехода, приписываемые состояниям алфавита *KA*–моделей. В частности, в качестве одной из модификаций процедуры *Svg* выступает *Svegal* процедура с той разницей, что для каждого состояния алфавита *A* применяется единственная линейная *ЛФП*, но с различными *ШС* как связными, так и несвязными. В вызове *SveGal*[*A*, *X*, *z*, *n*, *m*] кроме *X* все аргументы идентичны процедуре *Svg*, тогда как *X* определяет *список* индексов соседства, однозначно приписанных элементам *A*. Допускаются как связные, так и несвязные индексы соседства. При идентичном с процедурой *Svg* основном результате в процессе ее выполнения до окончательного завершения процедуры каждые *500* шагов запрашивается санкция на *продолжение (yes/Enter)* или *(no)* на *завершение* выполнения процедуры. В любом случае возвращается 2-элементный список указанного формата подобно процедуре *Svg*. Процедура находится в пакете [42] и использует ряд его средств.

```
In[1947]:= SveGal[A_List, X_List, z_String, n_Integer, m_Integer] :=
        Module[{a = StringTrim[z, "0" ...], t, b, c = "", d, p, g, j, q = {0},
            r = 1, v = Sort[Map[Length[#] + 1 &, X]][[-1]]},
        Label[svg];       b = StringRepeat["0", v]; d = b <> a <> b;
                          p = StringLength[d]; j = 0 ;
        Do[j++; t = ToExpression[StringTake[d, {j, j}]] + 1;
        c = c <> ToString[Mod[Plus[Sequences[Map[ToExpression,
                          StringPart[d, j + X[[t]]]]]], Length[A]]];
                  If[j > p - v, Break[], Continue[]], Infinity];
                  If[Set[g, StringCount[c, z]] >= n, Return[{g, r - 1}],
        AppendTo[q, If[g == 0, Null, g]]; a = StringTrim[c, "0" ...];
        t = StringCount[a, z]; c = ""; If[Head[r/500] == Integer,
        p = Input["Continue " <> "on step " <> ToString[r] <> "? (yes/no)"], 7];
                          If[p == no, Return[{r, g}], Null]; r++;
        If[r > m, Print["Configuration is not selfreproducing for " <>
        ToString[r-1] <> " steps; was obtained " <> ToString[Sort[q][[-1]]] <>
                          " copies only"]; Return[r - 1], Goto[svg]]]]
```

Эксперименты с процедурой показывают, что выделение в классе *SVG* более простых моделей – достаточно серьезный довод в пользу справедливости предложения относительно *SVG* класса в целом. В то же время многие модели из этого класса генерируют различного типа и сложности параллельные формульные языки (*раздел 5.1*).

Достаточно интересным и поучительным примером исследования классических *KA*-моделей путем компьютерного моделирования является известная игра «*Life*», которая представляет классическую бинарную 2-*KA* с индексом соседства *Мура*. Длительное время этот тип 2-*KA* исследовался достаточно интенсивно с различных точек зрения [7], тогда как в некоторых работах «*Life*» рассматривалась в различных интересных контекстах как классическая *бинарная 2-KA* с индексом соседства *Мура*. Наряду с **2–КА** различного назначения читатель может подробнее ознакомиться с довольно интересными программируемыми реализациями игр, подобных **КА**–моделям, в частности, в соответствующих ссылках в [7,8,18,27-31,34,40]. Там же можно найти достаточно интересные обсуждения этого вопроса.

Итак, понятие классических **d–КА** интуитивно представляется нам довольно простым, в связи с чем возникает вопрос, касающийся его степени общности, т.е. насколько широко такое понятие допускает *расширения*, которые не выходят за рамки какого-либо изучаемого явления или пределы этого критерия эквивалентности *(некоторый вид свойства устойчивости понятия)*. Довольно подробный анализ ряда расширений классического понятия **d–КА** относительно его динамических свойств показал, что, несмотря на довольно строгие критерии эквивалентности динамики двух **d–КА** *(базирующиеся на сравнительном анализе)*, классическое понятие **d–КА** *(d ≥ 1)* обладает достаточной степенью общности, что позволяет рассматривать его как одно из базовых, образуя определенную основу **КА**–концепции во всей ее общности. Оценив только генерирующие возможности классических **d–КА** *(d≥1)*, мы доказали, что целый ряд расширений классического понятия **КА** показывает – относительно достаточно узкого понятия эквивалентности двух **d–КА** понятие классических **КА** обладает вполне достаточной степенью общности [36,44,47,48].

Из определения классических **d–КА** *(d≥1)* мы можем убедиться, что эти объекты представляют формальные параллельные алгоритмы обработки конечных **КФ** из множества $C(A, d, \phi)$ посредством **ГФП**, которые можно рассматривать как функции, всюду определенные на множестве $C(A, d, \phi)$. Из вышесказанного следует, что понятие классических $d–KA \equiv \langle Z^d, A, \tau^{(n)}, X \rangle$ обладает вполне приемлемой степенью общности для многих важных приложений *(несмотря на всю свою простоту)*; представляет довольно значительный интерес как самостоятельный математический объект, являющийся весьма важной компонентой ряда теоретических и прикладных моделей параллельной обработки информации и вычислений.

5. Итак, если три компоненты Z^d, **A** и **X** клеточных автоматов **d–КА** *(d ≥ 1)* достаточно просты и прозрачны, тогда как **ГФП** $\tau^{(n)}$ является примитивно-рекурсивной функцией [4,5,9]. Следовательно, такие простые объекты, как классические **d–КА**, обладают достаточной степенью общности и весьма сложной динамикой, позволяющей моделировать достаточно обширный класс объектов, процессов и

явлений, которые имеют место во многих областях. Наряду с этим, эти объекты представляют несомненный интерес в исследованиях как самостоятельная формальная модель параллельной обработки. Между тем, в рамках классических *d–КА* выбираются специальные подклассы *КА* со специфическими характеристиками такими, как *КА* с рефрактерностью, памятью и некоторыми другими, которые позволяют более эффективно моделировать множество достаточно интересных объектов и процессов. Некоторые из подобных типов *КА* рассматриваются в [1,36,40,44], другие интересные типы можно найти в библиографиях [7,27-31,33-35,38,50].

Между тем, сложность и разнообразие реального мира совершенно не вписываются в прокрустово ложе *КА*–концепции без каких-либо серьезных ограничений, влияющих на саму привлекательность ее простоты в своей изначальной концепции. По нашему мнению, на сегодня клеточные автоматы представляют несомненный интерес в двух основных естественно–научных направлениях, а именно:

(1) Моделирующая среда и погружение в нее самых различных процессов, объектов и явлений (прежде всего тех, которые трудно либо невозможно описать другими средствами, в частности, на основе дифференциальных уравнений в частных производных); т.е. на сегодня в данном направлении сделано наибольшее количество исследований и получено результатов;

(2) Как самостоятельный математический объект исследований (высоко параллельные динамические дискретные системы; высоко параллельные вычислители, аналогичные машинам Тьюринга и Поста, Маркова и т.д. для последовательных вычислений; системы обработки текстов с высоко параллельными правилами подстановок и др.).

Мы ввели определенные типы *КА*, которые, однако, исследовались нами значительно менее активно, чем классические *КА*-модели. На сегодня с различной степенью интенсивности используется целый ряд расширений и обобщений классических *КА*–моделей. Однако далеко не каждое расширение классического понятия *КА*–моделей оставляет нас в пределах выбранных критериев эквивалентности. В частности, полигенные детерминированные, стохастические и недетерминированные *КА* являются достаточно существенными обобщениями классической концепции; широко используются *КА*-модели с индексом соседства *Марголуса*, рефрактерностью и т.д. В [5,12,24-28] мы рассматривали вышеупомянутые типы *КА*-моделей, представляющие довольно значительный интерес со многих точек зрения. По упомянутым расширениям *КА*–модели получен целый ряд достаточно интересных результатов [7,11-18,27,29-31,36,38,40].

На сегодня теорию клеточных автоматов можно рассматривать как весьма продвинутую область современной кибернетики, имеющую значительную область применения в различных областях науки и техники. Архитектура теории наряду с ее приложениями, с нашей точки зрения, представлена в [8,9,13,27,40]. Архитектура учитывает предыдущие попытки в данном направлении с учетом последних на тот момент прикладных и теоретических результатов в теории *КА*. Мы надеемся, что представленная архитектура будет детально проанализирована и протестирована в соответствующих разрезах, т.к. ее анализ вполне может быть полезен при выборе дальнейших направлений для исследования в этой области. Вполне естественно, что приведенная точка зрения на принципиальную архитектуру *КА*-проблематики, включая теоретические и прикладные аспекты наряду с основными компонентами аппарата исследований в этой области, в значительной мере носит субъективный характер, при этом позволяя при определенных предпосылках получать вполне определенную картину состояния *КА*-проблематики в целом.

На сегодня теория *КА* представляет собой довольно продвинутый подраздел абстрактной теории автоматов со своей проблематикой и собственными методами исследования наряду с большим числом приложений. В работах [9,13,27,40] мы представили краткий очерк основных методов и подходов, которые составляют ядро аппарата исследования различных аспектов *КА*-проблематики; кроме того, основной акцент был сделан на классических *КА*-моделях, которые являются основным объектом нашего исследования. Естественно, что *КА*-модели, являющиеся одним из типов динамических систем и формальных систем обработки, предполагают использование и гораздо более широкого инструментария из многих областей. При этом, наш опыт исследования *КА*-моделей как на теоретическом, так и прикладном уровне еще раз акцентирует нас на том факте, что *КА* представляют собой особый класс *бесконечных* абстрактных автоматов со специфической внутренней структурой, обеспечивая высокопараллельный уровень обработки информации. *КА*-модели образуют особый класс дискретных динамических систем, которые функционируют высокопараллельным образом. Любые попытки представить *КА* как некие модели *Вселенной* или что-то в этом роде представляются нам некоей спекуляцией. Не нужно приумножать сущности, приписывая *КА*-моделям того, чем они не обладают.

Глава 2. Проблема неконструируемости в классических клеточных автоматах (КА-моделях)

2.1. Предварительная информация по клеточным автоматам (КА-моделям)

Далее мы под терминами «*неконструируемая конфигурация (НКФ)*» и «*неконструируемость*», как правило, понимаем такие блочные *КФ*, как «*Сад Эдема*» и наличие в *d–КА* (*d≥1*) конфигураций такого типа соответственно; концепция неконструируемости определяет одну из фундаментальных характеристик *d–КА*, заключающуюся в наличии для них конфигураций, которые нельзя сгенерировать в момент *t>0* из произвольной *КФ* в *начальный* момент *t=0*. Проблема неконструируемости имеет более широкое понимание, которое в целом можно охарактеризовать следующим образом.

Прежде всего, что касается классических *d–КА* (*d ≥ 1*), то мы имеем дело с *двумя* множествами существенно различных конфигураций: *конечными КФ* $C(A,d,\phi)$ и *бесконечными КФ* $C(A,d,\infty)$; в совокупности эти наборы составляют множество $C(A, d)$ всех конфигураций, т.е. $C(A, d) = C(A,d,\phi) \cup C(A,d,\infty)$. В этой связи общепринятая концепция неконструируемости прямо связана с невозможностью генерации из любой конфигурации $c \in C(A,d)$ посредством *ГФП* классического *d–КА* (*d≥1*) конфигурации, содержащей определенную *блочную КФ*. Между тем принципиальное различие *конечных* и *бесконечных КФ* в случае классических *d–КА* (*d≥1*) позволяет совершенно естественно дифференцировать приведенную концепцию *неконструируемости*, что обеспечивает более детальное изучение *динамики* классических *КА*-моделей наряду с получением ряда результатов, которые носят достаточно фундаментальный характер.

В частности, наряду с неконструируемыми блочными *КФ* уместно исследование неконструируемости конечных *КФ*, относящихся как к множеству $C(A,d)$ в целом, так и к множеству $C(A,d,\phi)$. Этот подход позволяет вполне естественным образом ввести 2 новые концепции неконструируемости, а именно *НКФ-1* и *НКФ-2*, не эквивалентные как между собой, так и со стандартной концепцией *НКФ*. Наряду с общепринятой концепцией *неконструируемости* были определены и рассмотрены и некоторые другие достаточно важные концепции неконструируемости, в том числе вышеупомянутые.

Вообще говоря, *обратимость* является достаточно многоаспектным понятием. Для классического *d–КА* (*d*≥*1*), являющегося подклассом параллельных дискретных динамических систем, вопрос изучения обратимости динамики *(траекторий)* конечных **КФ** представляется интересным и естественным. Естественно предположить, что **КФ** *c*∈*C(A,d,ϕ)* имеет *обратимую* динамику, если для нее конфигурация *c^p* *(прямой либо косвенный предшественник)* является единственной, где *p*∈{*-1, -2, -3, ...*} и *c^{p}τ$^{(n)}$* = *c^{p+1}*, *c^p* ≡ *c*. Однако при таком условии у нас есть две альтернативы: *(1)* **КФ** *c^p* должна принадлежать лишь множеству *C(A,d,ϕ)* либо *(2)* множеству *C(A,d,∞)*. Следовательно, с учетом этого ниже мы определим ряд понятий обратимости, что позволяет более полно рассмотреть данное понятие относительно классических **КА**-моделей. Итак, мы определим понятия *реальной* и *формальной* обратимости из-за двух типов неконструируемости для классических **КА**-моделей (**НКФ** и **НКФ-1**).

Вопросы неконструируемости **КФ** являются фундаментальными в математической теории **КА**-моделей вместе с их многочисленными приложениями, особенно при использовании их как прикладных, так и концептуальных моделей пространственно распределенных дискретных динамических систем, из которых *реальные физические* системы являются наиболее предпочтительными прототипами. И именно по этой причине данная проблематика ставит вопросы по рассмотрению теоретических аспектов классических **КА**-моделей.

Проблема неконструируемости представляет довольно серьезный гносеологический интерес в случае вложения в **КА**-модели разных космологических объектов. Это может быть связано с различными аспектами проблемы достижимости неких условий или скоплений при формировании специальных космологических объектов. При этом, *обратимость* основных физических процессов может служить аналогом отсутствия определенных типов неконструируемости в классических **КА**-моделях [11,12]. Эта проблематика становится все более актуальной как с точки зрения формирования современных физических теорий, так и в связи с рядом попыток интерпретации разных аномальных явлений с традиционных точек зрения.

Так как исследование поведения конфигураций играет основную роль при изучении динамики **КА**, чрезвычайно интересно найти условия существования неконструируемых конфигураций *(НКФ)*, то есть определенные конструктивные ограничения **КА**-моделей.

Вместе с тем проблема *неконструируемости* представляет довольно значительный гносеологический интерес. Данная проблема имеет место как для моногенных, так и для полигенных *d-KA*, а также в некоторой степени для конечных структур [5,7-9,27]. В то же время, наряду с вышесказанным, проблему неконструируемости вполне можно рассматривать как важную компоненту исследовательского аппарата, что касается динамики классических ***KA*-**моделей. Мы рассмотрели целый ряд особенностей этой проблематики в классе конечных ***KA*-**моделей [40], в то время как конечным ***KA*-**моделям уделялось достаточно большое внимание, прежде всего, японской исследовательской школой [7,29,33,35,51-53].

В то время как для *полигенных d-KA* данная проблема известна как *проблема полноты:* ***Может ли конфигурация из множества C(A,d,ф) быть сгенерирована из заданной начальной весьма примитивной конфигурации на основе применения к ней конечного числа шагов глобальных функций перехода полигенной KA-модели?*** Проблеме был посвящен ряд работ исследователей, получивших множество довольно интересных результатов. Для решения этой задачи была использована техника, впервые предложенная *Ямада–Аморозо* [54], с использованием *Насу–Хонда* теории графов [55]. Так, *Х. Ямада* и *С. Аморозо* доказали: ***существует бинарная конечная КФ c*, которая не может быть сгенерирована из примитивной конфигурации c_p с помощью применения произвольной конечной последовательности глобальных функций перехода $\tau_j^{(n)}$ бинарного полигенного 1-KA с шаблоном соседства размера n=2.*** Окончательное решение данной проблемы получено *А. Маруока* и *М. Кимура*, доказавших довольно важный результат в общем случае, т.е. без ограничения на размер шаблона соседства модели [7,29,34,56,57].

Теорема 1. *Произвольная конечная конфигурация w* может быть сгенерирована из примитивной конфигурации $c \in C(A,d,\phi)$ на основе конечного числа шагов глобальных функций перехода $\tau_j^{(n)}$ некоего полигенного d-KA (d $\geq$ 1), заданного в том же самом алфавите A и с шаблоном соседства, состоящим более, чем из 2 автоматов.*

Итак, теорема **1** дает исчерпывающее решение проблемы полноты для полигенных ***KA*-**моделей. Однако наряду с данной проблемой рассматривается и проблема монотонной генерации конечных ***КФ*** [5,7,8]. Таким образом, проблема полноты в определенной степени характеризует конструктивные возможности моделей полигенных

КА, а ее положительное решение подтверждает довольно широкие возможности клеточных автоматов этого типа для генерации ими *КФ.* Фактически, на основе теоремы *1* мы показали: *Произвольная конечная конфигурация* $w \in C(A,d,\phi)$ *может быть сгенерирована из ненулевой конфигурации* $w_0 \in C(A,d,\phi)$ *применением к ней конечной последовательности глобальных функций перехода* τ_j *некоторого полигенного d–КА* $(d \geq 1)$.

Доказательство данного утверждения довольно просто. Итак, наше утверждение о полной конструируемости для случая полигенных *КА* несложно вытекает из вышесказанного и теоремы *1.* Несмотря на прямую связь проблемы *полноты* с другими вопросами *динамики КА,* более детально она здесь не рассматривается; но отдельные по ней результаты будут представлены ниже в контексте ряда других вопросов *КА*-проблематики. С более подробной информацией на эту тему заинтересованные читатели могут ознакомиться в [5,7,17]. Совершенно другая картина имеет место для случая классических *КА*-моделей. В рамках этой проблематики рассматриваются также *сюръективность и инъективность глобальных отображений,* которые определяются глобальными функциями перехода *КА.* Достаточно подробный анализ результатов в этом направлении представлен в [7,12-16,27,29,32-36]; некоторые из них представлены также ниже.

Первые исследования по проблеме неконструируемости (*в русской, но уже вполне устоявшейся терминологии*) восходят к результатам Э. Мура и Дж. Майхилла, которые получили ряд довольно интересных результатов и сформировали это направление [58,59]. В некотором смысле можно сказать, что математическая теория *КА* выросла из вышеперечисленных проблем, которые до сих пор сохраняют свою актуальность. В этой главе представлены наиболее существенные результаты и современное состояние *проблемы неконструируемости* в классических *КА*-моделях, наряду с обсуждением последующих путей исследований в данном направлении.

С целью более широкого охвата всех типов *неконструируемости* мы определили четыре класса *НКФ* и установили соотношения между ними, расширяя результаты, полученные в этом направлении на сегодня. Более того, был установлен ряд критериев существования в классических *КА*-моделях различных типов *неконструируемости.* Некоторые из этих критериев наиболее удобны для теоретических качественных исследований, тогда как другие позволяют получать более приемлемые оценки для основных числовых характеристик классических клеточных автоматов.

В рамках данной проблематики особое внимание нами уделяется алгоритмическому аспекту проблемы *неконструируемости*, а также ее взаимосвязи с другими вопросами динамики классических **КА**-моделей. В дальнейшем представлении проблематики **НКФ**, если не оговорено обратное, основное обсуждение будет проведено для случая классических моделей *1-КА*, хотя большинство результатов обобщаются на случай классических клеточных автоматов высших *d*-размерностей (*d* ≥ 2) также.

Результаты, представленные в настоящей главе, решают проблему неконструируемости в целом, тогда как узко-специализированные вопросы, рассматриваемые в этом направлении, позволяют весьма детально изучать проблему. Более того, полученные результаты по **НКФ**-проблематике позволяют формировать весьма эффективный аппарат исследования динамики классических **КА**-моделей.

2.2. Типы неконструируемости для классических клеточных автоматов (КА-моделей)

Представление типов *неконструируемости* в классических моделях **КА** начнем с концепции, восходящей к *Э.Ф. Муру* и *Дж. Майхиллу*, на основе которой было получено немало базовых результатов по динамике **КА**-моделей, в определенной степени стимулировавших теоретические исследования по **КА**-проблематике в целом [7,27].

Определение 1. Конфигурация $c_b \in C(A, d, W)$ конечного d-мерного W-гиперкуба (блока) элементарных автоматов в d-КА является неконструируемой конфигурацией (НКФ) тогда и только тогда, когда не существует конфигурации $c \in C(A,d)$ такой, что $c_b \subset c\tau^{(n)}$ (d≥1). Неконструируемость НКФ относительно всех конечных КФ эквивалентна существованию таких конфигураций c из $C(A,d,\phi)$, для которых не существует предшественников из множества КФ $C(A,d,\phi) \cup C(A,d,\infty) = C(A,d)$, т.е. $(\forall c^* \in C(A, d))(c^*\tau^{(n)} \neq c)$, где $\tau^{(n)}$ – ГФП соответствующей модели d-КА (d ≥ 1). Классическая модель d-КА обладает неконструируемостью НКФ, если для нее существует хотя бы одна пара таких конечных КФ c1, c2 (c1 ≠ c2), что имеет место соотношение $c1\tau^{(n)} = c2\tau^{(n)}$, где $\tau^{(n)}$ есть глобальная функция перехода данной модели d-КА (d ≥ 1).

Из данного определения следует, что конфигурация c_b конечного блока единичных автоматов будет для модели *d-KA* как *НКФ* тогда и только тогда, когда она не может быть *подконфигурацией* никакой конфигурации модели в момент времени *t>0*. Мы будем называть такую неконструируемость *блочной неконструируемостью* (*либо тип НКФ*). Если *блочная конфигурация* c_b является *конструируемой*, то, очевидно, она будет иметь *c*-предшественников $\{c_b \subset c\tau^{(n)}\}$ как из множества $C(A, d, \phi)$, так и из множества $C(A, d, \infty)$. Это понятие неконструируемости является наиболее сильным (*ее в определенной степени можно назвать «абсолютной»*). Однако, ранее этот момент вызвал ряд дискуссий и недоразумений, поэтому такая концепция неконструируемости в классических *КА*-моделях была подробно проанализирована и дифференцирована с точки зрения сущности классических *КА*-моделей. В целом же, определение *1* представляет обобщенную концепцию неконструируемости *НКФ* как на уровне блочной, так и конечной конфигураций, естественным способом идентифицируя обе эти концепции. Кроме того, второй подход к концепции неконструируемости *НКФ* представляется нам более предпочтительным с точки зрения исследования разных аспектов *динамики* классических *КА*-моделей. То же относится к концепции взаимной стираемости конфигураций, являющейся краеугольным камнем одного из критериев существования неконструируемости *НКФ* в *КА*-моделях [7,4,5,9-18,27,44-49,173-177].

Ввиду дифференциации множества $C(A,d)$ на 2 непересекающихся подмножества $C(A, d, \phi)$ и $C(A, d, \infty)$ естественно дифференцировать общую проблему неконструируемости конечных конфигураций в классической *КА*-модели относительно данных подмножеств, что довольно наглядно иллюстрируется следующей таблицей, которая достаточно прозрачна и не требует особых пояснений.

Наличие предшественников для конфигурации $c \in C(A,d,\phi)$		
$C(A, d, \infty)$	$C(A, d, \phi)$	*Тип неконструируемости*
–	–	*НКФ*
+	–	*НКФ-1*
–	+	*НКФ-2*
+	+	*АККФ*

Данная таблица исчерпывает основные типы неконструируемости конечных конфигураций в классических *КА*-моделях, между тем как вопрос неконструируемости *бесконечных* **КФ** выходит за рамки нашего рассмотрения, прежде всего, из-за их слабо проработанных принципов обработки, интерпретации и формирования. И в то же время, бесконечные конфигурации, например, одномерные, могут изучаться в связи с возможностью представления ими *числовых* или других хорошо интерпретируемых объектов [7,4,5,9-18,27,44-49].

Выбирая определенное подмножество $C^* \subset C(A, d)$ как допустимых конфигураций, определяем т.н. *относительную неконструируемость* в отличие ее от абсолютной неконструируемости *(определения 1, 4)*, которая позволяет не только существенно более подробно изучить *сущность* неконструируемости в **КА**-моделях, но и получить весьма сильные инструменты исследования многих динамических свойств классических **КА**-моделей.

<u>Определение 2</u>. Конфигурацию B_w конечного d-мерного гиперкуба единичных автоматов в d-КА будем называть неконструируемой относительно множества S (НКФ$_S$), только, если не существует такой конфигурации $c^* \in S \subseteq C(A, d)$, что имеет место следующее определяющее соотношение $B_w \subset c^* \tau^{(n)}$ $(d \geq 1)$.

Очевидно, что в случае тождества $S \equiv C(A, d)$ понятия *абсолютной* и *относительной* неконструируемости совпадают, иначе каждая **НКФ** будет в той же **КА**-модели и **НКФ$_S$** относительно предварительно определенного множества $S \subset C(A,d)$, но не наоборот. Следовательно концепция *относительной* неконструируемости в классических **КА**-моделях имеет ряд интересных интерпретаций и теоретического, и прикладного характера, стимулируя ее последующие изучения, которые в настоящее время достаточно активны [5,7,9-18,27,44-49]. Строго говоря, причиной дифференциации неконструируемости в классических **КА** является дифференцирование множества всех **КФ** $C(A,d)$ на 2 *непересекающихся* подмножества конечных $C(A,d,\phi)$ и бесконечных $C(A, d, \infty)$ **КФ**, которые относительно параллельных отображений $\tau^{(n)}$ *(функции глобального перехода)* не эквивалентны.

Итак, если множество $C(A,d,\phi)$ *замкнуто* относительно отображения $\tau^{(n)}$ классического *d-КА* $(d \geq 1)$, то множество $C(A, d, \infty)$, в целом, не замкнуто. Это обусловлено существованием *особого* состояния *покоя*, которое удовлетворяет условию $\sigma^{(n)}(0,0,...,0)=0$ $\{0 \in A\}$ для локальной функции перехода *d-КА* $(d \geq 1)$. Поэтому классическая **КА**-модель данного типа вполне может служить неким формальным аналогом

Виктор Аладьев, Вячеслав Ваганов, Михаил Шишаков

физической реальности, и при дальнейшем рассмотрении *(если не оговорено противного)* мы рассматриваем классические **КА**–модели, главным образом, вкратце касаясь некоторых других интересных типов клеточных автоматов.

Использование множеств *конечных*, *блочных* и *бесконечных* **КФ** дает возможность значительно продвинуть как дифференцирование, так и детализацию понятия неконструируемости в классических ***d*–КА** относительно предыдущего состояния вопроса. Достаточно просто убедиться, что концепция неконструируемости, такая как **НКФ**, относится, прежде всего, к блочным **КФ**, что позволяет нам рассматривать неконструируемость двух классов, как правило, не эквивалентных между собой: *(1)* блочная неконструируемость и *(2)* конфигурационная неконструируемость в классических **КА**-моделях.

Действительно, пусть для **1–КА** существует *блочная* конфигурация c^*_b, являющаяся для него **НКФ**. Тогда согласно определению *1 КФ* $\Box c_b\Box = c \in C(A, d, \phi)$ также будет **НКФ**; тогда как обратное, в целом, неверно, о чем говорит простой пример. Пусть классический **1–КА** с алфавитом $A = \{0, 1, 2\}$, индексом соседства $X = \{0, 1\}$ и глобальной функцией перехода $\tau^{(2)}$, которая на *локальном* уровне определяется параллельными подстановками вида:

$$00 \to 0 \quad 01 \to 1 \quad 02 \to 1 \quad 10 \to 1 \quad 11 \to 2 \quad 12 \to 1 \quad 20 \to 2 \quad 21 \to 1 \quad 22 \to 1$$

Очевидно, для конфигурации $c_o=\Box 11\Box$ мы получаем $c_o\tau^{(2)} = \Box 121\Box$, т.е. блочная конфигурация $c_b = 2$ не является **НКФ** в такой модели **КА**. В то время как конфигурация $c_1=\Box 2\Box$ в **КА**–модели будет **НКФ**. Таким образом, *блочная* неконструируемость типа **НКФ** вызывает *конфигурационную* неконструируемость, тогда как *обратное*, вообще говоря, неверно. Следовательно, мы можем определить новый тип неконструируемости, который возникает на границе блочной и конфигурационной неконструируемости, допуская качественное ее расширение. При этом, неконструируемые конфигурации типа **НКФ-3** определяются следующим образом.

Определение 3. *Конфигурация $c^* = \Box c_b\Box \in C(A,d,\phi)$ неконструируема типа НКФ-3 тогда и только тогда, когда блочная конфигурация c_b d-мерного гиперкуба W элементарных автоматов в d–КА $(d \geq 1)$ конструируемая, однако конфигурация c^* неконструируема, где $\Box$ есть окружение блочной КФ c_b бесконечным числом состояний «0» покоя (т.е. на всех других элементарных автоматах классической модели d–КА, т.е. вне блока W элементарных автоматов).*

Очевидно, конфигурация $c \in C(A,d,\phi)$, будучи **НКФ-3**, будет также **НКФ**, однако она не может быть ни **НКФ-1**, ни **НКФ-2**. При этом, как легко показать, существует не менее $(a-2)^{a-1}[(a-1)^{n-a} - (a-2)^{n-a}]$ классических моделей **1–КА**, обладающих неконструируемостью **НКФ-3**. В основе этого лежат достаточно простые комбинаторные соображения. Между тем, следует отметить, неконструируемость типа **НКФ-3** носит довольно узкий характер и определена нами в результате исследования динамики бесконечных конфигураций, имеющих специальные структурированности [11,27,32,45]. Данный тип неконструируемости к основным вышеупомянутым типам не относится и здесь ему, практически, не уделяется внимания.

Ввиду вышесказанного, дополнительно к **2** рассмотренным типам неконструируемости (**НКФ** и **НКФ-3**) мы определяем два важных типа неконструируемости в классических **d–КА**. При этом, данные типы обусловлены, прежде всего, особенностью **КА**, позволяющей отнести их к специальному классу и которая естественным образом позволяет определять для множества $C(A,d)$ всех конфигураций его дифференциацию на непересекающиеся подмножества конечных $C(A,d,\phi)$ и бесконечных $C(A,d,\infty)$ конфигураций.

<u>**Определение 4.**</u> *Конфигурация $c \in C(A,d,\phi)$ будет неконструируемой типа **НКФ-1** для классического **d–КА** тогда и только тогда, когда $c' \in C(A,d,\infty))(c'\tau^{(n)} = c)$ и $(\forall c \in C(A,d,\phi))(c\tau^{(n)} \neq c)$. С другой стороны, конечная конфигурация $c^* \in C(A,d,\phi)$ является неконструируемой типа **НКФ-2** для классического **d–КА** тогда и только тогда, когда $(\exists c' \in C(A,d,\phi))(c'\tau^{(n)} = c^*)$ и $(\forall c^\infty \in C(A,d,\infty))(c^\infty\tau^{(n)} \neq c^*)$.*

При этом, если в **d–CA** ($d \geq 1$) существует неконструируемость типа **НКФ-1**, то $(\exists c \in C(A,d,\infty))(c\tau^{(n)} = \square)$. В целом ряде случаев различия (*зачастую еле заметные*) между типами неконструируемости вносят существенное качественное влияние в динамику классических **КА**. В целях большего акцентирования внимания на вышеупомянутых понятиях неконструируемости следует отметить, что:

*(1) Блочная неконструируемость в **КА** (неконструируемость типа **НКФ**) характеризуется невозможностью генерирования блочной конфигурации c_b из конфигурации c^*, т.е. $(\forall^* c \in C(A,d))(c_b \not\subset c^*\tau^{(n)})$; естественно, любая конфигурация, содержащая такую блочную подконфигурацию, является неконструируемой типа **НКФ**;*

*(2) Неконструируемость типа **НКФ-1** {**НКФ-2**} определяется наличием конфигурации $c^* \in C(A,d,\phi)$, для которой есть предшественники только*

из множества конфигураций $C(A,d,\infty)$ {$C(A,d,\phi)$};

Легко убедиться: *Если классическая модель d–КА (d ≥ 1) обладает неконструируемостью типа НКФ или/и НКФ-1, то НКФ и НКФ-1 будут являться бесконечными непересекающимися множествами соответствующих конфигураций.* Проясним детальнее разницу между *неконструируемостью* конечных конфигураций типов **НКФ** и **НКФ-1**. Графически различие между конфигурациями **НКФ-1** и **НКФ** можно представить достаточно наглядной диаграммой:

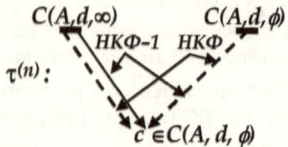

где: —— определяет наличие предшественников c^{-1} для конечной конфигурации *c* и ----- – отсутствие предшественников c^{-1} в случае конфигурации *c* типа **НКФ**. Таким образом, из данной диаграммы *отличие* неконструируемости **НКФ** от неконструируемости **НКФ-1** достаточно очевидно. Более того, тип **НКФ** представляет собой так называемую *абсолютную* неконструируемость, когда конечная **КФ** не имеет предшественников из множества $C(A,d)$. Поэтому по ряду серьезных причин исследование неконструируемости типов **НКФ** и **НКФ-1** представляется нам наболее предпочтительным.

Для случая классических моделей **1–КА** довольно просто получить оценку числа моделей, для которых имеется неконструируемость типа **НКФ-1**. Для этой цели рассмотрим классические модели **1–КА** с алфавитом $A = \{0,1,2,\dots, a–1\}$, индексом соседства $X = \{0,1,2,\dots, n–1\}$ и **ЛФП** $\sigma^{(n)}$, которая определяется следующим образом:

$$\sigma^{(n)}(0,0,\dots,0)=0; \; \sigma^{(n)}(0,0,\dots,x_n)\in A\setminus\{0\}; \; \sigma^{(n)}(x_1,0,\dots,0)\in A\setminus\{0\}; \; x_1,x_n\in A\setminus\{0\}$$

Очевидно, для таких **1–КА** справедливо следующее соотношение $(\forall c\in C(A,d,\phi))(|c\tau^{(n)}|>|c|)$, где $|j|$ – длина конфигурации *j*. Исходя из этого соотношения несложно показать, что среди моделей этой группы имеются **КА**–модели, обладающие конфигурациями типа **НКФ** и **НКФ-1**; число **КА** этой группы равно $(a–1)^{2a}-2*a^{a^n}-2a+1$, тогда как плотность этой группы относительно всех моделей **1–КА** определяется как $\Delta \approx e^{-2}$, т.е. доля этой группы относительно всех **1–КА** с ростом мощности алфавита *A* стремится к пределу e^{-2}.

Достаточно простая модификация этого приема *(например, путем выбора шаблона соседства в виде d–мерного гиперкуба)* работает и для случая размерности *d>2*. С учетом вышесказанного, в дальнейшем мы рассмотрим основные типы неконструируемости **НКФ, НКФ–1** и **НКФ–2** в классических **КА**–моделях.

Для т.н. *линейных* моделей *1–КА*, т.е. моделей с индексом соседства *X={0,1,2,...,n-1}*, алфавитом *A = {0,1,2,...,a-1}* и *ЛФП* $\sigma^{(n)}$:

$$\sigma^{(n)}(x_0, x_1, ..., x_{n-1}) = x^*_0 = \sum_{j=0}^{n-1} b_j x_j \ (mod \ a); \ b_j, x_j, x^*_0 \in A; \ j = 0..n-1$$

показано, что для них имеет место следующее соотношение:

$$\bigcup_j \{c_j \tau^{(n)k} \mid k = 0,1,2,3,...\} = C(A,1,\phi) \setminus \{c_j\}; \qquad c_j \tau^{(n)0} \equiv c_j,$$

где $\{c_j\}$ – множество всех конечных конфигураций типа **НКФ-1**. Т.е. в такого типа *1–КА* множество всех конечных **КФ** генерируется из множества конфигураций типа **НКФ–1**, включая их самих. Иными словами, множество всех **НКФ–1** является тем базисом, из которого генерируется множество $C(A,1,\phi)$. Этот результат можно довольно просто обобщить на общий случай линейных классических *d–КА* (*d>1*). Этот результат обобщается и на *d–КА*, для которых нет **НКФ** и имеет место следующее соотношение ($\forall c \in C(A, d, \phi)(\mid c\tau^{(n)} \mid > \mid c \mid)$), где $\mid h \mid$ – максимальный диаметр конечной конфигурации *h*.

Отметим, что наличие в **КА**–моделях неконструируемых **КФ** типа **НКФ–3** в определенной мере определяет довольно неожиданный результат: *При наличии конструируемого ядра (ненулевой части) у некоторой конечной конфигурации сама конфигурация может быть при этом абсолютно неконструируемой.* Итак, наличие для **КА**–модели неконструируемости типа **НКФ–3** обязательно влечет за собой наличие и неконструируемости **НКФ**; тогда как обратное утверждение, вообще говоря, неверно. Например, бинарный *1–КА* с индексом соседства *X = {0, 1}* и *ЛФП* $\sigma^{(2)}(x, y) = x^*y$ будет обладать неконструируемостью **НКФ** *(например, КФ 101)*, тогда как в модели отсутствует неконструируемость типа **НКФ–3**. Кроме того, можно показать, что в классе простых **КА**–моделей <$Z^1, A, \tau^{(2)}, X=\{0,1\}$> есть модели, которые имеют **НКФ–3** минимального размера *m = a-1 (где a – мощность множества A)*. Другие довольно интересные оценки и различные характеристики для *1–КА* подобного типа можно найти в наших работах [8,11-16,27,32,36,45-49,173-177].

Представленные выше четыре типа неконструируемых **КФ (НКФ, НКФ-1, НКФ-2** и **НКФ-3)** попарно неэквивалентны и позволяют с большей детализацией исследовать проблему *неконструируемости* в классических моделях **d-KA** (d≥1). Так, неконструируемость типа **НКФ-1** позволяет более строго исследовать проблему обратимости динамики конечных конфигураций в классических **d-KA** (d≥1). На следующей диаграмме представлены взаимосвязи четырех типов **(НКФ, НКФ-1, НКФ-2** и **НКФ-3)** неконструируемости *(рис. 3)*.

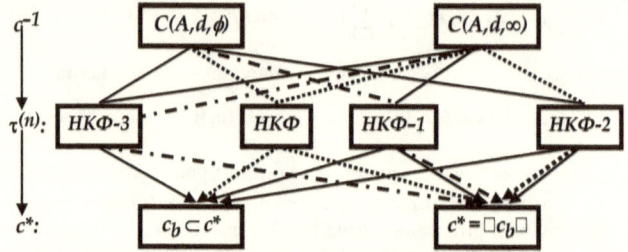

где $c^{-1}\tau^{(n)} = c^*$; c^{-1} - предшественник конечной конфигурации c^*.

Рис. 3. Диаграмма, иллюстрирующая сущность основных типов неконструируемости (НКФ, НКФ-1, НКФ-2 и НКФ-3) в классических моделях d-KA (d ≥ 1)

Таким образом, на рис. 3 схематически представлена вся сущность концепций, определяемых неконструируемыми конфигурациями c^* как блочными, так и конечными, определяемыми отсутствием для них предшественников из множеств $C(A, d, \phi)$ или/и $C(A, d, \infty)$. Детализация данной диаграммы *(рис. 4)* позволяет сделать картину взаимосвязей между вышеопределенными *четырьмя* основными типами неконструируемости существенно более прозрачной, что не требует каких-либо дополнительных пояснений.

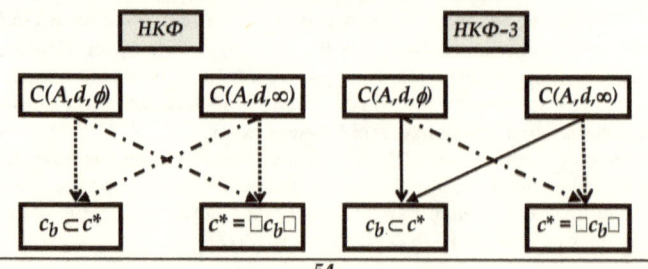

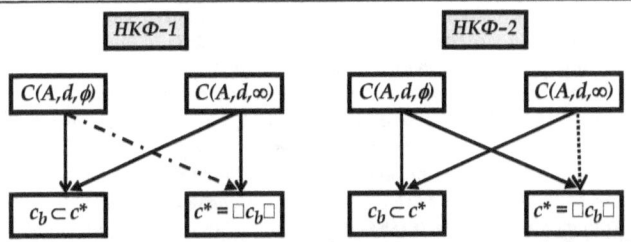

Рис. 4. Диаграммы, определяющие возможности существования во множествах $C(A, d, \phi)$ и $C(A, d, \infty)$ предшественников для конфигураций $\{c_b \mid c=\Box c_b\Box\}$ относительно вышеуказанных четырех типов неконструируемости.

При этом, непрерывная *(пунктирная, штрих-пунктирная)* линия на рис. **3** и **4** соответственно обозначают *допустимость (невозможность)* существования предшественников c^{-1} для любой конфигурации c^* в классическом **d-КА** *(d ≥ 1)*. Если **НКФ (НКФ-3)** будет абсолютной неконструируемостью относительно множества $C(d, A) = C(d, A, \phi) \cup C(d, A, \infty)$, тогда как **НКФ-1** и **НКФ-2** будет неконструируемостью относительно множеств $C(d, A, \phi)$ и $C(d, A, \infty)$ соответственно. Итак, получаем, что при конструируемости конечной конфигурации $c^* = \Box c_b\Box$, неконструируемость блочной конфигурации c_b невозможна.

Таким образом, **НКФ, НКФ-1, НКФ-2** и **НКФ-3** охватывают четыре наиболее интересных случая существования *неконструируемых* **КФ**. Следующий результат, определяемый теоремой 2, раскрывает связь между упомянутыми типами неконструируемости в классических моделях **d-КА** *(d ≥ 1)*.

Теорема 2. Произвольный классический d-КА (d≥1) по меньшей мере имеет один тип неконструируемости НКФ (и, возможно, НКФ-3), НКФ-1 или НКФ-2. Непустые множества НКФ, НКФ-1, НКФ-2 и НКФ-3 для классической модели d-КА (d≥1) бесконечны. ГФП для классического КА может обладать типами неконструируемости согласно таблице 2, представленной ниже. Если для классического КА множество $C(A, d, \infty)$ незамкнуто относительно отображения, определяемого его глобальной функцией перехода $\tau^{(n)}$, то КА будет обладать неконструируемостью типа НКФ-1 и/или НКФ, тогда как обратное утверждение в общем случае неверно. Более того, классический d-КА, который не обладает НКФ-1 и НКФ (НКФ-3), будет обладать НКФ-2; произвольный классический d-КА (d ≥ 1),

Виктор Аладьев, Вячеслав Ваганов, Михаил Шишаков

который не обладает НКФ–2, будет обладать НКФ–1 и/или НКФ. Существуют классические модели d–КА (d ≥ 1), для которых все конструируемые конечные конфигурации являются и абсолютно конструируемыми, т.е. одновременно имеют предшественников из множества C(A,d,ϕ) и множества C(A,d,∞). Итак, существуют классические d–КА (d ≥ 1), для которых конструируемая конечная конфигурация имеет по меньшей мере одного предшественника из множества C(A,d,∞). Если классическая модель d–КА (d≥1) обладает неконструируемостью НКФ в отсутствие таких конфигураций c∈C(A,d,∞), что cτ⁽ⁿ⁾=□ (τ⁽ⁿ⁾ - глобальная функция перехода модели), она будет обладать неконструируемостью типа НКФ и НКФ–2. Существуют d–КА (d ≥ 1), не обладающие неконструируемостью НКФ при существовании только НКФ-1 и АККФ при условии, что каждая конечная конфигурация в КА будет иметь не менее |A|–1 предшественников из множества C(A,d,∞); |G| – кардинальность множества G. Классический d–КА (d ≥ 1), имеющий конфигурации типа НКФ, вполне допускает существование сочетаний конечных конфигураций АККФ, НКФ, НКФ–1 и НКФ–2 согласно таблице.

Допустимые сочетания типов неконструируемости				Возможность сочетания типов
НКФ	АККФ	НКФ–1	НКФ–2	
+	+	+	+	Да
+	+	+	–	Да
+	+	–	–	Да
+	–	–	+	Да
+	–	–	–	Да
–	+	+	–	Да

С другой стороны, для классического d–КА (d ≥ 1) все конечные КФ не могут быть абсолютно конструируемыми (АККФ); среди них могут быть конфигурации НКФ, АККФ, НКФ–1 и НКФ–2 в разных допустимых сочетаниях. Существуют классические модели d–КА (d≥1), для которых произвольная конечная конфигурация является АККФ либо неконструируемой типа НКФ–1.

Так, классический **КА** может обладать неконструируемостью типа **НКФ** в случае замкнутости множества C(A,d,∞) относительно **ГФП** τ⁽ⁿ⁾ автомата. Классический d–КА (d≥1) допускает любое сочетание неконструируемостей типа {**НКФ–1, НКФ**}. В качестве достаточно простого примера можно рассмотреть три бинарные классические модели **1-КА**, чьи локальные функции перехода определяются как:

56

$$\sigma 1^{(3)}(x,y,z) = If(4x+2y+z \in \{4, 5\}, x, z); \quad \sigma 3^{(3)}(x,y,z) = x+y+z \ (mod\ 2);$$
$$\sigma 2^{(3)}(x,y,z) = If(4x+2y+z \in \{1, 4\}, 1, 0); \quad x,y,z \in B = \{0, 1\}$$

Очевидно, легко доказывается ложность обратного утверждения; действительно, бинарные локальные функции перехода $\sigma 1^{(3)}$, $\sigma 3^{(3)}$ и $\sigma 2^{(3)}$ определяют классический *1–КА*, который обладает *НКФ* без *НКФ-1*, обладает *НКФ-1* без *НКФ* и обладает как *НКФ*, так и *НКФ-1* соответственно. В свою очередь, существуют классические *d–КА*, не обладающие *НКФ* и *НКФ-1*, обладая неконструируемостью *НКФ-2*.

Если некоторая *НКФ* (*НКФ–3*) есть *абсолютно* неконструируемая конфигурация относительно множества $C(A,d,\phi) \cup C(A,d,\infty)$, то *КФ НКФ-1* и *НКФ-2* – *относительно* неконструируемые конфигурации относительно множеств $C(A,d,\phi)$ и $C(A,d,\infty)$ соответственно. В табл. *1* знак «+ (–)» указывает на наличие (*отсутствие*) соответствующего типа неконструируемых конфигураций в классическом *d-КА* (*d≥1*), определяя допустимые сочетания их типов. Детальнее обсуждение этих вопросов с разных точек зрения можно найти в [16,32,45-49].

Таблица 1

Допустимые типы неконструируемости для классических моделей *d–КА* (*d ≥ 1*)				Допустимые сочетания типов
НКФ	*НКФ-1*	*НКФ-2*	*НКФ-3*	
+	+	+	+	*Да*
+	+	+	–	*Да*
+	+	–	–	*Да*
+	+	–	–	*Да*
+	–	+	+	*Да*
+	–	+	–	*Да*
+	–	–	+	*Да*
+	–	–	–	*Да*
–	+	–	+	*Нет*
–	+	–	–	*Нет*
–	–	+	+	*Нет*
–	+	–	–	*Да*
–	–	+	–	*Да*
–	+	+	+	*Нет*
–	+	+	–	*Нет*
–	–	–	+	*Нет*
–	–	–	–	*Нет*

В частности, из таблицы *1* следует, что классические модели *d-КА* (*d ≥ 1*) имеют по меньшей мере один тип пеконструируемых *КФ*, а именно: **НКФ, НКФ-1, НКФ-2** и/или **НКФ-3**. Так, *128* бинарных классических *1-КА* с индексом соседства *Мура* относительно всех неконструируемых **КФ** указанных типов дифференцируются как:

Тип	НКФ	НКФ-1 без НКФ	только НКФ-2
Число	$113 \approx 88.3\%$	$10 \approx 7.8\%$	$5 \approx 3.9\%$

Следующее предложение позволяет достаточно широко трактовать понятие *замыкания* множества конфигураций $C(A, d, \infty)$.

<u>*Предложение 1*</u>. *Для классической модели d-КА ($d \geq 1$) существуют конфигурации $c^* \in C(A,d,\infty)$, которые удовлетворяют отношению $c^* \tau^{(n)} = c \in C(A,d,\phi)$ только тогда, когда для КА-модели существуют конфигурации $c_0{}^{\infty} \in C(A,d,\infty)$, которые удовлетворяют отношению $c_0{}^{\infty} \tau^{(n)} = \square$, исключая случай тривиальной модели, ЛФП $\sigma^{(n)}$ которой удовлетворяет следующему соотношению, а именно:*

$$(\forall <x_1 x_2 \dots x_n> \mid x_j \in A; \, j = 1..n)(\sigma^{(n)}(x_1, x_2, \dots, x_n) = 0)$$

При этом, полностью нулевая конфигурация «$\square$» относится нами к множеству $C(A, d, \phi)$ всех конечных конфигураций, определенных в алфавите состояний A элементарного автомата КА-модели.

Поэтому существование нетривиального d-мерного отображения $\tau^{(n)}$ конфигураций $c^{\infty} \in C(A,d,\infty)$ при наличии отношения $c^{\infty} \tau^{(n)} = \square$, эквивалентно наличию для отображения конфигураций $c_0{}^{\infty}$ таких, что $c_0{}^{\infty} \tau^{(n)} = c \in C(A,d,\phi)$. Итак, в общем случае в качестве замыкания *(открытости)* множества $C(A,d,\infty)$ всех бесконечных конфигураций относительно **ГФП** $\tau^{(n)}$ классического d-КА ($d \geq 1$) в рамках книги мы будем понимать существование *(отсутствие)* в множестве $C(A,d,\infty)$ бесконечных конфигураций $c^{\infty} \in C(A,d,\infty)$, для которых отношение $c^{\infty} \tau^{(n)} = c \in C(A, d, \phi)$ имеет место.

Несколько подробнее рассмотрим понятие неконструируемости типа **НКФ-3**. Формально конечная конфигурация $c^* = \square c_b \square$ {$c_b = x_1 x_2 \dots x_p; x_1, x_p \in B \backslash \{0\}; x_j \in A; j = 2..p-1, B = \{0, 1\}$}, будучи **КФ** типа **НКФ-3**, определяется следующим условием, а именно:

$$(\forall c \in C(A,d,\phi) \cup C(A,d,\infty))(c\tau^{(n)} \neq c^*) \, \& \, (\exists c \in C(A,d,\phi) \cup C(A,d,\infty))(c_b \subset c\tau^{(n)}))$$

Бинарный классический *1-КА* с индексом соседства $X = \{0,1,2\}$, чья **ЛФП** $\sigma^{(n)}$ определяется формулой следующего вида, вполне можно рассматривать как довольно простой, но не тривиальный пример:

$$\sigma^{(3)}(x,y,z)=If(4x+2y+z\in\{0,1\},\ z,\ If(4x+2y+z\in\{2,3\},\ y,\ x+y+z+1\ (mod\ 2));$$
$$x,y,z\in B=\{0,1\}$$

Данное представление локальных функций перехода в бинарных моделях **1–КА**, использующих естественную нумерацию кортежей **<x, y, z>**, является достаточно наглядным, компактным и удобным.

Непосредственная проверка показывает, что этот бинарный **1–КА** обладает неконструируемой *блочной* конфигурацией c^*=**<0010100>** [8,27,40]. С другой стороны, блочная конфигурация c_b=**<101>** – *ядро предыдущей конфигурации* c^* – является конструируемой **КФ**, легко следуя из существования для c_b предшественника простого вида, а именно: c^{-1} = **<01001>**. Таким образом, в случае конструируемости *блочной конфигурации* c_b, конфигурация c^*=$\Box c_b \Box$ вполне может быть *неконструируемой* конфигурацией, т.е. не иметь предшественников из множества $C(A,d,\phi)\cup C(A,d,\infty)$ как конечных, так и бесконечных конфигураций. Отметим, понятия неконструируемости и блочной неконструируемости существенно различаются и в значительной степени обусловлены *классическим* типом **d–КА**, который позволяет естественным образом дифференцировать множество $C(A,d)$.

Графически основное различие между блочно–неконструируемой конфигурацией c_b и конфигурационно–неконструируемой **КФ** c = $\Box c_b \Box$ может быть представлено следующей диаграммой, а именно:

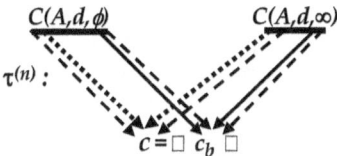

где: ————— – наличие предшественников c^{-1}, ... – отсутствие предшественников c^{-1} для случая **НКФ–3**; --------------- – отсутствие предшественников c^{-1} для случая **НКФ**. В диаграмме достаточно наглядно проиллюстрировано отличие неконструируемости типа **НКФ–3** от *неконструируемости* типа **НКФ**. В *первом* случае понятие неконструируемости, называемой **конфигурационной**, относится к конечным конфигурациям, тогда как во *втором* случае имеет место **блочная** неконструируемость.

Итак, можно показать *(обобщенный критерий)*: **Классическая модель** *d–КА (d≥1) обладает неконструируемостью типа НКФ и, может быть, НКФ-3 тогда и только тогда, когда для нее существуют конечные G конфигурации, которые не имеют предшественников G^{-1} из множества $C(A,d,\phi)\cup C(A,d,\infty)$.* Проблема существования **КФ** этого типа для произвольного классического *d–КА (d≥1) разрешима*, если *d=1*, и *неразрешима*, если *d≥2*. Доказательство этого результата основано на неразрешимости известной проблемы «*домино*» [9,27].

Поэтому неконструируемость типа **НКФ-3** можно рассматривать как особый подкласс общей неконструируемости **НКФ**, который в некоторых случаях представляет вполне определенный интерес и в теоретических, и в прикладных исследованиях классических **КА**-моделей. Прежде всего это касается случаев исследования моделей как формальных параллельных систем обработки конечных слов в конечных алфавитах, а также при моделировании на формальном уровне некоторых процессов, включая процессы вычислительного характера. Результаты касательно типа *неконструируемости* **НКФ-3** представляют определенный интерес как составной компоненты в составе собственного аппарата изучения динамики классических **КА**-моделей и многих их абстрактных приложений [8,11-14,36,44].

Разумеется, неконструируемость **НКФ-3** можно рассматривать как некий частный случай неконструируемости **НКФ**, определяющий существование неконструируемых конфигураций особой формы, интересной со многих точек зрения. При этом, концепция **НКФ-3** лежит на стыке *блочной* и *конфигурационной* неконструируемостей, принадлежа им обоим. Таким образом, если неконструируемость типов **НКФ-1** и **НКФ-2** вызвана дифференцированием множества $C(A,d)$ на два непересекающихся подмножества $C(A,d,\phi)$ и $C(A,d,\infty)$ конечных и бесконечных конфигураций, то различие в множестве **НКФ** особого подмножества **НКФ-3** вызвано дифференцированием *абсолютной* неконструируемости по виду конфигураций, наиболее естественному для *аксиоматики* классических **КА**-моделей, которая определяет их глобальную динамику. Итак, конфигурация $c^*=\square c_b\square$ $\{c_b=x_1x_2...x_p; x_1, x_p\in A\setminus\{0\}; x_j\in A; j=2..p-1\}$, являющаяся типа **НКФ-3**, определяется следующим соотношением, а именно:

$$(\forall c\in C(A,d))(c\tau^{(n)}\neq c^*)\ \&\ (\exists c\in C(A,d))(c_b\subset c'=c\tau^{(n)})$$

Сущность произвольной конфигурации c^* типа **НКФ-3** достаточно хорошо иллюстрирует достаточно простая диаграмма, а именно:

$$\tau^{(n)}: \quad \begin{array}{cc} c \in C(A,d) & c \in C(A,d) \\ \Big\downarrow\!\!\!\!/ & \Big\downarrow \\ c^* = \square\, c_b\, \square & c' \supset c_b \end{array}$$

Таким образом, посредством четырех типов неконструируемости (*НКФ, НКФ-1, НКФ-2 и НКФ-3*) мы охватываем фундаментальную концепцию в целом. При этом, блочная неконструируемость (*тип НКФ*) определяет самую сильную и ведущую компоненту понятия неконструируемости в целом, а именно: *Блочная конфигурация c_b неконструируема тогда и только тогда, если не существует КФ $c \in C(A,d)$ такой, что $c_b \subset c\tau^{(n)}$*. В то время как другие базовые типы *неконструируемости (НКФ-1, НКФ-2, НКФ-3)* носят относительный характер, определяемый различиями определений бесконечной, блочной и конечной **КФ** относительно глобального отображения $\tau^{(n)}$ классической **КА**-модели. Понятия неконструируемости {*НКФ, НКФ-3*} и {*НКФ-1, НКФ-2*} определяются относительно множеств $C(A,d)$ и $C(A,d,\phi)$ для бесконечной и конечной **КФ** соответственно, основываясь на естественной дифференциации множества $C(A,d)$ всех возможных конфигураций классической **КА**-модели.

Между тем, возможны и другие довольно интересные определения относительной неконструируемости. Так, **U. Golze** [60] определил понятия множеств *рекурсивных (C^r)* и *рациональных (C^q)* **КФ**, которые удовлетворяют отношению $C(A,d,\phi) \subset C^q \subset C^r \subset C(A,d)$, и исследовал типы неконструируемости относительно этих множеств C^q и C^r для классического *d–КА ($d = 1,2$)*. **U. Golze** показал, если в классической модели *1–КА* конфигурация $c \in C(A,1,\phi)$ имеет предшественника c^*, то она обязательно также имеет предшественника из множества C^q; существуют конфигурации $c \in C(A,2,\phi)$, имеющие *предшественников* только из множества $C(A,2) \setminus C^r$. В частности, из данных результатов следует *незквивалентность* классических моделей *1–КА* и *d–КА ($d{\geq}2$)* относительно понятия неконструируемости, введенного **U. Golze**.

Рассмотрим теперь несколько подробнее вопрос о существовании возможных сочетаний типов неконструируемости для *классической* модели *1–КА*. Прежде всего, на основании теоремы 6 [9,10] наряду с допустимыми сочетаниями типов неконструируемостей, которые были приведены в таблице *1*, определяется возможность указанных сочетаний в случае отсутствия неконструируемости типа **НКФ** для классического *1–КА.* Доказательство этой части теоремы *1* довольно просто, не требуя особых пояснений. Для изучения допустимости сочетаний *1..8 (таблица 1)* рассматриваются конкретные примеры простых классических моделей *1-КА*, для которых устанавливается существование соответствующих типов неконструируемости [7,47]. Доказательство несложно обобщается на общий случай *d*–мерных *(d ≥ 2)* классических *КА*–моделей [27,61].

Из теоремы *1*, в частности, следует, что классическая модель *d–КА (d ≥ 1)* не обладает свойством абсолютной конструируемости. Ниже под обозначениями *НКФ, НКФ-1, НКФ-2* и *НКФ-3* понимаются как конкретные неконструируемые конфигурации соответствующего типа, так и множества всех таких конфигураций по отношению к заданным *ГФП* $\tau^{(n)}$ и алфавиту *A* классического *d–КА (d ≥ 1)*. Ввиду сказанного возможно представить в определенном смысле *верхнюю границу* существования типов неконструируемости в классических *КА*–моделях *(теорема 7* [1,5,15,27]).

<u>Теорема 3</u>. *Для классической модели d–КА справедливы следующие соотношения (d ≥ 1), а именно:*

$$НКФ\text{–}3 \subset НКФ \subset C(A,d,\phi), \quad НКФ\text{–}1 \subset C(A,d,\phi); \quad НКФ \cap НКФ\text{–}1 = \varnothing;$$
$$НКФ \cup НКФ\text{–}1 \cup НКФ\text{–}2 \cup НКФ\text{–}3 \subset C(A,d,\phi).$$

где ∅ – пустое множество. Положим, что G=C(A,d,ϕ)\\{□}, но тогда существуют классические модели d–КА (d ≥ 1), для которых имеет место соотношение G∪{□}=НКФ-2 или G=НКФ, исключая случай такой, как G = НКФ-1.

Итак, теорема *3* дает еще один аргумент в пользу различия между типами неконструируемости *НКФ, НКФ-1, НКФ-2* и *НКФ-3*. При этом, для проблемы неконструируемости определенный интерес представляет вопрос о *доле* классических *КА*-моделей, обладающих неконструируемыми конфигурациями разных типов. В работе [58] Э.Ф. Мур выдвинул гипотезу о том, что доля моделей *d–КА (d ≥ 1)*, обладающих конфигурациями типа *НКФ*, стремится к единице с ростом кардинальности алфавита *A* моделей. Поэтому в [1,8] были представлены асимптотические оценки доли моделей *d–КА (d ≥ 1)*, обладающих *НКФ*, а также *НКФ-1* при отсутствии *НКФ* для них.

На основе достаточно простых комбинаторных подходов, которые используют *основные* критерии наличия неконструируемости *НКФ* и *НКФ-1* совместно с некоторыми другими соображениями, было получено много весьма полезных отношений в этом направлении [1,8]. Более того, следует иметь в виду, что получение оптимальных нижних оценок не преследовалось, но они могут быть достаточно полезны при количественном анализе классических *КА*–моделей.

В частности, было доказано: *доля классических моделей d–КА (d≥1), которые обладают типами неконструируемости НКФ-1 и / или НКФ, будет больше (e–1)/е, вне зависимости от размера шаблона соседства моделей (d≥1); более того, доля стремится к 1 с ростом кардинальности алфавита состояний элементарных автоматов.* В [1,5] и в ряде других работ начато систематическое исследование этого и связанных с ним вопросов. Например, Э. *Икауниекс*, на базе довольно простой стохастической процедуры показал, что *«почти все»* классические модели *d–КА (d ≥ 1)* обладают *НКФ* [62]. На базе понятия γ–конфигураций [2], введенного и рассмотренного нами в следующей главе, нам удалось получить асимптотическую оценку числа классических моделей *d–КА,* которые не обладают *НКФ.* Этот результат не только полностью закрывает проблему Э.Ф. *Мура,* но и показывает степень общности понятия неконструируемости типа *НКФ.* Совершенно иная картина имеет место в случае иных типов неконструируемости. Так, с ростом кардинальности алфавита *А* доля *1–КА,* обладающих *НКФ-1,* достаточно быстро уменьшается. Итак, по степени общности самого понятия неконструируемости тип *НКФ* в *d–КА* представляется наиболее представительным по сравнению с типами неконструируемости *НКФ-1, НКФ-2* и *НКФ-3.*

Несмотря на отсутствие точных оценок числа моделей *1–КА (d ≥ 1),* которые обладают теми или иными типами неконструируемости, полученные оценки позволяют сделать определенные выводы по степени общности вышеуказанных типов неконструируемости в классических моделях *1–КА* и в *d–КА (d≥2)* в целом. Доказательство соотношения, представленного ниже, основано на полезной лемме.

Лемма 1. Число моделей d–КА (d ≥ 1), не обладающих НКФ (НКФ–3) с алфавитом A={0,1, ..., a–1} и шаблоном соседства из n единичных автоматов меньше, чем нижеследующее значение N, а именно:

$$N = \prod_{j=0}^{a-1} C_{a^{n-1}(a-j)}^{a^{n-1}} = \frac{1}{(a^{n-1}!)^a} \prod_{j=0}^{a-1} \frac{[a^{n-1}(a-j)]!}{[a^{n-1}(a-j-1)]!} = \frac{(a^n)!}{(a^{n-1}!)^a}$$

Итак, из весьма простых комбинаторных соображений и леммы *1* долю Δ*(a,n)* классических моделей *d-КА (d≥1),* которые не обладают неконструируемостью типов *НКФ* и *НКФ-3,* можно представить в форме довольно полезного асимптотического соотношения [27,36].

Теорема 4. *Доля классических моделей d–KA (d≥1) с алфавитом A =*
{0,1, ..., a–1} и шаблоном соседства из n элементарных автоматов,
не обладающих неконструируемостью типа НКФ (НКФ–3), можно
определить посредством асимптотического соотношения:

$$\Delta(a,n) \approx \frac{1}{\sqrt{(2\pi)^{a-1}}\, a^{a(n-1)-n}}$$

Таким образом, полученная оценка не зависят от размерности **КА**–
модели, показывая, что с ростом значений *a* и *n* доля моделей, не
обладающих **НКФ (НКФ–3)** и обладающих свойством *обратимости*
динамики **d–KA** становится сколь угодно малой, т.е. модели **d–KA**
(d ≥ 1) с указанным свойством с ростом *a* и *n* становятся все более и
более «*экзотическими*» на общем фоне всего многообразия моделей
d–KA (d≥1). В [36] было представлено обсуждение различных типов
соотношений, подобных упомянутому, наряду с рядом достаточно
интересных вопросов для дальнейшего исследования.

Много интересных результатов о существовании **НКФ** и **НКФ–1** в
классических моделях **d–KA (d ≥ 1)** с алфавитом A = {0,1,2, ..., *a–1*} и
произвольным индексом соседства **X, ГФП** которых удовлетворяют
условию $(\forall g \in C(A, d, \phi)(|g\tau^{(n)}| > |g|)$, ($|g|$ *определяет максимальный*
диаметр конечной конфигурации g); т.е. модели подобного типа будут
генерировать конфигурации, строго увеличивающиеся в диаметре
по сравнению с начальной конфигурацией, которая отличается от
полностью нулевой конфигурации *c**=«▢»*. Немало результатов в
данном направлении можно найти в [27,40-49,63,64,173-177].

Классические модели **1–KA** с бинарным алфавитом **A** и индексом
соседства **X={0, 1, 2}** были рассмотрены как пример распределения
моделей относительно типов *неконструируемости*, представленных
выше. Очевидно, число таких моделей равно *128*. Для простоты мы
перечислим эти модели соответствующими квалифицирующими
числами *(номерами)* от *0* до *127*. Например, модель, определенная
ЛФП $\sigma^{(3)}(x_o,x_1,x_2) = \sum_j x_j \,(mod\,2)$; $x_j \in A = \{0,1\}$, *j = 0..2* будет определена
квалифицирующим числом *105*. На основе прямого анализа [44-49]
показано, что среди классических бинарных моделей **1–KA** такого
типа существует *113* моделей, которые обладают **НКФ** *(возможно, и*
НКФ–3 *или/и* **НКФ–1***)*; полный список таких **1–KA** определяется их
квалифицирующими числами *(в дальнейшем просто номерами)* как:

0..14, 16..23, 24..29, 31..44, 46..50, 52..59, 61..74, 76..84, 87..88,
91..100, 103..104, 107..119, 121..127.

Модели этого подмножества исследовались достаточно подробно. В частности, мы изучили модель с квалифицирующим числом *29*, которая имеет определенный интерпретирующий характер и для которой локальная функция перехода определяется следующим образом: $\sigma^{(3)}(x_0, x_1, x_2)$ = *If(4x+2y+x ∈ {3,4,5,7}, 1, 0)*. Выяснилось, что модель имеет неконструируемую блочную конфигурацию «*1100*» минимального размера *4*. Очевидно, что блочная конфигурация, содержащая подконфигурацию «*1100*», также неконструируемая. Очевидно, для классической модели *d–КА*, обладающей *НКФ–1*, должны существовать бесконечные конфигурации *h ≠ □* такие, что *hτ=□*, где *τ* - глобальная функция перехода модели и *□ - бесконечная нулевая конфигурация*. Для модели с квалифицирующим числом *29* это условие не соблюдается, поэтому такая модель не обладает неконструируемостью *НКФ–1*. Для компьютерного исследования *минимального* размера *НКФ* для вышеуказанной модели *1–КА* была запрограммирована процедура *MinNCF* в системе *Mathematica*. В то время как процедура *NcfAll* позволяет исследовать количество неконструируемых блочных конфигураций длины *n* наряду с их плотностью *(ρ)* относительно всех блочных конфигураций той же длины *n*; исходные коды обеих процедур можно найти в [18,27,43]. В частности, пакет *MathToolBox* и библиотека *UserLib6789* [41,42], запрограммированные соответственно для систем *Mathematica* и *Maple*, содержат ряд процедур для компьютерного исследования в классических *КА*-моделях различных динамических аспектов.

Модель *КА* с квалифицирующим числом *120* представляет вполне определенный когнитивный и прикладной характер, ее локальная функция перехода σ определяется параллельными подстановками следующим образом:

000 → 0, 001 → 1, 010 → 1, 011 → 1, 100 → 1, 101 → 0, 110 → 0, 111 → 0

Динамика этой модели характеризуется хаотическим поведением, порождающим сложные, в определенных отношениях случайные конфигурации из достаточно простых начальных конфигураций; локальная функция перехода модели может быть использована в качестве генератора псевдослучайных чисел. Локальная функция перехода модели была предложена для использования в качестве шифратора последовательностей в криптографии [7,27]. Исходя из критерия неконструируемости, основанного на *взаимно–стираемых* конфигурациях, легко убедиться, данная модель *1–КА* не обладает неконструируемостью **НКФ**, обладая простейшей конфигурацией $w = \Box 1 \Box$ в качестве **НКФ-1**. При этом, анализ динамики конечных конфигураций в такой модели позволил выявить: **1-КА** обладает свойством существенной самовоспроизводимости конечных **КФ** в смысле *Мура*. Более того, подробный анализ как конструктивных возможностей, так и динамических свойств классических *бинарных* моделей **1-КА** с индексом соседства *Мура* можно найти в [46-49].

Отметим, что приведенные результаты относительно классических *бинарных* моделей **1-КА** с индексом соседства *Мура* в значительной степени могут быть обобщены и на более общие случаи моделей **d-КА** *(d ≥ 1)*. Итак, для получения достаточно сложной динамики следует обратить внимание на модели, которые обладают типами неконструируемости **НКФ** и/или **НКФ-1**. Поэтому отсутствие для классических **КА**-моделей неконструируемости типа **НКФ** *(прежде всего в сочетании с НКФ-1)* может служить своего рода «фильтром» при выборе моделей со сложной *динамикой* конечных **КФ**, которые представляют определенный прикладной интерес [7,15-17,44-49].

Четыре типа неконструируемых конфигураций, представленных выше, были рассмотрены относительно множеств $C(A, d)$, $C(A, d, \phi)$, $C(A, d, \infty)$, основываясь на понятиях *блочной, конечной* и *бесконечной* конфигураций, которые характеризуют т.н. понятие *абсолютной* неконструируемости в классических **КА**-моделях. Ряд достаточно интересных интерпретаций как в теоретических, так и прикладных аспектах **КА**-моделей использует такое понятие, как *относительная* неконструируемость, когда конструируемость **КФ** рассматривается относительно определенного подмножества C^* множества $C(A, d)$; например, наиболее известные случаи $C^* \equiv C(A, d, \phi)$, $C^* \equiv C(A, d, \infty)$ или $C^* \subset C(A, d)$ – конечное непустое либо бесконечное множество конфигураций. По нашему мнению, необходимо определить так называемую *относительную* неконструируемость с учетом целого ряда довольно интересных интерпретаций как теоретических, так и прикладных аспектов динамики классических **КА**-моделей. Мы введем более общее понятие *относительной* неконструируемости в классических **КА**-моделях независимо от базового множества **КФ**.

Определение 5. *Конфигурация* $c \in C(A, d)$ *будет неконструируемой относительно множества конфигураций* $B \subset C(A, d)$ *и глобальной функции перехода* $\tau^{(n)}$ *классической модели d-КА (d≥1) только, если имеет место следующее соотношение* $(\forall c^* \in B)(c^*\tau^{(n)} \neq c)$.

В то же время, дальнейшая детализация понятия относительной неконструируемости возможна аналогично рассмотренному выше. Таким образом, концепция относительной неконструируемости в более широком смысле, чем это было сделано в случае *классических КА*-моделей, имеет немало довольно интересных интерпретаций, которые стимулируют ее дальнейшие исследование [8,49]. Прежде всего, возникает весьма важный вопрос о взаимосвязи *абсолютных* и *относительных* неконструируемостей в классических *КА*-моделях. Результат ниже дает частичный ответ на этот вопрос, интересный со многих точек зрения [7,15-17,27,44-49,173-177].

Теорема 5. Если классическая модель d–КА (d≥1) не обладает НКФ, то она не обладает также и НКФ-3; такая модель относительно множества B = C(A,d)\C обладает НКФ-1 и / или НКФ-3, и может обладать НКФ-2 и / или НКФ-3, а также НКФ-3, если некоторое множество C будет строгим подмножеством соответственно множеств C(A,d,ф), C(A,d,∞) и C∩C(A,d,ф) ≠ Ø; C∩C(A,d,∞) ≠ Ø. Если классический d–КА (d≥1) не обладает неконструируемостью НКФ, обладая неконструируемостью НКФ-1, то для него существуют неконструируемые конечные конфигурации относительно набора C(A,d,ф). В случае, если классическая модель d–КА (d≥1) не обладает неконструируемостью типов НКФ и НКФ-1, для нее произвольная конечная конфигурация будет неконструируемой относительно множества C(A,d,∞). Если классический d–КА (d≥1) будет обладать неконструируемостью НКФ, тогда для него будут существовать неконструируемые конечные КФ относительно как множества C(A,d,ф), так и множества C(A,d,∞). Не существует классических моделей d–КА (d ≥ 1), обладающих только неконструируемостью НКФ-1, тогда как не существует классических моделей d–КА (d≥1), обладающих только НКФ–1 и АККФ.

Таким образом, классические модели *d–КА (d ≥ 1)* могут обладать только неконструируемостью **НКФ** или **НКФ-2** *(например, довольно тривиальные модели)*, тогда как классические модели *d–КА (d ≥ 1)* не могут обладать лишь неконструируемостью **НКФ–1.** Из теоремы 5 следует, типы неконструируемости **НКФ, НКФ-1, НКФ-2** и **НКФ-3,** как правило, не эквивалентны, находясь на уровне относительной неконструируемости в классических моделях *d–КА.* В то же время неконструируемость типа **НКФ** в определенной степени возможно рассматривать как *абсолютную* неконструируемость конечных **КФ,** которые не имеют предшественников из множества *C(A,d).*

2.3. Критерии существования основных типов неконструируемости в классических клеточных автоматах (КА–моделях)

Первый критерий неконструируемости в классических **КА**-моделях восходит к Э.Ф. Муру и Дж. Майхиллу [58,59] и основан на понятии *взаимно стираемых конфигураций* (**ВСКФ**). В несколько обобщенном виде, эквивалентном исходному понятию, **ВСКФ** вводится как:

Определение 6. *Две конфигурации c_1, $c_2 \in C(A,d,\phi)$ ($c_1 \neq c_2$) образуют пару ВСКФ относительно глобальной функции перехода $\tau^{(n)}$ для модели d–КА ($d \geq 1$), если имеет место соотношение $c_1\tau^{(n)} = c_2\tau^{(n)}$.*

Конфигурации c1, $c2 \in C(A, d, \infty)$, различающиеся только конечным числом состояний, которые отличаются от состояния покоя "0", называются конечно-различающимися (Кркф). Если для двух Кркф $c1, c2 \in C(A, d, \infty)$ имеет место соотношение $c1\tau^{(n)} = c2\tau^{(n)} = c \in C(A, d, \phi)$ и $\tau^{(n)}$ - глобальная функция перехода некоторой модели d–КА ($d \geq 1$), то такие конфигурации называются конечно взаимно стираемыми в такой КА–модели и обозначаются как $ВСКФ_\infty$.

Можно убедиться, что определение 6 эквивалентно определению **ВСКФ** *Э.Ф. Мура*, но оно более удобно как для теоретического, так и качественного исследования *динамики* классических **КА**-моделей. Используя понятие **ВСКФ**, Э. Мур и Дж. Майхилл получили [58,59] основной критерий существования в моделях *d–КА (не обязательно классических)* неконструируемых конфигураций типа **НКФ**, а затем обобщенный на случай неконструируемости **НКФ–3** [4,5,27,43].

Теорема 6. *Произвольная классическая модель d–КА ($d \geq 1$) обладает неконструируемостью НКФ (и, возможно, НКФ-3) тогда и только тогда, когда для ее глобальной функции перехода $\tau^{(n)}$ существуют пары ВСКФ. Классическая модель d–КА ($d \geq 1$) обладает типами неконструируемости НКФ и, возможно, НКФ-1, если ее глобальная функция перехода $\tau^{(n)}$ будет обладать парами $ВСКФ_\infty$.*

Вторая часть теоремы 6 является вполне естественным обобщением ее первой части, а ее доказательство основано на вышеупомянутом понятии **ВСКФ**. Между тем, необходимо отметить, что *бесконечные* конфигурации, чьей подложкой является □-конфигурация, будут исключены из понятия $ВСКФ_\infty$. Итак, критерий на основе понятия $ВСКФ_\infty$ носит качественный характер с легким гносеологическим оттенком в отличие от критерия на основе понятия **ВСКФ**; посему он не позволяет получать результаты количественного характера, в частности, относительно размеров **ВСКФ** и **НКФ**. Между тем и во втором случае подобные результаты далеки от оптимальных.

Критерий существования **НКФ** в классических моделях **d–КА** (*d*≥1) остается справедливым также в случае *нестабильных* моделей, для которых условие $\sigma^{(n)}(x,...,x)=x$ не выполняется, т.е. для этих моделей состояние покоя "**x**" отсутствует. Критерий предполагает изучение ряда вопросов, связанных со свойствами **ВСКФ**; некоторые из них рассматриваются ниже. Однако прежде нам нужно будет понятие **ВСКФ** строго по *Муру–Майхиллу*. Для большей наглядности и без потери общности определение **ВСКФ** по *Муру–Майхиллу* приведем для случая моделей *1–КА* [1,4,5,8,27,40,173-177].

Определение 7. Пусть W будет блоком из m смежных автоматов модели 1-КА, а B будет множеством всех соседних автоматов для W согласно индекса соседства X = {0,1, ..., n–1}. Пусть теперь КФ(P) будет конфигурацией конечного блока P единичных автоматов у этой модели. Тогда блочные конфигурации $КФ(B_1) \cup КФ(W_1) \cup КФ(B_2)$ и $КФ(B_1) \cup КФ(W_2) \cup КФ(B_2)$ называются парой ВСКФ для функции глобального перехода $\tau^{(n)}$ в 1-КА тогда и только тогда, когда:

$$[КФ(B_1) \cup КФ(W_1) \cup КФ(B_2)]\tau^{(n)} \equiv [КФ(B_1) \cup КФ(W_2) \cup КФ(B_2)]\tau^{(n)}$$
$$КФ(W_1) \neq КФ(W_2)$$

Согласно соглашениям блок W будем ниже называть внутренним блоком (ВБ) пары ВСКФ или сокращенно просто ВБ ВСКФ.

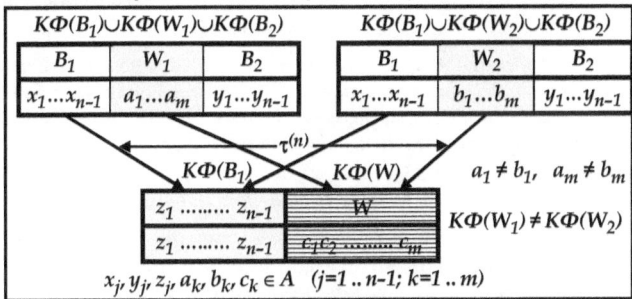

Рис. 5. Иллюстрация отображения пары ВСКФ посредством ГФП (глобальной функции перехода) $\tau^{(n)}$ модели 1-КА в одну и ту же самую блочную конфигурацию $КФ(W) \cup КФ(B_1)$.

Суть **ВСКФ** для случая моделей *1-КА* хорошо иллюстрирует рис. 5. Из определения **7** достаточно несложно убедиться, что множество всех пар **ВСКФ** бесконечно, а их структура представляет интерес в теоретических и прикладных исследованиях. Более того, изучение структуры **ВСКФ** для *d*-размерностей *(d ≥ 2)* встречает достаточно существенные затруднения и допустимо только в особых случаях, поэтому наиболее интересные и существенные результаты в этом направлении на сегодняшний день получены, в основном, в случае моделей *1-КА* разных типов [1,5,7,15-17,27,44-49,173-177].

В свое время относительно **ВСКФ** Э. *Муром* было сформулировано довольно много интересных вопросов, решение которых позволило получить ряд интересных результатов для *1*-мерного случая. Ниже результат иллюстрирует все разнообразие типов **ВБ ВСКФ** даже в случае довольно простых бинарных классических моделей *1-КА* с индексом соседства *X* = {-1,0,1}, т.е. индексом *Неймана-Мура* [1,3,5,8].

Теорема 7. *Одномерные бинарные классические модели с индексом соседства вида X = {-1,0,1} обладают парами ВСКФ с простым ВБ размера L только одного из следующих основных типов, а именно:*

1) $L = \{p^{+} \,|\, p \geq 1\}$;   2) $L = \{1^{+}, 2^{+}, 3^{+}, p^{-} \,|\, p \geq 4\}$;   3) $L = \{1^{-}, p^{+} \,|\, p \geq 2\}$

4) $L = \{1^{+}, 2p^{-}, (2p+1)^{+} \,|\, p \geq 1\}$;   5) $L = \{1^{-}, 2^{+}, p^{-} \,|\, p \geq 3\}$;   6) $L = \{1^{+}, p^{-} \,|\, p \geq 2\}$

где верхний индекс {+ | -} определяет {существование | отсутствие} пар ВСКФ с простым ВБ, который не содержит других пар ВСКФ.

Для исследования ряда вопросов проблемы неконструируемости в классических и нестабильных *КА*-моделях может быть достаточно полезна следующая довольно простая лемма [27,44,45,173-177].

Лемма 2. *Модель 1-КА будет обладать парами ВСКФ только в том случае, если модель обладает парами ВСКФ, чьи внутренние блоки имеют нечетные и четные размеры. Более того, ВБ минимального размера может содержать четное или нечетное число единичных автоматов для КА-модели, чья локальная функция перехода* $\sigma^{(n)}$ *зависит от координат текущих единичных автоматов модели.*

Итак, лемма **2** касается, в основном, классических и нестабильных моделей. Легко показать, что лемма **2** неверна для *КА*-моделей, чья *ЛФП* зависит от координат текущих элементарных автоматов. Ряд примеров показывает, что с увеличением алфавита состояний *А* и индекса соседства классических *1-КА* допустимые типы *ВБ ВСКФ* расширяются [5,44,45]. Более того, структура алфавита состояний *А*

заметно влияет на концепцию неконструируемости в классических
*КА-*моделях. Таким образом, сама проблема неконструируемости в
общей постановке связана как с дифференцированием алфавита *А*,
так и с его кардинальностью. В частности, если множество *N* всех
неотрицательных целых чисел берется в качестве алфавита *А* для
КА, то уже относительно модели $1\text{-}KA \equiv <Z^I, A=N, \tau^{(2)}, X>$ сам смысл
концепции неконструируемости типа *НКФ* теряется [5,7,8,27,44].

Между тем, если отмена дифференциации алфавита *А* в контексте
выделения особого состояния покоя «*0*» сохраняет в силе критерий
существования *НКФ*, аннулируя иные типы неконструируемости
(*НКФ-1*, *НКФ-2* и *НКФ-3*), то его распространение на *бесконечный*
случай приводит к нарушению концепции неконструируемости в
таких моделях. Итак, структура алфавита *А* классических моделей
КА весьма важна для определения проблемы неконструируемости.

Как уже было отмечено, многие результаты, касающиеся проблемы
неконструируемости, составляют достаточно эффективную часть
базовых средств исследования динамики классических *КА-*моделей,
поэтому различные оценки *ВБ ВСКФ* наряду с другими аспектами
указанной проблемы представляют особый интерес. В связи с этим
относительно довольно важного вопроса о минимальном размере
простого *ВБ ВСКФ*, восходящего к Э. *Муру*, один из ответов может
дать следующая теорема [5,8,27,43].

Теорема 8. Для целых чисел $a \geq 3$ и $n \geq 2$ в классических моделях $1\text{-}КА$
с алфавитом состояний $A = \{0,1,2, ..., a\text{-}1\}$ и индексом соседства $X = \{0,1,2,3,4, ..., n\text{-}1\}$ существуют ВСКФ с простым ВБ минимального
размера $L = n$. Проблема определения ВСКФ минимального размера
для моделей $d\text{-}КА$ $(d \geq 2)$ алгоритмически неразрешима.

В связи с изучением проблемы *неконструируемости* в классических
моделях *d-КА* (*d ≥ 1*) достаточно подробно рассмотрено множество
вопросов существования *ВСКФ*. Полученные результаты носят как
качественный, так и количественный характер [5,8]. В связи с этим
вполне закономерно желание получить оценки для минимальных
размеров простых *ВБ ВСКФ*. В случае классических *1-КА* имеются
весьма полезные результаты [1,4,5,8]. Естественно, довольно просто
привести примеры классических моделей *1-КА* (*с этой целью весьма
широко использовалось компьютерное моделирование*), которые обладают
парами *ВСКФ* с *ВБ* минимального размера в единицу. Следующая
теорема определяет их долю [4,5].

Теорема 9. Доля $\Delta(a, n)$ классических моделей 1–КА, в которых есть пары ВСКФ с ВБ минимального размера 1, по отношению ко всем моделям 1–КА с алфавитом $A = \{0,1, ..., a–1\}$ и индексом соседства $X=\{0,1, ..., n–1\}$, удовлетворяет соотношению $\Delta(a,n) > \left(2a^n - 1\right)/a^{2n}$.

Произвольная классическая модель *1–КА* с алфавитом состояний $A = \{0,1, ..., a–1\}$ и индексом соседства $X = \{0,1, ..., n–1\}$ будет обладать неконструируемыми конфигурациями типа *НКФ* минимального размера 1, если и только если для ее локальной функции перехода $\sigma^{(n)}$ имеет место следующее достаточно очевидное соотношение:

$$(\exists y \in A \setminus \{0\})(\forall <x_1, x_2, ..., x_n>)(\sigma^{(n)}(x_1, x_2, ..., x_n) \neq y); \quad x_j \in A \ (j=1..n)$$

Исходя из этого соотношения, можно легко убедиться, число таких моделей равно $\sum_{j=0}^{a-2} C_{a-1}^j (j+1)^{a^{n-1}}$, тогда как их доля равна $\sum_{j=0}^{a-2} C_{a-1}^j \left(\frac{j+1}{a}\right)^{a^{n-1}}$.

Кроме того, доля классических моделей, имеющих конфигурации *НКФ* минимального размера 1, весьма незначительна в отношении всех классических моделей в целом и моделей, обладающих *НКФ*.

Метод, основанный на неконструируемости типов *НКФ* и *НКФ-1*, является достаточно мощным инструментом анализа *КА*-моделей. Эффективность такого подхода в значительной степени зависит от знания основных числовых соотношений между γ-*КФ, ВСКФ, НКФ* и *НКФ-1* на уровне и локальных функций перехода, и глобальных функций перехода. На сегодня исчерпывающих знаний в данном направлении не существует. Мы располагаем только некоторыми отдельными результатами. Итак, имеются интересные оценки для минимального размера *ВБ* пар *ВСКФ* [4,5,9,27,44-49,173-177].

Теорема 10. Если в классической модели 1–КА с алфавитом $A = \{0,1, 2, ..., a–1\}$ и индексом соседства $X=\{0,1, ..., n–1\}$ имеются пары ВСКФ с ВБ минимального размера W, то будет иметь место следующее соотношение $1 \leq W < a^{n-1}(a^{n-1}-1) + n-2$. Число $G(a, n)$ классических моделей 1–КА с алфавитом $A = \{0,1,2, ..., a–1\}$ и индексом соседства $X = \{0,1, ..., n–1\}$, обладающих только парами ВСКФ с ВБ простого типа (не содержащими других пар ВСКФ) в виде $\{<0^{n-1}|1|\ 0^{n-1}>\ |\ <0^{n-1}|0|0^{n-1}>\}$ и $\{<0^{n-1}|10^p|0^{n-1}>\ |\ <0^{n-1}|0^p1|0^{n-1}>\}$ (где $p = 1..n$; h^p – конкатенация p символов 'h'), равна по крайней мере $(a!)^{a^{n-1}}/a^{n+1}$; доля классических 1–КА этого типа по отношению к классическим 1–КА этого же типа равна по крайней мере $\left(\frac{a!}{a^a}\right)^{a^{n-1}}/a^n$.

К сожалению, мы не можем получить подобную оценку для случая произвольных классических **КА**–моделей в связи с *алгоритмической* неразрешимостью проблемы существования в классических **d–KA** **(d ≥ 2)** неконструируемых конфигураций типа **НКФ**; иначе данная проблема была бы алгоритмически разрешимой. С другой стороны на основе теоремы **9** легко следует алгоритмическая разрешимость проблемы существования пар **ВСКФ** *(а значит и* **НКФ**) для общего случая одномерных классических и нестабильных **КА**–моделей [1]. Используя подход Э.Ф. *Мура* [75] и результат теоремы **9**, возможно получить верхний предел минимального размера **НКФ** для случая классических моделей **1–КА**. Кстати, такая оценка представляется довольно грубой и практически бесполезной для приложений. На основе иного подхода нам удалось получить значительно лучшие оценки для минимальных размеров **НКФ (L)** и **НКФ-1 (Р)** в случае классических моделей **1–КА** как с произвольным алфавитом **А**, так и произвольным индексом соседства **X** [8,15-17,27,44-49,173-177].

Теорема 11. Минимальные размеры L и Р для конфигураций типов ***НКФ*** *и* ***НКФ-1*** *для классических моделей* ***1-КА*** *определяются как:* $L \le (2^a-1)^{n-1}+1$ *и* $P \le (2^a-1)^{n-1}$ *соответственно. Существуют также классические модели* ***1-КА*** *с алфавитом* $A = \{0,1, ..., a-1\}$ *и индексом соседства* $X=\{0,1,...,n-1\}$*, которые обладают неконструируемыми конфигурациями типа* ***НКФ*** *минимального размера L = n + 1.*

Этот результат не базируется на понятии **ВСКФ**, между тем, давая возможность конструктивно определять в моделях **1–КА** не только существование неконструируемости типов **НКФ** и **НКФ-1**, но и их внутреннюю структуру. Аналогичные результаты, относящиеся к минимальным размерам **НКФ** для простейших бинарных моделей **1–КА**, с рядом интерпретаций понятия неконструируемости были представлены А. *Адамацким* и А. *Вуенше*. При этом, в [9,44,64] было дано обоснованное опровержение *сомнения*, представленного в [65] в отношении оценок теоремы **11**. Ввиду сказанного было бы весьма интересно определить уже относительно класса *бинарных* моделей **1–КА** с индексом соседства **X**={0,1,2,...,n-1} распределение размеров *минимальных* блоков **НКФ**, а точнее: *могут ли размеры составлять* ***подмножество множества*** $N^+ = \{0, 1, 2, ..., G\}$ $(G = 3^{n-1} + 1)$?

Проведенный компьютерный анализ ряда достаточно интересных моделей **1–КА** позволил придти к выводу, что это предположение достаточно убедительно. Приведем теперь некоторые оценки для минимальных размеров конфигураций типа **НКФ** в классических моделях *1–КА*. К вышеупомянутым вопросам примыкает проблема существования в классических моделях *d–КА (d≥1)* т.н. *исчезающих* конфигураций, играющих весьма важную роль в изучении целого ряда динамических свойств такого класса *КА*–моделей, включая и проблему неконструируемости во всей ее общности.

Определение 8. Конфигурация c ∈ C(A, d, ф)\\{□} будет называться исчезающей конфигурацией (ИсКФ) для классической модели d–КА (d≥1) тогда и только тогда, когда для нее имеет место следующее соотношение (∃p>0)(cτ$^{(n)p}$=□), где '□' и τ$^{(n)}$ – полностью нулевая КФ и глобальная функция перехода КА-модели соответственно.

Очевидно, что множество *ИсКФ* в классической *КА*–модели *пусто* или *бесконечно*. Если в классической *КА*–модели существуют *ИсКФ*, обеспечивая присутствие для модели неконструируемости *НКФ* и, возможно, *НКФ–1*, в то время как обратное утверждение, в целом, неверно; *КА* может обладать *ИсКФ* и *НКФ* без *НКФ–1*. Проблема существования *ИсКФ* для классических *КА*–моделей представляет вполне определенный интерес с точки зрения динамики моделей. Следующая теорема представляет достаточно полезный результат.

Теорема 12. Если в классической модели d–КА (d≥1) имеются ИсКФ, то модель обладает неконструируемостью НКФ. Минимальная длина L(a, n) ИсКФ в классической модели 1–КА с алфавитом A = {0,1,...,a-1} и индексом соседства X={0,1,...,n-1} будет определяться соотношением L(a,n) < a^n + n – 1. Существуют классические модели 1–КА с минимальным размером ИсКФ не менее p=n-1. Существует классическая модель 1–КА с индексом соседства X = {0, 1}, которая обладает ИсКФ минимального размера L(a, 2) = a – 1. Доля моделей 1–КА с алфавитом A={0,1,...,a-1} и индексом соседства X={0,1,...,n-1}, обладающих ИсКФ минимального размера 1 наряду с парами ВСКФ с ВБ минимального размера 1, относительно моделей того же вида не менее $(2a^n -1)/a^{2n}$. Проблема существования ИсКФ для моделей 1–КА разрешима, тогда как для моделей d–КА (d≥2) – неразрешима. Доля классических моделей d–КА (d≥1), не имеющих ИсКФ, не менее 1/e для достаточно большой мощности алфавита A моделей. Если C(A,d,∞) незамкнуто относительно глобального отображения τ$^{(n)}$, то для модели d–КА (d ≥ 1) с глобальной функцией перехода τ$^{(n)}$, не имеющей НКФ (НКФ-1), существует неконструируемость НКФ-1 (НКФ), исключая тривиальные случаи. Существуют классические модели d–КА, в которых любой конечной конфигурацией является ИсКФ; в моделях d–КА конечными конфигурациями могут быть и

ИсКФ, и НКФ одновременно (d ≥ 1). Если для d–КА есть ИсКФ, то для него есть и НКФ, обратное в общем случае неверно.

Ряд интересных примеров моделей *d–КА*, представляющих другие взаимосвязи между *ИсКФ, НКФ* и *НКФ-1*, можно найти в [32]. В то же время, детальные исследования проблемы неконструируемости в классических *КА*-моделях подвели нас не столько к пониманию недостаточной эффективности подхода на основе понятия *ВСКФ*, сколько позволили ввести понятие так называемой *γ–конфигурации* (*γ–КФ*), оказавшееся довольно плодотворным [48]. Наше понятие *γ–КФ* слегка отличается от понятия *k*–сбалансированных функций глобального перехода, определенного *А. Маруока* и *М. Кимура* [66], независимо от нас, однако оба понятия полностью эквивалентны.

Это понятие нами было введено с целью исследования проблемы неконструируемости в классических *КА*-моделях, в то время как *А. Маруока* и *М. Кимура* для исследования параллельных глобальных отображений $\tau^{(n)} : C(A,d) \to C(A,d)$, определяемых *ГФП* классических *d–КА*. Введем теперь собственно понятие блочных *γ–конфигураций*.

Определение 9. Пусть G будет блоком элементарных автоматов в модели d–КА, В – блоком элементарных автоматов, смежных со всеми автоматами блока G согласно индексу соседства модели, а КФ(Р) – конфигурация блока Р элементарных автоматов. Будем говорить, что модель d–КА обладает γ–конфигурацией на блоке G тогда и только тогда, когда по меньшей мере одна КФ(G) имеет $s \neq a^{n-1}$ предшественников (а и n – мощность алфавита А модели и число элементарных автоматов блока В соответственно; d≥1).

Наглядная диаграмма достаточно хорошо иллюстрирует сущность определения γ–конфигураций в случае модели *1–КА* с алфавитом $A = \{0,1, ..., a-1\}$, индексом соседства $X = \{0,1, ..., n-1\}$ и *ГФП* $\tau^{(n)}$.

Множество всех предшественников для конфигурации с* на блоке G

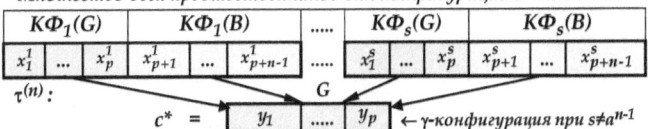

На основе понятия *γ–КФ* получаем *новый* критерий существования *НКФ* в *КА*-моделях [48], представляющий довольно значительный интерес для многих исследований по *КА*-проблематике, в первую очередь, ее основных динамических аспектов [27,44-49,173-177].

Теорема 13. *Модель d–КА (d ≥ 1) обладает неконструируемостью НКФ (возможно, и НКФ–3) тогда и только тогда, когда в модели существуют γ–конфигурации. Данное утверждение касается как нестабильных, так и классических КА–моделей.*

Итак, теорема *13* представляет еще один критерий существования неконструируемых конфигураций (**НКФ**) как в классических, так и в нестабильных **КА**–моделях, являясь более удобным для многих теоретических исследований по **КА**–моделям. Такой критерий не зависит от понятия **ВСКФ** в **КА**–моделях. Между тем, несмотря на эквивалентность обоих критериев наличия неконструируемых **КФ** (*Мур-Майхил и Аладьев-Маруока-Кимура*), все же имеются некоторые различия при их конкретном использовании.

Этот критерий позволяет нам получать более приемлемые оценки для некоторых числовых характеристик *d–КА (d ≥ 1)*. Дадим оценку минимального размера **НКФ** в классических моделях *d–КА (d=1, 2)*, используя *критерий (теорема 13)* неконструируемости типа **НКФ** на основе введенного понятия γ–конфигураций [27,40,44-49,173-177].

Теорема 14. *Если в модели 2–КА с индексом соседства Мура наряду с алфавитом A={0,1,...,a-1} существуют γ–конфигурации на блоках предшественников размера P×P, то для этих моделей существуют неконструируемые конфигурации типа НКФ размера L*L:*

$$L = 2(P+2)\left]\frac{2\ln a}{4(P+1)\ln a - \ln s}\left(P+3+\sqrt{P^2+\frac{\ln s}{\ln a}}\right)\right[- 2$$

В случае моделей 1–КА с индексом соседства Мура и алфавитом A подобная оценка принимает следующий простой вид:

$$L = \left]\frac{(n-1)\ln a}{(n-1)\ln a - \ln s}\right[(P+n-1)-n+1;$$

где n – размер шаблона соседства модели, число s соответствует определению 9, a – кардинальность алфавита A и]Z[обозначает целое число, не меньшее, чем Z.

Теорема *14* верна как для *классических*, так и *нестабильных* моделей *d–КА (d = 1, 2)*. Используя результаты теоремы *14*, можно получить довольно существенную контрастность в результатах, касающихся использования понятий **ВСКФ** и γ–**КФ**. Например, очень нагляден пример применения подходов для оценки минимальных размеров **НКФ** по отношению к известной игре *Life* [7]. Несложно убедиться, что игра – не что иное, как *бинарная* классическая **2–КА** с индексом соседства *Мура* [7]. Исследования игры *Life* проводились многими математиками и программистами наряду со многими любителями, в основном, на основе компьютерного моделирования. На сегодня получено много интересных и даже интригующих результатов [7]. Эта классическая модель *2–КА* является одной из самых известных.

А.Р. Смит, исследуя бинарную *2–КА*, соответствующую игре *Life*, показал, что эта модель обладает *НКФ* минимального размера *LxL* *(L=1010)* [67]. Для получения такой оценки *А.Р. Смит* использовал подход на основе понятия *НКФ*, тогда как на основе понятия *γ–КФ* нам удалось существенно улучшить оценку, понизив ее до вполне приемлемого размера *49х49*, позволяя вполне реальное получение в такой модели самого вида *НКФ* с использованием возможностей современных компьютеров. Существуют и другие *Life–*подобные *2–КА* с индексом соседства *Мура*, среди которых можно отметить, в частности, бинарные *2–КА Seeds*, первоначально исследованные Б. *Сильверманом* и чья локальная функция перехода определяется как

$$\sigma^{(9)}(x_o, x_1, ..., x_8) = \begin{cases} 1, \; if \; x_o = 0 \; \& \sum_{j=1}^{j=8} x_j = 2 \\ 0, \; otherwise \end{cases}$$

где x_j представляют *обобщенные* координаты единичных автоматов и связанные с ними состояния из алфавита состояний *A={0,1}*. Под обобщенными координатами автоматов, составляющих шаблон соседства *(i, j)*–автомата, понимаются координаты *{(i, j), (i+1, j), (i+1, j+1), (i, j+1), (i-1, j+1), (i-1, j), (i-1, j-1), (i, j-1), (i+1, j-1)}*. Далее текущие состояния элементарных автоматов связаны с их координатами. В частности, *центральный* автомат x_o шаблона соседства может иметь состояние *0* или *1*. Для получения оценки минимального размера *НКФ* вновь оказалось целесообразно использовать понятие *γ–КФ*, которое позволило получить вполне разумную оценку, а именно: *18х18*, что реально позволяет получать вид *НКФ* в данной модели с использованием вычислительной техники.

Кроме того, для получения указанных результатов использовалась теорема *14*, тогда как теорема *15*, представленная ниже, позволяет получать *нижнюю* и *верхнюю* границы *НКФ* минимального размера. В частности, *нижняя* граница *НКФ* минимального размера для двух вышеупомянутых *КА*–игр равна *10*, тогда как получение верхней границы существенно сложнее, что обусловлено реальным числом диспропорций в отображениях блочных конфигураций в таких *2–КА* под влиянием глобальных функций перехода. Таким образом, используя теоремы *14* и *15*, можно получать весьма существенный контраст численных результатов, касательно применения понятий *НКФ* и γ*-КФ*, что наглядно иллюстрируют приведенные примеры оценки минимальных размеров *НКФ*.

Более того, аналогичным образом мы исследовали универсальную классическую бинарную модель *2-КА* Э. Бэнкса [68], которая в свое время была минимальной по сложности. Можно показать, что эта классическая *бинарная* модель *2-КА* подходит для реализации в ней вычислительных схем произвольной сложности. Для нее на основе теоремы *14* мы получили оценку *14х14* для размера *НКФ*; то есть в универсальной *КА*-модели Бэнкса существуют *НКФ* уже на блоках размера *14х14*. В этой связи возникает интересная гипотеза:

Гипотеза. *Универсальные классические d–КА (d ≥ 1) с минимальной сложностью d•(размер шаблона соседства)•(мощность алфавита) обладают неконструируемостью типа НКФ и/или НКФ-1.*

На сегодня все известные нам минимальные универсальные *d–КА* соответствуют гипотезе. Достаточно обширная библиография по данному вопросу может быть найдена в [7,27,44-49,173-177].

Итак, понятие γ–конфигураций *Аладьева–Кимуры–Маруоки* наряду с базирующимся на нем критерии неконструируемости позволяют достаточно эффективно исследовать ряд количественных аспектов динамики классических моделей *d–КА*, тогда как понятие *ВСКФ* в целом ряде случаев является более удобным для их качественного исследования. Таким образом, во многом оба понятия достаточно хорошо дополняют друг друга. В ряде случаев вместо *оптимальных* или *асимптотических* оценок размеров *НКФ* в классических *d–КА* имеются достаточно простые формулы в зависимости от ключевых параметров моделей. Эти формулы, представленные теоремой *15*, неоднократно использовались, в частности, в исследованиях *НКФ*-проблематики [11-18,27,32,36,173-177].

В целом ряде случаев вместо оптимальных либо асимптотических оценок размеров *НКФ* в классических моделях *d–КА* достаточно ограничиться простыми формулами, которые зависят от базовых параметров моделей. Именно в таких случаях подобные формулы неоднократно использовались при исследовании этих случаев. И в этом отношении результат теоремы *15* принимает форму, которая при необходимости весьма удобна для нахождения определенных числовых оценок для некоторых задач, связанных с исследованием неконструируемости типа *НКФ* [11-18,27,32,36,173-177].

Теорема 15. Если в модели 2–КА с индексом соседства Мура наряду с алфавитом A={0,1,...,a-1} существуют γ-конфигурации на блоках предшественников размера PxP, то в данной модели существуют неконструируемые конфигурации типа НКФ размера LxL:

$$\left]\frac{2P^2+5P+4}{P+1}\right[\leq L \leq 8(2P^2+9P+10)\right]\ln a\left[a^{4P+4}-2\right.$$

Тогда как для моделей 1–КА с вышеуказанным индексом соседства и алфавитом состояний A подобная оценка принимает форму:

$$P \leq L \leq 2(P+n-1)(n-1)a^{n-1}\left]\ln a\right[$$

где]М[– положительное целое, не меньшее, чем М.

Теорема дает оценки минимальных размеров **НКФ** в классических **КА**-моделях в виде функции от их основных параметров: *размеров предшественников для* γ**-КФ,** *шаблона соседства и мощности алфавита* **A.** Результаты теорем **14, 15** могут быть достаточно полезны как для теоретических, так и численных исследований в **КА**-проблематике. Более того, результаты могут быть довольно легко распространены на **КА**-модели с произвольными индексами соседства и с большей размерностью. Результаты оказываются полезными при изучении определенных аспектов динамики классических **КА**-моделей [5,8].

Как для более глубокого понимания понятия *неконструируемости*, так и для создания на его основе эффективного аппарата изучения динамики **КА**-моделей крайне желательно выявление различных взаимосвязей между разными характеристиками конфигураций **ВСКФ,** γ**-КФ, НКФ, НКФ-1, НКФ-2** и **НКФ-3** как количественных, так и качественных. На сегодняшний день полная картина в этом вопросе отсутствует, за исключением ряда отдельных результатов, представленных ниже. В частности, с теоретической точки зрения определенный интерес представляет установление зависимостей между размерами *(S)* минимальных блоков, содержащих **ВСКФ,** γ**-КФ, НКФ** и **НКФ-1** в классических **КА**-моделях. Так, в частности, для γ**-КФ** и **НКФ** имеет место соотношение: $S(γ-КФ) \leq S(НКФ)$ [5,9], тогда как для случая **ВСКФ** и **НКФ** картина существенно сложнее, а именно, имеет место следующий довольно важный результат [5].

Теорема 16. Для целого n≥2 существуют классические модели 1–КА с индексом соседства X = {0,1,2, ..., n-1}, для которых минимальные блоки НКФ и ВСКФ удовлетворяют отношению S(ВСКФ)/S(НКФ) = 1/(n+1) или S(ВСКФ)/S(ПКФ)=n соответственно, где минимальное

$S(\gamma-КФ) = 1$. Для каждого целого $n \geq 2$ существуют классические 1-мерные КА, не обладающие НКФ и НКФ-3, но обладающие НКФ-1 минимального размера $L \geq n-1$. Для каждого целого $n \geq 3$ существует классический бинарный 1-КА с $\gamma-КФ$ минимального размера $L=n$, а также с простым ВБ ВСКФ минимального размера 1.

Определение верхнего предела для минимальных размеров **ВБ** для **ВСКФ**, размеров $\gamma-КФ$ или неконструируемой **КФ** заданного типа (**НКФ, НКФ-1, НКФ-2** и **НКФ-3**) является довольно существенным вопросом. Среди полученных результатов, в частности, для случая классических моделей *1-КА* можно отметить достаточно полезную теорему, представленную ниже [1,5,8,27,44-49,173-177].

<u>Теорема 17</u>. Для целого $n \geq 2$ существуют классические бинарные модели 1-КА с глобальными функциями перехода $\tau^{(n)}$, одновременно обладающие следующими свойствами, а именно:

♦ обладают γ–конфигурациями минимальной длины $L = n$;

♦ разница минимальных размеров γ–КФ и ВБ ВСКФ равна $n-1$;

♦ модели не обладают неконструируемостью типа НКФ–1;

♦ для целого $k \geq 1$ их глобальные функции перехода $\tau^{(n)k}$ обладают γ–конфигурациями минимального размера n;

♦ существуют целые $t_1 = t_1(n)$ и $t_2 = t_2(n)$ для которых блочные КФ вида $c_b = 0^{\,p_1 \geq t_1} 1 0^{\,p_2 \geq t_2}$ являются неконструируемыми типа НКФ, где $t_1 < t_2$ - растущие функции от переменной n;

♦ конфигурации вида $c_p = \square 1^p \square$ $(p \geq n-1)$ являются пассивными для таких моделей, т.е. имеет место соотношение $c_p \tau^{(n)} = c_p$.

Теорема *17* достаточно легко обобщается и на случай размерности *$d > 1$* посредством специального погружения модели *1-КА*, которая удовлетворяет условиям теоремы, в классический *d-КА* ($d \geq 2$). Из теоремы и ряда других результатов в этом направлении вытекает, что, как правило, невозможно получить удобные количественные соотношения между минимальными размерами $\gamma-КФ$ и **ВБ ВСКФ** для классических **КА**-моделей [1,4,5,8].

Выше отмеченная ситуация является одной из основных причин сложности численного изучения проблемы неконструируемости в классических **КА**-моделях общего типа. Из теоремы *17* и того, что минимальный размер $\gamma-КФ$ не более минимального размера **НКФ**, легко следует, что существуют классические модели с произвольно определенным минимальным размером неконструируемых **КФ**.

Между тем, вопрос выявления соотношений между *минимальными* размерами **НКФ, ВБ ВСКФ** и **γ–КФ** представляется нам достаточно интересным. При этом, уже отмечалось, что минимальный размер **γ–КФ** не превышает минимальный размер **НКФ**, т.е. *min* S(**γ–КФ**) ≤ *min* S(**НКФ**), где $S(G)$ обозначает размер **G**. С другой стороны, мы показали: *Справедливо соотношение min* S(**ВБ ВСКФ**) ≤ *min* S(**НКФ**) [36]. Итак, в свете вопроса о соотношениях между минимальными размерами **γ–КФ, ВБ ВСКФ**, а также **НКФ** можно сформулировать следующий достаточно полезный результат.

Теорема 18. *Если классическая модель* **d–КА** *(d ≥ 1) будет обладать неконструируемостью типа* **НКФ**, *то для минимальных размеров* **НКФ, γ–КФ** *и* **ВБ ВСКФ** *имеют место следующие соотношения:*

$$L^{HK\Phi} \geq L^{BB\ BCK\Phi} \{\leq | \geq\} L^{\gamma-K\Phi}$$

где $L^{HK\Phi}$, $L^{BB\ BCK\Phi}$ *и* $L^{\gamma-K\Phi}$ – *минимальные размеры блочных* **КФ** *для типов* **НКФ, ВБ ВСКФ** *и* **γ–КФ** *соответственно. Количество всех классических моделей* **d–КА** *(d ≥ 1) с алфавитом* $A = \{0,1,2,3, ..., a-1\}$ *и индексом соседства* $X = \{0,1,2, ..., n-1\}$, *имеющих конфигурации типа* **НКФ** *и* **γ–КФ** *минимального размера 1, определяется формулой:*

$$N(a,n) = \sum_{j=1}^{a-1} (-1)^{a+j+1} C_a^j j^{a^n}$$

Этот результат имеет ряд применений при исследовании вопросов неконструируемости в классических моделях **d–КА** *(d≥1)*, тогда как приведенный ниже результат представляет определенный интерес для случая классических моделей **1–КА**.

Теорема 19. *Число* **T**(*a*, *n*) *классических моделей* **1–КА** *с алфавитом* $A = \{0,1,2,...,a-1\}$ *и индексом соседства* $X = \{0,1,...,n-1\}$, *обладающих* **γ–КФ** *и* **НКФ** *минимальных размеров 1 одновременно с парами* **ВБ ВСКФ** *самого простого типа (не содержащего других пар* **ВСКФ**) *в виде* $\{<0^{n-1}|1|0^{n-1}>, <0^{n-1}|0|0^{n-1}>\}$ *и* $\{<0^{n-1}|10^p|0^{n-1}>, <0^{n-1}|0^p1|0^{n-1}>\}$ *(где* $p = 1..n$; g^p – *конкатенация* p *символов* g) *удовлетворяет следующему соотношению, а именно:*

$$T(a,n) \geq \begin{cases} 1 & , if\ a = 2 \\ \sum_{j=1}^{a-2} (-1)^{a+j} C_{a-1}^j j^{a^n - n - 1} & , if\ a \geq 3 \end{cases}$$

При этом, необходимо отметить, что результат, представленный в теореме *19*, естественным образом обобщается на размерность *d>1*. Представленные выше результаты нс только глубже раскрывают проблему *неконструируемости* в классических **КА**–моделях, прежде всего, для моделей **1–КА**, но и в определенной степени расширяют возможности аппарата исследования *динамики* этого типа моделей **КА**, основанного на понятии неконструируемости. Между тем, из теоремы *18* следует, что довольно трудно говорить о какой-либо предпочтительности того либо иного критерия в целом *(даже при условии эквивалентности обоих критериев)*, хотя критерий на основе γ–**КФ** в целом ряде случаев оказывается более предпочтительным. Так, именно критерий на основе γ–**КФ** определяет существование неконструируемости типа **НКФ** в конечных **КА**–моделях.

Для компьютерного исследования *бинарных* классических моделей **1–КА** с индексом соседства Э. *Мура* на предмет их классификации в контексте обладания минимальными размерами **НКФ** и γ–**КФ** была запрограммирована процедура **T1_HSb** в **Maple** [13,15,41]. Ее вызов **T1_HSb()** возвращает две таблицы, для которых входы определяют минимальные размеры **НКФ** и γ–**КФ** соответственно, а их выходы определяют квалифицирующие числа **1–КА,** соответствующие им:

1 = {0}, 2 = {2, 4, 8, 12, 16, 24, 32, 34, 48, 64, 66, 68},

3 = {1, 3, 6, 10, 11, 14, 17, 18, 19, 20, 28, 36, 40, 42, 46, 47, 50, 55, 56, 63, 70, 72, 76, 80, 81, 84, 96, 98, 112, 116, 117, 119, 126, 127},

4 = {7, 9, 13, 21, 26, 27, 29, 31, 33, 35, 38, 39, 44, 49, 52, 53, 58, 59, 65, 69, 71, 74, 78, 79, 82, 83, 87, 88, 92, 93, 100, 111, 114, 115, 123, 125},

5 = {5, 23, 25, 41, 43, 54, 61, 62, 67, 77, 94, 95, 97, 103, 107, 108, 110, 113, 118, 121, 122, 124}, 6={57, 73, 99, 109}, 8 = {22, 104}, 9 = {37, 91}   ⇐⇐⇐**НКФ**

1 = {0, 1, 2, 3, 4, 5, 6, 7, 8, 9, 10, 11, 12, 13, 14, 16, 17, 18, 19, 20, 21, 22, 24, 25, 26, 28, 31, 32, 33, 34, 35, 36, 37, 38, 40, 41, 42, 44, 47, 48, 49, 50, 52, 55, 56, 59, 61, 62, 63, 64, 65, 66, 67, 68, 69, 70, 72, 73, 74, 76, 79, 80, 81, 82, 84, 87, 88, 91, 93, 94, 95, 96, 97, 98, 100, 103, 104, 107, 109, 110, 111, 112, 115, 117, 118, 119, 121, 122, 123, 124, 125, 126, 127},

2 = {23, 27, 29, 39, 46, 53, 54, 57, 58, 71, 77, 78, 83, 92, 99, 108, 114, 116},
3 = {43, 113}   ⇐⇐⇐γ–**КФ**

Так, среди всех *бинарных* моделей **1–КА** с индексом соседства *Мура,* обладающих неконструируемыми **КФ** минимального размера *9,* существуют только две модели с квалифицирующими числами *37* и *91.* Кроме того, **1–КА** с числом *104* обладает γ–**КФ** минимального размера *1,* **ВБ ВСКФ** минимальной длины *1,* например, {*<11|0|11>,* *<11|1|11>*} и неконструируемыми конфигурациями типа **НКФ** с минимальным размером *8.*

Аналогичная ситуация имеет место для **КА**–модели с номером *37*, обладающей *γ-КФ* с минимальным размером *1*, а также **ВБ ВСКФ** с минимальным размером *2*, например, *<00 | 00 | 00>* и *<00 | 11 | 00>*. В следующей таблице столбцы *1-КА*, *НКФ*, *γ-КФ* и **ВБ ВСКФ** будут определять квалифицирующие номера бинарных моделей *1-КА*, минимальные размеры *НКФ*, *γ-КФ* и **ВБ ВСКФ** соответственно.

1-КА	*НКФ*	*γ-КФ*	*ВБ ВСКФ*
37	*9*	*1*	*2*
91	*9*	*1*	*2*
22	*8*	*1*	*1*
104	*8*	*1*	*1*
57	*6*	*2*	*2*
73	*6*	*1*	*2*
99	*6*	*2*	*2*
109	*6*	*1*	*2*
23	*5*	*2*	*1*
43	*5*	*3*	*1*
108	*5*	*2*	*2*
113	*5*	*3*	*1*
7	*4*	*1*	*1*
100	*4*	*1*	*1*
125	*4*	*1*	*1*

Итак, из данной таблицы следует, что для классических бинарных моделей *1-КА* с индексом соседства *Мура* имеют место следующие соотношения, а именно:

$$min_{\gamma\text{-}КФ} > min_{ВБ\ ВСКФ} \qquad (23, 43, 113)$$
$$min_{\gamma\text{-}КФ} < min_{ВБ\ ВСКФ} \qquad (37, 73, 91, 109)$$
$$min_{\gamma\text{-}КФ} = min_{ВБ\ ВСКФ} \qquad (7, 22, 57, 99, 100, 108, 125)$$

Еще один интересный пример в этом направлении – это игра *Life*. Просто убедиться, что бинарная модель *2–КА*, эквивалентная *Life*, обладает *γ-КФ* минимального размера *1* и **ВБ ВСКФ** минимального размера *1*. С другой стороны, на основе понятия *γ-КФ* мы получаем оценку минимального размера *НКФ* в вышеупомянутой модели не более *49x49* [15,41]. Между тем, используя компьютерные средства, мы можем получить более точную оценку. Для анализа этого *2–КА* на предмет получения минимального размера *НКФ* в *Maple* была создана процедура *MinNCFlife* [48]. Вызов *MinNCFlife(n)* возвращает множество выявленных бинарных *НКФ* размера *(n-1)x(n-1)*. Серия компьютерных экспериментов позволила получить *оценку* размера

НКФ не менее **20x20**, т.е. для данной модели минимальный размер **НКФ** удовлетворяет соотношению **20 ≤ min НКФ < 49**. Итак, оценки, приведенные выше, могут служить разумным аргументом в пользу невозможности отдать предпочтение **γ–КФ** либо **ВСКФ** в качестве основной причины обладания **КА**–моделью неконструируемостью типа **НКФ**. В конечном итоге в полной мере можно рассматривать **γ–КФ** и **ВСКФ** в качестве эквивалентных причин присутствия **НКФ** в моделях **d–КА** (**d≥1**), учитывая их различия в плане применения.

Между тем, эти и некоторые другие причины весьма убедительно поясняют факт, что именно на основе понятия **ВСКФ** невозможно получить удовлетворительные оценки минимальных размеров для **НКФ** и многих других довольно важных числовых характеристик моделей **d–КА** (**d ≥ 1**). В целом же, явление неконструируемости, по всей вероятности, обусловлено определенным типом асимметрии **ЛФП (ГФП) КА**–моделей. Согласно вышесказанному, мы с полным основанием можем констатировать, что критерий существования **НКФ** *Мура–Майхила* (*теорема 6*) в классических и нестабильных **КФ** в ряде отношений довольно существенно уступает эквивалентному критерию *Аладьева–Маруока–Кимуры* (*теорема 13*), основанному на понятии γ–конфигураций.

В частности, на основе критерия *Аладьева–Маруока–Кимуры* можно получать намного более приемлемые оценки для классических и нестабильных **КА**–моделей, обладающих неконструируемостью **НКФ**. В основе подхода лежит подсчет числа **КА**–моделей, которые обладают **γ–КФ**, на блоках одного единичного автомата. Теорема ниже дает некоторые из оценок, которые на основе тестирования показали вполне удовлетворительное соответствие.

<u>*Теорема 20.*</u> *Число n(a,n) и доля q(a,n) классических и нестабильных моделей d–КА (d≥1) с индексом соседства X={0,1,...,n-1}, алфавитом состояний A={0,1,...,a-1} и обладающих неконструируемостью типа **НКФ**, удовлетворяют следующим соотношениям, а именно:*

$$n(a,n) \ge a^{a^n} - \frac{\Gamma\left(a^n+1\right)}{\Gamma\left(a^{n-1}+1\right)^a} \qquad q(a,n) \ge 1 - \frac{\Gamma\left(a^n+1\right)}{\Gamma\left(a^{n-1}+1\right)^a a^{a^n}}$$

где Γ – Гамма-функция. Для случая простейшего бинарного 1–КА с индексом соседства X={0,1} имеют место строгие равенства. Число 1–КА с алфавитом состояний A = {0,1, ..., a–1}, индексом соседства X = {0, 1} и с симметричной локальной функцией перехода без НКФ составляет по меньшей мере G(a + 2).

Значения $q(a,n)$, которые были получены на основе теоремы *20* для $a = 2 .. 6$ и $n = 2 ... 10$, достаточно наглядно иллюстрируют быструю сходимость долей перечисленных **КА**–моделей, которые обладают неконструируемостью **НКФ**, к *1* уже для сравнительно небольших *n* и *a*. Таким образом, с ростом значений *n* и *a* как классические, так и нестабильные **КА**–модели, не обладающие **НКФ**, становятся все более экзотическими объектами независимо от их размерности.

Из понятия γ-**КФ** и многих других соображений вытекает [11], что в основе концепции неконструируемости лежит асимметрия **ГФП**, т.к. понятие γ-**КФ** есть не что иное, как *асимметрия* в отображениях конфигураций конечных блоков *единичных* элементов посредством глобальной функции перехода $\tau^{(n)}$. На основе детальной картины данной асимметрии можно было бы существенно продвинуться в исследовании проблемы неконструируемости, а также во многих и достаточно интересных смежных вопросах, касающихся динамики классических и нестабильных **КА**–моделей.

Перейдем к обсуждению трех других типов неконструируемости (**НКФ-1, НКФ-2 и НКФ-3**) в классических **КА**–моделях, которые в соответствии с табл. *1* могут сочетаться в весьма широких пределах. Обсудив критерии существования **НКФ**, охарактеризуем текущее состояние вопроса для трех других типов неконструируемости в классических **КА**–моделях. На основе определений *1* и *3*, теоремы *5* и определения **НКФ-3** несложно убедиться, что **КФ** $c \in C(A, d, \phi)$ не может быть неконструируемой более одного типа одновременно. Итак, попарные пересечения множеств **НКФ, НКФ-1 и НКФ-2** для глобальной функции перехода $\tau^{(n)}$ классической **КА**–модели будут пустыми. Теорема представляет один из критериев существования неконструируемости типа **НКФ-1** и **НКФ-2** в классических моделях d-**КА** $(d \geq 1)$, не обладающих неконструируемостью **НКФ** и **НКФ-3**.

Определение 10. *Множество $C(A, d, \infty)$ будем считать замкнутым относительно глобальной функции перехода $\tau^{(n)}$ в классической модели d-КА $(d \geq 1)$ только тогда, когда выполняется соотношение $(\forall c^* \in C(A, d, \infty))(c^* \tau^{(n)} \in C(A, d, \infty))$; иначе множество $C(A, d, \infty)$ будем полагать незамкнутым относительно ГФП $\tau^{(n)}$. Будем говорить, конфигурация $c \in C(A,d,\infty)$ является □-сводимой (в случае конечных конфигураций она называется исчезающей) в классической модели d-КА с глобальной функцией перехода $\tau^{(n)}$ тогда, если имеет место следующее соотношение $c\tau^{(n)} = □$.*

Показано [32], что незамкнутость множества $C(A,d,\infty)$ относительно глобальной функции перехода $\tau^{(n)}$ для классической модели d-КА эквивалентна существованию для нее конфигурации $c_\infty \in C(A,d,\infty)$ такой, что $c_\infty \tau^{(n)} = \square$ $(d \geq 1)$. Принимая во внимание, что, исходя из последнего, решение указанной проблемы разрешимости сводится к модифицированной задаче *домино*, *алгоритмически неразрешимой*, вместе с тем определяя *алгоритмическую неразрешимость замыкания* множества $C(A, d, \infty)$ относительно глобальной функции перехода $\tau^{(n)}$ классической модели d-КА для случая $(d \geq 2)$; Между тем, для размерности $d=1$ задача алгоритмически разрешима. Принимая во внимание вышеизложенное, будем отождествлять незамкнутость множества $C(A, d, \infty)$ относительно глобальной функции перехода $\tau^{(n)}$ классической модели d-КА в дальнейшем с существованием $\square$-сводимых конфигураций $c_\infty \in C(A,d,\infty)$ в классической КА-модели.

Теорема 21. *Классическая модель d-КА $(d \geq 1)$, не обладающая НКФ (НКФ-3), обладает НКФ-1 {НКФ-2} тогда и только тогда, когда множество $C(A,d,\infty)$ будет незамкнуто {замкнуто} относительно отображения, определенного ГФП $\tau^{(n)}$ модели. Классическая модель d-КА $(d \geq 1)$ будет обладать неконструируемостью типа НКФ-1 и/или НКФ, если множество $C(A,d,\infty)$ незамкнуто относительно отображения, определенного ГФП модели. Если для классической модели d-КА $(d \geq 1)$ множество $C(A,d,\infty)$ незамкнуто относительно отображения, определяемого глобальной функцией перехода $\tau^{(n)}$ модели в отсутствие неконструируемости НКФ-1 (НКФ), тогда модель будет обладать неконструируемостью НКФ (НКФ-1). В случае, если для классической модели d-КА множество $C(A, d, \infty)$ замкнуто относительно отображения, определенного ГФП $\tau^{(n)}$, то модель не обладает неконструируемостью НКФ-1, независимо от существования неконструируемости НКФ. Если же классическая d-КА $(d \geq 1)$ не обладает γ-КФ и $\square$-сводимыми конфигурациями, то конфигурация $c \in C(A,d,\phi)$ будет обладать только единственным предшественником из множества $C(A,d,\phi)$ при отсутствии для нее предшественников из множества $C(A,d,\infty)$.*

Показано [27,32], что доля δ классических моделей d-КА $(d \geq 1)$, для которых множество $C(A,d,\infty)$ незамкнуто относительно глобальной функции перехода $\tau^{(n)}$, больше $(e-1)/e$ при условии, что $n>2$ и/или $a>2$, т.е. $\delta > 0.632$. Таким образом, доля классических КА-моделей, которые обладают неконструируемостью типа **НКФ** и/или **НКФ-1** больше (*e–1)/e*, независимо от параметров *d* и *n*. Доля классических моделей *d–КА* (*d ≥ 1*), не обладающих **НКФ-1** и/или **НКФ** меньше *1/e*, т.е. меньше **0.37**. Кроме того, показано, что доля классических моделей *d–КА* (*d≥1*), не обладающих **НКФ-1** и/или **НКФ**, стремится к *1* с ростом мощности алфавита *А* моделей. Кроме того, полагая, что нулевая конфигурация $c_o = \square$ была приписана нами множеству *С(A,d,ϕ)* конечных конфигураций, получаем возможность немного по-другому переформулировать теорему *21*, которая представляет существенно более приемлемый критерий существования **НКФ-1** в классических **КА**-моделях, не обладающих неконструируемостью типов **НКФ** и **НКФ-3** [11-13,27,32,44,173-177].

Теорема 22. Существование для произвольной классической модели d–КА (d ≥ 1) конфигураций $c^{\infty} \in C(A, d, \infty)$ таких, что имеет место соотношение $c^{\infty}\tau^{(n)} = c \in C(A, d, \phi)$, обязательно, но не достаточно для существования в d–КА неконструируемости типа НКФ-1. В частности, существование моделей d–КА, для которых каждая конечная конфигурация является НКФ или АККФ, подтверждает вторую часть предыдущего заключения. Для классической модели d–КА, не обладающей неконструируемостью НКФ, существуют конечные конфигурации типов из набора {НКФ-1, НКФ-2, АККФ}, если множество С(A,d,∞) незамкнуто относительно отображения, определяемого глобальной функцией перехода $\tau^{(n)}$ КА-модели.

Первая часть теоремы 22 доказана наличием классических моделей *1–КА*, для которых множество *С(A, d, ∞)* незамкнуто по отношению к отображениям, определяемым их *ГФП* $\tau^{(n)}$, и для которых каждая конечная конфигурация, отличающаяся от **НКФ**, будет обладать предшественниками как из множества *С(A,d,ϕ)*, так и из множества *С(A, d, ∞)*, т.е. такие **КА**-модели не обладают **НКФ-1**.

Теорема 22 дает ответы на ряд вопросов, поднятых в наших книгах [1,8] и некоторых других работах. Кроме того, теорема может быть использована для обобщения ряда результатов, которые относятся к проблеме *неконструируемости* в классических моделях *d-КА* (*d≥1*). Результаты, полученные нами в этом направлении [32], позволяют сформулировать следующее предложение.

Предложение 2. Если для классической модели d–КА (d ≥ 1) будут существовать НКФ-1 в отсутствие неконструируемости НКФ, то конфигурация с∈С(A,d,ϕ) будет иметь по меньшей мере одного *предшественника из множества $C(A,d,\infty)$, т.е. в такой КА–модели множество $C(A, d, \phi)$ может быть сгенерировано из множества $G \subseteq$ НКФ-1, т.е. динамика любой конечной конфигурации и КА–модели в целом необратимы в нашем понимании. Под предшественником конфигурации $c \in C(A,d)$ мы понимаем конфигурацию $c^* \in C(A,d)$ при условии существования целого числа $p \geq 1$ такого, что $c^* \tau^{(n)p} = c$.*

Дальнейшие исследования данной проблематики позволили нам представить новую концепцию **ВСКФ** как определенную основу для обобщенного критерия неконструируемости в классических моделях **d–КА** $(d \geq 1)$ [5,8,27,32,173-177], а именно.

<u>*Определение 11.*</u> *Две конфигурации $c_1, c_2 \in C(A, d)$ $(c_1 \neq c_2)$ образуют пару обобщенных взаимно-стираемых конфигураций (ВСКФ-1) по отношению к глобальной функции $\tau^{(n)}$ классической модели d–КА $(d \geq 1)$ тогда и только тогда, когда для них справедливо следующее определяющее соотношение $c_1 \tau^{(n)} = c_2 \tau^{(n)} = c^{\#} \in C(A, d, \phi)$.*

Кроме того, пары **ВСКФ-1**, аналогичные парам **ВСКФ**, могут быть образованы посредством таких конфигураций, как **НКФ-1** и/или **НКФ**, т.е. {**НКФ-1, НКФ-1**}, {**НКФ, НКФ**}, {**НКФ, НКФ-1**}. В отличие от **ВБ ВСКФ** для **ВСКФ-1** определен некоторый аналог в виде «*узла поглощения*» $c^{\#}$, чей размер представляет определенный интерес в целом ряде численных исследований *неконструируемости*, которая обусловлена существованием пар **ВСКФ-1**. Целесообразность этого понятия обусловлена тем, что определение пар **ВСКФ-1** допускает также бесконечные конфигурации. Например, было показано, что минимальные размеры $|c^{\#}|$ и конфигураций **НКФ-1** и **НКФ** могут быть равны. Если узел поглощения $c^{\#}$ может быть конфигурацией типа **НКФ-1**, тогда $c^{\#}$ не может быть конфигурацией типа **НКФ**. В основе данного свойства лежат определение 11 и принципиальное различие между типами неконструируемости **НКФ** и **НКФ-1**.

Между тем, между понятиями **ВСКФ** и **ВСКФ-1** имеется ряд иных различий. Например, наличие для классической модели **d–КА** $(d \geq 1)$ пар **ВСКФ** влечет за собой наличие в ней **ВСКФ-1**, образованных бесконечными структурами на основе **ВСКФ**; но с другой стороны, наличие для классического **d–КА** пар **ВСКФ-1**, которые структурно отличаются от **ВСКФ**, не обязательно влечет за собой присутствие для **КА**-модели пар **ВСКФ**. Данное обстоятельство вызвано тем, что наличие для произвольной классической модели **d–КА** $(d \geq 1)$ пар

ВСКФ является одним из 2 критериев существования для модели неконструируемости *НКФ*, тогда как существование для модели пар *ВСКФ-1* не обязательно вызывает присутствие для *КА*–модели неконструируемости типа *НКФ*.

Приведенная выше концепция взаимной стираемости *ВСКФ-1* в классических моделях *d–КА* (*d≥1*) тесно связана с общей проблемой неконструируемости, о чем свидетельствует следующий довольно важный результат [15,27,32,41,173-177].

Теорема 23. Классическая модель d–СА (d≥1) обладает, по крайней мере, неконструируемостью типа НКФ (возможно, и НКФ-3) или НКФ-1 тогда и только тогда, когда для модели существуют пары ВСКФ-1. Если для модели d–КА (d≥1) пары ВСКФ-1 отсутствуют, то КА–модель будет обладать НКФ-2; более того, существование неконструируемости типа НКФ-2 может полностью сочетаться с существованием для КА–модели пар ВСКФ-1.

Простой пример классической модели *1–КА* с индексом соседства *X* = {*0,1*} и алфавитом состояний *A* = {*0,1,2*} служит доказательством второй части второго утверждения теоремы *23* [15,41]. Результатом теоремы *23* является довольно существенное обобщение критерия *Мура-Михилла* (*теорема 6*) и критерия *Аладьева-Кимуры-Маруоки* (*теорема 13*), который эквивалентен первому, распространяя их и на другие типы неконструируемости. Поскольку понятие *НКФ-3* является самым непосредственным следствием дифференциации неконструируемости типа *НКФ* на *блочную* и *конфигурационную* неконструируемость, то определение критерия того, что конечная конфигурация является *НКФ-3*, представляется весьма полезным. В этом отношении критерий представлен следующей теоремой [8].

Теорема 24. Конфигурация c=□c$_b$□ в классической модели 1-КА (d≥1) является конфигурацией типа НКФ-3 тогда и только тогда, если блочная конфигурация c$_b$ в модели будет конструируемой, однако блочная конфигурация c`$_b$= 0^{p}c$_b$0^p (p ≥ a^n + n − 1) будет типа НКФ.

Итак, результат теоремы *24* в определенном смысле представляет конструктивный тест на принадлежность конфигурации *c∈C(A,∅)* к типу *НКФ-3*, являясь, таким образом, достаточно эффективным средством в целом ряде теоретических исследований, касающихся динамики классических моделей *d–КА*. Между тем, тип *НКФ-3* не приписывается нами к базовому типу неконструируемости. Такое решение обусловлено обстоятельством, вытекающим из теоремы.

Виктор Аладьев, Вячеслав Ваганов, Михаил Шишаков

Теорема 25. *Если в классических моделях d–КА (d ≥ 1) существует неконструируемость типа НКФ-3, то это влечет существование для них неконструируемости НКФ, тогда как обратное, вообще говоря, неверно. В классической модели d–КА (d ≥ 1) существуют конфигурации типа НКФ (НКФ-3) только в том случае, если для нее существуют конечные КФ, не имеющие предшественников из множества конфигураций C(A,d,∞)∪C(A,d,ϕ) ≡ C(A,d).*

Между тем, в большинстве случаев нам будет достаточно удобно сгруппировать оба типа неконструируемости по общему понятию «**НКФ**», специально не выделяя при этом специальный тип **НКФ-3**, который в то же время в некоторых случаях оказывается довольно полезным. В дальнейшем мы будем рассматривать **НКФ** и **НКФ-1** как основные типы *неконструируемости* в классической **КА**-модели. Следующая теорема суммирует достаточно полезные взаимосвязи между **ВСКФ**, **γ-КФ**, **НКФ** и **НКФ-1** [32,36,27,40,44-49,173-177].

Теорема 26. *Пусть* $\tau^{(n)} = \tau^{(m)}\tau^{(p)}$ *является разложением глобальной функции перехода* $\tau^{(n)}$ *на две глобальные функции перехода* $\tau^{(m)}$, $\tau^{(p)}$ *одинаковой размерности 1, которые определены в том же самом алфавите состояний A. Если ГФП* $\tau^{(m)}$ *не обладает ВСКФ, но* $\tau^{(p)}$ *обладает множеством D γ-КФ, то ГФП* $\tau^{(n)}$ *будет обладать тем же набором D γ-КФ. Если ГФП* $\tau^{(m)}$ *не обладает ВСКФ и* $\tau^{(n)}$ *имеет пары ВСКФ, то ГФП* $\tau^{(n)}$ *имеет то же множество НКФ, что и* $\tau^{(p)}$. *Существуют ГФП* $\tau^{(n)}$, *имеющие ВСКФ с ограниченным размером минимального простого ВБ ВСКФ и НКФ произвольно заданного минимального размера. Существуют ГФП* $\tau^{(n)}$, *для которых любая пара ВСКФ будет содержать неконструируемые конфигурации типа НКФ. Пусть ГФП* $\tau^{(n)}$ *будет обладать множеством W ВСКФ. Тогда функции* $\tau^{(n)m}$ *(m > 1) имеют множество W ВСКФ, которое идентично с функцией* $\tau^{(n)}$ *тогда и только тогда, когда по крайней мере только одна конфигурация каждой пары ВСКФ из W будет НКФ для ГФП* $\tau^{(n)}$; *в противном случае* $(\forall k≥1)(W_k \subset W_{k+1})$, *где* W_k - *множества всех пар ВСКФ для глобальных функций перехода* $\tau^{(n)k}$ *(k ≥ 1). Функция* $\tau^{(n)}$ *обладает НКФ тогда и только тогда, когда хотя бы одна из функций пары* $\{\tau^{(m)}, \tau^{(p)}\}$ *обладает НКФ. Если же хотя бы одна функция из пары* $\{\tau^{(m)}, \tau^{(p)}\}$ *обладает НКФ-1, то их композиция* $\tau^{(n)}=\tau^{(m)}\tau^{(p)}$ *(n=m+p-1) будет обладать НКФ-1 и/или НКФ. Два последних утверждения верны для случая размерностей d≥1 и произвольного алфавита состояний A КА-моделей.*

В частности, с учетом представленных результатов следует, что в классических **КА** существуют *глобальные функции перехода*, которые имеют разные множества **ВСКФ** и идентичные множества **НКФ**.

Рассмотрим множество **G** бинарных классических моделей **1-КА** с индексом соседства **X={0,1,2}** в качестве довольно простого примера распределения указанных типов неконструируемости. Очевидно, что количество моделей этого множества равно **128**, в то время как каждая его модель однозначно определяется квалифицирующим номером, принцип вычисления которого состоит в следующем *(на примере бинарной модели **1-КА** с индексом соседства Мура)*. Определим ее локальную функцию перехода системой параллельных замен:

$$000 \to 0 \quad 001 \to a \quad 010 \to b \quad 011 \to c \quad 100 \to d \quad 101 \to e \quad 110 \to f \quad 111 \to g$$

Тогда десятичное *представление* бинарного числа **<0abcdefg>** будем называть *квалифицирующим номером (или просто номером)* для такой классической модели **1-КА** $(a,b,c,d,e,f,g \in \{0, 1\})$.

С другой стороны, практический интерес представляет процедура **NumLTF**, запрограммированная в системе **Mathematica**, чей вызов **NumLTF[A, n, m]** *(где A – список состояний КА-модели, n – целое число, определяющее размер связного шаблона соседства КА-модели, тогда как m – квалифицирующий номер модели)* возвращает список элементов формата $"x_1 x_2 x_3 \ldots x_n" \to "x`_1"$, который определяет параллельные подстановки, определяющие локальную функцию перехода вида $\sigma^{(n)}(x_1, x_2, x_3 \ldots, x_n) = x`_1;$ процедура обрабатывает особую ситуацию, печатая соответствующее диагностическое сообщение. Фрагмент ниже представляет исходный код процедуры наряду с типичными примерами ее применения и процедурой **LTFnum**, функционально обратной первой процедуре.

```
In[1276]:= NumLTF[A_/; ListQ[A], n_/; IntegerQ[n], m_/; IntegerQ[m]] :=
              Module[{a, b = Length[A]^n, d},
        a = Map[StringJoin, Map[ToString2, Tuples[A, n]]];
              If[0 <= m && m <= Length[A]^(b - 1),
              c = ToString2[IntegerDigits[m, Length[A]]];
GenRules[a, Join[Characters[StringRepeat["0", b - Length[c]], c]],
              Print[StringJoin["m = ", ToString[m], " is invalid"]]]]]

In[1277]:= NumLTF[{0, 1}, 3, 105]
Out[1277]= {"000" → "0", "001" → "1", "010" → "1", "011" → "0",
              "100" → "1", "101" → "0", "110" → "0", "111" → "1"}
In[1278]:= W = NumLTF[{0, 1, 2}, 2, 1942]
Out[1278]= {"00" → "0", "01" → "0", "02" → "2", "10" → "1", "11" → "2",
```

"12" → "2", "20" → "2", "21" → "2", "22" → "1"}

In[1279]:= LTFnum[A_ /; ListQ[A], j_ /; ListQ[j] &&
               DeleteDuplicates[Map[Head, j]] == {Rule}] := Module[{a},
          a = ToExpression[Map[#[[2]] &, j]]; FromDigits[a, Length[A]]]

In[1280]:= LTFnum[{0, 1, 2}, W]
Out[1280]= 1942

Вызов *LTFnum[W]* *(где **A** – список состояний **KA**-модели, **W** – список параллельных подстановок, имеющих вышеуказанный формат и которые определяют локальную функцию перехода вида* $\sigma^{(n)}(x_1, x_2, x_3, ..., x_n) = x`_1$) возвращает квалифицирующий номер *(просто номер)* **KA**-модели с заданной локальной функцией перехода. Процедуры находятся в нашем пакете ***Archive76.ZIP*** [27,42,173-177].

Относительно квалифицирующих номеров **KA**-моделей возникает ряд довольно интересных вопросов, рассмотренных нами в [27,47]. В частности, рассмотрен вопрос представления квалифицирующих номеров для случая линейных локальных функций, определяемых формой *(2a)* и их композиций. Как известно [27,43-49], имеет место следующее предложение, а именно:

Если локальная функция, соответствующая глобальной функции перехода $\tau_j^{(n_j)}$, *представима формой (2a) и определена в алфавите* $A=\{0,1,2,...,a-1\}$ *(a – простое), то глобальная функция перехода* $\tau^{(n)}$, *являющаяся композицией* $\tau^{(n)} = \tau_1^{(n_1)} \tau_2^{(n_2)} \tau_3^{(n_3)} \tau_4^{(n_4)} ... \tau_m^{(n_m)}$, *будет обладать воспроизводимостью по Муру конечных конфигураций (j=1..m).*

Этот подход позволяет расширять класс **KA**-моделей, обладающих свойством воспроизводимости в смысле *Мура* конечных **КФ**. Вместе с тем интересные результаты получены по вопросу представимости квалифицирующих номеров **ГФП** – *результата композиции* – таких **KA**-моделей. Исследования проводились и на теоретическом, и на основе компьютерного моделирования, используя ряд процедур, запрограммированных в *Mathematica (CompGTF, TestNumLTF и др.)* [27,42,47]. Исходный код *TestNumLTF* с примером приведен ниже.

In[4113]:= TestNumLTF[A_ /; ListQ[A], g_ /; ListQ[g] &&
          DeleteDuplicates[Map[Head[#] &, g]] == {Rule}, n_Integer, t___] :=
               Module[{a = {}, b, c}, Do[AppendTo[a, g], n];
If[n == 1, a = LTFnum[A, a[[1]]], a = CompGTF[A, a]; a = LTFnum[A, a]];
          a = FactorInteger[a]; {b, c} = {Map[#[[1]] &, a], Map[#[[2]] &, a]};
                    If[{t} != {} && ! HowAct[t], t = {b, c}, Null];
                    If[DeleteDuplicates[c] == {1}, True, c]]

In[4114]:= TestNumLTF[{0, 1}, PureLTF[Mod[#1 + #2 + #3, 2] &, {0, 1}], 4, g]

```
Out[4114]= True
In[4115]:= g[[2]]
Out[4115]= {1, 1, 1, 1, 1, 1, 1, 1, 1, 1, 1, 1, 1, 1, 1, 1, 1}
```

Полученные результаты многочисленных как теоретических, так и компьютерных исследований **КА**–моделей дают нам возможность сформулировать следующее предположение, а именно:

Почти все квалифицирующие номера N для глобальных функций перехода (локальные функции перехода которых имеют вид (2a)), получаемых описанной выше композицией, представимы в форме $N = p_1 p_2 p_3 \dots p_t$, где p_j – простое без кратности число (j=1..t); между тем, как среди оставшихся КА-моделей почти все представления их квалифицирующих номеров располагают лишь одним кратным простым сомножителем. Существуют ГФП τ, чьи композиции τ^n ($n \geq 1$) имеют (не имеют) указанное представление N их номеров.

Более того, данное понятие можно распространить и на модели с произвольными индексом соседства **X** и алфавитом состояний **A**, позволяя достаточно просто идентифицировать **1–КА**. А согласно критерия неконструируемости на основе **γ–КФ** *(теорема 13)*, можно несложно убедиться, что все модели **1–КА** с номерами:

0..14, 16..29, 31..39, 40..42, 44, 46..50, 52, 54..56, 59, 61..74, 76, 77, 79..84, 87, 88, 91, 93..98, 100, 103, 104, 107, 109..112, 115, 117..119, 121..127

обладают **НКФ** и, возможно, **НКФ-1** *(мы оставляем это читателю)*. Таких моделей **93**. Ряд моделей этого набора могут поддерживать сложную динамику. Некоторые ее особенности можно найти в [32]. Следующий набор составляют модели, которые обладают парами **ВСКФ** и, следовательно, **НКФ**. Количество таких моделей равно **11**, их номера *43,53,57,58,68,92,99,108,113,114,116*. В частности, модели с номерами *53,99,113* не обладают **НКФ-1**, а **КА**–модели с номерами *92,108,114*, кроме того, обладают и **НКФ-1**. Три модели с номерами *15,51,85* не обладают **НКФ** и **НКФ-1**, генерируя *одинаковые* цепочки конфигураций *(с точностью до сдвига)* и с точки зрения динамики особого интереса не представляют. Наконец, **КА**–модели, которые не обладают **НКФ** из-за отсутствия для них **ВСКФ**, будут относится к последнему набору. Квалифицирующие номера моделей с рядом полезных комментариев представлены ниже, а именно:

30 – конфигурации вида $\{\square(1110)^k 11\square \mid k = 0,1,2,\dots\}$ являются **НКФ-1**;
45, 101 не обладают **НКФ-1**, но любая конечная **КФ** периодическая;
60 – конфигурации вида $\{\square 1^{2k+1}\square \mid k = 0, 1, 2, \dots\}$ являются **НКФ-1**;

75,102,105,106,120 обладают **НКФ-1** по меньшей мере простейшего вида $c = \square 1 \square$;

86, 90 обладают **НКФ-1** простейшего вида $c = \square 11 \square$;

89 –конфигурации вида $<\square 1 x_1 \dots x_n 111 \square>$ являются **НКФ-1**; $x_j \in A = \{0,1\}$, $j=1..n$; модель имеет конечные **КФ** только **АККФ** и **НКФ-1**.

Таким образом, из всех *128* бинарных **КА**–моделей множества *G*:

- *113* моделей обладают **НКФ** и, возможно, **НКФ-1**;
- три модели с номерами *15, 51, 85* не обладают **НКФ** и **НКФ-1**; при этом, они не представляют интереса с точки зрения динамики **КФ**;
- *12* моделей не обладают **НКФ**; только две из них с номерами *45* и *101* к тому же не обладают неконструируемостью типа **НКФ-1**.

В целях компьютерного исследования *бинарных* классических *1–КА* с индексом соседства *Х*={*0,1,2*}, которые обладают **НКФ**, нами были запрограммированы процедуры в системах *Maple* и *Mathematica*. В частности, используя процедуры *NcfQ, MinNCF* и *NfToLtf*, которые были запрограммированы в *Mathematica*, исследовалась проблема минимального размера **НКФ** в таких моделях *1–КА* с номерами из диапазона *0..127*. Следующая таблица отражает полученный нами результат; в ее первом столбце указан минимальный размер **НКФ**, а во втором – номера бинарных моделей *1–КА* с такими **НКФ** [41].

Min НКФ	*Бинарные модели 1–КА с номерами*
9	*37, 91*
8	*22, 104*
6	*57, 73, 99, 109*
5	*5, 23, 25, 41, 54, 61, 62, 67, 77, 94, 95, 97, 103, 107, 108, 110, 113, 118, 121, 122, 124*
4	*7, 9, 13, 21, 26, 27, 29, 31, 33, 35, 38, 39, 44, 49, 52, 53, 58, 59, 65, 69, 71, 74, 79, 82, 83, 87, 88, 92, 93, 100, 111, 114, 115, 123, 125*
3	*1, 3, 6, 10, 11, 14, 17, 18, 19, 20, 28, 36, 40, 42, 46, 47, 50, 55, 56, 63, 70, 72, 76, 80, 81, 84, 96, 98, 112, 116, 117, 119, 126, 127*
2	*2, 4, 8, 12, 16, 24, 32, 34, 48, 64, 66, 68*
1	*0*

Итак, доля моделей, обладающих **НКФ** и, возможно, **НКФ-1** ≈ *0.88*, тогда как только две модели *1–КА* с номерами *45* и *101* не обладают основными типами неконструируемости **НКФ** и **НКФ-1**. В данном направлении доказан следующий довольно интересный результат.

Предложение 3. *В классической модели d–КА (d ≥ 1) любая конечная конфигурация будет периодической тогда и только тогда, когда модель не обладает неконструируемостью типов НКФ и НКФ–1. Итак, если классическая КА-модель не имеет неконструируемости типов НКФ и НКФ–1, то в ней все конечные конфигурации будут периодическими и такая модель не будет обладать универсальной вычислимостью и воспроизводимостью конечных конфигураций.*

Таким образом, только пять структур из *128* с номерами *15,45,51,85, 101* обладают *полной обратимостью* генерируемых ими конечных конфигураций; где под этой концепцией понимается возможность вычисления всей цепочки конечных предшественников для любой конечной конфигурации $c \in C(A, 1, \phi)$, т.е. возможность однозначно определять ее предысторию в *КА*-модели. Таким образом, они не представляют особого интереса из-за ограниченных *генерирующих* возможностей с точки зрения модельных приложений. Итак, с этой точки зрения только модели множества *G*, обладающие *НКФ* или/и *НКФ–1*, могут представлять наибольший интерес. Кроме того, это предложение может быть существенно обобщено и на более общие случаи классических *КА*-моделей. Следовательно следует обратить внимание на *КА*-модели, которые обладают неконструируемостью типов *НКФ* и/или *НКФ–1* для обеспечения ими довольно сложной динамики конечных конфигураций.

Понятия неконструируемости *НКФ* и *НКФ–1* очень тесно связаны с типами динамики *(графы состояний)* классических моделей *d–КА (d ≥ 1)*. В этом направлении, в частности, имеет место результат:

Если классическая d–КА (d ≥ 1) не обладает неконструируемостью типов НКФ и НКФ–1, то для любой конфигурации $c_j \in C(A,d,\phi)$ КА сможет генерировать последовательности конфигураций (графы состояний) только одного из следующих трех типов, а именно:

(a) все последовательности конфигураций $\Theta_j = \{c_j \tau^{(n)k} \mid k \geq 0; j = 1..\infty\}$ являются периодическими;

(b) ... → c_{j-k} → ... → c_{j-2} → c_{j-1} → c_j → c_{j+1} → c_{j+2} → ... → c_{j+k} → ... ;

(c) d–КА (d ≥ 1) обладает последовательностями конфигураций Θ_j типов (a) и (b).

Отсутствие неконструируемости типа НКФ для классических КА-моделей является необходимым условием, но не достаточным для обеспечения обратимости их динамики по отношению ко всем конечным конфигурациям. Если классическая КА-модель обладает *неконструируемостью НКФ-1 без НКФ, то для конфигурации $c_j \in$ C(A, d, ϕ) такая модель генерирует последовательность КФ (граф состояний) только одного из следующих двух типов, а именно:*

$$(a)\ c_j \to c_{j+1} \to ... \to c_{j+p} \to ...\ \bigcup_{j=1}^{\infty} \{c_j \tau^{(n)k} | k \geq 0\} = C(A, d, \phi);\quad c_j - НКФ\text{-}1$$

(b) модель имеет последовательности конфигураций $\{c_j \tau^{(n)k} | k \geq 0$; $j = 1..\infty\}$ типа (a) наряду с периодическими последовательностями.

Итак, для случая упомянутых бинарных **1-КА** среди всех моделей, имеющих **НКФ-1** без **НКФ**, модели с номерами 75,89,90,102,105,106 относятся к типу *(a)*, тогда как только три модели с номерами 30,60 и 86 принадлежат типу *(b)*. Данный факт достаточно очевиден, не требуя каких-либо особых пояснений. Теперь несложно убедиться в справедливости следующего результата [15,27,36,41,173-177]:

Для существования в моделях d-КА (d ≥ 1) неконструируемости НКФ-1 без НКФ вполне достаточно, чтобы для каждой конечной конфигурации c ∈ C(A, d, ϕ) модель d-КА (d≥1) генерировала в целом последовательность возрастающих конфигураций относительно размеров диаметров конечных конфигураций, т.е.

$$(\forall c \in C(A,d,\phi))(\exists\{j_1 > j_2 > ... > j_q > ...\})\left(k < p \to \left|c\tau^{(n)j_p}\right| > \left|c\tau^{(n)j_k}\right|\right) \&$$
$$(\neg \exists (k<p))\left(\left|c\tau^{(n)k}\right| > \left|c\tau^{(n)p}\right|\right);\quad j_q - ascending\ sequence\ of\ integers;$$
$$|h| - size\ of\ a\ configuration\ h\ (q=1,2,...\infty)$$

Если для некоторой d-мерной глобальной функции перехода $\tau^{(n)}$, определенной в конечном алфавите А, имеет место соотношение $(\forall c \in C(A, d, \phi))(|c| < |c\tau^{(n)}|)$, где $|c^*|$ - максимальный диаметр КФ c^*, тогда проблема существования неконструируемости НКФ и / или НКФ-1 для глобальной функции перехода $\tau^{(n)}$ разрешима. Если классическая модель d-КА (d≥1) не обладает неконструируемостью НКФ и для нее имеет место указанное выше соотношение, то эта модель обладает неконструируемостью НКФ-1, само множество C(A,d,∞) незамкнуто относительно отображения, определенного ГФП $\tau^{(n)}$ модели, и множество $C(A,d,\phi)\backslash\square$ можно сгенерировать только с помощью таких конфигураций, как НКФ-1; кроме того, множество НКФ-1 будет минимальным генерирующим набором для множества $C(A,d,\phi)\backslash\{\square\}$, т.е. имеет место соотношение:

$$\bigcup_j <c_j> \left[\tau^{(n)}\right] = C(A,d,\phi)\backslash\{\square\};\ (\forall i,j)(i \neq j \to <c_j>\left[\tau^{(n)}\right] \cap <c_j>\left[\tau^{(n)}\right] = \varnothing$$

где c_j - конечные конфигурации, образующие множество НКФ-1.

Таким образом, для классических **КА**–моделей описанного выше типа конечное множество *образующих* для множества $C(A,d,\phi)\backslash\{\Box\}$ типа **НКФ-1** отсутствует. Это сравнительно несложно вытекает из вполне очевидного второго соотношения, представленного выше.

С другой стороны, если классическая модель **d–КА** *(d ≥ 1)* не будет обладать неконструируемостью типа **НКФ-1** и для нее имеет место указанное выше соотношение, то такая модель **d–КА** *(d ≥ 1)* будет обладать *неконструируемостью* типа **НКФ**, а множество $C(A,d,\phi)\backslash\{\Box\}$ может быть сгенерировано только с помощью конфигураций из минимального набора **К⊆НКФ**; в то время как для модели, которая обладает неконструируемостью типов **НКФ-1** и **НКФ** при условии вышеуказанного соотношения, множество $C(A,d,\phi)\backslash\{\Box\}$ может быть сгенерировано только посредством конфигураций из *минимального* множества **J⊆НКФ∪НКФ-1.** Более того, случай строгого включения обусловлен тем, что такие конфигурации, как **НКФ** и / или **НКФ-1** могут образовывать пары **ВСКФ-1.** По нашему мнению, именно во множестве классических **КА**, которые удовлетворяют соотношению $(\forall c \in C(A,d,\phi))(|c^*| < |c^*\tau^{(n)}|)$ в отсутствие неконструируемости типа **НКФ**, имеет смысл искать **КА**-модели, обладающие универсальной самовоспроизводимостью в смысле *Мура* конечных конфигураций, например, класс *линейных* классических моделей несколько других типов, обладающих универсальной воспроизводимостью по *Муру*, рассматривается несколько ниже.

Основываясь на теореме *21*, оценки числа *N(a, n)* и доли δ*(a, n)* для классических моделей **d–КА** *(d≥1)* с алфавитом состояний **A**={0,1, ..., **a–1**} и индексом соседства **X**={0,1,2, ..., **n–1**}, которые будут обладать неконструируемостью **НКФ-1** и / или **НКФ** (**НКФ-3**), выражаются следующими соотношениями, а именно:

$$N(a,n) > a^{a^n-a}\left[\sum_{j=0}^{a-1}C_{a-1}^j(a-1)^{a-j-1} - (a-1)^{a-1}\right] = a^{a^n-a}\left[a^{a-1} - (a-1)^{a-1}\right]$$

$$\delta(a) > N(a,n)/a^{a^n-1} = \left[1 - (1-1/a)^{a-1}\right]; \quad \lim_{a\to\infty}\delta(a) > 1 - 1/e; \quad \delta 1(a) < 1/e$$

где *[x]* – наименьшее целое ≥ *x.* Тогда как доля δ*(a)* таких моделей **КА** относительно всех классических моделей **d–КА** определяется вышеуказанным соотношением вне зависимости от параметров **d** и **n** **КА**-модели. Следовательно, доля δ*1(a)* классических моделей **d–КА** *(d ≥ 1)*, не обладающих неконструируемостью **НКФ-1** и **НКФ**, будет меньше *1/е.* Более того, δ*(a)* и δ*1(a)* заметно занижены и завышены соответственно в соответствии с *увеличением* мощности алфавита *A* согласно наших многочисленных экспериментальных результатов.

Очевидно, что для существования в произвольной классической модели d–KA (d ≥ 1) неконструируемости типа НКФ-1 для такой модели должна существовать такая бесконечная конфигурация c∈C(A,d,∞), что cτ$^{(n)}$=□, между тем это не является достаточным. Если в классической модели d–KA (d ≥ 1) существуют пары ВСКФ, то относительно ее ГФП τ$^{(n)}$ существуют такие конфигурации a∞, b∞∈C(A,d,∞), что a∞τ$^{(n)}$=b∞τ$^{(n)}$ (a∞ ≠ b∞ с точностью до сдвига по осям координат пространства Z^d), тогда как обратное в общем случае неверно, что доказывает уже весьма простая модель 1–KA.

Как теоретическое, так и экспериментальное изучение проблемы самовоспроизводимости в смысле *Мура* конечных конфигураций в классических моделях *d–KA (d ≥ 1)* позволяет нам сформулировать следующее утверждение, а именно:

Классическая модель d–KA (d ≥ 1), обладающая общим свойством самовоспроизводимости в смысле Мура конечных конфигураций, будет обладать свойством неконструируемости типа НКФ-1 в отсутствие неконструируемости НКФ, тогда как обратное, как правило, неверно. Если глобальная функция перехода τ$^{(n)}$ обладает НКФ-1, то для нее существует конфигурация c∞∈C(A,d,∞) такая, что c∞τ$^{(n)}$ = □, тогда как обратное в общем случае неверно.

Действительно, простая *бинарная* модель *1–KA*, локальная функция перехода которой может быть представлена формулой

$$\sigma^{(3)}(x, y, z) = \text{If}[x = 0,\ x+y+z\ (mod\ 2),\ x+y+z+1\ (mod\ 2)]; \quad x,y,z \in \{0, 1\},$$

будет обладать неконструируемостью **НКФ-1** в отсутствие для нее неконструируемости типа **НКФ**, но не обладает, однако, свойством универсальной самовоспроизводимости в смысле *Мура* конечных конфигураций. В качестве другого примера возможно предложить модель *1–KA*, с алфавитом *A={0, 1, 2}*, локальная функция перехода которой может быть представлена следующей формулой

$$\sigma^{(2)}(x, y) = \text{If}[x = 0,\ y,\ \text{If}[xy \in \{10, 11, 21, 22\},\ x+y\ (mod\ 2),\ 2]]; \quad x,y \in \{0, 1, 2\}$$

Каждая конечная конфигурация в такой модели является **НКФ-1** или абсолютно конструируемой, то есть имеет предшественников из множеств *C(A,d,ϕ)* и *C(A,d,∞)* одновременно, однако в отсутствие неконструируемости типа **НКФ** она, между тем, не будет обладать свойством универсальной самовоспроизводимости в смысле *Мура* конечных конфигураций.

Тогда как простая бинарная модель **1–КА**, чья локальная функция перехода представлена следующей формулой

$$\sigma^{(3)}(x, y, z) = \text{If}[x = 0,\ z,\ y+z+1\ (mod\ 2)]; \quad x,y,z \in \{0, 1\},$$

обладает неконструируемостью типа **НКФ-1** в отсутствие для нее неконструируемости типа **НКФ**, обладая, в то же время, свойством универсальной воспроизводимости в смысле *Мура* конечных **КФ**.

Наконец, заключительная часть вышеприведенного предложения очень наглядно иллюстрируется примером простой классической модели **1–КА**, чья локальная функция перехода $\sigma^{(2)}$ определяется параллельными подстановками следующим образом:

$$00{\to}0 \quad 01{\to}0 \quad 02{\to}1 \quad 10{\to}0 \quad 11{\to}2 \quad 12{\to}1 \quad 20{\to}0 \quad 21{\to}2 \quad 22{\to}1$$

Легко убедиться, что для такой модели **1–КА** каждая конечная **КФ** будет исчезающей или неконструируемой типа **НКФ** в отсутствие для модели неконструируемости типа **НКФ-1**.

На основе анализа четырех основных типов неконструируемости и компьютерного моделирования можно констатировать факт, что динамика конфигураций $c \in C(A,d,\phi)$ в классических моделях **d–КА** ($d \geq 1$) характеризуется графами переходов следующего вида:

1. Бесконечная непериодическая последовательность конечных КФ из множества $C(A,d,\phi)$: $c_o \to c_1 \to \ldots c_j \to \ldots$, для которой есть только две возможности:

(a) определяет алгоритм структурной организации конфигураций в зависимости от начальной конфигурации $c_o \in C(A,d,\phi)$ и момента времени *t*;

(b) такой алгоритм отсутствует либо является достаточно сложным для определения формальными средствами.

2. Последовательность чистого цикла; так, пассивные конфигурации *(ПКФ)* $c_o \in C(A,d,\phi)$, определяемые соотношениями вида $c_o \tau^{(n)} = c_o$ (*с точностью до сдвига; где $\tau^{(n)}$ - глобальная функция перехода*), подпадают под данное определение также, а именно:

$$c_o \to c_1 \to c_2 \to \ldots c_j$$

Существуют классические модели **d–КА** ($d \geq 1$), в которых из каждой конфигурации c_o будет генерироваться чистый цикл, чей период не менее **2** и зависит как от вида $c_o \in C(A,d,\phi)$, так и от ее размера.

3. Последовательность смешанного цикла (ПСЦ); характеризуется наличием в ней определенной конфигурации c_j, из которой будет генерироваться чистый цикл, а именно:

$$c_0 \to c_1 \to c_2 \to \dots c_j \to \dots \to c_{j+p} \to$$

Нетрудно убедиться, что **КА**–модели, в чьей динамике есть графы переходов типа *(3)*, обладают неконструируемостью типа **НКФ**.

Динамика классических **КА** не обладает графами переходов иного типа; более того, динамика может включать сочетания указанных графов или один из них. Таким образом, **НКФ** является абсолютно *неконструируемой* конфигурацией относительно множества $C(A,d)$, тогда как **НКФ-1** и **НКФ-2** являются неконструируемыми **КФ** по отношению ко множествам $C(A,d,\phi)$ и $C(A,d,\infty)$ соответственно.

Представленные доводы были рассмотрены как *один* из возможных подходов к *классификации* динамики классических **КА**–моделей [5] в контексте обсуждения работы *А. Беркса* [69]. Позднее *С. Вольфрам*, систематизируя **КА**–модели относительно их динамики, выделил в них четыре класса во многом аналогично нашему подходу.

Между тем, эта классификация носит чисто феноменологический характер и не дает каких-либо рекомендаций по получению на ее основе требуемых правил поведения **КА**–моделей, характеризуя только возможные типы динамики в целом. При этом, существуют и другие феноменологические критерии классификации правил *динамики* классических **КА**–моделей, на которых здесь мы не будем останавливаться по определенным причинам, отсылая читателя к соответствующим работам, представленным в библиографии [7]. Феноменологические критерии лишь качественно характеризуют динамику **КА**, не позволяя использовать как инструментарий для прямого программирования **КА**–моделей с требуемой динамикой.

Тогда как графы предшественников для конфигурации $c_0 \in C(A,d,\phi)$ относятся к следующим основным типам, а именно:

1. Бесконечная непериодическая последовательность **КФ** *из* $C(A,d,\phi)$:

$$\dots \leftarrow c_{-j} \leftarrow \dots \leftarrow c_{-2} \leftarrow c_{-1} \leftarrow c_0$$

2. Конечная непериодическая последовательность **КФ** *из* $C(A,d,\phi)$:

$$c_{-j} \leftarrow \dots \leftarrow c_{-2} \leftarrow c_{-1} \leftarrow c_0$$

Данный случай имеет место тогда, если конфигурация c_{-j} является неконструируемой типа **НКФ**.

---

3. Последовательность чистого цикла; *так, пассивные конфигурации* $c \in C(A, d, \phi)$ *(с точностью до сдвига) также подпадают под определение:*

$$c_{-j} \leftarrow \ldots \leftarrow c_{-2} \leftarrow c_{-1} \leftarrow c_0$$

4. Последовательность смешанного типа; *она характерна наличием в ней конфигурации* c_{-j}, *для которой предшественники могут быть как из множества* $C(A,d,\phi)$, *так и из множества* $C(A,d,\infty)$ *или из обоих этих множеств одновременно, а именно:*

$$\leftarrow \ldots c_{-j-p} \leftarrow \ldots \leftarrow c_{-j-1} \qquad c_r \in C(A,d,\phi); \quad r = 0..-j-p$$

$$c_{-j} \leftarrow \ldots \leftarrow c_{-2} \leftarrow c_{-1} \leftarrow c_0$$

$$\leftarrow \ldots b_{-j-k} \leftarrow \ldots \leftarrow b_{-j-1} \qquad b_q \in C(A,d,\infty); \quad q = -j-1..-j-k$$

Приведенные выше бинарные модели **1-КА** и иные типы моделей могут служить примерами таких графов состояний в *динамике* **КА.** Более того, можно убедиться, что графы предшественников таких, как *(4)*, начиная с конфигурации c_{-j}, допускают такие подграфы, как *(1)* – *(3)* также. Между тем, следующий довольно существенный результат был получен [24,27,40-43,82-87,173-177].

Теорема 27. *Проблема классификации классических моделей* ***d-КА*** *($d \geq 2$) согласно типов графов переходов конечных конфигураций является алгоритмически неразрешимой в общем случае.*

Наша *классификация* динамики классических моделей ***d-КА*** наряду с аналогичной *классификацией* С. *Волфрама* носят, главным образом, феноменологический характер и практически не играют никакой классифицирующей роли. Они были получены на основе целого ряда экспериментов с достаточно простыми типами классических **КА**-моделей и достаточно умозрительных экспериментов. Между тем, каждая *классификация*, которая претендует на это имя, должна предоставлять определенный алгоритм, прямой либо косвенный, который позволяет приписать классическую **КА**-модель к тому или иному типу. Однако *обе* упомянутые классификации не позволяют этого сделать, так как, например, в виду *неразрешимости* проблемы существования неконструируемости **НКФ** в моделях **d-КА** ($d \geq 2$), мы не можем дифференцировать **КА**-модель, уже относящуюся к типу **4.** Невозможность подобной классификации была доказана и *К. Кулик*, и *С. Ю* на основе представленной ниже проблемы [70].

Предложение 4. *Проблема существования в модели d-КА (d≥2) всех конечных конфигураций в качестве исчезающих КФ неразрешима.*

Среди других способов классификации **КА**–моделей можно также отметить подход C. *Langton* на основе **λ**–параметризации, который измеряет долю ненулевых значений **ЛФП** наряду с подходами N. *Israel, J. Dubacq, H. Goldenfeld*, которые предложили параметризацию **ЛФП** на основе известной концепции сложности А. *Колмогорова* [7] и интересного стохастического подхода А. *Лебедева* [71]. На сегодня существует ряд других подходов к классификации **КА**-моделей [7].

Наряду с дифференцированием концепции неконструируемости относительно классических **КА**–моделей, вопрос *дифференцировки* конструируемости конечных конфигураций представляет особый интерес. Так, конфигурация $c \in C(A,d,\phi)$ в классическом **d–КА** (**d ≥ 1**) называется *конструируемой* конфигурацией (**ККФ**), если она имеет предшественников c^{-1} из множества $C(A, d, \phi)$ или $C(A, d, \infty)$, то есть, $c^{-1}\tau^{(n)} = c$. Очевидно, что конструируемая конфигурация не может быть **НКФ** (**НКФ-3**), но она может быть **НКФ-1** либо **НКФ-2**.

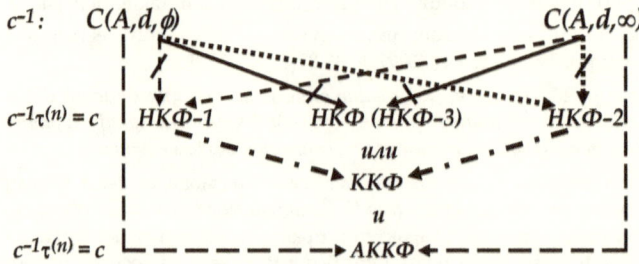

С другой стороны, для классического **d–КА** (**d ≥ 1**) конфигурация $c \in C(A,d,\phi)$ называется *абсолютно* конструируемой конфигурацией (**АККФ**) тогда и только тогда, когда она имеет предшественников из множества $C(A,d,\phi)$ и из $C(A,d,\infty)$. Итак, очевидно, что *абсолютно* конструируемая конфигурация c^* не может быть **НКФ** (**НКФ-3**), в то же время она не может быть и **НКФ-1** либо **НКФ-2**. Диаграмма, представленная выше, наглядно иллюстрирует взаимосвязи всех четырех типов *неконструируемости* (**НКФ, НКФ-1, НКФ-2, НКФ-3**) наряду с *конструируемостью* (**ККФ, АККФ**) в классических моделях **d–КА** (**d≥1**). Данная диаграмма еще раз позволяет лучше прояснить само понятие *неконструируемости* в классических **КА**. Основываясь на понятии абсолютно конструируемых **КФ** и теоремы **21**, можно доказать следующий довольно интересный результат [15,41,27].

Теорема 28. *Для классического d–КА (d ≥ 1) множество C(A, d, φ) не может состоять только из абсолютно конструируемых КФ либо только из конечных КФ типа НКФ-1, но оно может состоять из конструируемых конфигураций только типа НКФ-2.*

В этой связи возникает весьма интересный вопрос о максимальном множестве абсолютно конструируемых конечных конфигураций. Довольно детальное обсуждение этого вопроса можно найти в [41]. Следующий результат дает ответ на этот вопрос.

Теорема 29. *Для классической модели d–КА (d≥1) имеет место одно из 3-х отношений: ККФ ⊆ C(A,d,φ), ККФ ≡ АККФ, АККФ ⊂ C(A,d,φ), где ККФ, АККФ – множества всех конструируемых и абсолютно конструируемых конечных конфигураций соответственно; кроме того, имеют место следующие соотношения, а именно:*

$$(\exists d\text{-}CA)(C(A,d,\phi)\equiv\text{НКФ-2}), \ (\forall d\text{-}CA)(C(A,d,\phi)\supset\text{НКФ-1} \ \& \ C(A,d,\phi)\supset\text{АККФ}).$$

Вышеупомянутый **_1–КА_** с индексом соседства *X* = {*0,1,2*} и номером *116* может рассматриваться как довольно интересный пример. Так, блочная конфигурация *c*=<010>* – *НКФ* минимального размера в этой модели, поэтому любая конфигурация, содержащая ее, будет для такого *1–КА* в качестве *НКФ*, тогда как другие будут являться *абсолютно* конструируемыми. Анализ этой модели *1–КА* позволяет сформулировать один достаточно интересный результат:

Существуют классические модели 1–КА, не обладающие НКФ-1, у которых такие конфигурации, как НКФ составляют «почти все» множество C(A,1,φ), а остальные конфигурации множества будут абсолютно конструируемыми, т.е. имеют предшественников как из множества C(A,1,φ), так и из множества C(A,1,∞). Существуют классические модели d–КА (d ≥ 1) только с НКФ, НКФ-1 и АККФ, а также существуют классические модели d–КА (d ≥ 1) лишь с НКФ, НКФ-2 и АККФ. Существуют классические модели d–КА (d≥1), для которых каждая конфигурация c∈C(A,d,φ) будет НКФ или АККФ при условии наличия для них конфигураций c* ∈ C(A,1,∞) таких, что имеет место следующее соотношение $c*\tau^{(n)} = \square$; это и доказывает недостаточность условия существования неконструируемости НКФ-1 в классических КА-моделях. Таким образом, существование исчезающих бесконечных конфигураций является необходимым, но не достаточным условием существования в классических моделях d–КА (d ≥ 1) неконструируемости типа НКФ-1.

Пример модели *1–КА* иллюстрирует тот факт, что незамкнутость множества $C(A, d, \infty)$ относительно отображения, индуцируемого классической моделью $d\text{-}KA$ $(d \geq 1)$ необходима, но не достаточна для существование неконструируемости $НКФ\text{-}1$ в таких моделях [41]. Итак, с одной стороны, для классической модели $d\text{-}KA$ $(d \geq 1)$ множество $C(A,d,\phi)$ конечных конфигураций не может состоять из *абсолютно конструируемых* конфигураций, в то время как, с другой стороны, существуют классические $KA\text{-}$модели, для которых будут все конструируемые конфигурации множества $C(A,d,\phi)$ также типа *абсолютно* конструируемыми. Итак, *определяющий* атрибут понятия классических $KA\text{-}$моделей позволяет вполне естественным образом дифференцировать не только концепцию неконструируемости, но и конструируемости конечных конфигураций. И в этом еще одна существенная *особенность* классических $KA\text{-}$моделей. Вместе с этой *особенностью* классические KA представляют интерес, прежде всего, с прикладной точки зрения, т.к. они имеют такое *особое* состояние, как «*состояние покоя*», которое допускает множество естественных интерпретаций как самого состояния покоя, так и многих важных динамических свойств классических $KA\text{-}$моделей, определяемых их доступностью.

Как уже отмечалось, для существования неконструируемости типа $НКФ\text{-}1$ в моделях $d\text{-}KA$ $(d{\geq}1)$ для них обязательно существует хотя бы одна такая бесконечная конфигурация $c \in C(A,d,\infty)$, что $c\tau^{(n)} = \square$ или $c\tau^{(n)}{=}c' \in C(A, d, \phi)$ в более общем случае. Однако, здесь следует отметить *один* весьма существенный аспект. Среди всех *бесконечных* конфигураций относительно классических моделей $1\text{-}KA$ вполне целесообразно выделить конфигурации двух основных типов: *(1)* бесконечные конфигурации в обе стороны (c^{∞}) и (2) бесконечные конфигурации только влево (c_{-}^{∞}) или вправо (c_{+}^{∞}).

Пусть для классической модели $1\text{-}KA$ в отсутствие $НКФ$ существуют конфигурации формы $c_{+}^{\infty}{=}\square x_1 x_2 \dots x_n \dots x_j \infty \, (x_1, x_j \in A\backslash\{0\})$ такие, что имеет место следующее соотношение $c_{+}^{\infty}\tau^{(n)}{=}\square \in C(A,1,\phi)$. Но тогда несложно доказать существование в модели не менее 2 различных конфигураций $c_p{=}\square x_1 x_2 \dots x_n \dots x_p \square$ и $c_k{=}\square x_1 \dots x_k \square \, (p{\neq}k; x_1, x_p, x_k \in A\backslash\{0\})$ и образованных на основе c_{+}^{∞} таких, что имеет место соотношение $c_p \tau^{(n)}{=}c_k \tau^{(n)}{=}c \in C(A,1,\phi)$ *(в конкретном случае может быть также отношение $c_p \tau^{(n)}{=}c_k \tau^{(n)}{=}\square$), где нулевая $КФ$ '$\square$' принадлежит (согласно ранее отмеченному соглашению о составе множества всех конечных $КФ$)*

к *конечным* конфигурациям. Итак, классическая модель *1-КА* будет обладать парами *ВСКФ* и, следовательно, неконструируемостью *НКФ*, что противоречит предположению. Аналогичная ситуация имеет место и для случая бесконечных конфигураций c_{-}^{∞}. Итак, для классических моделей *1-КА* в отсутствие неконструируемости типа *НКФ* могут существовать только бесконечные в обе стороны конфигурации c^{∞}, удовлетворяющие следующему соотношению $c^{\infty}\tau^{(n)}=\square\in C(A,1,\phi)$. Тогда как факт существования конфигураций c_{-}^{∞} или c_{+}^{∞}, для которых $c_{+}^{\infty}\tau^{(n)}=\square\in C(A,1,\phi)$ или $c_{-}^{\infty}\tau^{(n)}=\square\in C(A,1,\phi)$ обеспечивает существование неконструируемости типа *НКФ* для классической модели *1-КА*. В этой связи можно сформулировать следующий достаточно полезный результат.

Теорема 30. Для классической модели 1-КА будет существовать неконструируемость типа НКФ, если для нее существуют такие конфигурации $c^{*} \in C(A, 1, \phi) \cup c_{+}^{\infty} \cup c_{-}^{\infty}$, что имеет место следующее определяющее соотношение, а именно: $c^{*}\tau^{(n)} = \square$.

Поэтому, что касается понятия неконструируемости, то множество $C(A,1,\infty)$ всех *бесконечных* конфигураций для классических моделей *1-КА* дифференцируется. В определенных случаях это достаточно существенно. Во многих случаях важность этой дифференциации не менее значима, чем дифференциация $C(A, 1)$ на подмножества $C(A, 1, \phi)$ и $C(A, 1, \infty)$. Доказательство многих довольно интересных результатов, касающихся классических *КА*-моделей, прежде всего касающихся множества $C(A,d,\infty)$ *(d≥1)* бесконечных конфигураций, по существу использует следующую очевидную лемму.

Лемма 3. Для любого целого числа d≥1 и алфавита A = {0,1,2, ..., a–1} произвольная конфигурация в алфавите A d–мерного гиперкуба с ребром размера L, определяемого следующей простой формулой

$$L=n\left]\sqrt[d]{a^{n^{d}}+1}\right[, \text{ где }]x[- \text{целое число, большее, чем x,}$$

будет содержать как минимум две идентичные подконфигурации на d–мерных гиперкубах с ребром размера n. В то же время как для единичного одномерного случая и целого n ≥ 1 существует такое целое m = n(a^n + 1), что каждый кортеж P_j = <$x_1 x_2 x_3 x_4 ... x_m$> будет содержать не менее 2 идентичных непересекающихся подкортежей <$y_1 y_2 y_3 ... y_n$> ($x_k, y_p \in A$; k=1..m; p=1..n; n < m) конфигураций.

Например, этот результат использовался в доказательстве теоремы 30. Наряду с вышеупомянутыми вопросами, существует множество других более *специальных* вопросов *динамики* классических моделей *d-KA (d≥1)*, связанных с проблемой *неконструируемости*. Например, вопрос о влиянии типов *локальных функций* перехода *(ЛФП)* $\sigma^{(n)}$ на существование неконструируемых конфигураций в классических *КА*-моделях представляется довольно интересным. Таким образом, изучение классических *1–КА*, определяемых *симметричными ЛФП*, показали [16], что модели, определяемые такими *ЛФП*, будут иметь конфигурации $c \in C(A,1,\phi)$ такие, как *НКФ (НКФ-1)* лишь, если они будут иметь обратные им конфигурации c^R типа *НКФ (НКФ-1)*. Итак, *симметрия ЛФП* $\sigma^{(n)}$ в классической модели *1–КА* расширяет, вообще говоря, множества *НКФ* и *НКФ-1*, в то время как в случае асимметричной *ГФП* $\tau^{(n)}$ обе конфигурации $c \in C(A, 1, \phi)$ и c^R могут быть *НКФ* или *НКФ-1* в отдельности. Более того, при более общей постановке «*симметрии*» *ЛФП* в классических моделях *КА* вполне могут рассматриваться относительно отдельных *подклассов*. Многие другие специальные вопросы динамики классических *КА*, которые относятся к проблеме неконструируемости, можно найти в [4,5,8].

Рассматриваемое понятие *обратимости* классических *КА*-моделей играет довольно важную роль и в теоретических, и в прикладных аспектах, особенно в случае использования *КА* в качестве моделей пространственно распределенных *динамических* систем, из которых *физические* системы представляют особый интерес. Таким образом, мы можем представить *КА*-модель как бесконечный автомат для переработки входных слов [*конфигураций из множества C(A, d, ϕ)*] в выходные слова из того же самого множества *C(A,d,ϕ)*. Кроме того, каждый *выход* автомата становится его следующим *входным* словом. Таким образом, мы можем рассматривать классические *КА*-модели как бесконечные автономные автоматы, чье описание и изучение динамики позволяют успешно использовать как непосредственно язык диаграмм состояний, так и графический язык переходов. При этом, подход на основе графов состояний является эффективным средством исследования динамики классических *КА*-моделей, что отмечалось ранее. Кроме того, графический подход допускает ряд модификаций и интерпретаций, отвечающих специфике проблем.

Графовый подход к исследованию *динамики* классических моделей *КА* довольно широко используется, например, в работах [7]. В этих терминах *функционирование* классической *КА*-модели может быть определено графом состояний, где текущая конфигурация модели понимается как состояние некоего бесконечного автомата. В свою очередь граф состояний подобного бесконечного автомата состоит из подграфов некоторых элементарных типов, а именно:

(a) $\quad \tau^{(n)}: c_o \to c_1 \to c_2 \to c_3 \to \dots c_i \to \dots \to c_k \to \dots \to c_p \to$

(b) $\quad \tau^{(n)}: c_o \to c_1 \to c_2 \to \dots c_j \to \dots \to c_k \to \dots \to c_p \to \dots$

(c) $\quad \tau^{(n)}: \dots \to c_{-2} \to c_{-1} \to c_o \to c_1 \to c_2 \to \dots \to c_k \to \dots \to c_p \to \dots$

$$c_k \in C(A, d, \phi) \ (k = -\infty \, .. +\infty)$$

В результате работы над вопросами, поставленными А. Бёркс [20,69] и в связи с исследованием проблемы *обратимости* для **КА**-моделей, мы исследовали графы состояний классических моделей в их связи с проблемой *неконструируемости*. Основной результат здесь можно сформулировать следующим образом.

Теорема 31. *Если классическая модель d–КА (d≥1) не обладает НКФ (НКФ-3) и НКФ-1, тогда уже относительно входного / выходного алфавита C(A,d,ϕ) граф состояний КА-модели может содержать только подграфы типов (a; для j = p = 0) и/или (c); в других случаях допускаются сочетания подграфов также типов (a..c) в довольно широких диапазонах.*

Ряд результатов исследований, касающихся графов состояний для классических **КА**-моделей, представляет особый интерес в случае рассмотрения такого класса параллельных динамических систем, как *бесконечные* автоматы в их традиционном понимании. С целью экспериментального изучения последовательностей конечных **КФ**, генерируемых классическими моделями **1-КА**, был весьма успешно использован ряд процедур, запрограммированных в **Mathematica**. Как пример одной из таких процедур можно привести процедуру, вызов **Steps1CA[c,A,ltf,t]** которой возвращает результат *t*-кратного применения к конечной конфигурации *c*, заданной в алфавите *A* = {*0,1,2, ..., a-1*}, глобального отображения, определяемого локальной функцией перехода, заданной списком *ltf* правил подстановок [42]. **Steps1CA** допускает интересные расширения, полезные, например, в экспериментальном изучении воспроизводимости в смысле *Мура* конечных конфигураций в классических моделях **1-КА**.

Между тем, проблема *неконструируемости* в некоторых подклассах классических моделей *d-КА (d ≥ 1)* представляется нам достаточно интересной [44-49]. В частности, можно определить один подкласс **КА**-моделей, для которых индекс соседства является переменным и определяется внутренним состоянием текущего элементарного автомата; при этом, переменной может быть и **ЛФП**. Показано, что **КА**-модели с переменными индексами соседства и **ЛФП**, заданные в алфавите **А**, строго *эквивалентны* соответствующим классическим **КА**-моделям с тем же самым алфавитом. Формально такие модели можно определить их локальными функциями перехода, которые задаются следующей определяющей формулой, а именно:

$$\sigma^{(n)}(x_1, x_2, ..., x_n) = \begin{cases} \sigma^{(n_1)}(x_1, x_2, ..., x_{n_1}), & if\ x_1 = 0 \\ \sigma^{(n_2)}(x_1, x_2, ..., x_{n_2}), & if\ x_1 = 1 \\ \sigma^{(n_3)}(x_1, x_2, ..., x_{n_3}), & if\ x_1 = 2 \\ \dots\dots\dots\dots\dots\dots\dots\dots \\ \sigma^{(n_a)}(x_1, x_2, ..., x_{n_a}), & if\ x_1 = a-1 \end{cases}$$

где $x_j \in A = \{0,1, ..., a-1\}$, $n = max\{n_1, n_2, ..., n_a\}$; $j=1..n$, т.е. в качестве **ЛФП**, в целом, выступают функции с различными индексами соседства. Таким образом, такие **КА**-модели образуют *подкласс G* класса всех классических **КА**-моделей и представляют определенный интерес с ряда прикладных точек зрения [27,47].

Процедура *VarLtfInd*, запрограммированная в **Mathematica**, хорошо иллюстрирует в **1**-мерном случае функционирование подкласса **G**.

```
In[525]:= VarLtfInd[A_List, f_List, z_String, n_Integer, m_Integer, u___] :=
        Module[{A1 = ToString2[A], a = StringTrim[z, ("0" | "0") ...], b, c, d,
                        p, g, s, q = {}, t, t1, j, r = 1, v},
        If[AllTrue[Map[PureFuncQ, f], TrueQ],
        t = Map[Length[ArgsPureFunc[#]] &, f]; t1 = Sort[t][[-1]]; s = 76,
                        If[AllTrue[Map[ListTrueQ, f], TrueQ],
        t = Map[StringLength[#[[1]]][[1]]] &, f]; t1 = Sort[t][[-1]]],
                        Return["The second argument is invalid"]];
If[Length[f] != Length[A], Return[Print["Discrepancy between the number of
local transition functions and size alphabet of states – arguments 1 and 2"]],
                        b = StringRepeat["0", t1]]; d = b <> a <> b;
                Label[svg];                        p = StringLength[d]; c = "";
For[j = 1, j <= p - t1+1, j++, v = Position[A1, StringTake[d, {j, j}]][[1, 1]]; c = c <>
If[s===76, ToString[[[v]] @@ Map[ToExpression, StringPart[d, j ;; j + t[[v]]-1]]],
                        Replace[StringJoin[StringPart[d, j ;; j + t[[v]] – 1]], f[[v]]]]];
                        If[{u} == {}, If[r <= m + 1, Print[c = StringTrim[c, "0" ...]];
Goto[svg], Return[]], Null]; If[Set[g, StringCount[c, z]] >= n, Return[{g, r – 1}],
                        AppendTo[q, If[g == 0, Nothing, g]];
                If[r > m, Print["Configuration is not selfreproducing for " <>
                        ToString[r – 1] <> " steps; was obtained " <>
ToString[If[q == {}, 0, Sort[q][[-1]]]] <> " copies"]; Return[r – 1], Goto[svg]]]]
```

In[526]:= **VarLtfInd[{0, 1, 2}, {Mod[#1 + #2, 3] &, Mod[#1 + #2 + #3, 3] &, Mod[#1 + 2*#2, 3] &}, "120212012", 5, 3]**

        "1022102102"
        "10201021022"
        "102210210202"

In[527]:= **VarLtfInd[{0, 1, 2}, {Mod[#1 + #2, 3] &, Mod[#1 + #2 + #3, 3] &, Mod[#1 + 2*#2, 3] &}, "102002", 5, 1000, 7]**

        Ponfiguration is not selfreproducing for 1000 steps; was
        obtained 1 copies

Out[527]= 1000

In[528]:= **VarLtfInd[{0, 1, 2}, {Mod[#1 + 2*#2 + #3, 3] &, Mod[#1 + #2 + 2*#3, 3] &, Mod[2*#1 + #2 + #3, 3] &}, "1210121", 10, 4000, 7]**

Out[528]= {10, 3420}

In[529]:= **VarLtfInd[{0, 1, 2}, {Mod[#1 + #2, 3] &, Mod[#1 + #2, 3] &, Mod[#1 + #2, 3] &}, "21021202212021", 25, 1500, 77]**

Out[529]= {28, 1431}

In[530]:= **f = {"0000" → "0", "0001" → "1", "0010" → "1", "0011" → "0",**
        "0100" → "1", "0101" → "0", "0110" → "0", "0111" → "1", "1000" → "1",
        "1001" → "1", "1010" → "1", "1011" → "0", "1100" → "0", "1101" → "0",
        "1110" → "0", "1111" → "1"}; f1 = {"000" → "0", "001" → "1", "010" → "1",
        "011" → "0", "100" → "1", "101" → "0", "110" → "0", "111" → "1"};

In[531]:= **VarLtfInd[{0, 1}, {f, f1}, "111", 3, 3]**

        "100110101"
        "11110001011"
        "1011010110001"

In[532]:= **VarLtfInd[{0, 1}, {f, f1}, "1101011", 25, 500, 7]**

Out[532]= {26, 161}

Вызов **VarLtfInd[*A,f,z,n,m,u*]** в отсутствие *необязательного* аргумента *u* печатает последовательность **КФ**, из **КФ** *z*, длины *m*. Тогда как в случае наличия аргумента *u* (*произвольное выражение*) возвращается 2-элементный список, чей первый элемент – число, не меньшее *n*, полученных копий **КФ** *z* на *m* шагах модели, второй – число шагов модели. Иначе выводится соответствующее сообщение. Аргумент *A* определяет алфавит модели, а *f* задает список чистых функций или список параллельных подстановок, которые определяют *ЛФП* в зависимости от состояния элементарного автомата модели. Более того, между аргументами *A* и *f* выполняется взаимно однозначное соответствие, иначе выводится соответствующее сообщение. Более того, использование в качестве элементов аргумента *f* процедуры *линейных* локальных функций перехода далеко не всегда влечет за собой воспроизводимости в смысле *Мура* конечных **КФ**, между тем наблюдаются довольно интересные со структурной точки зрения последовательности генерируемых конечных конфигураций.

Многочисленные эксперименты с данной процедурой и рядом ее модификаций, в частности, выявили, что используемые в качестве локальных функций перехода для состояний алфавита *A* моделей из данного подкласса линейные функции с различными связными индексами соседства разной длины не гарантируют *универсальной* воспроизводимости по *Муру* конечных конфигураций.

Итак, в зависимости от текущего состояния элементарный автомат *KA*-моделей определяет своих соседей, от которых ему необходимо получать информацию для определения последующего состояния; т.е. поведение элементарного автомата *KA*-модели подобного типа носит в некотором роде «*интеллектуальный*» характер. Кроме того, *KA*-модели вышеуказанного типа характеризуются *индивидуальным* выбором единичного автомата индекса соседства, расширяющего спектр весьма интересных задач, эффективно представляемых на их основе. В качестве дальнейшего расширения *KA* подобного типа можно считать и случай, когда индекс соседства их элементарных автоматов зависит от истории на заданную глубину их *предыдущих* состояний. В то же время аналогичные *KA*-модели представляют и определенный интерес с теоретической точки зрения в контексте проблемы неконструируемости [27,32,44-49,173-177].

Между тем, класс моделей, основанный на понятии классических *KA*-моделей, индекс соседства которых определяется текущей *КФ* шаблона соседства постоянного размера, представляется довольно интересным, определяя еще один тип *KA*-моделей, отличных от классических моделей и интересных с определенных точек зрения. В данном случае в некотором фиксированном шаблоне соседства в зависимости от его текущей конфигурации определяется индекс соседства, на основе которого будет выбрано следующее состояние его *центрального* автомата. Но при таком определении *KA*-моделей вполне возможно появление *многозначности* при выборе состояний элементарных автоматов со временем. Поэтому, для однозначного выбора последующего состояния необходимо определять *функцию выбора*, которая разрешает данную проблему.

Легко убедиться, что такой класс *KA*-моделей (*Я–класс*) расширяет классические *KA*-модели уже на уровне генерирующих свойств по отношению к фиксированному индексу соседства. Относительно моделей *Я*-класса было показано, критерий неконструируемости типа *НКФ*, основанный на *ВСКФ*, будет корректен и для моделей этого класса, а именно имеет место следующий результат [44-49]:

КА-модель Я-класса будет обладать неконструируемостью НКФ, если в модели есть пары ВСКФ в их классическом понимании.

Более подробно с вопросами применения моделей *Я-класса* наряду с рядом их обобщений, интересными свойствами и приложениями читатель может ознакомиться, в частности, в [27,44-49,173-177].

К вышеупомянутому вопросу также непосредственно примыкает и интересный вопрос существования неконструируемости *НКФ* для асинхронных *КА*-моделей. В частности, оказывается, что критерий неконструируемости *НКФ*, основанный на понятии *ВСКФ*, можно распространить на довольно широкий класс *асинхронных* моделей. Достаточно подробный анализ асинхронных *КА*-моделей из этого класса наряду с рядом других типов моделей этого класса позволил сформулировать следующий достаточно интересный результат:

Существует весьма широкий класс асинхронных КА-моделей, для которых критерий существования неконструируемости НКФ на основе понятия ВСКФ, вообще говоря, некорректен.

Из этого результата вытекает, что такие довольно важные понятия, как *ВСКФ* и *НКФ*, присущи, главным образом, лишь классическим и нестабильным *КА*-моделям, а понятие *НКФ-1* присуще только классическим *КА*-моделям, в то время как для случая достаточно широкого класса *асинхронных* *КА*-моделей данные понятия теряют свое изначальное значение. Итак, относительно взаимосвязи *НКФ* и взаимной стираемости класс асинхронных *КА*-моделей довольно существенно отличается от классических и нестабильных моделей.

Из приведенных выше результатов можно с уверенностью сделать вывод, что концепция *неконструируемости* в классических моделях *КА* была довольно детально исследована, поэтому на сегодня этот раздел теории *КА* является одним из *наиболее* продвинутых. Между тем, в этой проблематике немало открытых вопросов и достаточно перспективных направлений исследования. В частности, в первую очередь это относится к отсутствию *удовлетворительных* критериев существования в классических *КА*-моделях сочетаний различных типов *неконструируемости* согласно табл. *1.* Представленные здесь результаты охватывают лишь некоторую часть *(хотя и достаточно значительную)* этого вопроса, тогда как более детально с проблемой неконструируемости можно ознакомиться в трудах, цитируемых в настоящем разделе, и в достаточно обширной библиографии [7].

2.4. Проблема неконструируемости для конечных клеточных автоматов и клеточных автоматов на разбиении

Наряду с классическими **КА**–моделями значительный прикладной интерес представляют т.н. модели конечных **КА**, которые состоят из любого, но *конечного* числа элементарных автоматов. Этот класс **КА**–моделей с теоретической точки зрения достаточно интенсивно изучается японской школой [29,51,52], а также целым рядом других исследователей [7]. Наши результаты в данном направлении очень ограничены и представлены в [44-49]. Между тем, исследования в этом направлении являются довольно перспективными, учитывая многочисленные прикладные аспекты этого класса **КА**–моделей и, в первую очередь, при использовании их в качестве параллельных дискретных моделей различных процессов и объектов.

Выше рассматривалась *проблема неконструируемости* относительно бесконечных классических **КА**–моделей, но она имеет место и для конечных моделей *d–КА (d ≥ 1)*, однако с довольно существенными различиями, на которых делается акцент в настоящем разделе. Эта проблематика детально представлена, в первую очередь, японской школой [29,51,52] по моделям конечных **КА** и в других работах [7], но здесь мы сравним проблемы неконструируемости бесконечных и конечных **КА**–моделей. Итак, конечная **КА**–модель представляет собой конечный автомат со *специфической* внутренней структурой, что делает ее довольно удобной во многих приложениях.

Конечная **КА**–модель похожа на некоторый конечный автомат без входов, который перерабатывает внутренние состояния *(глобальные конфигурации)* под воздействием глобальной функции перехода в дискретные моменты времени *t*, а его выход в момент *t>0* отвечает внутреннему состоянию в тот же самый момент *t*. По сути, модель конечного **КА** является одним из примеров упомянутых автоматов *Мура* со *специфической* внутренней организацией. Кроме того, что касается проблемы неконструируемости, то некоторые результаты для моделей *конечных* **КА** представлены ниже, здесь мы представим только результат, непосредственно связанный с общей проблемой неконструируемости в классических **КА**–моделях, которые имеют бесконечное число элементарных конечных автоматов.

Теорема 32. *Если глобальная функция перехода* $\tau^{(n)}$ *обуславливает* *существование НКФ, НКФ–1 и/или НКФ–3, то существует весьма широкий класс конечных замкнутых моделей d–КА (d≥1) с ГФП $\tau^{(n)}$, которые обладают НКФ$_F$, и наоборот. Для множества всех НКФ$_F$ непосредственно установливаются прямые и косвенные аналоги неконструируемости типов НКФ, НКФ–3 и НКФ–1.*

Теорема *32* является некоторым распространением полученных на случай неконструируемости *НКФ-3* ранее полученных результатов [8], однако, вообще говоря, эта теорема не подходит для конечных *КА*-моделей; прежде всего, это касается неконструируемости типа *НКФ-1*, т.к. она напрямую связана с существованием бесконечных предшественников.

Число *N* глобальных конфигураций конечных *КА*-моделей равно $N = a^m$, где *m* – количество элементарных автоматов *Мура*, которые составляют модель, и *a* – мощность их алфавита *A*. Следовательно, глобальная *W*-конфигурация конечной *КА*-модели есть некоторое отображение $W: Z_m^d \Rightarrow A; Z_m^d$ является конечным связным блоком из *m* элементарных автоматов пространства Z^d аналогично ситуации с классическими бесконечными *КА*-моделями. В виду конечности подобной *КА*-модели возникает неопределенность в ее граничных единичных автоматах *(по индексу соседства)* при применении к ним локальной функции перехода $\sigma^{(n)}$, требуя некоторых граничных условий *(блок граничных автоматов совместно с его конфигурацией)*. В частности, *конечная (m×n)*-прямоугольная *КА* с индексом соседства *Неймана–Мура* требует определения блока единичных автоматов в один слой, окружающий тело модели *2–КА (рис. 6)*.

x_{11}	....	....	....	....	x_{1m}	⇐ *Тело модели 2–КА размера n×m*
....					
....	*Тело КА-модели*			....	
				....	
x_{n1}	....	....	....	....	x_{nm}	⇐ ⇐ ⇐ *Граничное условие для индекса соседства Неймана–Мура*

Рис. 6. Организация конечной модели 2–КА с жесткой границей.

Конфигурация граничных автоматов может быть как постоянной, так и переменной, имитирующей определенное взаимодействие конечной *КА*-модели с окружающей средой. В частности, одним из способов моделирования является создание конечных блоков, имитирующих работу тех или иных реальных устройств, включая каналы связи между ними. Так, *К. Цузе* и *Дж. Нейман* как и многие их последователи поступили именно таким образом при изучении *первых* клеточных моделей – прототипов современных **КА**–моделей [7]. Вышеописанный метод определения граничных условий будем назовем «*жестким*». Свертка конечной однородной среды, которая достигается путем «*склейки*» ее противоположных границ, является еще одним методом определения граничных условий. Этот подход может быть проиллюстрирован на примере конечной *1–КА*, левый край которой соединен *(склеен)* с правым ее краем, а именно:

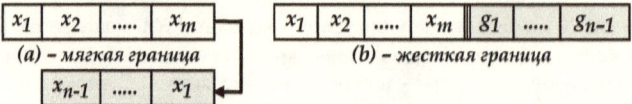

Рис. 7. Определение мягких и жестких граничных условий для случая конечных моделей 1–КА.

В организации *мягких* граничных условий *(рис. 7, а)* подключение единичных автоматов **КА**–модели не прерывается и за автоматом с *m*-м номером сразу же следует первый, т.е. *циклическая* схема связи элементарных автоматов организована в такой модели. В случае же *жестких* граничных условий граничные g_k-автоматы *(в количестве, определяемом индексом соседства **X**)* присоединяются справа *(слева)* к крайним автоматам модели *(рис. 7, b)*. Если для мягкой границы ее конфигурация является переменной, то в случае жесткой границы она может быть как постоянной, так и переменной.

Ввиду вышесказанного без потери *общности* мы можем определить конечную модель *d–КА* $(d \geq 1)$ как упорядоченную шестерку $KA_G^m \equiv$ $<Z^d, A, \tau^{(n)}, X, m, G>$, для которой первые четыре компоненты будут определяться аналогично классической бесконечной **КА**–модели; *m* - размер ребра *d*–мерного гиперкуба элементарных автоматов в пространстве Z^d *(тело модели)*, **G** – граничные условия *(некий способ определения граничных автоматов и их конфигурации)*. При этом, **КФ** всех элементарных автоматов, составляющих ее тело, понимается как глобальное состояние KA_G^m-модели. Множество **C(A,d,m)** всех глобальных состояний такой конечной модели называется *полным*, если модель в начальный момент *t=0* допускает любую возможную *глобальную конфигурацию тела*, определенную в алфавите состояний

А в качестве начального условия, независимо от *граничных* условий KA_G^m-модели. Очевидно, множество глобальных состояний данной KA_G^m-модели конечно, и его мощность составляет $N = a^m$.

Если KA_G^m-модель не будет обладать конфигурациями типа *НКФ*, то, используя все конфигурации набора $C(A, d, m)$ как начальные конфигураций, в следующий момент мы можем получить полный набор ее конфигураций; т.е. будет иметь место отображение вида $\tau^{(n)}: C(A, d, m) \Rightarrow C(A, d, m)$, а именно: глобальная функция перехода модели отображает множество $C(A,d,m)$ на себя. Рис. 8 (a) довольно наглядно иллюстрирует сказанное. Принимая во внимание, если при сделанных допущениях некоторые *глобальные* конфигурации *(состояния)* модели остаются недостижимыми, то они называются неконструируемыми *(НКФ)*; т.е. будет иметь место отображение $\tau^{(n)}: C(A, d, m) \Rightarrow C \subset C(A, d, m)$, значит *ГФП* KA_G^m-модели отображает множество конфигураций $C(A,d,m)$ в себя *(рис. 8, b)*.

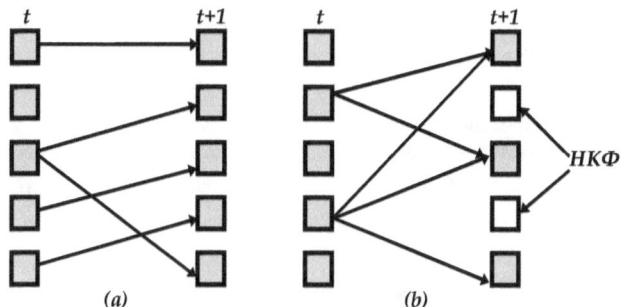

Рис. 8. Иллюстрация неконструируемости типа НКФ для конечных КА–моделей.

Данное условие и определяет критерий неконструируемости для конечных KA_G^m-моделей *(аналог критерия на основе γ–конфигураций)*:

Конечная KA_G^m-модель обладает неконструируемыми КФ тогда и только тогда, когда для модели имеет место отображение типа $\tau^{(n)}: C(A,d,m) \Rightarrow J \subset C(A,d,m)$, где $\tau^{(n)}$ – ее глобальная функция перехода.

Таким образом, данный критерий носит довольно *общий* характер, который вполне соответствует нашему общему понятию взаимной стираемости *(определение 6)*. Кроме того, существенное различие в динамике бесконечных и конечных классических **КА**–моделей уже на таком уровне их возможностей, как *универсальные КФ* становится вполне очевидным. Таким образом, если *бесконечные КА*–модели не допускают конфигурации такого типа, то конечные модели могут иметь одну универсальную конфигурацию или все универсальные конфигурации. Один из критериев *неконструируемости* типа **НКФ** для *бесконечных КА*–моделей состоит в существовании для них пар **ВСКФ** в смысле *Мура–Майхилла (определение 7)*. Тогда как в случае *конечных КА*–моделей данный критерий не имеет места, поскольку основан лишь на нашей наиболее общей концепции *стираемости*. Поэтому здесь следует использовать другие подходы для изучения неконструируемости. В целом, необходимо отметить, что вопросы неконструируемости, наряду с вопросами обратимости динамики конечных **КА**–моделей не так просты и рассмотрены в [27,44-49].

Рассмотрим два класса конечных моделей $AG \equiv <Z,A,\tau^{(n)},X,m,G1>$ и $VS \equiv <Z, A, \tau^{(n)}, X, m, G2>$, где $G1$ и $G2$ соответственно представляют *мягкие* и *жесткие* граничные условия моделей *(рис. 7)*, $A=\{0,1,...,a-1\}$, $X=\{0,1,...,n-1\}$ и **ГФП** $\tau^{(n)}$ для моделей обоих классов определяются **ЛФП** $\sigma(n)(x1,x2,...,xn) = \sum_k x_k \, (mod \, a)$, $x_k \in A$ $(k=1..n)$.

С учетом определения мягких и жестких граничных условий для конечной *1-КА* длины m, а также *линейности* **ЛФП** $\sigma^{(n)}$ для моделей обоих классов, состояния x_k^{t+1} автомата x_k моделей из классов AG и VS в момент $t+1$ $(t{\geq}0;\ k=1..m)$ рассчитываются согласно следующим простым формулам $(3, 4)$ соответственно:

$$
\begin{cases}
x_k^{t+1} = \sum_{j=0}^{n-1} x_{k+j}^t \quad (mod\,a); \quad 1 \leq k \leq m-n+1 \\
\\
x_k^{t+1} = \sum_{j=k}^{m} x_j^t + \sum_{j=1}^{n-m+k-1} x_j^t \quad (mod\,a); \quad m-n+1 < k \leq m
\end{cases}
\qquad (k=1..m) \qquad (3)
$$

$$
\begin{cases}
x_k^{t+1} = \sum_{j=0}^{n-1} x_{k+j}^t \quad (mod\,a); \quad 1 \leq k \leq m-n+1 \\
\\
x_k^{t+1} = \sum_{j=k}^{m} x_j^t + \sum_{j=1}^{n-m+k-1} g_j^t \quad (mod\,a); \quad m-n+1 < k \leq m
\end{cases}
\qquad (k=1..m) \qquad (4)
$$

где формулы (3) и (4) связаны с KA_G^m-моделями первого и второго классов соответственно, ради удобства обозначаемые просто $AG \equiv <a,n,m>$ и $VS \equiv <a,n,m>$ соответственно. Прямая проверка доказывает наличие для модели *AG(2,3,2)* четырех *НКФ: 001, 010, 100* и *111*.

Таким образом, можно показать, что в общем случае для моделей *AG(2,m,2)* существует $N = 2^{m-1}$ *(m ≥ 2) НКФ*, а с ростом значения *m* доля *НКФ* для подобных моделей стремится к *q=1/2*. Аналогичная ситуация верна и для моделей *AG(2,m,2)*, если вместо единичного автомата x_1 автомат x_{m-1} используется в качестве мягкой границы *G1*; т.е. их отсчет делается в порядке, противоположном принятому при свертывании конечной модели *(рис. 7.a)*. Однако для моделей *AG(3,m,n)* ситуация совершенно иная, а именно: если для модели *AG(3,n,n)* существует $N=a^n-a$ *НКФ*, тогда как для модели *AG(3,3,2)* *НКФ* отсутствуют. Прямая проверка доказывает отсутствие *НКФ* для моделей *AG(2,4,2)* и *AG(2,5,3)*. В классе моделей *AG*, линейные *ЛФП* которых не поддерживают существование *ВСКФ*, критерий *Мура–Майхилла* существования в моделях *НКФ* не имеет места: *при отсутствии ВСКФ в смысле Мура–Майхилла модели этого класса могут обладать либо не обладать неконструируемостью НКФ.*

Рассмотрим KA_G^m–модели с жесткими граничными условиями *G2* и линейными *ЛФП* вышеуказанного типа; т.е. класс моделей $VS \equiv <Z,A,\tau^{(n)},X,m,G2>$. Определим *динамику* двух простых моделей $VS1 \equiv <3, 2, 2>$ и $VS2 \equiv <2, 3, 2>$ с идентичными граничными условиями *G2* *(лишь один автомат находится в состоянии «1»)* в качестве примеров. Если для *1*–й модели используется *ЛФП* $\sigma1^{(2)}(x, y) = x + y$ *(mod 2)*, то для *2*–й используется *ЛФП* $\sigma2^{(2)}(x,y)$, определяемая формулой:

$$\sigma2^{(2)}(x,y)=\begin{cases} y, & if \quad x = 0 \\ x+y \ (mod \ 2), & if \quad xy \in \{10,11,22\} \quad x,y \in A = \{0,1,2\} \\ x+y+1 (mod \ 2), & otherwise \end{cases}$$

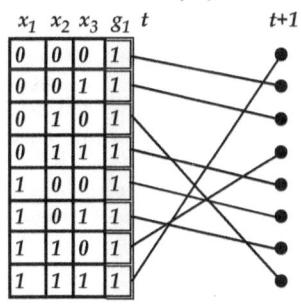 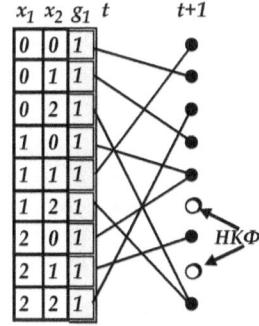

Нетрудно убедиться, что локальные функции перехода $\sigma 1^{(2)}$ и $\sigma 2^{(2)}$ полностью исключают существование у соответствующих моделей пар **ВСКФ**. Но это не гарантирует отсутствия у конечных моделей неконструируемости типа **НКФ**. Представленные схемы переходов глобальных состояний конечных моделей достаточно прозрачны и не требуют особых пояснений. Таким образом, в случае конечных **КА**-моделей с жесткими граничными условиями отсутствие **ВСКФ** также не гарантирует отсутствия неконструируемости типа **НКФ**. Таким образом, в общем случае конечных KA_G^m-моделей наличие пар **ВСКФ** может быть достаточным, но не необходимым условием существования для них неконструируемости типа **НКФ**.

Более того, проблема неконструируемости для конечных моделей весьма тесно связана с типом граничных условий. Таким образом, если модели **AG(2,m,2)** с *мягкими* граничными условиями **G1** имеют **НКФ**, то соответствующие модели **VS(2,m,2)** с *жесткими* условиями **G2** не обладают неконструируемостью. Например, модель **VS(2,2,2)** с граничным условием *g1=1* имеет все глобальные конфигурации в качестве *универсальных конфигураций* (**УКФ**), тогда как с граничным условием *g1=0* модель не имеет ни **НКФ**, ни **УКФ**. При этом, можно показать, что справедливость утверждения о существовании $N=2^{m-1}$ **НКФ** для моделей **AG(2, m, 2)** остается в силе для моделей **VS(2, m, 2)** также, если в качестве их *жестких* граничных условий **G2** задаются граничные условия некоторых периодических и иных типов. Было показано, конечные модели с мягкими границами и переменными граничными условиями могут иметь одну или все глобальные **КФ** в качестве **УКФ**; более того, в первом случае любая конфигурация, отличная от единственной универсальной конфигурации, будет генерировать все глобальные **КФ** кроме самой **УКФ**. Немало очень интересных свойств конечных **КА**-моделей было получено на базе компьютерного моделирования в **Maple** и **Mathematica** [41,42,44-49]. Для обратимой конечной **КА**-модели ее инъективное глобальное отображение также должно быть и биективное. Если глобальное отображение конечной **КА**-модели инъективно, то это не влечет за собой *обратимости* ее динамики. Итак *динамика* конечных моделей *обратима*, если их глобальные отображения *биективны*. В общем же случае довольно сложно определить обратимость конечных **КА**, и более детально с данными вопросами можно ознакомиться в серии достаточно интересных работ *M. Harao* и *S. Noguchi* [7]. Более того, при *линейности* глобальных отображений $\tau^{(n)}$ вопрос *обратимости* становится более доступным. Рассмотрение свойств *линейных* либо *аддитивных* **KA**-моделей можно найти в весьма интересных трудах *O. Martin, K. Morita* и многих других исследователей [7]. Итак, что касается проблемы неконструируемости, то *бесконечные* и *конечные* **KA**-модели определяют принципиально разные классы клеточных систем, и далее стимулируя исследования в данном направлении.

Между тем, с ростом размеров конечных **KA**-моделей классические критерии неконструируемости **НКФ** начинают играть все более и более возрастающую роль, основываясь на понятиях пар **ВСКФ** (*в смысле Мура-Майхилла и нашего*) и γ-**КФ**. В частности, когда размеры конечных **KA**-моделей достаточно существенны, то классические критерии существования неконструируемости типа **НКФ** и могут быть вполне применимыми к конечным **KA**-моделям.

Модель **KA** *на разбиении* (**КАнР**) определяется как упорядоченный кортеж из пяти базовых компонентов $КАнР \equiv <Z^d, A, m, \Psi^{(h)}, \Xi>$, где первые две компоненты Z^d и A аналогичны случаю классических **KA**-моделей, m – размер ребра d-мерного гиперкуба, на который разбито пространство Z^d модели; $\Psi^{(h)}$ – *локальная блочная функция перехода* (*ЛБФ*; $h=m^d$); Ξ – *правила переключения блоков* пространства Z^d. Функционирование моделей d-**КАнР** $(d \geq 1)$ достаточно просто и достаточно подробно рассмотрено в [44-49]. В том же месте был произведен определенный сравнительный анализ моделей обоих типов (**KA** *и* **КАнР**). В настоящее время модели, подобные **КАнР**, находят достаточно широкое применение, в первую очередь, для решения ряда интересных проблем физического моделирования, имея программное и аппаратное обеспечение на **CAM**-машинах, основанных на вычислительных **KA**-моделях [7,27,44-49,72-74].

В случае классических **KA**-моделей естественно вводится понятие композиции их глобальных функций перехода, которое довольно детально рассматривается в главе 7. С другой стороны, подобным образом определяется *композиция* для моделей **КАнР**, суть которой достаточно наглядно прослеживается на примере доказательства симулирования моделей *1-KA* композицией моделей **КАнР**. Тогда как следующий подход определяет еще один интересный подход к композиции моделей *1-КАнР*, естественно распространяемый и на случаи высших размерностей.

Будем говорить, модель *1-КАнР* является результатом композиции двух моделей $<Z^d, A, m, \Psi 1^{(m)}, \Xi>$ и $<Z^d, A, m, \Psi 2^{(m)}, \Xi>$, где первые две компоненты Z^d и A аналогичны случаю классических *КА*-моделей, m - размер ребра d-мерного гиперкуба, на который разбивается пространство Z^d модели; $\Psi 1^{(h)}$, $\Psi 2^{(h)}$ - локальные блочные функции перехода *(ЛБФ; $h=m^d$)*; Ξ – правило переключения блоков, которое состоит в сдвиге блоков пространства Z^d вдоль выбранной оси его координат на один элементарный автомат и обратно. При этом, на первом шаге применяется *ЛБФ* $\Psi 1^{(h)}$, тогда как после сдвига блоков к ним применяется *ЛБФ* $\Psi 2^{(h)}$ с последующим возвратом блоков на исходную позицию. Композиция моделей d-*КАнР* *($d \geq 1$)* довольно прозрачна и хорошо иллюстрируется следующей процедурой для случая простых моделей *1–КАнР*.

```
In[4277]:= CompCAonSplitting[S_String, f1_List, f2_List, n_Integer] :=
        Module[{a = StringRepeat["0", 99], b, c, g, k, t = 0}, b = a <> S <> a;
Label[G]; t++; c = ""; For[k = If[OddQ[t], 1, 2], k <= StringLength[b]/2 - 1, k++,
  c = c <> Replace[StringTake[b, If[OddQ[t], {2*k - 1, 2*k}, {2*k - 2, 2*k - 1}]],
                                        If[OddQ[t], f1, f2]]];
            b = c; Print[StringTrim[c, ("0" | "0") ...] // FullForm];
            If[t >= n + 1, g = InputString["Continue? - y/n"];
                  If[g == "y", t = 0; Goto[G]], Goto[G]]]

In[4278]:= f1 = {"00" → "00", "0p" → "p0", "p0" → "0p", "pp" → "p0p"};
f2 = {"00" → "00", "0p" → "pp0p", "p0" → "0p"};
In[4279]:= CompCAonSplitting["ppp0p0p", f1, f2, 10]
        "p0p0pp0p"
        "pp0ppp0ppp0p0p0p"
==================
```

Вызов процедуры **CompCAonSplitting[S, *f1*, *f2*, *n*]** на основе строки **S** печатает последовательность *КФ*. Аргументы *f1* и *f2* определяют списки параллельных подстановок для *ЛБФ* до и после сдвига на *1* единичный автомат *(т.е. модель 1–КАнР с переменной ЛБФ)*. Тогда как четвертый аргумент *n* определяет число шагов, через которые запрашивается продолжение/завершение работы с процедурой.

Наряду со стандартной моделью *КАнР* естественно определяется и модель *КАнР1* как упорядоченный кортеж из **4** базовых компонент *КАнР1* $\equiv$ *<Z^d,A,m,$\Psi^{(h)}$>*, где компоненты Z^d и A аналогичны случаю классических *КА*-моделей, m - размер ребра d-мерного гиперкуба, на который разбивается пространство Z^d модели; $\Psi^{(h)}$ - локальная блочная функция перехода *(ЛБФ; $h=m^d$)*; при этом, переключения блоков пространства Z^d не делается. *ЛБФ* допускает параллельные подстановки $x_1 x_2 \ldots x_m \to y_1 y_2 \ldots y_n$ *(x_j, $y_k \in A$; $j=1..m$, $k=1..n$; $k \geq 1$)*, таким образом, размеры левых и правых частей подстановок допускаются различными. Функционирование моделей *d-КАнР1* *(d≥1)* довольно просто и достаточно подробно рассмотрено в [44-49]. Там же нами был проведен сравнительный анализ моделей обоих типов *(КАнР1 и КАнР)*. На наш взгляд, модели, подобные *КАнР1*, могут находить достаточно широкое применение, в первую очередь, для решения ряда интересных проблем биологического моделирования, имея в виду возможность вставки подконфигураций в генерируемые *КФ* *(раздвигая их)* исследуемого развития клеточных систем [7,27,44-49]. Функционирование моделей *d-КАнР* *(d ≥ 1)* прозрачно и довольно хорошо иллюстрируется процедурой для случая моделей *1-КАнР*.

```
In[4772]:= CAonSplitting1[S_String, f_List, m_Integer, n_Integer] :=
        Module[{a = StringRepeat["0", m], b, c, g, k, t = 1}, b = a <> S <> a;
        Label[G]; c = ""; For[k = 0, k <= StringLength[b]/m - 1, k++,
            c = c <> Replace[StringTake[b, {m*k + 1, m*(k + 1)}], f]];
      c = ToString[StringTrim[c, ("0" | "0") ...]]; Print[c]; b = a <> c <> c; t++;
            If[t >= n + 1, g = InputString["Continue? - y/n"];
                If[g == "y", t = 1; Goto[G]], Goto[G]]]
```

```
In[4773]:= f = {"000" → "000", "0p0" → "p0p0", "p0p" → "0ppp", "ppp" → "p0pp"};
CAonSplitting1["pp", f, 3, 3]
```

```
        "pp"
        "p0pp"
        "ppppp"
```

Вызов процедуры *CAonSplitting1*[*S, f, m, n*] на основе строки *S* будет печатать последовательность *КФ*. Аргумент *f* определяет список ее параллельных подстановок для *ЛБФ*, *m* – длина сегмента, которым разбивается пространство Z^1, тогда как 4-й аргумент *n* определяет число шагов, через которые выдается запрос на продолжение либо завершение работы с *Mathematica* процедурой *CAonSplitting1*.

Следовательно, исследование проблемы неконструируемости для моделей *КАнР* представляется довольно интересным. Между тем, с точки зрения проблемы неконструируемости между классическим *КА* и *КАнР* существуют определенные различия. Прежде всего, для моделей *КАнР* классификация неконструируемости, как и в случае с классическими *КА*-моделями *(НКФ, НКФ-1, НКФ-2 и НКФ-3)*, не совсем уместна. Действительно, согласно определению 4 конечная конфигурация *c** является *НКФ-1* в классическом *d-КА* *(d ≥ 1)*, если для нее существуют предшественники лишь из множества *C(A,d,∞)* бесконечных конфигураций. А это подразумевает незамкнутость множества *C(A,d,∞)* относительно глобального преобразования $\tau^{(h)}$

классической **КА**–модели.

С другой стороны, из определения **КАнР** непосредственно следует, что незамкнутость множества $C(A, d, \infty)$ относительно глобального преобразования $\tau^{(h)}$ подразумевает необходимость существования подстановок следующего вида $(\exists x_j \neq 0)(x_1 x_2 x_3 \dots x_h \Rightarrow 000 \dots 00)$ среди параллельных *блочных* замен, которые определят **ЛБФ** $\Psi^{(h)}$ модели. Следовательно, отображение $\Psi^{(h)}: A^h \Rightarrow A^h$ не будет однозначным отображением, поэтому **КАнР** обладает *неконструируемостью* **НКФ**, т.е. будет обладать наиболее общим типом неконструируемости в **КА**–моделях. Кроме того, наличие в модели **КАнР** конфигураций, таких как **НКФ-1** с необходимостью влечет за собой существование в ней также **НКФ**, т.е. это является достаточным условием наличия в моделях **КАнР** неконструируемости типа **НКФ**. Существование для модели **КАнР** некоего отображения двух различных состояний посредством **ЛБФ** $\Psi^{(h)}$ в одно и то же состояние мы вполне можем рассматривать как существование для такой модели пары **ВСКФ**. Поэтому критерий существованиия неконструируемости **НКФ** для моделей **КАнР** можно сформулировать следующим образом:

*Модель **КАнР** будет обладать неконструируемостью **НКФ** тогда и только тогда, когда для такой модели существуют пары **ВСКФ** в общем смысле, т.е. в соответствии с определением 7.*

Легко убедиться, что количество **КАнР** $\equiv <Z^d, A, m, \Psi^{(h)}, \Xi>$, которые не обладают парами **ВСКФ** и, следовательно, **НКФ** равно $\left(a^{m^d} \right)!$, в то время как их доля относительно всех таких моделей будет равна $\Delta = \left(a^{m^d} \right)! \bigm/ a^{m^d a^{m^d}}$, т.е. достаточно быстро приближается к нулю уже при достаточно малых значениях a, m, d. Таким образом, и в классе моделей **КАнР** модели, которые обладают в определенной степени свойством *обратимости*, являются «экзотическими». При этом, при отсутствии для некоторой модели **КАнР** неконструируемости **НКФ** влечет за собой также замкнутость множества $C(A, d, \infty)$ относительно глобального преобразования $\tau^{(h)}$ модели, следовательно отсутствие для него **НКФ-1**. В то время как для классических **КА**–моделей это утверждение, вообще говоря, неверно. Более того, довольно просто убедиться, что имеет место следующий результат:

Проблема замкнутости множества $C(A, d, \infty)$ $(d \geq 1)$ относительно глобального преобразования $\tau^{(h)}$, определяемого локальной блочной *функцией $\Psi^{(h)}$ модели d–КАнР, алгоритмически разрешима, тогда как множество НКФ для произвольной модели d-КАнР рекурсивно. Незамкнутость множества $C(A,d,\infty)$ относительно отображения, определяемого локальной блочной функцией $\Psi^{(h)}$ модели d–КАнР ($d{\geq}1$), приводит к наличию для модели неконструируемости НКФ, в то время как обратное утверждение, вообще говоря, неверно.*

Следовательно, для моделей **КАнР** существование **НКФ-1** без **НКФ** невозможно. С другой стороны, для классической **КА**-модели типы неконструируемости **НКФ** и **НКФ-1** не эквивалентны, в отсутствие для нее **НКФ** модель может обладать **НКФ-1.** Незамкнутость для множества $C(A,d,\infty)$ относительно глобального преобразования $\tau^{(n)}$ классического **КА** является критерием существования в **КА**-модели **НКФ-1** в случае отсутствия в ней **НКФ** *(теорема 19)*. Если проблема существования неконструируемости типа **НКФ** для общего случая классического **d-КА** *(d≥2)* является алгоритмически неразрешимой, тогда как в классе **d-КАнР** *(d≥1)* задача алгоритмически *разрешима* и любой алгоритм конструктивного решения сводится к выяснению существования/отсутствия взаимной однозначности отображения $\Psi^{(h)}{:}\,A^h \Rightarrow A^h$. Единственность локальных отображений $\Psi^{(h)}{:}\,A^h \Rightarrow A^h$ моделей **КАнР** является критерием отсутствия **НКФ** для них**;** при этом, неконструируемость определяется сразу по блокам размером *(m* ... *m)* элементарных автоматов моделей, а множество всех **НКФ** для каждой модели **КАнР** является рекурсивным. Показано [44-49], что в общем случае *свойство неконструируемости типа НКФ по отношению к взаимному симулированию моделей d-КА и d–КАнР не инвариантно.* Более того, моделирование необратимой модели соответствующей обратимой моделью вполне допустимо.

Из представленных выше аргументов следует, что, основываясь на одном и том же определении неконструируемости типа **НКФ**, мы получаем, что его причинно-следственные основы для *классических* **КА**-моделей и моделей **КАнР** существенно разнятся. Это различие лежит в основе серьезных различий для многих фундаментальных динамических свойств классических **КА**-моделей и моделей **КАнР** и обусловливает существенно большую потребность во вторых для моделирования процессов, нуждающихся в свойстве обратимости своей динамики [7,27,44-49,173-177].

Еще раз целесообразно отметить, что по сравнению с *классическими* **КА**-моделями один из основных критериев неконструируемости **НКФ** для конечных моделей и **КАнР** основан на общей концепции взаимно стираемых конфигураций *(определение 6)*, а не на **ВСКФ** в смысле *Мура-Майхилла (определение 7)*. Для классических моделей наша концепция *взаимной стираемости* основана на наличии пары различных конечных конфигураций, которые посредством **ГФП** модели отображаются в одну и ту же конечную конфигурацию, что в полной мере соответствует отсутствию однозначности для отображений конечных конфигураций тела конечной **КА**-модели с помощью ее **ЛФП** и блока фрагментации пространства **КАнР** его локальной функцией. Свойства параллельных отображений, такие как сюръективность и инъективность, определяемые глобальными функциями перехода $\tau^{(n)}$ **КА**-моделей, имеют непосредственное отношение к проблеме *неконструируемости* и играют важную роль при исследовании динамических свойств **КА**-моделей. И в данном направлении было получено немало интересных результатов [7]. В частности, в рамках этих исследований *Г.А. Хедлунд* [75] исследовал эту тему для **1**-мерного случая систем динамического сдвига как в *комбинаторном*, так и в *топологическом* аспектах. Тогда как *М. Насу* изучал комбинаторные аспекты локальных отображений, которые определяются *сюръективными* глобальными отображениями, вместе с локальными отображениями, которые определены *инъективными* глобальными отображениями в **1-КА** [7,77]. *А. Maruoka* и *М. Kimura* исследовали четыре новых свойства параллельных отображений в **КА**-моделях: *сильная R-сюръективность* и *слабая R-сюръективность*, *сильная R-инъективность* и *слабая R-инъективность* [76]. Из них два первых понятия не эквивалентны известным понятиям, заполняя промежуток между биективностью и сюръективностью. С другой стороны, было доказано, что остальные два понятия эквивалентны сюръективности. Кроме того, эти понятия характеризуются строго сбалансированными условиями, которые эквивалентны нашему понятию γ-конфигураций. Основные результаты работы *Маруоки-Кимуры* в этом направлении можно легко обобщить на *классические* **КА**-модели произвольных размерности и индексов соседства [7,44].

Завершая рассмотрение основных результатов, касающихся общей проблемы неконструируемости в классических **КА**-моделях, мы остановимся на ее особенностях в связи с проблемой обратимости моделей, представляющей достаточно важный как теоретический, так и прикладной интерес. При этом, *обратимость* мы понимаем как *однозначность* обратной динамики конечных конфигураций в классических **КА**-моделях.

2.5. Проблема обратимости динамики классических клеточных автоматов (КА-моделей)

Обратимость классических моделей **d-КА (d≥1)** является одним из важнейших свойств, прежде всего, с точки зрения моделирования разнообразных физических процессов и теории вычислений; она тесно связана с наличием для **КА**-модели *неконструируемости* типа **НКФ**, прежде всего. Между тем, здесь вполне уместны некоторые замечания общего характера, касающиеся проблемы обратимости в целом, которая, в свою очередь, весьма тесно связана с проблемой неконструируемости для **КА**-моделей в целом и для классических **КА**-моделей в частности. Итак, на формальном уровне проблема *обратимости* функции *F* от *n* переменных {*x1, x2, ..., xn*} сводится к вопросу о возможности *однозначного восстановления* для нее любого кортежа {*x1, x2, x3, ..., xn*} на основе известного вида функции *F* и ее значения *F(x1, x2, x3, ..., xn)* на искомом кортеже.

Естественно, что на *n* входах и *(n–k)* {*k=1..n-1*} выходах некоторого алгоритма при условии, что они принадлежат одному и тому же алфавиту, невозможно получить такой тип обратимости. Поэтому, наряду с результатом *F(x1,x2,...,xn)* требуется иметь *(n-1)* значений кортежа *<x1,x2,...,xn>* для восстановления отсутствующего значения *xj; j∈{1,2,3, ..., n}*, т.е. у нас должна быть некоторая дополнительная информация, которая позволяет на основе вида функции *F* наряду с ее значением на кортеже восстанавливать весь искомый кортеж. В принципе, могут быть использованы и некоторые другие способы получения такой дополнительной информации. Итак, следующая схема достаточно наглядно иллюстрирует данный момент.

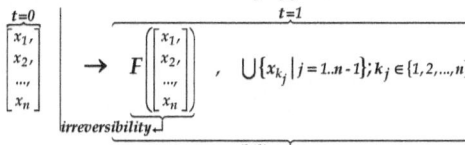

Рассмотрим пример логической **XOR**-функции, заданной как:

a	*b*	*a XOR b*
0	*0*	*0*
0	*1*	*1*
1	*0*	*1*
1	*1*	*0*

Очевидно, что данная функция *необратима*, потому что, например, значение «*1*» для функции мы можем получить на двух различных наборах **<0,1>** и **<1,0>**. Между тем, если на выходе дополнительно задать и одно из значений, например, «*а*», то получим следующие соотношения между входами и выходами функции, а именно:

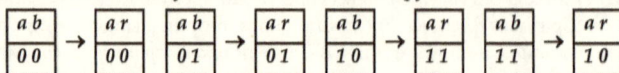

где *a* и *r* – значения *a*-входа и результата *a* XOR *b* соответственно. Из приведенных выше соотношений очевидно, что имеет место взаимно–однозначная зависимость между двумя входами и двумя выходами, обеспечивая возможность однозначного восстановления *b*-входа в виде значения *a* XOR *r*. Булева функция с *n* выходами и *n* входами называется *обратимой*, если она отображает любой *входной* кортеж значений в единый *выходной* кортеж значений.

С учетом сказанного несложно заметить, что каждая стандартная логическая функция (*исключая унарную функцию **NOT***) необратима; т.е. по ее результату кортеж исходных переменных однозначно не определяется. Между тем, несложно убедиться, что для этого типа функций возможно обеспечить *обратимость* путем комбинации их результатов и значения *одного* из входных данных. Таким образом, поддержка одинакового количества *входов* и *выходов* – естественное условие обеспечения *обратимости* произвольной системы.

Мы можем достичь этого требования различными способами и на сегодня было предложено достаточно большое число различных *обратимых* логических элементов. Наиболее широко используются логические реверсивные вентили **NOT, CNOT, SWAP,** созданные *T. Toffoli* и *E. Fredkin*. На самом деле, в любом логическом элементе, в котором количество входов *превышает* количество выходов, потеря информации неизбежна, поскольку нельзя определить состояния входов на основе состояний их выходов. Проблема *обратимости* вычислений наряду с созданием *обратимых* компьютеров особенно актуальна сегодня, когда начались серьезные работы по созданию новых архитектур компьютерных систем, которые базируются на нанотехнологии. Итак, вычисления, выполняемые на современных компьютерах, осуществляются с помощью необратимых операций, вообще говоря, стирающих информацию.

Между тем, еще в *1973 г. К. Беннет* показал, что при вычислениях вполне можно обойтись без *стирания* информации и *необратимых* логических элементов. Позже, обоснованность этой позиции была показана на многих вычислительных моделях. Например, отметим здесь логический вентиль *Э. Фредкина*, который имеет три входные строки и три выходные строки [4,7,78]. Он не теряет информацию, т.к. состояние входов всегда может быть определено состояниями выходов. Так, *Э. Фредкин* показал, что любое логическое устройство, необходимое для работы компьютера, может быть создано в виде комбинации таких обратимых вентилей. Из ряда других довольно интересных *обратимых* моделей возможно упомянуть «*бильярдный*» компьютер *Тоффоли-Фредкина* наряду с некоторыми другими [7].

Сказанное относится, главным образом, к обработке информации. Однако компьютер должен не только обрабатывать информацию, но и запоминать ее. Таким образом, наилучшим образом возможно описать взаимосвязь между хранением и обработкой информации с помощью машины *Тьюринга*, которая в отношении вычислений может смоделировать любой современный компьютер, включая и решение любой задачи. *К. Беннет* доказал возможность создания обратимой машины *Тьюринга*, то есть такой машины, которая не теряет никакой информации и по этой причине во время работы может потреблять любое заданное небольшое количество энергии. Между тем, не все машины *Тьюринга* являются *обратимыми*, однако вполне возможно построить обратимую машину *Тьюринга*, которая способна выполнять любое заданное вычисление [7,27,44-49].

Кроме того, для создания *обратимых* компьютерных моделей были предложены подходы на биомолекулярных и химических основах. Так, *ферментативные* реакции, хорошо известные в генетике, также являются обратимыми. Таким образом, показано, гипотетическая ферментативная машина *Тьюринга* может выполнять вычисления с небольшим расходом энергии. С очень интересной моделью такой обратимой машины *Тьюринга* и обсуждениями с физической точки зрения по отношению к *обратимым* вычислениям и компьютерам можно ознакомиться в расширенной библиографии [7,27]. Тогда как здесь, прежде всего, мы рекомендуем уделить особое внимание во многом пионерским идеям и работам исследователей таких, как **Э. Фредкин, Т. Тоффоли, К. Морита, М. Марголус, Р. Ландауэр, К. Беннетт** наряду с некоторыми другими.

Между тем, использование **КА-**моделей в качестве формальных и перспективных прототипов вычислительных систем предполагает исследование вопросов обратимости динамики данных моделей.

Виктор Аладьев, Вячеслав Ваганов, Михаил Шишаков

Проблемы обратимости динамики **КА**-моделей играют довольно важную роль, прежде всего, с точки зрения их использования как среды моделирования различных процессов *физического* характера. В данном отношении один из основных вопросов исследований в классических **КА**-моделях состоит в *обратимости* их динамики.

В настоящее время существует ряд достаточно интересных классов **КА**-моделей, обладающих общим свойством *обратимости*, среди которых можно отметить вышеупомянутые модели **КАнР**, впервые представленные *Н. Марголусом* и использованные им совместно с *Т. Тоффоли* для моделирования определенных обратимых процессов вместе с обратимыми **КА**-моделями, специально разработанными *Т. Тоффоли* и исследованными с точки зрения вычислительной и конструктивной универсальности. Довольно много исследований посвящено различным вопросам обратимости **КА**-моделей разных типов и классов [7,27,44-49,173-177].

Д. Ричардсон [79] доказал, что классическая **КА**-модель обратима лишь тогда, когда ее глобальное отображение, которое определено глобальной функцией перехода, *инъективно.* Но использованный им топологический подход не дает *конструктивного* алгоритма для обеспечения прямого обращения. С теоретико-автоматной точки зрения подход к данной проблеме можно найти у *К. Кулика* [70]. *С. Аморозо, Y. Патт* [80] и *В. Аладьев* [27,44-49] доказали существование эффективных процедур, решающих проблему обратимости для классических моделей **1-КА.** Между тем, *В. Аладьев* [47] и *Дж. Кари* [81] на основе разных подходов доказали *неразрешимость* проблемы обратимости для моделей **d-КА** (**d≥2**). При этом, следует отметить, получение конструктивного алгоритма определения обратимости классической модели **d-КА** (**d ≥ 2**) является весьма сложной задачей даже в случае его существования.

Между тем, для многих *линейных* и некоторых специальных типов моделей **d-КА** (**d≥2**) такие конструктивные алгоритмы существуют. Так, *Г. Манзини* и *Л. Маргара* получили формулу обратимости для линейного классического **d-КА;** *Т. Сато* привел пример алгоритма для определения обратимости в случае *одного* специального класса **d-КА,** тогда как *К. Сатнер* дал *пример* алгоритма, обеспечивающего определение существования обратимости и сюръективности для глобального отображения линейного **d-КА** (**d ≥ 2**) в квадратичное время. *К. Морита* доказал существование *обратимого* **1-КА,** который моделирует произвольные **1-КА,** включая необратимые, тогда как

Дж. Дубач доказал возможность моделирования машин *Тьюринга* с помощью обратимого *1–КА* [7]. *Т. Тоффоли* доказал возможность моделирования произвольного *d–КА* обратимым *(d+1)–КА*, доказав универсальную вычислимость обратимого *d–КА (d≥2)*, тогда как *К. Морита* и ряд других доказали вычислительную универсальность обратимого *1–КА* [82,83]. Весьма интересный обзор по обратимым *КА*–моделям представили *Т. Toffoli* и *N. Margolus* [84]. Подробнее с проблемой *обратимости* для *КА*–моделей возможно ознакомиться, например, в расширенной библиографии [7,27,173-177].

В наиболее распространенном понимании под *обратимой* моделью понимается *КА*–модель, не теряющая информацию со временем: *В момент t>0 КА–модель полностью обратима.* Между тем, в общем случае для определения подобной обратимой *КА*–модели особой сложности не существует. Для этого *вполне* достаточно определить локальную функцию перехода $\sigma^{(n)}$ для *КА*–модели как:

$$z(t+1) = F(NT_z(t)) \ \# \ z(t-1) \qquad (5)$$

где $z(t)$ – *состояние* элементарного z-автомата модели в момент $t≥0$, $NT_z(t)$ - *конфигурация шаблона соседства* с центральным z-автоматом в момент t, F - отображение $NT_z(t) \rightarrow A$, $\#$ - бинарная операция и A - алфавит *КА*–модели. В представленном решении число входов для логического элемента, представляющего элементарный z–автомат *КА*–модели, равно количеству выходов, т.е. *двум*; следующая весьма простая схема хорошо иллюстрирует сказанное, а именно:

$$\ldots \rightarrow \begin{bmatrix} \sigma_{t-1}(NT_z) \\ z(t) \end{bmatrix} \rightarrow \begin{bmatrix} \sigma_t(NT_z) \\ z(t+1) \end{bmatrix} \rightarrow \begin{bmatrix} \sigma_{t+1}(NT_z) \\ z(t+2) \end{bmatrix} \rightarrow \ldots$$

Итак, имеется возможность *однозначного* восстановления состояния единичного z-автомата модели в момент *t-1* на основе состояния в текущий момент *t+1* и его значения $\sigma_t(NT_z)$; то есть его состояние в момент *t*: $z(t-1)=z(t+1) \ \#^{-1} \ \sigma(NT_z(t))$, где $\#^{-1}$ - функция, обратная к функции $\#$ со значениями в алфавите *A*. Класс *КА*–моделей выше мы можем целиком определить как модели с памятью, тогда как их единичный автомат в некоторой степени аналогичен логическому вентилю *Фредкина* [78], в котором состояния верхнего уровня выше приведенной схемы выполняют роль *канала управления*, т.е. $\sigma_p(NT_z)$ ($p = t+k$, $k=±0, ±1, \ldots$). Таким образом, локальная функция перехода $\sigma^{(n)}$ может быть произвольной, обеспечивая возможность создания *обратимых КА*–моделей с достаточно широким набором локальных функций перехода. Бинарная модель *1–КА* с номером *122* (*алфавит B*={0,1} *и индекс соседства Мура*) рассматривается в качестве примера моделей указанного типа. Несложно убедиться, что *1–КА*, которая определяется таким образом, является необратимой, т.к. согласно критерию на основе γ-*КФ* (*теорема 13*) для такой модели существует неконструируемость *НКФ* наряду с *НКФ–1* простого типа *c*=□11□.

Во многих исследованиях *КА*–моделей множество *А*={0,1,2, ..., *а–1*}, которое образует конечное коммутативное кольцо относительно операций умножения и сложения по модулю *а*, рассматривается как алфавит внутренних состояний элементарного автомата. Для наших целей представляет интерес *операция вычитания* по модулю *а*, которая является *обратной* к операции сложения в этом кольце; операция для двух множеств *В*={0,1} и *А*={0,1,2} определяется как:

-	0	1
0	0	1
1	1	0

-	0	1	2
0	0	2	1
1	1	0	2
2	2	1	0

В общем случае множества *А*={0,1,2, ..., *а–1*} также просто выводится таблица операции вычитания по модулю *а*. Просто убедиться, что определенная таким образом модель будет *обратимой*, что хорошо иллюстрирует следующая простая схема, а именно:

$$
\begin{array}{l}
z(t-1) \\
\sigma^{(3)}(NT(t)) \\
z(t+1)
\end{array}
\quad
\begin{array}{l}
\leftarrow\ 0\ \dashv \\
\leftarrow 0/1 \rightarrow \\
\rightarrow 0/1 \rightarrow
\end{array}
\quad
\begin{array}{l}
\leftarrow\ 1\ \dashv \\
\leftarrow 0/1 \dashv \\
\rightarrow 1/0 \rightarrow
\end{array}
$$

из которой просто получить, что по *уравнению* функционирования элементарного автомата такой *КА*–модели на основе информации о состояниях элементарного автомата в моменты *t+1* и *t* возможно *однозначно* определять его состояние в момент *t-1*, т.е. в этом смысле представленная *КА*–модель является обратимой.

Представим историю этой *КА*–модели на трех первых этапах для конфигурации c_{t-1} = □*111111*□ (*начальное состояние*) в момент *t-1* и для начальной конфигурации c_t = □*1000010*□, а именно:

t-1	...0000011111100000...
t	...0000010000100000...
t+1	...0000100110010000...
t+2	...0001101111011000...
t+3	...0011001111001100...

Естественно, что данная *обратимая* модель в строго реальное время моделируется *1-КА* с алфавитом *А* структурированных состояний и индексом соседства *Мура*, однако такая *1-КА* не будет *обратимой*. Моделирующая *КА*-модель представлена алфавитом состояний элементарных автоматов и индексом соседства *Мура* с локальной функцией перехода, определяемой *параллельными* подстановками следующего вида, а именно:

$$t\text{-}1\begin{bmatrix}S_{j-1}\end{bmatrix}\begin{bmatrix}S_j\end{bmatrix}\begin{bmatrix}S_{j+1}\end{bmatrix} \to \begin{bmatrix} \sigma^{(3)}(S_{j-1}^*, S_j^*, S_{j+1}^*) \\ \sigma^{(3)}(S_{j-1}^*, S_j^*, S_{j+1}^*) \ XOR \ S_j \end{bmatrix}$$
$$t\ \begin{bmatrix}S_{j-1}^*\end{bmatrix}\begin{bmatrix}S_j^*\end{bmatrix}\begin{bmatrix}S_{j+1}^*\end{bmatrix}$$

$$S_j, S_j^* \in \{0,1\}; \ j = 0, \pm1, \pm2, \ldots; \ t = 0,1,2,\ldots$$

Легко показать, имитационная модель *1-КА* является классической с индексом соседства *X* = {-1,0,1} и структурированным алфавитом *А* мощности **4**; ее *первый* уровень состояний определяет *КФ* модели в момент *t*, тогда как *второй* определяет конфигурацию в момент *t-1* (*t* = 1,2, ...). Более того, предполагается, что в момент *t* = **0** второй уровень состояний такой имитационной модели определяет некое начальное условие (*начальную конфигурацию*), в то время как *первый* уровень определяет начальную *КФ* имитирующей модели.

Для доказательства необратимости имитирующей модели вполне достаточно указать для нее пару *ВСКФ*, что определяет наличие для модели неконструируемости *НКФ*, а следовательно, отсутствие свойства обратимости ее динамики. В виду всего вышесказанного нетрудно убедиться в справедливости наличия для имитирующей модели *ВСКФ* ниже следующего вида с *ВБ* длины **3**, обусловливая существование неконструируемости типа *НКФ* для модели наряду с отсутствием для нее обратимости динамики конфигураций.

$$\sigma^{(3)} : \begin{pmatrix} 0\,0 & 0\,0\,0 & 1\,0 \\ 0\,1 & 0\,0\,1 & 1\,0 \end{pmatrix} \to \begin{pmatrix} 1 & 1\,1\,1 & 1 \\ 1 & 1\,1\,1 & 0 \end{pmatrix}$$

$$\sigma^{(3)} : \begin{pmatrix} 0\,0 & 0\,0\,0 & 1\,0 \\ 0\,1 & 1\,0\,0 & 1\,0 \end{pmatrix} \to \begin{pmatrix} 1 & 1\,1\,1 & 1 \\ 1 & 1\,1\,1 & 0 \end{pmatrix}$$

Кроме того, другие операции вполне могут быть использованы в качестве # операции (5) аналогично сказанному. Таким образом, приведенный выше пример обратимой *КА*-модели является лишь одним из возможных примеров такого типа, тогда как получение *обратимых КА-моделей* для конкретных приложений вполне может потребовать порой довольно сложной исследовательской работы. Имеется немало других интересных примеров *обратимых* моделей. Мы представили несколько обратимых *КА*-моделей, отличных от классических, с применением в биологии развития [44-49]. Между тем, проблема *обратимости* для классических **КА**–моделей является более многогранной и рассматривается ниже. В целом же проблема *обратимости* **КА**–моделей не настолько однозначна. Ниже будем использовать более строгое понятие обратимости, которую будем понимать как возможность однозначного восстановления *динамики* **КА**–модели в любой момент; т.е. такой *обратимости*, когда можно точно определить в каждый момент $t > 0$ для каждой конечной **КФ** в **КА**–модели своего *единственного* предшественника в момент *t-1*.

Рассматривая классические **КА**–модели как преобразователей как конечных, прежде всего, так и бесконечных **КФ**, мы вполне можем отождествлять **КФ**, обрабатываемые такими преобразователями, с их внутренними состояниями. В случае подобной интерпретации преобразователь **КА** допускает, как правило, несколько входов для получения одного выхода. Таким образом, преобразователь **КА** как *бесконечный* автомат с *n* входами и одним выходом не обеспечивает свойства обратимости при *n > 1*. С такой точки зрения рассмотрим далее проблему обратимости для классических **КА**–моделей.

Обратимость **КА**–моделей данного типа можно рассматривать как *глобальную обратимость*, когда на основе конфигурации $c^* \in C(A,d)$ в момент $t \geq 0$ можно *однозначно* определить предшественника $c^{`*-1} \in C(A,d)$ для **КА**–модели, используя только конфигурацию c^* и *ЛФП* $\sigma^{(n)}$ или *ГФП* $\tau^{(n)}$ **КА**–модели, т.е. отображение $\tau^{(n)}: C(A,d) \to C(A,d)$ должно быть *биективным* отображением. Так, в отношении класса моделей *d-КА* *(d ≥ 1)* вполне естественно определить обратимость их *динамики* как существование для **КФ** $c` \in C(A, d)$ *предшественника* $c^{`-1}$ из множества $C(A,d)$, т.е. следует выполняться соотношению:

$$(\forall c^* \in C(A,d))(E!\,c^{-1} \in C(A,d,\phi) \bigcup C(A,d,\infty))(c^{-1}\tau^{(n)} = c^*)$$

Следующее определение суммирует вышесказанное.

<u>Определение 12.</u> *Динамика d-КА $\equiv <Z^d,A,\tau^{(n)},X>$ будет называться обратимой тогда и только тогда, когда для каждой КФ $c \in C(A,d)$ существует единственный предшественник c^{-1} из $C(A, d)$ такой, что $c^{-1}\tau^{(n)} = c$; в противном случае динамика такой модели будет называться необратимой.*

Графически данное определение может быть проиллюстрировано следующим образом:

(а) ... $\leftarrow c_{-j} \leftarrow$ ... $\leftarrow c_{-3} \leftarrow c_{-2} \leftarrow c_{-1} \leftarrow c_0 \in C(A,d)$ *- обратимая динамика*

$$(b) \quad \begin{array}{l} \ldots \leftarrow c^{\infty}_{-(j+1)} \\ \ldots \leftarrow c^{j}_{-(j+1)} \end{array} \leftarrow c_{-j} \leftarrow \ldots \leftarrow c_{-2} \leftarrow c_{-1} \leftarrow c_{0} \in C(A,d) - \textit{необратимая динамика}$$

$$(c) \quad c_{-j} \leftarrow \ldots \leftarrow c_{-3} \leftarrow c_{-2} \leftarrow c_{-1} \leftarrow c_{0} \in C(A,d) \quad - \textit{необратимая динамика}$$

Итак, в графе состояний *(a)* конфигурация c_o имеет бесконечную *предысторию*, например, в случае ее периодичности, в то время как для графа состояний *(b)* число предшественников на шаге $-(j+1)$ не менее, чем **2**, и они могут принадлежать множеству $C(A,d,\phi)$ и/или множеству $C(A, d, \infty)$. Граф состояний *(c)* конечен и заканчивается некоторой конфигурацией c_{-j} типа **НКФ**.

Таким образом, *необратимость* динамики любой модели *d-KA* (*d≥1*) естественным образом определяется отсутствием *предшественников* для некоторой конфигурации $c \in C(A,d)$ или наличием для нее *более одного* предшественника c^{-1} из множества $C(A,d)$. Между тем, для *классических* моделей *d-KA* (*d ≥ 1*) необратимость может быть как *абсолютной*, так и *относительной*.

Прежде всего, ввиду определения неконструируемости **НКФ-1** это обусловлено существованием для *классических* **КА**-моделей условия $\sigma^{(n)}(x,x,\ldots,x) = x$, где $x \in A$ – *состояние покоя*, в частности, $x \equiv 0$. Данное условие позволяет вполне естественным образом *дифференцировать* множество *всех* возможных конфигураций в *два* непересекающихся множества $C(d,A,\phi)$, $C(d,A,\infty)$ *конечных* и *бесконечных* конфигураций соответственно. Поэтому, если множество $C(d,A,\phi)$ будет *замкнутым* относительно отображения $\tau^{(n)}$, т.е. $(\forall c^* \in C(d,A,\phi))(c^*\tau^{(n)} \in C(d,A,\phi))$, то множество $C(d, A, \infty)$ может быть и *незамкнутым*; т.е. будет иметь место соотношение $(\exists c^{\infty} \in C(d, A, \infty))(c^{\infty}\tau^{(n)} \in C(d, A, \phi))$, естественным образом вызывая необходимость уточнения понятия обратимости для классических **КА**-моделей, т.е. тех **КА**, которые удовлетворяют вышеуказанному определяющему условию. Наличие в **КА**-модели неконструируемости **НКФ-1** при отсутствии даже **НКФ** приводит к необратимости такой модели, точнее *динамики* ее **КФ** в целом.

Это определение необратимости можно рассматривать как сугубо формальное из-за уникальности бесконечных предшественников, которые, на наш взгляд, имеют весьма спорную интерпретацию. Поэтому мы вводим понятие *формальной* и *реальной* динамической обратимости. Естественно, с формальной точки зрения мы можем рассматривать произвольные допустимые возможности, тогда как с прикладных точек зрения *"мгновенный"* переход от *бесконечной* конфигурации к *конечной* и наоборот, на наш взгляд, не допускает достаточно прозрачных интерпретаций. Однако, здесь возможны различные интерпретации перехода из бесконечного состояния в конечное и наоборот. Так, в математике можно обнаружить весьма много подобных интерпретаций, в частности, $\Sigma_k\, 1/p^k = 1,\ k = 1..\infty$, и т.д. В то время как в обратной динамике конечной конфигурации можно связать ее *"мгновенный"* переход в *бесконечную* **КФ** с некоей *сингулярностью*. Таким образом, в случае классических **КА**-моделей возможен "мгновенный" переход *бесконечной* **КФ** в *конечную*, тогда как "мгновенный" переход *конечной* конфигурации в *бесконечную* конфигурацию невозможен. Таким образом, в моделях этого типа сингулярность может возникать для обратной динамики только у конечных конфигураций. На основе ряда наших исследований по проблеме неконструируемости в классических **КА**-моделях можно показать [4,5,8,11-13,18,27,32,36,40,44-49,63,64,173-177], что:

Не существует классических моделей d–КА (d ≥ 1), для которых в отсутствие неконструируемости НКФ и существования такой неконструируемости как НКФ-1, любая конечная конфигурация НКФ-1 имеет 1 предшественник из множества C(A,d,∞), тогда как другие конечные КФ не обладают такими предшественниками, т. е. классическая КА-модель в отсутствие НКФ при наличии НКФ-1 обладает конечными конфигурациями, имеющими по крайней мере два предшественника из множества C(A, d, ∅) ∪ C(A, d, ∞), т.е. так называемые абсолютно конструируемые конфигурации (АККФ).

Итак, даже в предположении отсутствия *неконструируемости* **НКФ**, однако при существовании неконструируемости **НКФ-1** динамику классических **КА**-моделей можно считать *необратимой* в целом, что согласно предложению **2** соответствует нашему пониманию сути необратимости динамики в классических **КА**-моделях. Более того, если рассматривать наличие для конечной конфигурации одного предшественника из множества *C(A,d,∞)* как *сингулярную* точку его обратной динамики, не нарушающую его *обратимости*, то и в этом случае *динамика* классической модели, не обладающей **НКФ**, будет *необратимой* в целом. Поэтому динамика классической **КА**-модели, обладающей неконструируемостью **НКФ** и / или **НКФ-1**, в целом является необратимой, как мы видим это даже в предположении о возможности обратимой динамики некоторых конечных **КФ**.

Абсолютная необратимость для классической модели *d–КА (d ≥ 1)* имеет место, если для нее существует хотя бы одна **КФ** *c`* ∈ *C(A, d)*, которая обладает несколькими предшественниками *c`⁻¹* из *C(A, d)* либо вообще не имеет предшественников. Очевидно, если модель *d-КА (d≥1)* обладает неконструируемостью **НКФ**, то она *абсолютно* необратима. С другой стороны, совершенно иная ситуация имеет место в случае отсутствия неконструируемости **НКФ** для моделей *d-КА (d ≥ 1)*. Для данного типа моделей *d-КА* неконструируемость типа **НКФ-1**, которая характеризуется существованием конечных конфигураций, имеющих предшественников только из множества *C(A,d,∞)*, определяется относительно конечных **КФ**. Следовательно, при исследовании неконструируемости этого типа был обнаружен интересный класс моделей *d-КА (d ≥ 1)*, для которого имеет место довольно интересное предложение [27,32,36,44-49,173-177].

Теорема 33. Существуют классические модели d-КА (d≥1), которые не обладают неконструируемостью НКФ и для которых конечная конфигурация, имеющая одного предшественника из множества C(A, d, ∅), будет иметь предшественников также и из множества C(A, d, ∞); при этом, каждая конечная конфигурация типа НКФ-1, имеет по крайней мере двух предшественников из набора C(A,d,∞), т.е. любая конечная конфигурация имеет по меньшей мере одного предшественника из C(A, d, ∞). Существуют классические модели 1-КА с алфавитом состояний A={0,1,...,a-1}, которые не обладают НКФ при наличии неконструируемости НКФ-1, чьи конфигурации типа НКФ-1 имеют N=a^{n-1} предшественников, тогда как другие конечные конфигурации имеют N-1 предшественников из C(A,d,∞), где n - размер шаблона соседства. Если классическая модель d-КА (d ≥ 1) с алфавитом A = {0,1, ..., a-1} не имеет неконструируемости типа НКФ и для нее существует как минимум две такие разные конфигурации c∞, b∞∈C(A,d,∞), что c∞τ⁽ⁿ⁾= b∞τ⁽ⁿ⁾ = □, то для таких моделей конечные конфигурации типа НКФ-1, могут иметь более двух предшественников из множества C(A, d, ∞), которые попарно различаются между собой лишь бесконечным числом состояний.

Как простой пример рассмотрим классическую модель *1-КА* вида

$$\sigma^{(2)}(x,y) = \begin{cases} x, & if \quad y = 0 \\ x+y \ (mod \ 2), & if \ < xy > \in \{11,22\}; \quad x,y \in A = \{0,1,2\} \\ y, & otherwise \end{cases}$$

с алфавитом *A = {0, 1, 2}*, индексом соседства *X = {0, 1}* и *ЛФП* σ⁽²⁾, определяемой упомянутой выше простой формулой. Следующая весьма прозрачная схема подтверждает правильность упомянутого утверждения для случая размерности $d = 1$, а именно:

$$\{c^{-1}\bigm| c^{-2}\}\tau^{(2)} = \begin{matrix} c^{-1} & =...00 \\ & =...01 \\ c^{-2} & =...22 \end{matrix} \left| \begin{matrix} 1 & x_1...x_n\ \square & =...00 \\ x'_o & x'_1...x'_n\ \square & =...02 \\ 1 & x_1...x_n\ \square & =...11 \end{matrix} \right| \begin{matrix} 2 & x_1...x_n\ \square \\ x''_o & x''_1...x''_n\ \square \\ 2 & x_1...x_n\ \square \end{matrix}$$

$$x_j, x'_j, x'_o, x''_j, x''_o \in \{0,1,2\};\ j = 1..n;\ c^{-1}, c^{-2} - predecessors$$

Схематически данный тип необратимости динамики классической модели d–KA ($d \geq 1$), касающейся конфигурации $g \in C(A,d,\phi)$, можно представить следующим образом, а именно:

$$\tau^{(n)}: \quad \begin{array}{ccc} C(A,d,\phi) & & C(A,d,\infty) \\ g^{-1} \diagup\!\!\!\!\diagdown & & g^{-1} \searrow \\ & (\exists g \in C(A,d,\phi))\ \&\ (\forall g \in C(A,d,\phi)) & \end{array}$$

В качестве примера рассмотрим *бинарную* модель 1–KA с индексом соседства $X = \{0,1,2\}$ и локальной функцией перехода вида:

$$\sigma^{(3)}(x,y,z) = y + z \ (mod\ 2), \qquad x,y,z \in B = \{0,1\}$$

Как показано, эта классическая бинарная модель 1–KA не обладает **НКФ**. С другой стороны, можно показать, что для нее существуют **НКФ-1** уже простейшего вида $c^* = \square 1 \square$, где «$\square$» – цепочка состояний *покоя* «0», бесконечная влево *(вправо)*. Более того, при определении всех допустимых предшественников для этой **КФ** можно показать, что она не только **НКФ-1**, т.е. она не имеет предшественников из $C(B,1,\phi)$, кроме того, во множестве $C(d,A,\infty)$ она имеет двух разных предшественников, а именно $c_1\tau^{(3)} = c_2\tau^{(3)} = c^*$ $\{c_1 = ...111\square,\ c_2 = \square 111...;\ c_1 \neq c_2\}$, не позволяя однозначно определить предшественника для конфигурации c^*, то есть однозначно определить ее предысторию. Следовательно, *динамика* приведенной выше классической модели необратима. Итак, возможно сформулировать достаточно важный результат касательно *обратимости* классических **KA**–моделей [44].

Теорема 34. Отсутствие для произвольной классической модели d-KA ($d \geq 1$) неконструируемости типа НКФ является необходимым, но не достаточным условием обратимости динамики ее конечных конфигураций.

Такой результат требует более точной интерпретации концепции обратимости для случая классических **KA**–моделей. Итак, в нашем понимании под *обратимостью* динамики классической **KA**–модели понимается наличие возможности однозначного восстановления единственного предшественника для произвольной конечной **КФ** **c**, в частности, для случая модели **1-КА** конфигурации c^* вида $c^* = \square x_1 x_2 \dots x_p \square$; $x_1, x_p \in A \setminus \{0\}$ на основе анализа ее локальной функции перехода $\sigma^{(n)}$. Эта концепция *обратимости* вполне естественна при рассмотрении динамики конечных конфигураций в классических **КА**-моделях. Таким образом, благодаря изложенной концепции в отсутствие в классической **КА**-модели неконструируемости типа **НКФ** вполне может не обеспечиваться обратимость ее динамики, что со всей очевидностью следует из вышеприведенного примера классической бинарной модели **1-КА.**

Таким образом, среди классических моделей **d-КА**, не обладающих неконструируемостью типа **НКФ**, но обладающих **НКФ-1**, модели с *необратимой динамикой* существуют согласно вышеприведенному вполне естественному определению обратимости ($d \geq 1$). Более того, анализ подтверждает, что все классические *бинарные* модели **1-КА** с индексом соседства $X=\{0,1,2\}$, не обладающие **НКФ** и обладающие **НКФ-1** *(то есть модели с номерами* **30,60,75,86,89,90,102,105,106** и **120;** *раздел 2.2)* являются *необратимыми* в контексте вышеприведенного определения **12.** Таким образом, в моделях с номерами **30,60,75,120** существуют конечные конфигурации, обладающие единственным предшественником из множества $C(B,1,\phi)$ и предшественником из $C(B,1,\infty)$, тогда как модели с номерами **86, 89, 90, 102, 105, 106** имеют конечные конфигурации, обладающие двумя предшественниками из множества $C(B,1,\infty)$ всех бесконечных конфигураций.

Итак, существование в классических **КА** неконструируемости типа **НКФ-1**, не смотря на отсутствие неконструируемости типа **НКФ**, может вызывать *необратимость* динамики **КА**-моделей этого класса в целом. В этой связи возникает весьма интересный вопрос: *Может ли глобальная необратимость для классической модели d-КА (d≥1) гарантировать наличие для нее неконструируемости типа НКФ-1 при отсутствии неконструируемости типа НКФ?*

Принимая во внимание наше понимание необратимости *динамики* конечных конфигураций в классических **КА**-моделях в сочетании с результатами, касающимися допустимых предшественников для конечных конфигураций, положительный ответ на данный вопрос возникает сам по себе [27,47]; см. некоторые соображения ниже.

Между тем, по ряду причин, представленных несколько ниже, мы

Виктор Аладьев, Вячеслав Ваганов, Михаил Шишаков

введем еще два понятия *обратимости* динамики для классических *КА*-моделей – понятия *формальной* и *реальной* обратимости. Кроме того, если понятие формальной обратимости полностью совпадает с понятием *обратимости*, определяемым определением *12*, понятие реальной обратимости существенно отличается. Так, под *реальной* обратимостью будем понимать обратимость только по отношению к конечным конфигурациям; т.е. существование для произвольной *конечной* конфигурации *c* такой единственной конфигурации *c`* из множества *C(A,d,ф)* только, что имеет место соотношение $c`\tau^{(n)} = c$. В отличие от определения *12*, определение *13* дает другой подход к понятию обратимости динамики, позволяя взглянуть на довольно важную концепцию с различных точек зрения.

Кроме того, ниже этот вопрос будет рассмотрен более подробно в рамках этого понимания понятия обратимости. Для классических *КА*-моделей *условие* $\Box\tau^{(n)}=\Box$ на протяжении данной книги *не будет рассматриваться как условие незамкнутости множества C(A,d,∞) относительно ГФП* $\tau^{(n)}$ *КА-моделей, так как выше мы условились приписывать полностью нулевую конфигурацию «□» множеству C(A, d, ф).* Очевидно, что если некоторые модели *d-КА* (*d ≥ 1*) будут обладать неконструируемостью типа *НКФ-1*, то будет иметь место соотношение $(\exists c'\in C(A, d, \infty))(c'\tau^{(n)} = \Box)$. Более того, отсутствие для классических моделей неконструируемости типов *НКФ* и *НКФ-1* вовсе не гарантирует реальной обратимости динамики для *КФ*. В этой связи можно показать [8,32-36,44-49], что имеет место довольно интересное предложение, а именно.

Теорема 35. Существуют классические модели d-КА (d≥1), которые не будут обладать неконструируемостью типов НКФ и НКФ-1, но для которых будут существовать бесконечные конфигурации, имеющие как минимум двух разных предшественников из C(A,d,∞) всех бесконечных конфигураций.

Таким образом, вышесказанное естественным образом определяет целесообразность введения для классических *КА*-моделей понятия *относительной обратимости (необратимости) их динамики.* Поэтому, учитывая важность понятия обратимости для изучения динамики классических *КА*-моделей, мы еще раз обратимся к трем основным типам неконструируемости: *НКФ, НКФ-1* и *НКФ-2*. Для этих трех типов неконструируемости могут быть представлены следующие достаточно очевидные графические интерпретации, а именно:

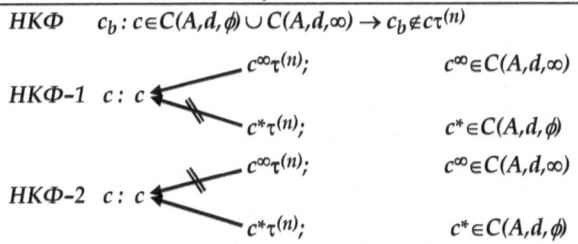

$$\text{НКФ} \qquad c_b : c \in C(A,d,\phi) \cup C(A,d,\infty) \rightarrow c_b \notin c\tau^{(n)}$$

где c_b – блочная конфигурация, то есть конфигурация состояний конечного блока единичных автоматов произвольной **КА**–модели; $C(A,d,\phi)$, $C(A,d,\infty)$ – множества всех *конечных* и *бесконечных* d–мерных **КФ** в алфавите $A=\{0,1,...,a-1\}$ **КА**–модели соответственно; $\tau^{(n)}$ – **ГФП** данной **КА**–модели; наконец, $\{c, c^*\}$ и c^∞ – *конечные* и *бесконечные* **КФ** для данной **КА**–модели, имеющие конечное и бесконечное число состояний, отличных от состояния *покоя* «**0**» соответственно. В этом случае среди представленных типов неконструируемости два типа неконструируемости **НКФ** и **НКФ-1** мы будем рассматривать как *основные* типы. Следующий результат представляет одно довольно важное соотношение между *основными* типами *неконструируемости* [44-49]. При этом, необходимо иметь в виду, что полностью *нулевая* конфигурация $c = \square$ по ряду важных причин включена в множество $C(A,d,\phi)$. По этой причине для произвольной классической модели **КА** множество $C(A,d,\phi)$ не может полностью состоять из конечных неконструируемых конфигураций типа **НКФ**.

<u>Теорема 36.</u> Если для произвольной классической модели d–КА ($d{\ge}1$) множество $C(A,d,\infty)$ будет незамкнуто относительно глобального отображения, определяемого глобальной функцией перехода $\tau^{(n)}$, то классическая КА-модель обладает неконструируемостью типа НКФ/НКФ-1 или обоими типами одновременно. Классическая КА-модель d–КА ($d{\ge}1$), не обладающая НКФ-1 и НКФ, будет обладать неконструируемостью типа НКФ-2. В то же время, классическая модель d–КА ($d{\ge}1$), которая не обладает НКФ-2, будет обладать неконструируемостью типа НКФ или/и НКФ-1.

Наличие состояния *покоя* «**0**», дифференцирующее множество **КФ** $C(A,d)$ на два непересекающихся подмножества $C(A,d,\phi)$ и $C(A,d,\infty)$, наряду с **2** основными типами неконструируемости **НКФ** и **НКФ-1** позволяет естественным образом определить **3** типа *необратимости*

Виктор Аладьев, Вячеслав Ваганов, Михаил Шишаков

динамики для классических моделей *d-КА* (*d* ≥ 1), которые можно сформулировать следующим образом.

Определение 13. *Мы будем называть конфигурацию* j∈C(A,d,ф) *для классической модели d-КА (d ≥ 1) конфигурацией с необратимой динамикой первого типа, второго типа и третьего типа, если КФ j имеет 0 или, по крайней мере, пару предшественников только из множества C(A,d,ф), по крайней мере, 1 предшественник только из множества C(A,d,∞), наконец, КФ обладает предшественниками из множества C(A,d,ф) и множества C(A,d,∞) соответственно.*

Прежде всего, на основании данного определения и результатов, касающихся неконструируемости, довольно просто убедиться, что для классической модели *d-КА* (*d* ≥ 1) множество C(A,d,ф) не может состоять из *необратимых* конфигураций только *второго* или только *третьего* типа *необратимости*, но множество вполне может состоять из *необратимых* конфигураций только *первого* типа необратимости. В последнем случае существует классическая модель *d-КА* (*d* ≥ 1), для которой любая *конечная* конфигурация множества C(A,d,ф)\{□} является или **НКФ**, или имеет не менее двух предшественников из множества C(A,d,ф) (*т.е. ее предшественники являются парами* **ВСКФ**). Итак, подобные **КА**-модели характеризуются достаточно простой *динамикой* конечных конфигураций. Между тем, классическая **КА**-модель допускает различные *сочетания* вышеуказанных трех типов *необратимости* в довольно широком диапазоне. При этом, с учетом вышеприведенного определения *13* имеет место результат [44-49].

Теорема 37. *Среди классических моделей d-КА (d ≥ 1) с алфавитом произвольных состояний A={0,1,...,a-1} есть такие КА-модели, как:*

1. *КА-модели, обладающие неконструируемостью типа НКФ без НКФ-1, могут иметь необратимые конечные конфигурации лишь первого типа;*

2. *КА-модели в отсутствие неконструируемости типа НКФ, для которых отображения τ(n): C(A,d,ф) → C(A,d,ф) биективны, тогда как отображения τ(n): C(A,d,∞) → C(A,d,∞) не биективны; при этом, КА-модели, которые обладают неконструируемостью НКФ, не могут иметь биективных отображений, таких как τ(n): C(A,d,ф) → C(A,d,ф) и τ(n): C(A,d,∞) → C(A,d,∞);*

3. *КА-модели, которые обладают неконструируемостью НКФ, вполне могут иметь все конечные конфигурации, исключая типа НКФ, в качестве необратимых только третьего типа;*

4. КА-модели, которые не обладают неконструируемостью НКФ, но при существовании неконструируемости НКФ-1, могут иметь произвольные конечные конфигурации необратимыми КФ 2-го или 3-го типа; при этом, конечная конфигурация, отличная от НКФ-1, является необратимой конфигурацией 3-го типа, т.е. конечная конфигурация абсолютно конструируема, в то время как каждая НКФ-1 является необратимой конфигурацией второго типа;

5. КА-модели, чья каждая конечная конфигурация из множества $C(A,d,\phi)$ необратима и имеет тип 2 или 3; более того, каждая КФ такая, как НКФ-1, имеет более одного предшественника из $C(A,d, \infty)$, в то время как другие имеют единственного предшественника из $C(A, d, \phi)$ наряду с единственным предшественником из $C(A,d,\infty)$. Существуют такие классические КА-модели, что: (1) множество $C(A,d,\phi)$ может быть сгенерировано только из конечных КФ, в то время как множество $C(A,d,\infty)$ может быть сгенерировано только из бесконечных конфигураций, и (2) множество $C(A,d,\phi)$ возможно сгенерировать из бесконечных конфигураций, учитывая, что его подмножество НКФ-1 генерируется только из бесконечных КФ, тогда как множество $C(A,d,\phi) \backslash$ НКФ-1 генерируется из конечных и бесконечных конфигураций. Для классической модели d-КА $(d \geq 1)$ множество $C(A,d,\phi)$ не может быть сгенерировано исключительно из бесконечных конфигураций;

6. Для алфавита $A = \{0,1,2, ..., a-1\}$ $(a \geq 3)$ существуют классические модели d-КА $(d \geq 1)$ при отсутствии неконструируемости НКФ и для которых произвольная конфигурация из множества $C(A, d, \phi)$ обладает $(a-1)$ различными предшественниками из $C(A,d,\infty)$, если конфигурация отличается от конфигурации типа НКФ-1; иначе конфигурация будет иметь несколько разных предшественников из множества $C(A,d,\infty)$. Если для классической модели d-КА $(d \geq 1)$ с глобальной функцией перехода $\tau^{(n)}$ множество $C(A,d,\infty)$ незамкнуто относительно отображения, заданного ГФП $\tau^{(n)}$, то отображение $\tau^{(n)}$: $C(A, d, \phi) \rightarrow C(A, d, \phi)$ не биективно. Кроме того, отображение $\tau^{(n)}$: $C(A,d,\phi) \rightarrow C(A,d,\phi)$ для произвольной классической модели d-КА $(d \geq 1)$ с ГФП $\tau^{(n)}$ будет биективным тогда и только тогда, когда КА-модель не обладает неконструируемостью НКФ при наличии замкнутого множества $C(A,d,\infty)$ относительно отображения $\tau^{(n)}$, определяемого глобальной функцией перехода КА-модели.

Так, классическая *бинарная* модель *1-КА* с номером *113* не обладает неконструируемостью *НКФ-1* при наличии в ней *НКФ*. Для этой

KA–модели любая необратимая конечная конфигурация обладает парами предшественников только из множества $C(A,d,\phi)$, т.е. имеет место необратимость *первого* типа. Достаточно несложно убедиться в справедливости и других утверждений *2–5* теоремы *37*; тогда как заключительная часть этой теоремы непосредственно вытекает из вышеприведенных результатов по проблеме неконструируемости.

Таким образом, если *первый* тип определяет обратимость *динамики относительно* множества *блочных* конфигураций и в более широком понимании конечных конфигураций $C(A,d)$, тогда как *второй* тип относительно множества $C(A,d,\phi)$. При этом, если классическая *KA*–модель обладает обратимостью *1–го* типа, то обратимость *2–го* типа для нее может отсутствовать. Если же для классической *KA*–модели любая *конечная* конфигурация является *периодической*, имеет место обратимость *первого* типа при отсутствии *второго* типа, т.к. *КФ* из множества $C(A,d,\phi)$ не обладают предшественниками из множества $C(A,d,\infty)$. Это происходит только в том случае, если *KA*–модель не обладает неконструктивностью типа *НКФ, НКФ-1*, т.е. ее *динамика* довольно проста. При существования необратимости второго типа конфигурации из множества $C(A, d, \phi)$ вполне могут иметь более *1* предшественника из множества $C(A,d,\infty)$ бесконечных *КФ*.

Таким образом, для приведенной выше модели с номером *60* при отсутствии для нее *НКФ*, т.е. наличии обратимой динамики *1–го* типа, конфигурация вида $\{1^{2k+1} \mid k=0,1,...\}$ будет в модели *НКФ-1*; более того, пары различных бесконечных конфигураций являются предшественниками для этих конфигураций. Кроме того, с точки зрения общего смысла *2–й* тип *необратимости* заслуживает меньше внимания, поскольку как переход от бесконечной конфигурации в конечную конфигурацию, так и наоборот весьма проблематично интерпретируется. В этом контексте вполне естественным является желание увязать динамику классических моделей с траекториями динамических систем, что сможет сыграть существенную роль. В принципе, в соответствие с определением *12 обратимой* конечной конфигурацией следует рассматривать конфигурацию, имеющую лишь одного предшественника из множества $C(A,d,\phi)$ и, возможно, предшественников из множества $C(A,d,\infty)$. Данное предположение обусловлено вышесказанным. Имеет место интересный результат:

Множество $C(A,d,\phi)$ для произвольной классической модели d–KA (d ≥ 1) будет состоять только из обратимых конечных КФ тогда и только тогда, если модель не обладает неконструируемостью

НКФ и НКФ-1; более того, все конечные конфигурации в такой модели генерируют лишь периодические последовательности КФ.

Более того, если рассматривать **КА**-модели со свойством указанной обратимости *(т.е. иметь дело с полной обратимостью)*, тогда с точки зрения моделирования они не представляют особого интереса из-за их динамики и незначительной доли, как это отмечалось выше. Следовательно, с этой точки зрения наибольший интерес смогут представлять только **КА**-модели, обладающие, прежде всего, **НКФ** и / или **НКФ-1**. Итак, **КА**-модели с необратимостью только *второго* типа обладают динамикой достаточно ограниченной сложности. В то время как бинарные классические модели **1–КА**, рассмотренные выше, обладая полной обратимостью, имеют достаточно простую *динамику* конечных конфигураций, чья *прикладная* интерпретация не представляет особого интереса.

Следует отметить, что целесообразно рассматривать обратимость динамики относительно и множества *C(A,d,*φ*)*; то есть в том случае, когда наличие одного предшественника из множества *C(A,d,*∞*)* для конечной конфигурации не гарантирует обратимости *классической* модели *d–КА (d≥1)*. Это предположение вполне уместно, поскольку *бесконечные* конфигурации с точки зрения целого ряда прикладных аспектов не имеют вполне удовлетворительной интерпретации, а с теоретической точки зрения наиболее интересна потенциальная бесконечность. Однако в некоторых случаях *бесконечные* **КФ** могут оказаться достаточно полезными при исследовании определенных теоретических аспектов [27,44-49]. В этом контексте следует иметь в виду, что для всех исследованных нами классических **КА**-моделей, обладающих неконструируемостью типа **НКФ-1**, все конечные **КФ** типа **НКФ-1** имели предшественников из множества *C(A,d,*∞*)*, чья структурная организация характеризуется *периодичностью* блоков состояний, позволяя вести их осмысленную обработку и довольно приемлемую интерпретацию с практической точки зрения.

Грубо говоря, обратимая классическая модель *d–КА (d≥1)* никогда не забывает историю конечной конфигурации по отношению ко множеству *C(A,d,*φ*)*. Если с абстрактной точки зрения переход за *1* шаг из бесконечной конфигурации в конечную конфигурацию и допустим, тогда как при использовании классических **КА**-моделей в качестве среды моделирования интерпретация этой *возможности* достаточно проблематична. В этом случае эту возможность следует рассматривать только как сопровождающую сам базовый процесс моделирования, основанный на *динамике* конечных **КФ.** Более того, классические **КА-**модели этого типа представляют особый интерес для моделирования многих процессов, исследуемых современной физикой [7]. В этой связи понятие обратимости *динамики* конечных конфигураций для классических **КА-**моделей может быть вполне определено следующим образом.

*Определение 14. **Классическая модель d–КА** (d ≥ 1), не обладающая неконструируемостью типов **НКФ-1** и **НКФ,** называется реально обратимой классической моделью относительно всех конечных конфигураций, в противном случае она называется необратимой моделью при наличии возможной формальной обратимости.*

Это позволяет сформулировать полезный результат о взаимосвязи *неконструируемости* и *обратимости* динамики классических *d–КА* (*d ≥ 1*) относительно конечных конфигураций, т.е. с точки зрения траекторий конечных конфигураций в классических **КА-**моделях.

Классическая модель d–КА (d≥1), для которой множество C(A,d,∞) незамкнуто относительно глобального отображения согласно его глобальной функции перехода $\tau^{(n)}$*, необратима по отношению к динамике конечных конфигураций. Не существует классической модели d–КА (d ≥ 1), для которой каждая конечная конфигурация могла бы иметь единственного предшественника из множества C(A,d,ф) при незамкнутости множества C(A,d,∞) относительно отображения, определяемого ГФП* $\tau^{(n)}$ *такой КА-модели.*

Кроме того, на основе теоремы 37 вытекает следующий результат:

Существуют классические модели d–КА (d≥1), для которых любая конфигурация c ∈ C(A, d, ф) имеет хотя бы 1 предшественника из множества C(A, d, ∞). Не существует классических моделей d–КА (d≥1), не обладающих неконструируемостью **НКФ,** но при наличии неконструируемости типа **НКФ-1** и для которых конфигурация c∈C(A, d, ф) имеет только одного предшественника из множества C(A,d,ф) или из множества C(A,d,∞) всех бесконечных КФ.*

Однако несложно убедиться, что для произвольной классической модели *d–КА (d ≥ 1)* все конечные конфигурации не могут иметь предшественников исключительно из множества C(A,d,∞). Так, *2-е* утверждение непосредственно следует из аксиомы, что полностью *нулевая* конфигурация c=□ приписывается множеству C(A,d,ф) всех конечных конфигураций; это утверждение может быть получено на основе результатов по неконструируемости типа **НКФ-1.**

Определив динамическую обратимость классических **КА**-моделей относительно конечных конфигураций (*определение 12*), что вполне естественно с точки зрения изучения на предмет присутствия для каждой конечной **КФ** своей определенной *уникальной* траектории, обратимой во времени, что, вообще говоря, следует иметь в виду это достаточно существенное обстоятельство. Итак, произвольная конфигурация $c \in C(A,d,\phi)$ имеет *обратимую динамику*, если для нее имеет место следующее соотношение, а именно:

$$(\forall t \geq 0 \mid t,\, t\text{-}1,\, ...,\, 1)(E!c^{-t} \in C(A,d,\phi))(c^{-t}\tau^{(n)} = c^{-t+1}); \qquad c^0 \equiv c$$

Следовательно, принимая во внимание сказанное, не существует классических **КА**-моделей, не обладающих неконструируемостью **НКФ** при наличии **НКФ-1**, которые в целом обладают обратимой динамикой конечных **КФ**; показано, что существуют бесконечные подмножества множества $C(A,d,\phi)$, содержащие обратимые **КФ**.

Следовательно, только классические модели d-**КА** ($d \geq 1$), которые не обладают неконструируемостью **НКФ** и **НКФ-1**, будут обладать динамической обратимостью в целом (*в смысле определения 12*), но такие **КА**-модели представляют довольно простую периодическую динамику бесконечных и конечных конфигураций, исключая, в частности, наличие в таких **КА**-моделях таких важных свойств, как универсальная вычислимость и воспроизводимость в смысле *Мура* конечных конфигураций.

Ввиду дифференциации множества $C(A,\,d)$ классических моделей **КА** на два непересекающихся подмножества вопрос обратимости конечных конфигураций, касающихся каждого из подмножеств в отдельности, является вполне естественным. Поэтому здесь можно сформулировать следующий результат [48]. Будем говорить, что конечная конфигурация *обратима* относительно множества $C(A,d,\phi)$ либо $C(A,d,\infty)$, если она имеет строго одного предшественника из соответствующего множества; в противном случае она полагается *необратимой* относительно соответствующего множества. Причина этого кроется в принципиальных различиях подмножеств $C(A,d,\phi)$ и $C(A,d,\infty)$ конечных и бесконечных конфигураций соответственно.

Теорема 38. *Конечная конфигурация в классической модели d-КА ($d \geq 1$) обратима относительно множества $C(A,d,\phi)$ тогда и только тогда, когда модель не имеет неконструируемости НКФ и НКФ-1. Все конечные конфигурации в классической модели d-КА ($d \geq 1$) не могут быть обратимыми по отношению ко множествам $C(A,d,\phi)$*

и $C(A,d,\infty)$ одновременно, т.е. конечная конфигурация в КА-модели не может иметь только одного предшественника из множества $C(A,d,\phi)$ и $C(A,d,\infty)$; более того, существуют классические модели d-КА $(d \geq 1)$, для которых каждая конечная конфигурация, кроме НКФ-1, обладает единственным предшественником из множества $C(A,d,\phi)$ наряду с одним или двумя предшественниками из $C(A,d,\infty)$. Кроме того, существуют классические КА-модели, для которых любая конечная конфигурация из множества $C(A, d, \phi)$ обладает лишь единственным предшественником из множества $C(A,d,\phi)$ или будет неконструируемой конфигурацией типа НКФ-1 по крайней мере с одним предшественником из множества $C(A,d,\infty)$. При этом, существуют классические модели d-КА, в которых в зависимости от наличия или отсутствия неконструируемости НКФ и НКФ-1 множество $C(A,d,\phi)$ может быть сгенерировано только из такого множества неконструируемых конфигураций, как НКФ-1, НКФ или НКФ∪НКФ-1. Более того, не существует классической модели d-КА $(d{\geq}1)$, для которой конечная конфигурация будет обладать одновременно предшественниками из множеств $C(A,d,\infty)$ и $C(A,d,\phi)$. Если классическая модель d-КА обладает неконструируемостью НКФ-1 в отсутствие НКФ, то для двух произвольных различных конфигураций g, w типа НКФ-1 будет иметь место соотношение $\{g\tau^{(n)p}\}\cap\{w\tau^{(n)p}\} = \varnothing$, $p = 0 .. \infty$. Существуют нетривиальные модели d-КА $(d{\geq}1)$, все конечные конфигурации которых являются НКФ-2. Существуют классические модели d-КА $(d{\geq}1)$, для которых любая конструируемая конечная конфигурация будет обладать хотя бы одним предшественником из множества $C(A,d,\infty)$. Существуют и классические модели d-КА $(d{\geq}1)$, для которых любая конечная КФ имеет хотя бы 1 предшественник из множества $C(A,d,\infty)$; таким образом, существуют классические модели, для которых любая произвольная конечная конфигурация будет только типа АККФ или НКФ-1.

В частности, подтверждением последнего предложения теоремы *38* могут служить некоторые модели из класса всех *бинарных* моделей *d-КА (d ≥ 1)*. Таким образом, среди моделей *1-КА* можно отметить две бинарные модели с индексом соседства *Мура* и номерами *75* и *102*. Как видно из вышеизложенного, проблема обратимости для классических моделей *d-КА (d ≥ 1)* непосредственно базируется на понятии предшественников. Между тем, теоретическое изучение *обратимости динамики* классических *КА*-моделей довольно сложно *(впрочем, как и многих других довольно важных проблем в данном классе параллельных динамических систем)*, поэтому использование для этой цели компьютерного моделирования проявило себя чрезвычайно эффективным. Подобно другим задачам, для экспериментального исследования динамики **КА** мы пользовались соответствующими процедурами, запрограммированными в системах компьютерной математики *Maple* и *Mathematica*, для чего была создана большая коллекция программных средств [14-18,27,41,42,44-49,173-177].

Итак, полная обратимость конечных **КФ** относительно множества $C(A,d,\phi) \cup C(A,d,\infty)$ требует отсутствия неконструируемости **НКФ** и **НКФ-1**, что резко ограничивает число таких **КА**-моделей; при этом, что касается динамики, то подобные **КА**-модели представляют не очень серьезный интерес. Так, во многих исследованных случаях динамика классических **КА**-моделей подобного типа оказывается довольно простой и предсказуемой, поскольку такие модели для произвольной начальной конечной **КФ** генерируют *периодические* последовательности, не позволяющие смоделировать достаточно сложные процессы, алгоритмы или явления. Таким образом, если рассматривать динамику классических **КА**-моделей как некоторых абстрактных алгебраических систем параллельной обработки для конечных слов, определенных в конечных алфавитах, то *полностью* обратимые классические **КА**-модели демонстрируют достаточно простую динамику поведения.

Таким образом, согласно определения *14* обратимости динамики конечных конфигураций в классических **КА**-моделях, что кажется вполне естественным, мы вынуждены *ограничиться* определенным подклассом **КА**-моделей, чьи конечные конфигурации являются периодическими, определяя довольно простую динамику данных моделей. Итак, *прямое* моделирование довольно сложных объектов с помощью систем, подобных **КА**-моделям, требует использования классических моделей, обладающих неконструируемостью такой как **НКФ** или/и **НКФ-1**. Естественно, при некоторых допущениях мы можем смоделировать необратимые классические **КА**-модели, симулирующие нужные процессы, на основе обратимых моделей, (*например, с точки зрения отсутствия для них* **НКФ**), однако такой опосредованный процесс моделирования первых будет достаточно далеким от *прямого* моделирования. Завершив на этом обсуждение проблемы *неконструируемости* в целом, обсудим *алгоритмические* аспекты **КА**-проблематики, что представляется довольно важным со многих весьма интересных точек зрения.

2.6. Алгоритмические аспекты проблемы неконструируемости и некоторые связанные вопросы динамики классических клеточных автоматов (КА–моделей)

Алгоритмическая разрешимость проблемы неконструируемости является одним из ключевых вопросов математической теории **КА**-моделей и целого ряда ее важных приложений, прежде всего, при использовании **КА**-моделей как *концептуальных*, так и *практических* моделей пространственно–распределенных динамических систем, из которые реальные физические системы представляют особенно больший интерес [7,27,44]. В общей формулировке разрешимость проблемы *неконструируемости* сводится к вопросу: ***Существует ли алгоритм для определения того, будет ли классическая КА-модель обладать неконструируемостью НКФ, НКФ-1, НКФ-2 и НКФ-3?*** В своей общей постановке проблема на сегодня остается открытой, однако имеются ответы на многие более конкретные, но не менее важные вопросы, которые представляют самостоятельный интерес.

Наиболее полное решение данной проблемы получено для случая классических моделей *1–КА.* Прежде всего, что касается *блочной* и *конечной* конфигураций, то имеет место нижеследующий основной результат, имеющий ряд довольно важных приложений [27,44-49].

*<u>Теорема 39</u>. **Проблема определения для произвольной классической модели 1–КА типа (НКФ-1, НКФ, НКФ-2, НКФ-3, конструируемая) произвольной блочной и конечной конфигураций алгоритмически разрешима.***

Методы, использованные при доказательстве теоремы, позволяют не только конструктивно определять тип произвольной *блочной* и *конечной* конфигурации [18], но и установить структуру множества их прямых предшественников, что во многих случаях очень важно. Для общего *d*-мерного случая *(d ≥ 1)* вопрос определения блочной конфигурации конкретного типа *(конструируемая, НКФ, НКФ-3)* является алгоритмически разрешимым, но он ничего не говорит о проблеме разрешимости в целом, т.е. относительно существования *неконструируемости* типа **НКФ (НКФ-3)** для произвольной модели *d-КА (d ≥ 2).* Как будет показано ниже, данная проблема для случая классических моделей *d-КА (d ≥ 2)* алгоритмически неразрешима наряду с рядом других неразрешимых проблем.

Хорошо известно, что с переходом от размерности *1* к размерности *d=2* исследование многих вопросов динамики *классических* моделей *d–KA* существенно усложняется, и многие проблемы *разрешимости* для одномерного случая становятся *неразрешимыми* для *d*-мерного случая *(d≥2)*. В частности, в [44-49] были доказаны *алгоритмическая* неразрешимость проблемы *замыкания* множества всех конечных конфигураций, отличных от *полностью нулевой* конфигурации «□», и ряда других задач динамики классических моделей *d–KA (d≥2)*. В [7] представлено много интересных работ по *неразрешимости* задач динамики *KA*-моделей. Данная тематика в определенном смысле будет продолжена несколько ниже.

Один из известных подходов к решению проблемы разрешимости существования в классических *KA*-моделях того или другого типа неконструируемости состоит в определении верхнего предела для минимальных размеров внутреннего блока пар *ВСКФ*, размеров γ-*КФ* или некоторой неконструируемой конфигурации требуемого типа *(НКФ, НКФ-1, НКФ-2, НКФ-3)*. В случае классических *1-KA* мы поступали именно таким образом, и в этом направлении получен ряд результатов, представляющих определенный самостоятельный интерес [4,5,8,9,11-13,18,44-49]. Этот вопрос играет важную роль для оценки минимального размера γ-*КФ*, изучения ряда *динамических* свойств классических *KA*-моделей и при исследованиях проблемы неконструируемости в целом.

В рамках изучения разрешимости проблемы неконструируемости мы и многие другие авторы изучили вопрос о взаимосвязях между *минимальными* размерами *НКФ* и *ВБ ВСКФ* в классических *KA* [5,7, 8,44-49,63,64]. Между тем, вопреки предпринятым усилиям в этом направлении, удовлетворительного решения вопроса получено так и не было. Однако, результаты, полученные в этом направлении, позволили сформулировать следующее предположение, а именно.

Предложение 5. Для классических моделей d–KA (d ≥ 2) невозможно, в целом, получать удовлетворительные количественные оценки для минимального размера конфигураций типа НКФ как функции минимального размера ВБ ВСКФ, и наоборот.

Предложение 5 позволило прояснить ряд весьма принципиальных вопросов, существующих ранее [5,8]. Однако, в отношении одного типа классических *KA*-моделей мы имеем интересный результат, весьма полезный в ряде приложений теоретического характера. В частности, это относится к *KA*-моделям, обладающим *НКФ-1* [45].

__Теорема 40.__ Если для глобальной функции перехода $\tau^{(n)}$ KA-модели d-KA ($d \geq 1$) имеет место соотношение $(\forall c \in C(A,d,\phi))(|c| < |c\tau^{(n)}|)$, где $|gs|$ размер максимального диаметра конечной конфигурации gs, то модель будет обладать неконструируемостью НКФ и/или НКФ-1. При этом, несложно заметить, что доля таких моделей асимптотически больше e^{-2}. Если классическая модель d-KA ($d \geq 1$) указанного выше типа обладает неконструируемостью только типа НКФ-1 {НКФ}, то множество НКФ-1 {НКФ} KA-функции генерирует все множество $C(A,d,\phi) \setminus \{\square\}$; проблема существования конфигураций типа НКФ-1 {НКФ} минимального размера в такого типа KA-моделях является алгоритмически разрешимой.

На основе ряда результатов, касающихся проблемы разложения глобальных функций перехода (*ГФП*) в классических *KA*-моделях, рассмотренной чуть ниже, в ряде случаев можно сводить решение проблемы *существования* неконструируемости типа *НКФ* и *НКФ-1* к решению аналогичных задач для более простых *ГФП* $\tau^{(n)}$ тех же самых размерности и алфавита. В ряде случаев подобный подход значительно упрощает решение проблемы, но, вообще говоря, его непосредственное применение какого-либо особенного результата не дает. Между тем, на основе этого подхода был получен довольно интересный результат [5,8,11-13,27,32,36,173-177].

__Определение 15.__ Алгоритм, определяющий наличие пар ВСКФ для классических KA-моделей, назовем «конструктивным», если он для ГФП $\tau^{(n)}$ модели не только дает ответ «Нет/Да» на вопрос о существовании ВСКФ, но в случае положительного ответа также определяет все типы пар ВСКФ, существующие для этой модели.

Особый интерес конструктивные алгоритмы представляют прежде всего тогда, когда для исследователя необходима реализации в *KA*-модели реальной модели той или иной природы. Однако, так как *KA*-модели представляют наибольший интерес с точки зрения их возможностей в конструктивном отношении, то это определение представляется вполне уместным. В свете определения *15*, наряду с результатами исследования проблемы декомпозиции *ГФП* $\tau^{(n)}$ в классических моделях *d-KA* ($d \geq 2$), можно будет пролить свет и на этот интересный вопрос [27,44-49,63,64,173-177].

__Теорема 41.__ В общем случае конструктивный алгоритм, который решает проблему существования ВСКФ для классических моделей d-KA ($d \geq 2$), отсутствует.

Дальнейшее развитие способа доказательства приведенной выше теоремы позволило доказать неразрешимость проблемы наличия неконструируемости типа **НКФ-3** для классических моделей *d–КА* (*d ≥ 2)*; а именно, был доказан результат, имеющий ряд достаточно важных приложений в качестве аппарата исследования [27,44-49].

Теорема 42. Проблема существования в произвольной классической модели d–КА (d ≥ 2) неконструируемости НКФ-3 алгоритмически неразрешима. Проблема существования в классической d–КА (d ≥ 2) пар ВСКФ-1 также является алгоритмически неразрешимой.

Но согласно вышеизложенному *(теорема 3)* для каждой **КА**-модели множество **НКФ-3** – строгое подмножество множества **НКФ**, тогда весьма простая модификация позволяет доказать неразрешимость проблемы существования **НКФ** в классической модели *d–КА (d≥2)*; это было ранее доказано *Дж. Кари* [81] на основе другого подхода. Итак, для классических моделей *d–КА (d ≥ 2)* проблемы такие, как наличие пар γ–**КФ, ВСКФ, ВСКФ-1** наряду с неконструируемостью типа **НКФ** и **НКФ-3** являются алгоритмически неразрешимыми.

Итак, неразрешимость *общей* проблемы неконструируемости типа **НКФ** и **НКФ-3** для классических моделей *d–КА (d≥2)* предполагает разработку некоторых частных методов решения указанных задач для **КА**-моделей некоторых типов и классов, что может дать много важных теоретических и прикладных результатов. Серьезный опыт работы с классическими **КА**-моделями размерности *d = 2* показал, несмотря на алгоритмическую неразрешимость общей проблемы *неконструируемости* типа **НКФ** и **НКФ-3**, в практически значимых случаях классических моделей **2–КА** мы получали решение в виде соответствующих конструктивных алгоритмов.

Таким образом, здесь имеет смысл говорить только об отсутствии единого алгоритма принятия решений относительно класса всех моделей *d–КА (d ≥ 2)*, тогда как в конкретном случае данная задача, по нашему мнению, может иметь вполне конструктивное решение, чья эффективность обусловлена конкретной спецификой *ЛФП 2-КА.* Одним из *подходов* к решению проблемы является метод *(в ряде случаев **инвариантный** относительно свойства неконструируемости)* симулирования одной классической модели *d–КА (d≥2)* с помощью некоторой другой модели того же класса и размерности, однако с простейшим индексом соседства *(например, для случая **2–КА** индекс имеет вид **X** = {(0,0), (0,1), (1,0)}).* Увеличение мощности алфавита **А** симулирующей модели в этом случае может вполне существенно компенсироваться значительным упрощением процедуры анализа *ЛФП* σ$^{(n)}$ с целью выявления наличия в моделируемой *d–КА* (*d* ≥ 2), в частности, свойства неконструируемости. Между тем, по многим причинам такой подход следует применять весьма осмотрительно [5,8,45]. Совершенно иная картина имеет место для моделей *1–КА* и, прежде всего, неконструируемости типа *НКФ–1* и *НКФ–2* в них. Так, согласно теоремам *10* и *11* проблемы существования пар *ВСКФ* и *НКФ* для классических моделей *1–КА* разрешимы. Результат ниже доказывает разрешимость проблемы для обобщенного случая пар *ВСКФ–1* и размерности *d=1* наряду с ее неразрешимостью для *d*≥2.

Теорема 43. *Вопрос о существовании пар ВСКФ–1 для классической модели d–КА алгоритмически разрешим для случая d=1, тогда как для случая d ≥ 2 вопрос является алгоритмически неразрешимым.*

Доказательство теоремы *43* может служить конструктивным тестом существования *неконструируемости* типа *ВСКФ–1* для классической модели *1–КА.* В то же время данный тест предполагает достаточно простую программную реализацию, позволяющую использовать для решения задач компьютерные средства в каждом конкретном случае [5,8,11]. На основе теоремы *43* и подхода к ее доказательству можно получить много довольно интересных результатов, которые касаются вопроса разрешимости тех или иных аспектов проблемы неконструируемости для произвольной модели *1–КА.* Поэтому, из результатов, представленных здесь и в ряде других работ [7,44-49], касающихся разрешимости основных аспектов общей проблемы неконструируемости в классических *КА*–моделях, легко убедиться, что их решение существенно зависит от размерности моделей. Так, если в случае классических моделей *1–КА,* главным образом, имеет место алгоритмическая *разрешимость,* тогда как уже для 2–мерного случая немало важных вопросов в данном направлении остаются алгоритмически неразрешимыми, несмотря на простоту данного типа классических *КА*–моделей [7,27,32,36,44-49,63,64,173-177].

Следующая основная теорема устанавливает *полную* разрешимость проблемы существования *неконструируемости* всевозможных типов для случая классических *1*–мерных *КА*–моделей [4,5,8,11-13,44-49].

Теорема 44. *Проблема существования неконструируемости типа НКФ, НКФ-1, НКФ-2 и НКФ-3 для любой классической модели 1-КА является алгоритмически разрешимой. Проблема существования допустимых комбинаций типов неконструируемости по таблице 2 для любой классической модели 1-КА является алгоритмически разрешимой, тогда как для случая классических моделей d-КА (d≥2) полное решение данного вопроса до сих пор остается открытым.*

В этом же направлении определенный интерес представляет также следующий результат, прежде всего, с теоретической точки зрения.

Теорема 45. *Проблема существования неконструируемости типа НКФ-1 в классических моделях d-КА (d ≥ 1), которые не обладают неконструируемостью типа НКФ, алгоритмически разрешима для размерности d = 1 и неразрешима для размерности d ≥ 2.*

Итак, доказательство теоремы 45 для размерности *d≥2* основано на алгоритмической *неразрешимости* проблемы «домино» [85], которая весьма подробно рассмотрена в [45] и на основании определения *4*, устанавливая тесную связь между наличием неконструируемости **НКФ-1** и замыканием множества *C(A,d,∞)*. Следующий результат в этом направлении дает достаточно важная теорема [27,44-49].

Теорема 46. *Задача определения замкнутости множества C(A,d,∞) всех бесконечных КФ относительно отображения, определенного глобальной функцией перехода $\tau^{(n)}$ каждой классической модели d-КА (d ≥ 1), является алгоритмически разрешимой для размерности d = 1 и неразрешимой для размерности d ≥ 2.*

Доказательство теоремы 46 основано на *неразрешимости* указанной выше проблемы «*домино*»; кроме того, в более общей постановке представленные аргументы позволяют сформулировать довольно интересный результат [27,44-49,63,64,173-177], а именно.

Теорема 47. *Для классической модели d-КА (d ≥ 2) с алфавитом А и глобальной функцией перехода $\tau^{(n)}$ проблема существования таких конфигураций c*, что имеет место отношение $c^*\tau^{(n)}=c^\infty_r$, является неразрешимой (где c^∞_r – бесконечная конфигурация, состоящая из r состояний только; r∈А).*

По существу, под незамкнутостью *(замкнутостью)* множества всех бесконечных конфигураций **C(A,d,∞)**, относительно глобального *параллельного* отображения, определяемого **ГФП** $\tau^{(n)}$ классической модели *d-КА (d ≥ 1)*, мы понимаем существование *(отсутствие)* во множестве *C(A, d, ∞)* таких конфигураций $c^\infty \in C(A, d, \infty)$, что имеет место соотношение $c^\infty\tau^{(n)}=\square$, где $\square$ – *полностью нулевая* **КФ**, которую вследствие множества довольно важных причин мы приписываем множеству **C(A,d,ϕ)** всех конечных конфигураций. Из наших работ в этом направлении следует интересное предложение [27,44-49].

Теорема 48. *Проблема существования бесконечных конфигураций j таких, что имеет место отношение $j\tau^{(n)} \in C(A,d,\phi)$ относительно глобального параллельного отображения, определенного ГФП $\tau^{(n)}$ произвольной классической модели d-КА, является алгоритмически разрешимой для размерности d=1 и неразрешимой для случая d≥2.*

В качестве одного из алгоритмов, решающих вопрос наличия для классических моделей ***1–КА*** таких бесконечных конфигураций **G**, что имеет место соотношение $G\tau^{(n)} = \square$ *(где $\tau^{(n)}$ - глобальная функция перехода)* был реализован в ***Mathematica*** процедурой *FullNull* [42]; ее вызов *FullNull[j]* возвращает *True*, если для модели существуют такие бесконечные конфигурации, и *False* в противном случае. В то время как вызов *FullNull[j, g]* через необязательный аргумент *g* возвращает список, содержащий базовые *конечные подконфигурации*, составляющие требуемые бесконечные конфигурации. При этом, *j* определяет локальную функцию перехода в виде правил перехода *x1x2 ... xn → x1`*, которые кодируются при вызове процедуры в виде *"x1x2...xnx1`"*, где $xk \in A$ *(k=1..n)* и *A={0,1, ..., a-1}*. Эксперименты с этой процедурой позволили получить ряд интересных результатов.

Теорема 49. *Если для произвольной классической модели d–КА (d≥1) множество C(A,d,∞) незамкнуто по отношению к отображению, определяемому глобальной функцией перехода $\tau^{(n)}$, то эта модель будет обладать неконструируемостью типа НКФ или НКФ-1, или одновременно обоими типам неконструируемости.*

Следовательно, для решения проблемы разрешимости о наличии в классической модели *d–КА (d≥1)* неконструируемости типа ***НКФ*** или ***НКФ-1*** встает вопрос о незамкнутости множества *C(A,d,∞)* по отношению к отображению, определяемому глобальной функцией перехода $\tau^{(n)}$ модели, играя достаточно серьезную роль. На основе предположений относительно определений неконструируемости ***НКФ-1*** и ***НКФ-2*** наряду с вышеупомянутыми аргументами весьма просто сделать вывод, что в отсутствие неконструируемости типов ***НКФ-1*** и ***НКФ*** для классической модели *d–КА (d≥1)*, для нее будет существовать неконструируемость ***НКФ-2***. Результаты, касающиеся проблемы неконструируемости, еще раз *однозначно* подтверждают принципиальные различия между рассмотренными нами типами неконструируемости в классических моделях *d–КА (d≥1)* и сильное влияние *размерности* ***КА–***моделей на связанные с ними результаты.

Очевидно, что поскольку проблемы наличия неконструируемости **НКФ** и **НКФ-1** неразрешимы в отношении классических моделей **d-KA** (*d* ≥ 2), проблема выявления динамической обратимости для классических **KA**–моделей в целом также неразрешима.

В наиболее общей постановке с точки зрения изучения аналогий между *формальными* моделями на базе классических моделей **d-KA** и встроенными в них *реальными* физическими объектами было бы чрезвычайно интересно детальнее уточнить не только влияние на их глобальные свойства *размерности*, но также что касается вопроса неконструируемости, который напрямую связан с динамической обратимостью классических моделей **d-KA** (*d*≥1). В работах [7,8,11-13,44-49] влияние ключевых параметров классических **KA**-моделей на вопросы исследования их *динамических* свойств рассматривается с достаточной степенью полноты. Этот вопрос представляется нам достаточно важным со многих точек зрения.

Изучение глубоких свойств *параллельных* глобальных отображений $\tau^{(n)}: C(A,d) \to C(A,d)$, определяемых **ГФП** $\tau^{(n)}$ классических моделей **d-KA**, имеет прямое отношение к проблеме неконструируемости и играет фундаментальную роль при исследованиях динамических свойств таких **KA**–моделей. Свойства параллельных отображений такие, как *инъективность* и *сюръективность*, имеют прямую связь с проблемой *неконструируемости* и были исследованы целым рядом исследователей, в то время как обзор их результатов можно найти, в частности, в [7,8,11-13,26-37,44-49,66,75-77,80].

Согласно теоремы *21* необходимое и достаточное условие наличия неконструируемости **НКФ-1** в классической модели **d-KA** (*d*≥1), не обладающей **НКФ**, состоит в незамкнутости множества $C(A,d,\infty)$ по отношению к параллельному отображению $\tau^{(n)}: C(A,d,\infty) \to C(A,d,\infty)$, определяемому ее **ГФП**. Тогда как существование **НКФ** (**НКФ-3**) в классической модели **d-KA** напрямую связано с неоднозначностью ее глобального отображения $\tau^{(n)}: C(A,d,\phi) \to C(A,d,\phi)$. Вообще говоря, в общем случае, касающемся *неконструируемости*, интересно было бы исследовать взаимосвязь между существованием в классической **KA**-модели неконструируемости типов **НКФ-1**, **НКФ-3** и/или **НКФ** и свойствами глобального отображения $\tau^{(n)}: C(A,d) \to C(A,d)$.

С этой целью мы определим влияние наличия **НКФ**, **НКФ-3** и/или **НКФ-1** в классической модели **1-KA** на взаимную однозначность ее параллельного отображения $\tau^{(n)}$, и наоборот. Тогда как для случая классической модели **d-KA** (*d*≥1) имеет место следующий результат.

Теорема 50. *Если множество $C(A,d,\infty)$ бесконечных конфигураций классической модели d–KA не является замкнутым относительно d–мерного преобразования $\tau^{(n)}$, то отображение $\tau^{(n)} : C(A) \to C(A)$, соответствующее ему, не взаимно–однозначно, где $C(A) = C(A,d,\infty)$ $\cup$ $C(A,d,\phi)$. Если классическая модель d–KA не обладает НКФ, то $\tau^{(n)} : C(A,d,\phi) \to C(A,d,\phi)$ – взаимно–однозначное отображение, в то время как отображение $\tau^{(n)} : C(A,d,\infty) \to C(A,d,\infty)$ может не быть в качестве взаимно–однозначного. Если множество $C(A,d,\infty)$ модели d–KA ($d \geq 1$) незамкнуто относительно d–мерного преобразования $\tau^{(n)}$, то глобальное отображение $\tau^{(n)} : C(A,d,\phi) \to C(A,d,\phi)$ не может быть биективным отображением, тогда как обратное, вообще говоря, неверно.*

На основании теорем *21* и *50* возможно показать, что при наличии неконструируемости **НКФ (НКФ-3)** и/или **НКФ-1** для классической модели *1–KA* отображение $\tau^{(n)} : C(A) \to C(A)$ не взаимно–однозначно, тогда как обратное утверждение, в целом, неверно. Следовательно, сам факт *многозначности* отображения $\tau^{(n)} : C(A) \to C(A)$ не влечет за собой наличия в классической модели *1–KA* неконструируемости **НКФ, НКФ-3** и **НКФ-1.** Итак, если неоднозначность отображения $\tau^{(n)} : C(A,\phi) \to C(A,\phi)$ ведет к возникновению неконструируемости **НКФ,** то неоднозначность отображения $\tau^{(n)} : C(A,\infty) \to C(A,\infty)$ прямо не связана с неконструируемостью в классических моделях *1–KA.* Основываясь на теореме *50* и некоторых других результатах [44-49], мы можем получить решение проблемы разрешимости наличия в классической модели *1–KA* взаимно–однозначного отображения $\tau^{(n)} : C(A) \to C(A)$. В этом направлении получено много интересных результатов, которые выражаются следующей основной теоремой, имеющей ряд достаточно полезных приложений [8,11-13,18,44-49].

Теорема 51. *Проблемы установления взаимной однозначности для параллельных отображений для случая классических моделей 1–KA*

$\quad \tau^{(n)} : C(A,\phi) \to C(A,\phi), \quad \tau^{(n)} : C(A,\infty) \to C(A,\infty) \quad$ и $\quad \tau^{(n)} : C(A) \to C(A)$

алгоритмически разрешимы. Проблема существования обратного параллельного отображения τ_n^{-1} для параллельного глобального отображения $\tau^{(n)} : C(A) \to C(A)$, определенного классической моделью 1–KA, также является алгоритмически разрешимой.

Кроме того, вторая часть теоремы представляет неконструктивное доказательство разрешимости проблемы существования обратной глобальной функции τ_n^{-1} для **ГФП** $\tau^{(n)}$ произвольной классической модели **1-КА**. Следовательно, было бы весьма интересно получить конструктивное решение задачи, что позволит получать обратную локальную функцию $\sigma^{(n)}$ на основе конкретного вида **ЛФП** $\sigma^{(n)}$ для классической **КА**-модели при условии ее существования. С другой стороны, теорема ниже решает проблему взаимной однозначности глобальных отображений $\tau^{(n)}: C(A,d) \to C(A,d)$ для наиболее общего случая классических моделей **d-КА** ($d \geq 2$) [7,27,44-49,63,64].

Теорема 52. *Две проблемы определения взаимной однозначности у глобальных отображений* $\tau^{(n)}: C(A,d,\phi) \to C(A,d,\phi)$ *и* $\tau^{(n)}: C(A,d) \to C(A,d)$ *для общего случая классических моделей d-КА ($d \geq 2$) неразрешимы.*

Доказательство данного утверждения непосредственно следует из теоремы 52 и вытекающих из него следствий, которые определяют неразрешимость проблемы существования неконструируемости **НКФ** (**НКФ-3**) для классической модели **d-КА** (*d*≥2). Из теоремы 52 также получаем, что *проблема определения существования* **обратных** *параллельных отображений* τ_n^{-1} *для отображений* $\tau^{(n)}: C(A,d) \to C(A,d)$, *определяемых* **классическими** *моделями* **d-КА** *($d \geq 2$),* **алгоритмически неразрешимы.** Используя результаты по неконструируемости типа **НКФ** и свойства компактности топологического произведения, Дж. Ричардсон доказал [79], что параллельное отображение $\tau^{(n)}: C(A,d) \to C(A,d)$ является взаимно-однозначным только, если отображение $\tau_n^{-1}: C(A,d) \to C(A,d)$ определяется глобальной функцией перехода некоторой модели **d-КА** ($d \geq 1$). Данный результат играет довольно важную роль при теоретическом изучении динамических свойств моделей **d-КА** *($d \geq 1$);* так, на его основании и, в частности, теоремы 51 достаточно легко вытекает приведенное выше утверждение.

Известно, что классическая модель **d-КА** *($d \geq 1$)* обладает свойством неконструируемости типа **НКФ** *(и, возможно,* **НКФ-3**) лишь тогда, когда для модели существуют конфигурации $c \in C(A,d,\phi)$, которые не имеют *предшественников* из множества $C(A,d) = C(A,d,\phi) \cup C(A,d,\infty)$. Итак, этот вопрос непосредственно связан с вопросом обратимости динамики **d-КА.** В контексте решения этой проблемы необходимо отметить результат *Т. Яку* [7,86,87], который заключается в том, что проблема определения предшественников c^{-1} для конфигурации $c \in C(A,d)$ модели **d-КА** *(d*≥2) неразрешима. Этот результат – *весомый* аргумент в пользу алгоритмической *неразрешимости* для проблемы определения взаимной однозначности глобальных отображений

$\tau^{(n)}: C(A,d) \to C(A,d)$ для классической модели d–*KA* ($d{\geq}2$). В то время как для классических моделей *1-KA* проблема определения *прямых предшественников* для каждой конфигурации $c \in C(A,d,\phi)$ разрешима и ее конструктивное доказательство базируется на весьма важном результате, представляющем самостоятельный интерес, имеющий определенный смысл при разработке обратимых вычислительных и физических *KA*–моделей [7,27,36,40,44-49,173-177].

Теорема 53. *Проблема определения предшественников и их типов у конфигурации $c \in C(A,d,\phi)$ в классической модели d–KA в случае $d = 1$ разрешима, тогда как для случая $d \geq 2$ является неразрешимой.*

Наше доказательство этой теоремы базируется на неразрешимости известной проблемы «*домино*» [8,44-49]. Между тем, уже для случая классических моделей *1-KA* т.н. проблема определения «*связанных*» отношений для двух конфигураций $\{c, c^*\}$ *неразрешима*, т.е. вопрос: *будет ли для классической модели 1-KA иметь место соотношение* $(\forall c,c^* \in C(A,1,\phi))(c^* \in <c>[\tau^{(n)}])$? - алгоритмически неразрешим.

Из представленных выше результатов, касающихся разрешимости проблемы неконструируемости для классических *KA*–моделей, мы можем убедиться, что ее решение зависит от размерности моделей. Так, если в *1*-мерном случае основные аспекты *неконструируемости* разрешимы при наличии алгоритмов *конструктивного* решения, то уже в *2*-мерном случае целый ряд вопросов по основным аспектам неконструируемости является неразрешимым. В этой связи вопрос влияния значений базовых параметров *KA*–моделей (*размерности, локальной функции перехода, индекса соседства и алфавита состояний*) на изучение их динамических свойств представляет несомненный интерес. Ряд результатов в этом направлении можно найти в [44].

Между тем, остроту алгоритмической неразрешимости проблемы *неконструируемости НКФ* и *НКФ-3* для общего случая *KA*-моделей снижает тот факт, что с увеличением мощности алфавита *A* или / и размера шаблона соседства доля *KA*–моделей, обладающих *НКФ* (*возможно, и НКФ-3*), стремится к *1* (*теорема 4*); поэтому «*почти все*» *KA*-модели с достаточно *сложной* динамикой будут обладать *НКФ*.

На этом завершено обсуждение вопросов неконструируемости для *классических KA*-моделей, из которого следует, что за исключением нескольких вопросов, на сегодня они получили достаточно полное решение. Результаты, представленные в главе 2, решают проблему неконструируемости в классических моделях d–*KA* ($d \geq 1$) в целом.

Глава 3. Экстремальные конструктивные возможности классических клеточных автоматов

Известно, что любая машина *Тьюринга* (*ТМ*) может симулироваться классической моделью *1-КА*, доказывая ее свойство универсальной вычислимости, т.е. способность вычислять каждую рекурсивную функцию либо реализовывать каждый вычислительный алгоритм или обработку информации. Однако эта универсальность, вообще говоря, требует применения некоторых *дополнительных* состояний для единичного автомата такой *КА*-модели. Так, для вычисления функции, определенной в *конечном* алфавите *А*, *КА*-модель может потребовать некоторого расширения алфавита *А*, например, лишь на *1* символ. Мы показали, такого *минимального* расширения вполне достаточно для возможности вычисления *классической КА*-моделью каждой рекурсивной функции, включая генерацию произвольной конечной конфигурации из заданной начальной конфигурации. По-видимому, данная возможность присуща каждой достаточно сложной системе, т.е. в рамках внутренней аксиоматики системы решение всех присущих ей проблем невозможно; для возможности *решения* неразрешимых задач требуется расширение аксиоматики системы (*в частности, алфавита состояний КА-моделей*). Формально данная аксиома имеет довольно строгие доказательства для целого ряда формальных теорий.

Аксиоматика классических *КА*-моделей определяется их базовыми параметрами, а именно: *размерность d однородного пространства* Z^d; *алфавит состояний А каждого единичного автомата, индекс соседства Х и функция локального перехода* $\sigma^{(n)}$. В рамках *аксиоматики* особенный интерес представляет вопрос о конструктивных возможностях для классических *КА*-моделей: *Насколько серьезными возможностями обладают классические КА-модели (в рамках их аксиоматики) по отношению к генерации ими конечных конфигураций?* Исходя из собственных интересов и вкусов, многие исследователи по-разному определяют максимальные генерационные возможности моделей *КА* в рамках их базовой аксиоматики.

Между тем, на сегодняшний день у нас нет единого представления о *максимальных* генеративных возможностях классических моделей *КА* и оно носит весьма субъективный характер. Итак, в противовес *неконструируемости,* довольно существенный интерес представляет определение свойств, отражающих максимальные конструктивные свойства **КА**–моделей относительно генерации ими конечных **КФ**. Рассмотрим наиболее известные подходы: на основе *универсальных* и *самовоспроизводящихся* конечных конфигураций [7,27,44-49].

3.1. Универсальные конечные конфигурации в классических клеточных автоматах (КА–моделях)

В известной монографии *С. Улам* сформулировал одну достаточно интересную проблему [88] о существовании простой *универсальной* матричной системы. Ее положительное решение предоставило бы интересный пример *простой* генерирующей формальной системы, которую можно достаточно эффективно исследовать посредством хорошо известных математических методов. Нам понадобится ряд необходимых понятий и определений, используемых ниже.

Определение 16. Квадратная матрица $U(n, a)$ *порядка n с членами из множества* $A=\{0,1, ..., a{-}1\}$ *называется универсальной матрицей относительно класса всех матриц порядка m < n, если для каждой матрицы* $B(k, a)$ $(k \leq m)$ *найдется целое j > 0 такое, что матрица B будет главным минором матрицы* $U^{j}(n, a)$.

В рамках этого определения следующая теорема решает проблему существования универсальной самовоспроизводящейся *матричной* системы [5,8,27,44-49,173-177].

Теорема 54. Существует целое $w_o > 0$ *такое, что универсальные матрицы* $U(n, a)$ *не могут существовать для произвольных целых чисел* $n \geq w_o$ *и* $a \geq 2$.

Из результата теоремы следует, что универсальных порождающих матричных систем достаточно высокого порядка не существует. В то время как для бесконечных матриц этот вопрос все еще остается открытым, то есть в первоначальной постановке *С. Улама* проблема существования *универсальной воспроизводящейся* матричной системы все еще ждет своего решения. Более того, многие вопросы наличия таких матричных систем над полем **A** также остаются открытыми. С точки зрения прикладного интереса работа в этом направлении представляет значительный интерес также для теории *бесконечных* матриц и, прежде всего, для используемого аппарата, который для нее еще достаточно слабо развит.

Как интересный *прикладной* аспект этой проблемы можно указать, в частности, использование классических *d-КА* для симулирования логических *дедуктивных* систем в чистой математике. В этом случае *конфигурации* из множества $C(A,d,\phi)$ ассоциируются с *предложениями* логического исчисления, в то время как начальные конфигурации *КА*-модели с его *аксиомами* и **ГФП** с *правилами вывода* исчисления. Тогда последовательность глобальной функции перехода, которая применяется к *исходной конфигурации (аксиоме)*, представляет собой *доказательство (заключение)* в этой дедуктивной модели. Проблемы *выводимости* и *полноты* являются основными в подобных моделях. Эти 2 проблемы напрямую связаны с проблемами существования в классических моделях *d-КА (d≥1)* конфигураций типа **НКФ** и **УКФ** *(универсальных конечных конфигураций)* соответственно. Применение классических *d-КА (d≥1)* для моделирования *развивающихся* систем клеточной природы можно отметить как второй *прикладной* аспект проблемы существования **УКФ**.

Проблема существования **УКФ** для классических **КА**-моделей, для случая регулярных решеток сформулированная еще *С. Уламом* [89], весьма тесно связана с проблемой полноты *H. Yamada* и *S. Amoroso* для случая полигенных **КА**-моделей [7,54-57]. Эта проблема может быть сформулирована как: **Может ли существовать конечная КФ либо конечное множество таких конфигураций для классической модели d-КА (d ≥ 1), из которых множество C(A, d, ϕ) может быть сгенерировано глобальной функцией перехода $\tau^{(n)}$ модели?** Иными словами, вопрос сводится к допустимости следующего *соотношения* $\cup_k <c_k> [\tau^{(n)}] = C(A, d, \phi)$ *(k=1..p)*. Согласно сказанному, конечные **КФ** $c_k \in C(A, d, \phi)$, которые удовлетворяют этому условию, называются *универсальными конечными конфигурациями (обозначаются как* **УКФ**).

Для случая конечных **КА**-моделей проблема существования **УКФ** имеет положительное решение, а именно: **Существуют конечные модели d-КА (d ≥ 1), которые имеют одну либо все конфигурации в качестве УКФ.** Итак, множество примеров таких моделей можно найти в [1,5,8,44-49]. Совсем другая картина имеет место для случая бесконечных классических **КА**-моделей [7,13,27,44-49,173-177].

Определение 17. *Множество конфигураций $c_k \in C(A, d, \phi)$ образует для глобальной функции перехода $\tau^{(n)}$ классической модели d-КА (d≥1) множество УКФ, если следующее определяющее соотношение $\cup_k <c_k> [\tau^{(n)}] = C(A, d, \phi)$ (k = 1..p) будет иметь место.*

Виктор Аладьев, Вячеслав Ваганов, Михаил Шишаков

В некоторых работах вопрос относительно т.н. «минимальных» **КА**-моделей (*например, в англоязычной литературе термин был предложен С. Вольфрамом* [39]) определяется следующим образом: **Начиная с конечной КФ j, минимальным КА считается тот, который будет генерировать из j последовательность КФ, элементы которой в совокупности содержат все конечные блочные конфигурации**, т.е. в упомянутой терминологии для таких классических **КА**-моделей должно быть выполнено следующее соотношение:

$$(\exists c_0 \in C(A,d,\phi))(\forall c^* \in C(A,d,\phi))(\exists t \geq 1)(c^* \subseteq c_0 \tau^{(n)t}) \qquad (7)$$

Во-первых, по нашему мнению, термин «минимальный» не совсем корректно отражает суть вопроса, т.к. он, прежде всего, касается сложности самой **КА**-модели, которая, как правило, определяется базовыми параметрами: *мощность алфавита состояний единичного автомата, размерность, размер шаблона соседства* d-$CA \equiv <Z^d, A, \tau^{(n)}, X>$, т.е. значения $SL=d \cdot n \cdot \#(A)$, где $\#(A)$ – мощность алфавита A. Тогда как *сложность* алгоритма, реализуемого в **КА**-модели, в терминах, упомянутых параметров модели вполне можно оценить формулой $S=d \cdot n \cdot \#(A)^* p$, где p – число параллельных подстановок, требуемых для реализации в **КА**-модели заданного алгоритма.

Более того, был предложен целый ряд интересных соображений о возможности существования подобных **КА**-моделей и конкретные примеры **КА**-моделей аналогичного типа, основанные только на эмпирических результатах. Однако, насколько нам известно, пока что строгого результата нет. Ниже данный вопрос будет несколько детализирован. Мы рассмотрим эту проблему в несколько другом изложении: **Может ли КА-модель сгенерировать множество всех конечных КФ из некоторой начальной конечной конфигурации в А алфавите модели?** Или, точнее, в таких классических **КА**-моделях должно иметь место следующее определяющее соотношение:

$$(\exists c_0 \in C(A,d,\phi)) \left(\bigcup_{j=0}^{\infty} \{c_0, c_{j+1} = c_j \tau^{(n)}\} = C(A,d,\phi) \right) \qquad (8)$$

Довольно простое доказательство невозможности соотношения *(8)*, используя результаты по неконструируемости в классических **КА**-моделях d-**КА** *(d≥1)* можно найти, например, в [8,44-49]. Более того, используя результаты, касающиеся *неконструируемости* типа **НКФ** и **НКФ-1**, можно показать, что такая проблема даже в более общей постановке имеет отрицательное решение для классических d-**КА** *(d≥1)*. Следующий результат, имеющий ряд приложений наряду со

162

многими теоретическими аспектами, свидетельствует об этом [45].

Теорема 55. *Классическая модель d–КА (d ≥ 1) не допускает наличия конечного множества универсальных конечных конфигураций.*

Довольно простое доказательство, которое основано на известных свойствах неконструируемости **НКФ** и **НКФ-1** для классических моделей ***d-КА*** *(d≥1)*, этой теоремы можно найти, например, в [8,27]. Кроме того, метод, использованный при доказательстве теоремы и основанный на рассмотренных свойствах *неконструируемости* **НКФ** и **НКФ-1**, может оказаться полезным и в других случаях. Набросок доказательства вышеизложенных утверждений представлен ниже.

Пусть **<cτ$^{(m)}$>** будет последовательностью *конечных* конфигураций, генерируемой глобальной функцией перехода $\tau^{(m)}$ с размером *m* шаблона соседства из начальной конфигурации $c \in C(A,d,\phi)$, т.е.

$$<c\tau^{(m)}> \equiv c \rightarrow c\tau^{(m)1} \rightarrow c\tau^{(m)2} \rightarrow c\tau^{(m)3} \rightarrow c\tau^{(m)4} \rightarrow \ldots$$

Предположим, что множество $C(A,d,\phi)$ *всех* конечных *d*-мерных **КФ**, определенных в конечном алфавите *A*, может быть сгенерировано из конфигурации $c \in C(A,d,\phi)$ глобальной функцией перехода $\tau^{(m)}$. Очевидно, что такая глобальная функция $\tau^{(m)}$ не должна обладать неконструируемостью типа **НКФ**. Но тогда предшественник c^{-1}, т. е. **КФ** такая, что $c^{-1}\tau^{(m)} = c$, будет только из множества $C(A,d,\infty)$ всех бесконечных *d*-мерных конфигураций, в противном случае **КФ** c^{-1} должна принадлежать последовательности **КФ** **<cτ$^{(m)}$>**, что делает ее периодической, противореча исходному предположению. Итак, исходная конфигурация *c* последовательности **КФ** **<cτ$^{(m)}$>** должна быть **НКФ-1**, имея предшественников лишь из множества $C(A,d,\infty)$. Между тем было показано [44], что множество конечных **КФ** типа **НКФ-1** *(если они существуют)* для глобальной функции перехода $\tau^{(m)}$ бесконечно, доказывая невозможность наличия *универсальных конечных конфигураций* *(УКФ)* для классических **КА**-моделей. Пусть теперь существует конечное множество $G = \{c^1, c^2, c^3, \ldots, c^p\}$ конечных конфигураций c^j *(j=1..p)*, заданных в некотором алфавите *A*, такое, что глобальной функцией перехода $\tau^{(m)}$ классической **КА**-модели множество $C(A,d,\phi)$ может быть сгенерировано из множества *G*, т.е.

$$<c^1\tau^{(m)}> \equiv c^1 \rightarrow c^1\tau^{(m)1} \rightarrow c^1\tau^{(m)2} \rightarrow c^1\tau^{(m)3} \rightarrow c^1\tau^{(m)4} \rightarrow \ldots$$
$$<c^2\tau^{(m)}> \equiv c^2 \rightarrow c^2\tau^{(m)1} \rightarrow c^2\tau^{(m)2} \rightarrow c^2\tau^{(m)3} \rightarrow c^2\tau^{(m)4} \rightarrow \ldots$$
$$\text{===============================} \quad (9)$$
$$<c^p\tau^{(m)}> \equiv c^p \rightarrow c^p\tau^{(m)1} \rightarrow c^p\tau^{(m)2} \rightarrow c^p\tau^{(m)3} \rightarrow c^p\tau^{(m)4} \rightarrow \ldots$$

$$(\forall i \neq j)(c^i \neq c^j), \qquad \cup_j <c^j \tau^{(m)}> \equiv C(A,d,\phi); \ j=1..p$$

Но тогда должно быть минимальное множество *G* таких конечных конфигураций (9). Следовательно, *(∀i ≠ j)(c^i ∉ <c^{j}τ$^{(n)}$> и c^j ∉ <c^{i}τ$^{(n)}$>)*, но тогда для такой *КА*–модели будет существовать определенное множество конечных конфигураций типа *НКФ-1*, число которых бесконечно. Что и доказывает вышеприведенный тезис. Поэтому в этом направлении при определенных условиях имеет место более сильный результат, выраженный следующей теоремой [27,44-49].

Теорема 56. Если классическая модель d–КА (d ≥ 1) будет обладать неконструируемостью НКФ при наличии для модели множества J конфигураций НКФ-1, то для КА-модели не существует конечного множества таких конфигураций c$_g$∈C(A,d,φ) (g = 1 .. p), что имеет место следующее определяющее соотношение, а именно:

$$\cup_g <c_g>\left[\tau^{(n)}\right]=C(A,d,\phi)\setminus J; \qquad c_g \in C(A,d,\phi) \quad (g=1..p)$$

Доказательство теоремы, основанное на неконструируемости *НКФ* и *НКФ-1* наряду с некоторыми другими предпосылками, довольно прозрачно и может быть найдено в наших работах [8,27,44-49].

Более того, из данного результата непосредственно следует, что в некоторых случаях сужение множества *C(A,d,φ)* всех конечных *КФ* до множества только конструируемых *КФ*, которые необходимо сгенерировать, не приводит к *положительному* решению проблемы существования *УКФ* для классических *КА*–моделей. Кроме того, на основе одного достаточно интересного алгебраического подхода с применением результатов по неконструируемости можно доказать существенно более общий и сильный результат [5,8], который дает ответы на ряд вопросов, поднятых в наших предыдущих работах, и также является весьма существенной частью аппарата изучения динамики классических *КА*–моделей [8,11-13,27,32,36,44-49].

Теорема 57. Если классическая модель d-КА (d ≥ 1) с алфавитом A = {0,1,2, ..., t–1}, где t – простое число, а глобальная функция перехода τ$^{(n)}$ обладает множеством M из НКФ и / или НКФ-1, то не будет существовать конечных множеств глобальных функций перехода τ$^{(n_j)}$ и конфигураций c$_j$∈C(A,d,φ), заданных в том же алфавите A, что следующие два соотношения будут иметь место, а именно:

$$1)\cup_j <c_j>\left[\tau^{(n_j)}\right]=C(A,d,\phi)\setminus M; \quad 2)\cup_j <c_j>\left[\tau^{(n_j)}\right]=M \quad (d \leq 1; j=1..p)$$

При этом, для алфавита состояний A (t – составное число) имеет место формулировка результата только с соотношением (2); это утверждение имеет место для простого t и неконструируемости **НКФ-2**; *т.е. функция перехода* $\tau^{(n)}$ *будет обладать множеством неконструируемых конфигураций М, таких как* **НКФ-2**.

Наряду с другими, из этого результата следует интересный вывод: два множества конфигураций $C(A,d,\phi)\backslash G$ и G (G – *множество* **НКФ**, *возможно, и* **НКФ-3**, *а также* **НКФ-1** *или* **НКФ-2** *в случае алфавита* A *для простого t*) не могут быть сгенерированы с помощью конечных множеств $c_j \in C(A,d,\phi)$ и **ГФП** $\tau^{(n_j)}$, определенных в одном и том же алфавите, независимо от исходной **ГФП** $\tau^{(n)}$, относительно которой рассматривается неконструируемость указанных типов [27,44-49].

Более того, из теоремы 56 следует, что классические модели d-**KA** ($d \geq 1$) не являются конечно–аксиоматизируемыми параллельными формальными системами даже в случае исключения из множества $C(A,d,\phi)$ *неконструируемых* конечных конфигураций. Итак, каждое множество *неконструируемых* конфигураций (**НКФ, НКФ-1, НКФ-2, НКФ-3**) относительно проблемы полноты в классических моделях d-**KA** ($d \geq 1$) обладает таким же иммунитетом, что и само множество $C(A,d,\phi)$. Этот результат позволяет значительно глубже понять суть проблемы неконструируемости в классических моделях d-**KA**. При этом, оказалось, что исключение каждого из четырех допустимых типов неконструируемости не оказывает серьезного влияния на максимальные конструктивные возможности, в частности, в свете существования для классических **KA**-моделей множеств **УКФ**. В то же время использование расширенного алфавита A у классических моделей d-**KA** ($d \geq 1$) позволяет успешно и просто генерировать все множество $C(A,d,\phi)$ лишь из одной начальной конфигурации [5,8].

Итак, даже исключение из множества $C(A,d,\phi)$ неконструируемых конфигураций любых типов относительно **ГФП** сохраняет в нем довольно *сложные* конечные конфигурации для их генерации даже посредством конечного множества **ГФП** $\tau^{(n_j)}$. Это прямой путь для определения концепции сложности конечных **КФ** в классических **KA**-моделях. Более того, существование конечного множества **УКФ** как для некоторой отдельной глобальной функции перехода $\tau^{(n)}$, а также для их конечного множества $\tau^{(n_j)}$ невозможно. Следовательно и в расширенном понимании проблема существования **УКФ** для классических **KA**-моделей также имеет отрицательное решение.

В расширенном понимании эта проблема предшествует проблеме сложности конечных конфигураций, тогда как в первоначальной постановке говорится о *невозможности* генерации **ГФП** *классической* **КА**-модели *всего* множества конечных конфигураций из конечного множества начальных конечных конфигураций – т.е. установление *верхнего* недостижимого предела ее генерационных возможностей. В связи с этим рассматривается ряд более ослабленных подходов к определению максимальных генерационных возможностей **КА**.

Среди них особое место занимает подход на основе универсальной воспроизводимости в смысле *Мура* конечных конфигураций; при этом, наряду с академическим интересом он представляет также и определенный прикладной интерес, в частности, как в биологии развития, так и в ряде проблем, связанных с вопросами *надежности* и *восстановления* в различных **КА**-моделях технического характера, включая вопросы самовоспроизведения роботов. Данная проблема будет рассмотрена в следующем разделе, здесь же мы рассмотрим вопрос существования в классических **КА**-моделях универсальных конфигураций при снижении требования к их определению:

Существуют ли классические модели d–KA (d ≥ 1) вместе с такими начальными конечными конфигурациями, что будет иметь место определяющее соотношение (7)?

В такой постановке мы требуем не генерации из некоей начальной конфигурации *c* последовательности, которая будет содержать все конечные конфигурации, а только вхождения в генерируемые **КФ** всех блочных конечных конфигураций, что является существенно более слабым условием с точки зрения понятия классических **КА**. Таким образом, несложно убедиться, что при существовании *d–КА (d≥1)* с указанным свойством все конфигурации, сгенерированные из некоторой начальной конечной конфигурации и содержащие все блочные конечные конфигурации, будут *воспроизводящимися* в смысле *Мура*. Тогда как неконструируемость типа **НКФ** *(возможно,* **НКФ-3)** для такой модели будет отсутствовать при наличии в ней неконструируемости типа **НКФ-1**.

В то же время в такой модели любая конечная конфигурация *w* не может иметь предшественников из множеств $C(A, d, \phi)$ и $C(A, d, \infty)$ одновременно, т.е. *каждая конечная конфигурация w* будет **НКФ-1** или абсолютно *конструируемой* [8]. Общее решение этой проблемы нам неизвестно, однако в [44-49] приведен ряд аргументов в пользу ее *положительного* решения для случая *бинарных* классических *1–КА* с индексом соседства *Неймана–Мура*. Анализ такого класса моделей *1–КА* на предмет обнаружения указанного свойства генерации *всех*

166

блочных конфигураций показал [44-49], что среди исследованных моделей можно выделить лишь *10* моделей с номерами *30,60,75,86, 89, 90, 102, 105, 106* и *120,* которые обладают неконструируемостью типа *НКФ-1* в отсутствие *неконструируемости* типа *НКФ* и которые вполне подходят в качестве кандидатов на наличие в них нужного свойства. Однако последующий подробный теоретический анализ и компьютерное моделирование показали, что бинарные модели *1-КА* с номерами *30,60,75,86,90,99,102* и *105* не могут быть моделями с упомянутым свойством *универсальности*. Таким образом, остаются *бинарные* модели *1-КА* с номерами *106* и *120,* для которых проведен более детальный теоретико-компьютерный анализ.

Для компьютерного изучения динамических свойств классических моделей *1-КА* нами был создан ряд средств в различных системах программирования; многие из них, запрограммированные в *Maple,* представлены в [41,45]. Как показывает множество компьютерных экспериментов, выполненных с процедурой *HS_GS,* которая была запрограммирована в системе *Maple,* данные модели обладают не только *универсальной* воспроизводимостью в смысле *Мура* конечных конфигураций, но и конечной конфигурацией, отличной от нуля, которая будет генерировать последовательность конфигураций, которые в совокупности будут содержать все *бинарные блочные КФ.*

Результаты многочисленных компьютерных экспериментов [27,43] позволяют сформулировать достаточно интересное предложение:

Для каждого алфавита состояний A={0, 1, 2, 3,...,a-1} (a - простое) существует по меньшей мере хоть одна классическая модель 1-КА с алфавитом состояний A и индексом соседства Неймана-Мура, которая из множества конечных конфигураций вида □c□ (c∈A \ {0}) генерирует в совокупности все блочные конфигурации $<x_1x_2...x_n>$ $(x_j∈A; j=1..n; n=1,2,3,...).$

Более того, конструируемыми для такой *КА*-модели являются все *блочные* конфигурации при наличии для нее неконструируемости типа *НКФ-1.* При этом, для модели существует целое *m* такое, что конечные конфигурации формата $□b0^{m1}b0^{m2}...0^{mp}b□$, где $b∈A \setminus \{0\}$ и $m_j \geq m$ (j=1..p) являются неконструируемыми типа *НКФ-1.*

Следует еще раз отметить, что между *блочной неконструируемостью* и *конфигурационной* неконструируемостью существует достаточно принципиальное различие: *Для существования неконструируемости типа НКФ в классических КА необходимым и достаточным условием*

Виктор Аладьев, Вячеслав Ваганов, Михаил Шишаков

является наличие для них ВСКФ или несбалансированности глобальных отображений, которые ими генерируются, тогда как для существования неконструируемости типа НКФ-1 для КА-моделей необходимо, однако не достаточно существование бесконечных конфигураций $c^\infty \in C(A,d,\infty)$ таких, что $c^\infty \tau^{(n)} = \square$.

Определенный интерес представляет вопрос генерации с помощью классической модели *КА совокупности* всех *блочных* конфигураций в случае размерности $d \geq 2$ из некоторой конечной конфигурации j_0 или их конечного множества. Существуют ли классические модели *КА*, в которых из каждой конечной конфигурации c_0 генерируется все множество конечных блочных конфигураций?

Как известно, классичность обеспечивает *КА-модели* целым рядом довольно важных свойств относительно динамики конфигураций. В этом отношении принципиальные различия касаются *блочных* конфигураций $c = x_1 x_2 ... x_n$ и конечных конфигураций $c^* = \square c \square$, $c \neq \square$, $c \in C(A,1,\phi)$. Так, если классическая модель *1-КА* может из конечной начальной *КФ* $c \in C(A,1,\phi)$ в *совокупности* сгенерировать множество всех *блочных* конфигураций, то *(как можно легко убедиться и показано выше)* из начальной *КФ* $c \in C(A,1,\phi)$ невозможно сгенерировать все множество конечных *КФ*, т.е. множество $C(A,1,\phi)$.

Компьютерные эксперименты с процедурой *HS_GS* с бинарными классическими моделями *1-КА* с номерами *106, 120* наряду с рядом теоретических соображений, которые основаны на динамических свойствах таких моделей и которые обусловлены наличием в них неконструируемости *НКФ-1* в отсутствие *НКФ*, дает возможность сформулировать достаточно интересные предположения [44-49]:

Каждая конечная конфигурация, отличающаяся от нулевой КФ и являющаяся самовоспроизводящейся в смысле Мура, для бинарных классических моделей 1-КА с номерами 106,120 будет генерировать последовательность КФ, которая в совокупности содержит все конечные блочные конфигурации, заданные в бинарном алфавите. В общем случае можно задаться вопросом существования модели d-КА ($d \geq 1$), обладающей только одной, конечным числом или всеми конечными конфигурациями, посредством глобальной функции $\tau^{(n)}$ генерирующими последовательности конечных конфигураций, в совокупности содержащие все множество блочных конфигураций, определенных в том же самом алфавите модели d-КА ($d \geq 1$). Более того, как показано ниже классические модели 1-КА с номерами 106, 120 обладают свойством самовоспроизводимости в смысле Мура

168

конечных конфигураций. Если классическая КА-модель генерирует из конечного множества конечных конфигураций конфигурации, в совокупности содержащие все блочные конфигурации, она будет обладать свойством универсальной воспроизводимости в смысле Мура, тогда как обратное, вообще говоря, неверно.

Известно [27], что классическая модель *1-КА,* которая определена в конечном алфавите *А,* не может генерировать из каждой конечной конфигурации *c*,* определенной в том же алфавите, *удвоенную КФ c*c*.* Между тем, имеет место следующее предложение, а именно:

Существуют классические бинарные модели 1-КА с индексом X соседства X={0,1,2,...,n–1}, генерирующие из произвольной конечной бинарной конфигурации c* конфигурации в виде c*0^{m}c*, где целое m≥0 зависит от вида начальной конфигурации c*. В целом, такие модели обладают свойством универсальной воспроизводимости в смысле Мура конечных конфигураций. Такие модели для каждой конечной конфигурации c* генерируют подпоследовательности в форме c*0^{m1}c*0^{m2}c*0^{m3}...0^{mp}c*, где <m$_1$m$_2$m$_3$...m$_p$> – палиндром, чьи значения определяются начальной конфигурацией c* и шагом, на котором получена данная конфигурация. Каждая конечная КФ c* в таких моделях не является неконструируемой типа НКФ и по меньшей мере обладает одним предшественником из множества С(В,1,∞) всех бесконечных конфигураций, являясь, при этом, либо неконструируемой конфигурацией типа НКФ-1, либо абсолютно конструируемой конфигурацией.

В качестве простейшего примера бинарных моделей *1-КА* такого типа можно привести модель с индексом соседства Неймана–Мура и квалифицирующим номером *102,* локальная функция перехода которой определяется параллельными подстановками вида:

$$000 \to 0 \qquad 010 \to 1 \qquad 100 \to 0 \qquad 110 \to 1$$
$$001 \to 1 \qquad 011 \to 0 \qquad 101 \to 1 \qquad 111 \to 0$$

либо *ЛФП* в формульном представлении следующего вида:

$$\sigma^{(3)}(x,y,z) = \begin{cases} x+y+z & (mod\ 2), \ if \ x=0 \\ y+z & (mod\ 2), \quad otherwise \end{cases}; \quad x,y,z \in B = \{0,1\}$$

Более сложные примеры моделей такого типа можно найти в [27].

Налицо очевидное противоречие между блочными и конечными конфигурациями из множества *С(А,d,φ): если множество блочных конфигураций в совокупности может генерироваться конечно множества конечных конфигураций, в то время как для конечных конфигураций отсутствует конечное множество конечных КФ, генерирующих в совокупности все множество C(A,d,ф). Итак, это противоречие – одно из краеугольных различий между конечными и блочными конфигурациями, определяющее их сущность.*

Известно, что множество C(A,d,ф) всех конечных КФ замкнуто по отношению к глобальному отображению, индуцируемому ГФП КА-модели, тогда как множество C(A,d,∞), в целом, незамкнуто относительно такого отображения (полностью нулевая КФ "□" по довольно естественным соображениям была отнесена нами к множеству C(A,d,ф)).

Может ли классическая **КА**-модель из конечного числа конечных конфигураций в совокупности генерировать все блочные **КФ**, не обладая универсальной воспроизводимостью в смысле *Мура*?

В целом возможно утверждать: *Каждая классическая КА-модель, генерирующая из конечного числа конечных КФ в совокупности все блочные конфигурации и/или обладающая важным свойством универсальной воспроизводимости в смысле Мура должна будет обладать неконструируемостью типа НКФ-1 при отсутствии неконструируемости типа НКФ. Итак, это утверждение можно рассматривать в качестве необходимого условия для наличия для классических КА-моделей указанных свойств. Тогда как обратное, вообще говоря, неверно, т.е. достаточным условие не является.*

В любом случае, наряду с проблемой самовоспроизводящихся **КФ** в смысле *Мура*, которая относится к т.н. проблеме максимальных *генерирующих* возможностей классических **КА**-моделей, некоторые упрощенные порождающие возможности моделей представляют довольно значительный интерес. В данном контексте обнаружение **КА**-моделей, поддерживающих как *самовоспроизведение* конечных конфигураций, так и просто множество всех подконфигураций из фиксированной конечной *начальной* конфигурации, представляет довольно существенный интерес. Этот вопрос мы исследовали как теоретически, так и экспериментально [44-49]. В частности, на базе экспериментов с весьма простой процедурой *SubConf* [42], которая запрограммирована в *Mathematica*, был получен ряд интересных результатов. На этой основе был обнаружен довольно интересный класс моделей *1-КА(a, n)*, некоторые из которых из произвольной конечной бинарной конфигурации генерируют множество всех бинарных конечных конфигураций в качестве подконфигураций. Более того, бинарная конечная начальная конфигурация *g* в такой модели *1-КА(a, n)* является самовоспроизводящейся в смысле *Мура*.

Пусть *W* – множество классических бинарных моделей *1–КА(2, n)* $(n \geq 3)$, функции глобального перехода $\tau^{(n)}$ которых определяются локальными функциями перехода следующим образом:

$$\begin{cases} \sigma^{(n)}(0,0,...,0) = 0 ; & \sigma^{(n)}(1,0,...,0) = 1 \\ (\forall x_n \neq x_n^*)(\sigma^{(n)}(x_1,x_2,...,x_{n-1},x_n) \neq \sigma^{(n)}(x_1,x_2,...,x_{n-1},x_n^*)) \text{ , } otherwise \\ \quad\quad x_n^*, x_k \in \{0,1\}; \quad k=1..n \end{cases}$$

Очевидно, что число таких бинарных моделей *1–КА* равно $2^{2^{n-1}-2}$. Многочисленные эксперименты с процедурой *SubConf* позволяют сформулировать следующее довольно интересное предположение:

Среди всех линейных моделей множества W есть модели, которые согласно генерационным возможностям можно характеризовать следующим образом, а именно:

1. КА–модели, для которых произвольная конечная бинарная КФ является самовоспроизводящейся в смысле Мура;

2. КА–модели, которые из произвольной конечной КФ генерируют последовательность конфигураций, содержащую любое заданное количество копий произвольной бинарной блочной конфигурации.

Если первая часть предложения была доказана довольно давно, то справедливость второй части носит предположительный характер, так как в основном основывается на положительных результатах в многочисленных экспериментах с процедурой *SubConf* [27,44-49]. В данном отношении можно сформулировать достаточно очевидное следующее утверждение, а именно:

Если классическая модель d–КА (d ≥ 1) из некоторой начальной КФ генерирует последовательность конфигураций, в совокупности содержащей все конечные блочные подконфигурации, определенные в алфавите d–КА, то модель обладает НКФ-1 в отсутствие НКФ и каждая конечная КФ в такой модели будет воспроизводящейся в смысле Мура, рассмотренном ниже.

Итак, если вторая часть предположения верна, то имеются модели, которые обладают генерационным свойством, более сильным, чем самовоспроизводимость в смысле *Мура*. Поэтому, с обнаружением классических *КА*–моделей этого типа получаем интересный класс моделей, которые одновременно обладают свойством *универсальной воспроизводимости* в смысле *Мура* в совокупности с универсальным свойством генерации блочных конфигураций из любой конечной начальной *КФ.* При этом, на этом пути можно было бы попытаться получить возможность лучше прояснить суть сложности конечных конфигураций в *КА*–аксиоматике.

Наконец, теоретический и компьютерный анализы, выполненные нами для класса *линейных* **КА**-моделей, рассматриваемых несколько ниже, показали, что наряду с их свойством *самовоспроизводимости* в смысле *Мура* конечных **КФ**, такие **КА**-модели в значительной мере обладают свойством генерации последовательностей **КФ**, которые определяют самоусложняющиеся фигуры, состоящие из растущего числа самоподобных подконфигураций, чей размер со временем постоянно растет. Так, в качестве простейшего примера выступает бинарная модель *1-КА* с простейшим индексом соседства *X={0,1}* и локальной функцией перехода $\sigma^{(2)}(x,y)=x+y$ *(mod 2)*, генерирующая из начальной примитивной конфигурации □1□ четко выраженные *самоусложняющиеся* бинарные фигуры, состоящие из самоподобных подконфигураций довольно хорошо просматриваемой структуры. При этом, *линейные* **КА**-модели обладают свойством генерации т.н. *формульных* последовательностей конечных конфигураций, точнее, параллельных формульных τ_n-языков, рассматриваемых в главе 5.

Нами был довольно детально исследован целый ряд классических *линейных* моделей *1-КА*, которые генерируют последовательности конечных **КФ** различного уровня формульной сложности [44-49].

Имеет ли место утверждение, что **КА**-модель в отсутствие для нее неконструируемости типа **НКФ** при *замкнутом* множестве **C(A,d,∞)** относительно глобального отображения, индуцируемого ее **ГФП**, обладает *циклической* динамикой всех конечных конфигураций? Можно ли данное утверждение рассматривать в качестве критерия циклической динамики произвольной конечной конфигурации?

Известно, что наличие в классической **КА**-модели пассивной **КФ** *c*, чьи предшественники отличны от *c* либо принадлежат множеству **C(A,d,∞)**, обладают неконструируемостью типа **НКФ** и/или **НКФ-1**. Между тем, существуют нетривиальные классические **КА**-модели, обладающие пассивными конфигурациями и не обладающие при этом неконструируемостью типа **НКФ** и **НКФ-1**. Примером может послужить модель *1-КА* с индексом соседства *X={0,1}*, алфавитом *A={0,1,2}* и **ЛФП**, определяемой параллельными подстановками:

$00 \to 0$ $01 \to 1$ $02 \to 2$ $10 \to 0$ $11 \to 1$ $12 \to 2$ $20 \to 2$ $21 \to 0$ $22 \to 1$

Или в формульном представлении следующего вида:

$$\sigma^{(2)}(x,y)=\begin{cases}y & ,\,if\ x\in\{0,1\}\\ x+y & (mod\ 3),\ otherwise\end{cases};\quad x,y\in\{0,1,2\}$$

Более сложные примеры моделей такого типа можно найти в [27].

3.2. Самовоспроизведение конечных конфигураций в классических клеточных автоматах (КА-моделях)

Если проблема существования *УКФ* характеризует генерационные возможности классических *КА*-моделей относительно множества конечных *КФ* в целом, то *универсальная воспроизводимость* сочетает эту возможность со структурно-динамическим аспектом *генерации* последовательностей конфигураций с помощью *КА*-моделей. Суть *универсальной воспроизводимости* состоит в том, что любая конечная *КФ* в классической *КА*-модели является самовоспроизводящейся в смысле *Мура* конфигурацией. Приведенный выше класс моделей, обладающих универсальной *воспроизводимостью*, весьма интересен со многих точек зрения, и этому вопросу *глобальной* динамики *КА*-моделей уделяется немало внимания. В этом направлении немало исследователей таких, как *А. Ваксман, Т. Виноград, А.Р. Смит, Т. Яку, С. Аморозо, С. Улам, Т. Остранд, А. Фредкин, Г. Купер, П. Андерсон, В.З. Аладьев* и др. получили довольно интересные результаты [7,8,44-49]. При этом, наши результаты в этом направлении дают возможность установить множество довольно интересных взаимосвязей между *неконструируемостью* и *универсальной* воспроизводимостью в среде классических *КА*-моделей, а также решить ряд интересных задач математического характера. Для дальнейшего определим понятие «воспроизводимость в смысле Мура конечных блочных конфигураций».

Определение 18. *Мы будем говорить, что конфигурация c∈C(A,d,ф) содержит w копий (с точностью до сдвига и поворота) некоторой блочной конфигурации c_b, если существует w непересекающихся областей пространства Z^d, каждая из которых будет содержать хотя бы одну копию конфигурации c_b. Мы будем говорить, что КФ c∈C(A,d,ф) является самовоспроизводящейся конфигурацией в смысле Мура в классической модели d-КА (d ≥ 1), если для каждого заранее заданного целого w > 0 существует такое целое t > 0, что конфигурация $c\tau^{(n)t}$ будет содержать не менее w копий начальной конечной конфигурации c.*

Наряду с попытками формализации процесса *самовоспроизводения* на самом абстрактном уровне самовоспроизводящиеся конечные *КФ* в определенной мере могут характеризовать конструктивные возможности классических *КА*-моделей и в этом отношении они в определенной степени обратны существованию *неконструируемых* конфигураций **НКФ-1, НКФ, НКФ-2, НКФ-3.** Было показано, что классические модели *d–КА* могут обладать множествами довольно сложных конечных самовоспроизводящихся конфигураций как в отсутствие, так и при наличии в них неконструируемости типов, указанных выше. Обнаруженный класс *L* линейных классических моделей, обладающих свойством *универсальной* воспроизводимости конечных *КФ*, является наиболее интересным в этом отношении.

Классическая модель *d–КА (d≥1)* называется *линейной КА*–моделью, если ее *ЛФП* $\sigma^{(n)}$ определяется формулой следующего вида:

$$\sigma^{(n)}(x_1,...,x_n) = \sum_1^n b_k x_k \ (mod\ a); \ a, b_k - primes; \ x_k, b_k \in A = \{0,1,...,a-1\}; \ b_k \neq 0 \ (k=1..n)$$

Благодаря работам указанных исследователей можно представить достаточно интересный результат [5,7,8,27,44-49,63,64,173-177].

Теорема 58. Для классической линейной модели d–КА (d ≥ 1) каждая конечная КФ c∈C(A,d,ф) будет являться самовоспроизводящейся в смысле Мура конфигурацией, т.е. такая модель будет обладать свойством универсальной воспроизводимости конечных КФ.

Используя результаты из [8,18,44-49], мы получаем возможность не только существенно упростить доказательство этого результата, но и в определенной степени охарактеризовать целый *класс* подобных *КА*–моделей, далее называемых *линейными классическими* моделями *d–КА (d ≥ 1)*. Ниже мы полагаем, что для моделей этого линейного класса, чей алфавит *A*={0,1,...,*a-1*} удовлетворяет условию *a=p^k*, где *p* и *k* – простые числа, имеет место следующий результат.

Теорема 59. Классическая модель d–КА (d≥1) с локальной функцией перехода $\sigma^{(n)}$, определяемой следующей общей формулой:

$$\sigma^{(n)}(x_1, x_2, ..., x_n) = \left(\sum_{k=1}^n b_k x_k\right)^{a^m} \ (mod\ a)$$

(существует по крайней мере пара различных целых чисел j, p∈1..n таких, что $b_j, b_p \neq 0$; m - целое число или m = 1)

обладает свойством универсальной воспроизводимости в смысле Мура конечных конфигураций, где a = p^t (p – простое число; t, b_j и m - простые числа или m = 1), $b_j, x_j \in A$ = {0,1, ..., a-1}; j = 1 .. n.

Между тем, хорошо известный факт того, что каждая конечная **КФ**, определенная в алфавите *A*={0,1,2,3,...,*a-1*}, где *a* – простое число, является самовоспроизводящейся в смысле *Мура* в *линейной* модели **КА** при более широкой детализации линейности в определенном контексте может быть перенесен на случай произвольного числа *a*, обусловливая *частичную* воспроизводимость конечных **КФ**. Такой тип самовоспроизводимости является более слабым относительно универсальной самовоспроизводимости, допуская ряд достаточно интересных биологических интерпретаций. Например, подобные **КА** могут служить как формальные модели самовоспроизведения.

Для этого линейность глобальных функций перехода **КА**-моделей рассматривается не относительно алфавита *A={0,1,2,...,a-1}*, где *a* - простое число, а лишь относительно простых чисел, не больших *a*, т.е. рассматривается класс линейных **КА**-моделей, чьи локальные функции перехода определяются следующими соотношениями:

$$\sigma^{(n)}(x_1,...,x_n) = \sum_{k=1}^{n} b_k x_k \ (mod \ g); \ \ g \le a, b_k - primes; \ x_k, b_k \in A = \{0,1,...,a-1\}; \ (k=1..n) \ \ (gsv)$$

таким образом, *универсальная* воспроизводимость по *Муру* сводится к более узкому понятию воспроизводимости **КФ**. При сделанных предположениях можно сформулировать предложение:

Классическая модель d-КА (d≥1) с локальной функцией перехода $\sigma^{(n)}$, определяемой вышеприведенной формулой (gsv), будет обладать свойством универсальной самовоспроизводимости в смысле Мура конечных конфигураций формы $x_1 x_2 x_3 ... x_p$, где $x_k \in A^*=\{0,1,2,...,g-1\}$ и g - простое число, не большее a≥2; k=1..p. Конечные КФ, которые содержат вхождения символов из алфавита A\A*, на первом шаге модели переходят в воспроизводящиеся по Муру конфигурации. В то же время в случае g < a подобные модели обладают свойством неконструируемости типов НКФ и НКФ-1; каждая конечная КФ является неконструируемой тогда и только тогда, когда имеет место вхождение символов из множества A\A*. Из чего несложно вытекает, что проблема неконструируемости для такого типа КА-моделей является алгоритмически разрешимой.

Из предложения следует, что в такого типа моделях все множество конечных **КФ** - объединение непересекающихся подмножеств из самовоспроизводящихся и неконструируемых конфигураций типа **НКФ**, тогда как неконструируемые конфигурации типа **НКФ-1**, в целом, могут принадлежать обоим этим подмножествам.

Между тем, представляет определенный интерес детализация **КА**-моделей, чьи локальные функции перехода *линейны* и определены в алфавите *A={0,1,2,3,4,...,a-1}*, где *a* - простое, представляя модель формального самовоспроизведения в смысле *Мура* конечных **КФ** в случае *частичной воспроизводимости* конечных **КФ**, обусловленной самовоспроизводимостью в смысле *Мура* конфигураций формата $x_1x_2x_3...x_p$, $x_k \in A^* = \{0,1,2,3,4\}$; $k=1..p$, являясь более слабым свойством относительно универсальной самовоспроизводимости. **ЛФП** такой модели определяется следующей формулой, а именно:

$$\sigma^{(2)}(x,y) = \begin{cases} x+y \quad (mod\ 5), & if\ \ x,y \in \{0,1,2,3,4\} \\ 5, & if\ <x5>,\ \ x \in A \ \ ; \ \ a=\{0,1,2,3,4,5\} \\ y, & if\ <5y>,\ \ y \in A \end{cases}$$

или системой параллельных подстановок следующего вида:

$00 \to 0$	$10 \to 1$	$20 \to 2$	$30 \to 3$	$40 \to 4$	$50 \to 5$
$01 \to 1$	$11 \to 2$	$21 \to 3$	$31 \to 4$	$41 \to 0$	$51 \to 4$
$02 \to 2$	$12 \to 3$	$22 \to 4$	$32 \to 0$	$42 \to 1$	$52 \to 3$
$03 \to 3$	$13 \to 4$	$23 \to 0$	$33 \to 1$	$43 \to 2$	$53 \to 2$
$04 \to 4$	$14 \to 0$	$24 \to 1$	$34 \to 2$	$44 \to 3$	$54 \to 1$
$05 \to 5$	$15 \to 5$	$25 \to 5$	$35 \to 5$	$45 \to 5$	$55 \to 0$

Как уже отмечалось, такая модель обладает самовоспроизведением в смысле *Мура* всех конечных конфигураций формата $x_1x_2x_3x_4...x_p$, $x_k \in A^* = \{0,1,2,3,4\}$; $k=1..p$. Очевидно, данная **КА**-модель не обладает неконструируемостью типа **НКФ**, ибо для **КА**-модели отсутствуют взаимно-стираемые конфигурации. Тогда как **КА**-модель обладает неконструируемыми конфигурациями типа **НКФ-1** вида $x_1x_2...x_pj$, где $j \in \{1,2,3,4\}$, $x_k \in A = \{0,1,2,3,4,5\}$, так и конечными конфигурациями из множества **КФ** вида $x_1x_2x_3x_4...x_p$, $x_k \in A^* = \{0,1,2,3,4\}$; $k=1..p$. Данный и ряд других примеров подобного типа классических **КА**-моделей позволяет сформулировать следующее предложение, а именно:

Классическая модель d-КА (d≥1) с локальной функцией перехода $\sigma^{(n)}$, определяемой вышеприведенной формулой (gsv), будет обладать свойством универсальной самовоспроизводимости в смысле Мура конечных конфигураций формы $x_1x_2x_3...x_p$, где $x_k \in A^* = \{0,1,2,...,g-1\}$ и g – простое число, не большее а≥2; k=1..p. В то же время при g < а такие модели будут обладать неконструируемостью типа НКФ и НКФ-1 либо только неконструируемостью типа НКФ-1.

Итак, класс **L** линейных **КА**-моделей с точки зрения их динамики можно характеризовать свойством *универсальной воспроизводимости* конечных конфигураций. Таким образом, в этой связи возникает весьма интересный вопрос: *существуют ли другие классы моделей* *d-KA (d ≥ 1), обладающие универсальной воспроизводимостью КФ, и как их можно было бы охарактеризовать формально?*

В общих чертах к вопросу, например, можно подойти следующим образом на примере классических моделей *1-KA*. Отметим, между тем, что представленное ниже рассмотрение переносимо на случай классических моделей *d-KA (d≥2)*. Пусть классическая модель *1-KA* определена в алфавите *A={0,1,...,a-1}* с шаблоном соседства длины *n* и с локальной функцией перехода $\sigma^{(n)}$, заданной параллельными подстановками следующим образом, а именно:

$$
\begin{array}{llllllll}
0...00 \to 0 & ... & 0...10 \to x_0^2 & ... & 1...00 \to 1 & ... & (a-1)...(a-1)0 \to x_0^t \\
0...01 \to x_1^1 & ... & 0...11 \to x_1^2 & ... & 1...10 \to x_1^p & ... & (a-1)...(a-1)1 \to x_1^t \\
0...02 \to x_2^1 & ... & 0...12 \to x_2^2 & ... & 1...10 \to x_2^p & ... & (a-1)...(a-1)2 \to x_2^t \\
0...03 \to x_3^1 & ... & 0...13 \to x_3^2 & ... & 1...10 \to x_3^p & ... & (a-1)...(a-1)3 \to x_3^t \\
.... & ... & .... & ... & .... & ... & .... \\
0...0(a-1) \to x_{a-1}^1 & ... & 0...1(a-1) \to x_{a-1}^2 & ... & 1...1(a-1) \to x_{a-1}^p & ... & (a-1)...(a-1)(a-1) \to x_{a-1}^t
\end{array}
$$

$$(\forall j)(m \neq n \to x_m^j \neq x_n^j)$$

$$\text{where } x_k^j \in A = \{0,1,...,a-1\}, \ j = 1..a^{n-1}, \ k = 0..(a-1), \ (\forall d \in A \backslash \{0\})(d0...00 \to d)$$

Показано [8,27,44-49], что классические модели *1-KA* с локальными функциями перехода $\sigma^{(n)}$, заданными таким образом, не обладают *неконструируемостью* типа **НКФ** при наличии *неконструируемости* типа **НКФ-1** для них. Кроме того, число таких моделей *1-KA* равно $\frac{(a-1)^{a-1}}{a^a}(a!)^{a^{n-1}}$. Как оказалось, среди такого большого числа моделей было обнаружено немало моделей [44-49], отличных от линейных, но обладающих свойством самовоспроизводимости в смысле *Мура* конечных конфигураций. Между тем, общий критерий наличия в классической **KA-**модели самовоспроизводимости в смысле *Мура* конечных конфигураций нам на сегодня неизвестен. Основываясь на наших многочисленных компьютерных экспериментах и ряде теоретических результатов по неконструируемости в классических моделях *d-KA (d≥1)* и по динамическим свойствам моделей, можно сформулировать следующее предположение, а именно:

Существование неконструируемости типа НКФ-1 в классических моделях d-KA (d ≥ 1) при отсутствии неконструируемости НКФ в этих моделях необходимо, но не достаточно для существования самовоспроизводящихся в смысле Мура конечных конфигураций в таких классических моделях d-KA (d ≥ 1).

В определенном смысле предположение может служить фильтром при проверке **KA-**моделей на их свойство самовоспроизводимости в смысле *Мура* конечных конфигураций.

Наши теоретические исследования, основанные на определенных динамических свойствах классических моделей *1–КА*, связанных с неконструируемостью типа *НКФ-1* совместно с многочисленными компьютерными исследованиями, позволяют нам сформулировать предположение по обоснованности следующего предложения:

В классической одномерной КА–модели с алфавитом А={0,1,...,а–1}, шаблоном соседства и с локальной функцией перехода вида:

$$\sigma^{(n)}(x_1,...,x_n) = \sum_1^n x_k \ (mod\ a) \quad x_k \in A = \{0,1,...,a-1\}; \ (k=1..n)$$

(где а представляется в форме а = $p_1^{t_1} p_2^{t_2}...p_g^{t_g}$; p_j и t_j – простые; j=1..g) любая конечная блочная КФ самовоспроизводится в смысле Мура.

Отметим, что скорость генерации необходимого количества копий блочной конфигурации в таких *линейных* *КА*-моделях существенно ниже, чем, если *а* – простые числа. Таким образом, на основе этого предложения вполне естественно сделать следующий вывод: *Для каждой строго линейной классической модели 1–КА с алфавитом А={0,1, ..., а–1} (а∈{2,3, ..., 10}) и произвольным шаблоном соседства каждая конфигурация конечного блока, определенная в алфавите А, самовоспроизводится в смысле Мура.*

В частности, для компьютерного изучения этой проблемы может быть использован ряд процедур, запрограммированных в системе *Mathematica (Srepr, SelfRepr, Reproduction, SelfReprod и др.)*. Между тем, следует иметь в виду, что по причине не совсем эффективных алгоритмов обработки *циклических выражений* **Maple** является более предпочтительной системой, чем система **Mathematica** для многих задач компьютерного исследования динамики *КА*-моделей [8,18,27, 32,36,40,44-49]. При этом, класс *линейных* **КА**-моделей, обладающих универсальной воспроизводимостью конечных конфигураций, до сих пор рассматривался относительно связного индекса соседства *Х*={0,1,...,n–1}. Между тем, это свойство распространяется на случай общего индекса соседства *Х* = {$j_1, j_2, j_3, ..., j_p$} (0 = $j_1 < j_2 < ... < j_p$ = n–1), включая несвязные индексы при условии, что в них не менее двух переменных по каждому из измерений являются *ведущими*, т.е. для классических моделей *1–КА* их функции локального перехода $\sigma^{(n)}$ имеют следующее формульное представление, а именно:

$$\sigma^{(n)}(x_1,x_2,...,x_n) = \sum_{j=j_1}^{j=j_p} a_j x_j \ (mod\ a); \ a_j, x_j \in A = \{0,1,...,a-1\}; \quad a = p^k \qquad (10)$$

(0 = $j_1 < j_2 < ... < j_h$ = n–1; 2 ≤ h ≤ n); p, k, a_j – простые числа

где $A=\{0,1,...,a-1\}$ – алфавит *1-КА* при условии $a=p^k$, p и k – *простые* числа, а шаблон соседства имеет размер n [8,45]. Очевидно, что для шаблона соседства размера n существует $2^{n-2}-1$ различных *несвязных* шаблонов соседства. Кроме того, минимальный индекс соседства имеет вид $X=\{0, n-1\}$. Например, для бинарной классической *1-КА* две линейные модели с индексами соседства $X3 = \{0,1,2\}$ и $X2 = \{0,2\}$ обладают свойством универсальной воспроизводимости в смысле *Мура* конечных конфигураций.

Среди всех классических бинарных моделей *1-КА* с максимальным индексом соседства $X=\{0,1,2,3, ..., n-1\}$ существует 2^n-n-1 линейных классических *КА*-моделей, обладающих свойством универсальной воспроизводимости в смысле *Мура* конечных *КФ*. Следовательно, в этом контексте довольно уместно рассмотреть в некотором смысле *обобщенный* класс линейных классических *КА*, характеризующихся динамическим свойством *универсальной воспроизводимости* в смысле *Мура* конечных *КФ, ЛФП* которых определяются соотношениями теоремы *59* и *(10)*. Множество линейных *ЛФП* указанного вида *(10)* образует *полугруппу* относительно операции *композиции*; при этом, сохраняя свойство самовоспроизводимости в смысле *Мура*.

Между тем, существуют нелинейные классические модели *1-КА*, для которых конечная конфигурация и обратная к ней являются самовоспроизводящимися в смысле *Мура*. Такие модели обладают неконструируемостью типа *НКФ-1* без неконструируемости типа *НКФ*, а генерация копий как *прямой*, так и *обратной* конечной *КФ* выполняется одновременно. Были получены интересные примеры классических моделей *1-КА* данного типа с алфавитом состояний элементарного автомата $A = \{0,1, ..., a-1\}$. Была установлена группа классических моделей *1-КА* с *ЛФП*, удовлетворяющими условию $\sigma^{(n)}(x1...xn)=0$, если $x1=x2=...=xn$ *(в отсутствие НКФ)* и обладающих самовоспроизводимостью в смысле *Мура* конечных конфигураций и обратных им. Кроме того, модели *1-КА* этой группы отличаются от линейных классических моделей [27,32,36,44-49,173-177].

В ходе компьютерных исследований было получено немало весьма интересных результатов, касающихся самовоспроизводящихся *КФ* в классе *линейных* классических *КА*-моделей, с некоторыми из них можно ознакомиться в [27,32,36,44-49]. Итак, полученные в данном направлении результаты позволяют говорить, что *универсальная* или *существенная* воспроизводимости в смысле *Мура* конечных *КФ*, по-видимому, присущи *линейным* моделям с алфавитом $A=\{0,1, ..., a-1\}$, где *a* – положительное целое, которое нельзя представить в форме *a*=*p*^{k}, где *p* – простое, а *k* – положительное целое число. Между тем, в отличие от вышеуказанного класса линейных моделей процесс генерации нужного числа копий начальных конечных **КФ** в таких *линейных* моделях требует значительно большего числа шагов **ГФП** $\tau^{(n)}$ в условиях существенного уменьшения плотности количества копий при генерации. Более того, размер начальной конечной **КФ** и ее вид оказывают достаточно существенное влияние на скорость генерации. Таким образом, существует немало других достаточно интересных результатов в этом направлении, которые кажутся нам интересными для дальнейших исследований. Так, компьютерные эксперименты позволили изучить множество классических *1–КА* с разными алфавитами *A* и длиной шаблона соседства *m*, позволяя сформулировать следующее предположение, а именно:

Существует довольно широкий класс моделей 1–КА с локальными функциями перехода σ$^{(n)}$, *выражаемыми следующей формулой*

$$\sigma^{(n)}(x_1,...,x_n) = \sum_{1}^{n} x_k \ (mod\ p) \quad x_k \in A = \{0,1,...,p-1\}; \ (k=1..n),$$

где p – произвольные целые положительные числа (отличающиеся от ранее рассмотренных типов целых чисел), которые обладают довольно существенной самовоспроизводимостью в смысле Мура конечных конфигураций.

Отметим, что во многих случаях наше программное обеспечение позволяет получать структуру конфигураций, содержащих копии самовоспроизводящейся конфигурации. Ряд других интересных свойств обобщенного класса линейных классических **КА**–моделей, характеризуемых свойством универсальной воспроизводимости в смысле *Мура* конечных конфигураций, можно найти в [27,36,44-49]. Между тем, было бы желательно получить некоторые *определяющие* характеристики обобщенных линейных классических **КА**–моделей в целом. В этом направлении определенный интерес представляет следующий основной результат, используемый и в других целях. В связи с этим мы получили общую характеристику данного класса моделей, весьма тесно связанную с проблемой *неконструируемости* в классических **КА**–моделях [11-13,18,27,32,36,40,44-49,173-177].

Теорема 60. Наличие неконструируемости НКФ-1 в отсутствие неконструируемости типа НКФ в классической модели d–КА (d≥1) является необходимым, но не достаточным условием на предмет обладания такой КА-моделью универсальной воспроизводимости в смысле Мура конечных конфигураций.

Теорема представляет собой определенный тип тестирования для проверки классических **КА**-моделей на обладание ими свойством универсальной воспроизводимости, а также иллюстрирует весьма важный аспект взаимосвязи между максимальными *генерирующими* возможностями и *неконструируемостью* в классических **КА**-моделях. Таким образом, мы получаем своего рода «фильтр» для отбора **КА**-моделей на предмет существования у них свойства универсальной воспроизводимости в смысле *Мура*. Таким образом, среди моделей такого типа необходимо искать модели со свойством *универсальной* воспроизводимости, а также со свойством довольно *высокой* степени воспроизводимости в смысле *Мура* конечных конфигураций.

В частности, среди вышеупомянутых бинарных классических *1-КА* только модели с номерами *30, 45, 60, 75, 86, 89, 90, 101, 102, 105, 106, 120* обладают неконструируемостью типа **НКФ-1** в отсутствие **НКФ**, но лишь *1-КА* с номерами *30,45,60,75,86,89,90,101,102,105,106,120* будут обладать свойством полной или существенной воспроизводимости конечных конфигураций согласно таблице 2 [27,36,44-49,173-177].

Таблица 2

	НКФ	**НКФ-1**	*Растущая*	*Периодичная*	*Самовоспроизведение*
30	-	+	-	+	*Нет*
45	-	-	-	+	*Нет*
60	-	+	+	-	*Да*
75	-	+	+	-	*Нет*
86	-	+	-	+	*Нет*
89	-	+	+	-	*Нет*
90	-	+	+	-	*Да*
101	-	-	-	+	*Нет*
102	-	+	+	-	*Да*
105	-	+	+	-	*Да*
106	-	+	+	-	*Да*
120	-	+	+	-	*Да*

Доказательство универсальной воспроизводимости в смысле *Мура* моделей с номерами *60,90,102* и *105* основано на том факте, что они являются линейными классическими моделями *1-КА* со связными и несвязными индексами соседства; их *ЛФП* $\sigma^{(3)}$ определяются как:

$$\sigma_{60}^{(3)}(x,y,z) = x + y \ (mod\ 2); \qquad \sigma_{90}^{(3)}(x,y,z) = x + z \ (mod\ 2); \ x,y,z \in \{0,1\}$$

$$\sigma_{102}^{(3)}(x,y,z) = y + z \ (mod\ 2); \qquad \sigma_{105}^{(3)}(x,y,z) = x + y + z \ (mod\ 2)$$

тогда как доказательство для моделей с номерами *106,120* основано на виде их *ЛФП* $\sigma^{(3)}$, определяемом следующими формулами:

$$\sigma^{(3)}_{106}(x,y,z)=(1-y)x+y+z \ (mod\ 2) \quad \sigma^{(3)}_{120}(x,y,z)=x+y+(1-y)z \ (mod\ 2)$$

Таким образом, последние две функции отличаются от линейных функций перехода. Кроме того, приведенные выше *КА*–модели с номерами *106* и *120* обладают не только свойством универсальной воспроизводимости в смысле *Мура* конечных конфигураций, но и наряду с этим для них конечная конфигурация, отличная от нуля, генерирует последовательность конфигураций, которая будет в совокупности содержать все блочные конфигурации в бинарном алфавите, т.е. обладают свойством универсальности относительно блочных бинарных конфигураций. При этом, если для генерации *w* копий конечной конфигурации *h* модели с номерами *106* и *120* требуют *p* и *q* шагов, то для обратной конфигурации такие модели требуют соответственно *q* и *p* шагов *КА*–моделей.

В связи с обладанием бинарными моделями *1–КА* с индексом *Мура* и квалифицирующими номерами *60, 90, 102, 105, 106* и *120* свойства *универсальной* воспроизводимости в смысле *Мура* возникает вполне резонный вопрос касательно сравнительной скорости генерации в зависимости от заданного числа шагов модели с соответствующим номером. Статистический анализ был проведен на основе довольно простой процедуры *Reproduction5*, запрограммированной в среде системы *Mathematica*. Вызов процедуры *Reproduction5[s,n]* с двумя фактическими аргументами: *s* – строка, анализируемая на предмет воспроизводимости и *n* – искомое число сгенерированных копий *s* возвращает вложенный список из 6 элементов, соответствующих бинарным моделям *1-КА* с вышеуказанными номерами. Элементы возвращаемого списка имеют формат, описанный ниже.

```
In[4770]:= Reproduction5[s_String, n_Integer] :=
              Module[{a = {60, 90, 102, 105, 106, 120},
                  b, c, d, h = {}, p, k, m, j, r, t = "00"},
Do[c = ""; d = StringTrim[s, "0" ...]; r = 1; b = NumLTF[{0, 1}, 3, a[[k]]];
              Label[svg]; d = t <> d <> t; p = StringLength[d];
                  For[j = 1, j <= p – 2, j++, c = c <>
        StringReplace[StringJoin[StringPart[d, j ;; j + 2 ;; 1]], b]];
                  m = StringCount[c, s];
              If[m >= n, AppendTo[h, {a[[k]], {m, r}}],
        d = StringTrim[c, "0" ...]; c = ""; r++; Goto[svg]], {k, 1, 6}]; h]
```

In[4771]:= **Reproduction5["01100100001", 10]**

Out[4771]= {{60, {16, 240}}, {90, {15, 120}}, {102, {15, 240}}, {105, {14, 92}}, {106, {10, 2995}}, {120, {10, 3762}}}

In[4772]:= **Reproducion5["11001110011101", 5]**

Out[4772]= {{60, {8, 112}}, {90, {8, 56}}, {102, {8, 112}}, {105, {5, 48}}, {106, {5, 7030}}, {120, {5, 7303}}}

Возвращаемый формат при вызове процедуры **Reproduction5[s, n]** списка имеет вид {*p*, {*g*, *w*}}, где *p* – квалифицирующий номер *1-КА* модели из приведенного перечня, *g* – число подконфигураций *s*, входящих в конфигурацию модели, сгенерированную на шаге *w* из начальной конфигурации *s*; при этом, значение *w* определяется аргументом *n* при вызове процедуры **Reproduction5[s, n]** [27,42].

Из полученной на основе процедуры статистики заключаем, что по *интегральному* показателю *(число генерируемых копий и требуемое на это число шагов)* предпочтение по *эффективности* воспроизведения в порядке убывания можно отдать моделям с номерами *105, 90, 60* и *102*, тогда как модели *КА* с номерами *106, 120* требуют значительно большего числа шагов для генерации такого же числа *n* вхождений копий. Для компьютерного изучения генерации *блочных КФ* нами была использована процедура **Reproduction4** [27,42].

In[4765]:= **Reproduction4[x_ /; IntegerQ[x] || ListQ[x], z_String, s_String, n_Integer] :=**
Module[{a = If[IntegerQ[x], NumLTF[{0, 1}, 3, x], x], c = "",
d = StringTrim[z, "0" ...], p, j, r = 1, t = "00", m},
Label[svg]; d = t <> d <> t; p = StringLength[d];
For[j = 1, j <= p − 2, j++, c = c <>
StringReplace[StringJoin[StringPart[d, j ;; j + 2 ;; 1]], a]];
If[Set[m, StringCount[c, s]]; m >= 1, Return[{m, r}],
d = StringTrim[c, "0" ...]; c = ""; r++; If[r >= n, Return[n], Goto[svg]]]]]

In[4766]:= **Reproduction4[120, "1", "01100101011001001101011", 3000]**
Out[4766]= {1, 1320}

In[4767]:= **Reproduction4[106, "1", "01100101011001001101011", 3000]**
Out[4767]= {1, 2049}

In[4768]:= **Reproduction4[102, "1", "01100101011001001101011", 20000]**
Out[4768]= {20000}

Вызов процедуры **Reproduction4[x,z,s,n]** с четырьмя фактическими аргументами: *x* – локальная функция перехода *бинарной* модели *1-КА* с индексом соседства *Мура*, задаваемая списком параллельных подстановок или *квалифицирующим* номером; в качестве функций *x* используются *локальные* функции, которые обладают свойством универсальной воспроизводимости в смысле *Мура*. Анализу были подвержены *бинарные ЛФП* для моделей *1–КА* с номерами *60,90,102, 105,106,120*, обладающие свойством *универсальной* или *существенной* воспроизводимости в смысле *Мура*; *z* – начальная строка; *s* – блочная строка, анализируемая на предмет генерации; *n* – использованное число шагов модели – возвращает список, первым элементом будет число вхождений подстроки *s*, тогда как вторым – номер шага, на котором получена хотя бы одна подконфигурация *s*. В противном случае вызов *Reproduction4[x,z,s,n]* возвращает список формата {*n*}.

Из проведенного детального анализа вытекает, что из всех шести *бинарных* моделей *1–КА* лишь модели с номерами *106* и *120* вполне можно рассматривать как генерирующие из примитивной *КФ "1"* в совокупности все бинарные блочные конфигурации.

Несложно убедиться, что для алфавита *A={0,1,2, ..., a–1}* глобальные функции перехода $\tau^{(n)}$ *(n≥2)* образуют *некоммутативное* множество *T(a)* относительно операции композиции, т.е.

$$(\forall \tau^{(n)})(\forall \tau^{(p)})(\tau^{(n)}\tau^{(p)} \in T(a) \ \& \ (\exists \tau^{(n)}, \tau^{(p)})(\tau^{(n)} \neq \tau^{(p)} \rightarrow \tau^{(n)}\tau^{(p)} \neq \tau^{(p)}\tau^{(n)}))$$

Множество *T(a)* не обладает конечной системой *образующих*. Ниже довольно подробно рассмотрен вопрос декомпозиции глобальных функций перехода в классических *КА*–моделях, тогда как здесь мы используем данный подход для создания *нелинейных* классических моделей *1–КА*, обладающих универсальной воспроизводимостью в смысле *Мура*. Проиллюстрируем этот подход на довольно простом примере. Пусть $\tau^{(2)}$, $\tau^{(3)}_{106}$, $\tau^{(3)}_{120}$ – глобальные функции перехода, локальные функции которых определяются следующим образом:

$$\sigma^{(2)}(x,y) = x+y \ (mod \ 2); \quad (1) \ \tau^{(2)}\tau^{(3)}_{106}, (2) \ \tau^{(2)}\tau^{(3)}_{120}, (3) \ \tau^{(3)}_{106}\tau^{(2)}, (4) \ \tau^{(3)}_{120}\tau^{(2)}$$

$$\sigma^{(3)}_{106}(x,y,z) = (1-y)x+y+z \ (mod \ 2) \quad \sigma^{(3)}_{120}(x,y,z) = x+y+(1-y)z \ (mod \ 2)$$

Там же представлены четыре композиции функций глобального перехода, которые были подвергнуты анализу. Легко увидеть, что данные четыре композиции представляют различные нелинейные глобальные функции перехода $\tau^{(4)}$ (*в соответствие с принятой выше нумерацией*), которые представлены следующими *ЛФП* $\sigma^{(4)}$:

$$\sigma^{(4)}_1(x,y,z,h) = \begin{cases} x+y+z+h+1 \ (mod \ 2), & if \ <xyzh> \in \{0010,0011,1100,1101\} \\ x+y+z+h \ (mod \ 2), & otherwise \end{cases}$$

184

$$\sigma_2^{(4)}(x,y,z,h) = \begin{cases} x+y+z+h+1 \quad (mod\ 2), & if \quad <xyzh> \in \{0011,0100,1011,1100\} \\ x+y+z+h \quad (mod\ 2), & otherwise \end{cases}$$

$$\sigma_3^{(4)}(x,y,z,h) = \begin{cases} x+y+z+h \quad (mod\ 2), & if \quad <xyzh> \in \{0010,0011,1000,1001\} \\ z+h \quad (mod\ 2), & otherwise \end{cases}$$

$$\sigma_4^{(4)}(x,y,z,h) = \begin{cases} x+h \quad (mod\ 2), & if \quad <xyzh> \in \{0001,0100,1001,1100\} \\ x+y \quad (mod\ 2), & otherwise \end{cases}$$

Экспериментально-теоретическое изучение классических *бинарных* моделей *1–КА*, глобальные функции перехода $\tau^{(n)}$ *(n ≥ 4)* которых формируются подобной *композицией*, позволило сформулировать довольно интересное утверждение, а именно:

Для каждого целого числа n ≥ 3 существует не менее 4 нелинейных бинарных классических 1–КА с индексом соседства X={0,1,2,...,n-1}, обладающих универсальной воспроизводимостью в смысле Мура конечных конфигураций; из них две бинарные классические модели обладают свойством универсальности конечных блочных КФ.

Более того, если первая часть утверждения базируется на строгом теоретическом фундаменте, то вторая его часть основывается на результатах компьютерного исследования функций глобального перехода $\tau_{106}^{(3)}\tau^{(2)}$, $\tau_{120}^{(3)}\tau^{(2)}$, т.е. носит экспериментальный характер. В то же время, многочисленные компьютерные эксперименты с *2–мя* последними моделями *1–КА* позволяют говорить о весьма высоком уровне достоверности второй части этого утверждения [8,27,44-49]. Однако в этом направлении теоретическое обоснование было бы чрезвычайно желательным.

При этом, для вышеупомянутых классических моделей с номерами *75* и *89* была обнаружена следующая интересная закономерность:

Для каждой конечной конфигурации c_o классические модели 1–КА генерируют две последовательности конфигураций $<c_o>[\tau_{75}^{(3)}]$ и $<c_o>[\tau_{89}^{(3)}]$ соответственно, каждая из которых будет содержать подпоследовательности конфигураций следующего вида:

$$75: \quad \left\{ pr(c_o)\,0^{2t-|pr(c_o)|}\,c_o \,\middle|\, t=2^k;\ k=k(c_o)+j;\ j=0,1,2,... \right\}$$

$$89: \quad \left\{ c_o\,0^{2t-|sf(c_o)|}\,sf(c_o) \,\middle|\, t=2^k;\ k=k(c_o)+j;\ j=0,1,2,... \right\}$$

где $k(c_o)$ – целое > 0, зависящее от конечной КФ c_o, тогда как $pr(c_o)$ и $sf(c_o)$ – соответственно префикс и суффикс КФ c_o, зависящие от КФ c_o, и t – номер шага генерируемой последовательности КФ.

При этом, для моделей с номерами *60,75,89,90,102,105,106,120* имеет место соотношение $(\forall c \in C(A,d,\phi))(|c| < |c\tau^{(n)}|)$ (столбец «*Растущая*» в таблице 2), где $|s|$ является величиной максимального диаметра (*в одномерном случае длины*) конечной конфигурации *s*, что согласно теореме **40** обеспечивает эти модели неконструируемостью **НКФ-1** в *отсутствие* неконструируемости **НКФ** и генерацией множества $C(A,d,\phi)$ лишь из конфигураций типа **НКФ-1**. При этом, для таких **КА**-моделей были обнаружены весьма интересные закономерности относительно числа генерируемых ими копий **КФ** в зависимости от количества шагов генерации [46].

Теоретико–экспериментальному исследованию была подвержена группа *бинарных* моделей *1-КА* с индексом соседства *Неймана-Мура* с номерами {*60, 90, 102, 105, 106, 120*}, которые обладают свойством универсальной воспроизводимости в смысле *Мура* конечных **КФ**. В этот перечень включаем дополнительно бинарную линейную **КА**-модель ξ, чья локальная функция перехода определяется системой параллельных подстановок вида: ξ = {*00 → 0, 01 → 1, 10 → 1, 11 → 0*} и обладает свойством универсальной воспроизводимости в смысле *Мура*, имея квалифицирующий номер **6**. Для анализа **КА**-моделей, образованных композицией бинарных **КА**-моделей с номерами {**6**, **60,90,102,105,106,120**} в *Mathematica* запрограммирована процедура *SelfReprComp[L,S,n,w]* с аргументами, определяющими: *L* – список моделей *1-КА*, определяемых их квалифицирующими номерами либо списками параллельных подстановок, характеризующих их локальные функции перехода; все **КА**-модели списка *L* участвуют в композиции, в результате которой появляется бинарная модель *1-КА*, относительно которой и исследуется воспроизводимость; *S* – *бинарная строка*, анализируемая на предмет ее воспроизводимости в смысле *Мура*; *n* – желаемое количество подстрок *S*, полученное на основе генерации результатной моделью из *S*; *w* – необязательный аргумент (*независимая переменная w*), через который возвращается список параллельных подстановок, который определяет *локальную* функцию перехода модели *1-КА* – результата композиции.

```
In[4277]:= SelfReprComp[L_List, S_String, n_Integer, w___] :=
    Module[{c = Map[If[ListQ[#], #, NumLTF[{0, 1}, 3, #]] &, L], b},
    b = CompGTF[{0, 1}, c]; If[{w} != {} && ! HowAct[w], w = b, Null];
                                        Reproduction[b, S, n]]

In[4278]:= SelfReprComp[{60, 120, 102}, "10011100101", 5]
Out[4278]= {5, 793}
In[4279]:= SelfReprComp[{60, 120, 102, 105}, "100111001", 5, gs]
```

Out[4279]= {5, 137}
In[4280]:= SelfReprComp[{60, 120, 102, 105, gs}, "1001111", 6]
Out[4280]= {6, 427}

Элементами списка *L* впоследствии можно использовать и модели, возвращаемые через аргумент *w*. Многочисленные эксперименты с процедурой *SelfReprComp* позволили сформулировать довольно убедительное предложение, а именно:

Произвольная композиция ГФП бинарных моделей 1-КА с номерами из множества {6, 60, 90, 102, 105, 106, 120} *будет обладать свойством универсальной воспроизводимости в смысле Мура.*

Выше были отмечены довольно интересные свойства классических моделей *d–КА* с индексом соседства *X* и алфавитом $A=\{0,1,2,...,a-1\}$, чьи **ГФП** $\tau^{(n)}$ удовлетворяют условию $(\forall c \in C(A,d,\phi)(|c\tau^{(n)}| > |c|)$, где $|c|$ – максимальный диаметр конечной **КФ** *c,* т.е. модели данного типа генерируют последовательности **КФ** *(строго увеличивающиеся в размере)* из конечной конфигурации *c,* отличающейся от нулевой конфигурации $c_o = \square$. Такие **КА**-модели составляют определенный подкласс *(обозначим его как GS-класс)* всех классических моделей с одинаковыми состояниями алфавита *A* и размерностями. Как уже было отмечено, модели этого подкласса обладают по крайней мере неконструируемостью типов **НКФ-1** или / и **НКФ**.

С другой стороны, на сегодня именно среди моделей подкласса *GS* найдены модели, обладающие универсальной *воспроизводимостью* в смысле *Мура* конечных конфигураций. Так, хорошо известные линейные классические **КА**-модели также относятся к подклассу *GS*. Вполне возможно, что в качестве одного из тестов наличия для классических моделей *d–КА (d≥1)* универсальной *воспроизводимости* в смысле *Мура* конечных конфигураций можно сформулировать как

Модели d–КА, обладающие универсальной воспроизводимостью в смысле Мура конечных конфигураций, целесообразно искать среди КА-моделей, которые в отсутствие для них неконструируемости НКФ удовлетворяют соотношению $(\forall c \in C(A,d,\phi))(|c| < |c\tau^{(n)}|)$*, где* $|w|$ *размер максимального диаметра конечной w-конфигурации; таким образом, искомые КА-модели принадлежат подклассу GS, чьи глобальные функции перехода* $\tau^{(n)}$ *образуют некоммутативное подмножество GS в отношении операции композиции. Эти модели обладают неконструируемостью НКФ-1 и множество C(A,d,* ϕ*) для них может быть сгенерировано только конфигурациями НКФ-1.*

Виктор Аладьев, Вячеслав Ваганов, Михаил Шишаков

Так, из вышеприведенных *8* бинарных классических моделей *1-КА*, удовлетворяющих указанному выше критерию, т.е. моделей класса *GS*, *шесть* моделей обладают универсальной воспроизводимостью в смысле *Мура* конечных конфигураций. Итак, вышеприведенный тест позволяет выявить *75%* классических бинарных моделей *1-КА* с индексом соседства *Х={0,1,2}*. Весьма желательно сузить этот тест посредством исключения из вышеупомянутых моделей класса *GS* те модели, которые не имеют перспектив в данном отношении.

Определив на основе экспериментально-теоретического изучения классических *КА*-моделей, *ГФП* $\tau^{(n)}$ которых будут удовлетворять следующему соотношению $(\forall w \in C(A,d,\phi))(|w|<|w\tau^{(n)}|)$, где $|w|$ – размер *максимального* диаметра конечной конфигурации w, – *тест на обладание классической моделью универсальной воспроизводимости в смысле Мура конечных конфигураций* – мы весьма заинтересованы в получении более конкретного метода для поиска таких моделей в *GS*-классе. Поскольку класс *GS* – некоммутативное подмножество глобальных функций $\tau^{(n)}$ относительно операции композиции, то поиск таких моделей на базе этой операции вполне закономерен. Было показано [8], что композиция глобальных функций перехода $\tau^{(n)}=\tau^{(p)}\tau^{(m)}$ из *GS*-класса дает глобальную функцию $\tau^{(n)}$, которая обладает свойством универсальной воспроизводимости в смысле *Мура* конечных конфигураций. Однако, расширение этой техники допустимо: *Композиция глобальных функций перехода* $\tau^{(n)}=\tau^{(p)}\tau^{(h)}$ *из GS-класса, когда лишь одна функция* $\{\tau^{(p)}|\tau^{(h)}\}$ *будет обладать свойством универсальной воспроизводимости, может дать новую функцию ГФП* $\tau^{(n)}$*, которая также будет обладать универсальной воспроизводимостью в смысле Мура конечных конфигураций*. Так, 6 композиций в форме $\tau_{75}^{(3)}\tau^{(2)}\neq\tau^{(2)}\tau_{75}^{(3)}$, $\tau_{89}^{(3)}\tau_{105}^{(3)}\neq\tau_{105}^{(3)}\tau_{89}^{(3)}$ и $\tau_{75}^{(3)}\tau_{105}^{(3)}\neq\tau_{105}^{(3)}\tau_{75}^{(3)}$ могут служить иллюстрацией, где глобальные функции перехода не обладают универсальной воспроизводимостью в смысле *Мура* конечных конфигураций, тогда как $\tau_{105}^{(3)}$ обладает таким свойством. Кроме того, все исследованные композиции такого рода обладают универсальной воспроизводимостью в смысле *Мура*. Между тем, в результате многочисленных компьютерных экспериментов с *ГФП* из класса *GS* нам не удалось найти пару глобальных функций, чья *композиция* обладала бы *универсальной воспроизводимостью* в смысле *Мура* конечных конфигураций. Так что, скорее всего, будет иметь место следующее утверждение, а именно:

Только композиции $\tau^{(n)} = \tau^{(p)}\tau^{(h)}$ глобальных функций перехода из класса GS (где хотя бы одна из функций $\{\tau^{(p)}, \tau^{(h)}\}$ будет обладать универсальной воспроизводимостью в смысле Мура), могут дать глобальные функции перехода $\tau^{(n)}$, которые обладают свойством универсальной воспроизводимости в смысле Мура конечных КФ.

Довольно простые примеры служат для иллюстрации сказанного, тогда как с подробным экспериментально-теоретическим *аспектом* вопроса заинтересованный читатель может ознакомиться в [44-49]. Между тем, теорема *58* позволяет получить решение следующего важного вопроса, связанного с конструктивными возможностями классических **КА**-моделей, а именно:

Может ли классическая модель 1-КА удваивать произвольную КФ, определенную в том же самом алфавите А?

Исследуя сложные вопросы поиска приемлемого математического аппарата, изоморфного развивающейся биологической структуре, мы в этом качестве предложили параллельные τ_n-грамматики и *А*-алгоритмы и изучили их в контексте *биологической* интерпретации.

При этом, исследовался логический парадокс *Розена*, связанный с феноменом самовоспроизведения в формально развивающихся системах. Суть его состоит в том, что модели самовоспроизведения должны включать как систему воспроизводства, так и конкретную среду. Так, хорошо известные алгоритмы *Маркова*, определенные в некотором алфавите *А*, не могут удвоить произвольное конечное *слово* в том же самом алфавите. Вполне разумно предположить, что такой результат имеет место как для τ_n, так и для *А*-алгоритмов. В отношении *А*-алгоритмов мы показали [2,5], что проблема *удвоения* слов решается введением только одного дополнительного символа $b \notin A$. При этом, более детальные исследования в этом направлении позволили сформулировать достаточно важную гипотезу, которая представляет несомненный теоретический интерес.

Пусть *Р* - *продукция* над конечным словом *s*, заданном в некотором конечном алфавите *А*, которая перерабатывает такое слово в новое *слово s** согласно определенному алгоритму, использующему лишь алфавит *А*. Схема *R* представляет собой конечный набор *продукций* P_k *(k = 1..n)* вместе с алгоритмом их применения к любому слову *s* в алфавите *А*. Тогда мы будем называть *F(R, A) формальной* системой в алфавите *А* со схемой *R*. В данной терминологии наша гипотеза принимает следующий вид, а именно.

Гипотеза 1. *Не существует формальной системы F(R, A), которая могла бы удваивать произвольное конечное слово в произвольном конечном алфавите A.*

Эта гипотеза на сегодня остается открытой, и кажется, ее решение является достаточно сложным, тогда как для случая классических **КА**–моделей эта проблема наряду с ей подобной проблемой имеет отрицательное решение [27,47,173-177].

Теорема 61. *Не существует классической одномерной модели KA с алфавитом A и произвольным индексом соседства, удваивающей или обращающей произвольную конечную конфигурацию, которая определена в том же самом конечном алфавите A. В то же время существуют классические нетривиальные d–KA, каждая конечная конфигурация для которых является периодической (d≥2).*

Хорошо известно, что ряд свойств, которые присущи глобальным функциям перехода $\tau^{(n_j)}$ *(для некоторых либо для всех)*, наследуется *некоторой* глобальной функцией перехода $\tau^{(n)}$, которая может быть представлена в виде композиции следующего общего вида [44-49]:

$$\tau^{(n)}=\tau^{(n_1)}\tau^{(n_2)}...\tau^{(n_j)}...\tau^{(n_p)}; \quad n=\sum_{j=1}^{p}n_j-(p-1); \quad 2\leq n_j<n; \quad j=1..p \qquad (11)$$

и наоборот. Итак, если глобальная функция перехода $\tau^{(n)}$ обладает неконструируемостью **НКФ**, этим свойством будет обладать и хотя бы одна из глобальных функций $\tau^{(n_j)}$, составляющих приведенную декомпозицию *(11)*. С некоторыми другими полезными свойствами подобного типа можно ознакомиться в книге, другие можно найти, например, в [7,8,44-49]. Таким образом, мы получаем естественный механизм создания более сложных глобальных функций перехода из менее сложных функций, чьи композиции должны наследовать необходимые свойства, присущие некоторым или всем функциям $\tau^{(n_j)}$, которые образуют композицию *(11)*. В этом свете рассмотрим вопрос генерации на основе описанного выше метода композиции классических **КА**–моделей, обладающих свойством универсальной воспроизводимости в смысле *Мура* конечных **КФ**, что существенно отличается от примера классических линейных **КА**–моделей.

В качестве иллюстрации приведем довольно простой пример. Для композиции выбраны две бинарные классические модели *1–КА*, а именно: с индексом соседства *X2={0,1}* и *ЛФП* $\sigma^{(2)}$, определяемой по формуле $\sigma^{(2)}(x_o, x_1) = x_o + x_1 \ (mod \ 2)$, и с индексом соседства *X3 = {0,2}* и *ЛФП* $\sigma^{(3)}$, определяемой по формуле $\sigma^{(3)}(x_0, x_1, x_3) = x_0 + x_2 \pmod 2$. Просто убедиться, что композиция $\tau^{(4)} = \tau^{(3)}\tau^{(2)}$, чья *ГФП* определена упомянутыми локальными функциями σ, в результате дает новую более сложную глобальную функцию перехода $\tau^{(4)}$, чья локальная функция перехода $\sigma^{(4)}$ определяется простой формулой, а именно: $\sigma^{(4)}(x_0, x_1, x_2, x_3) = x_0 + x_1 + x_2 + x_3 \pmod 2$. Очевидно, что модель *1–КА* с данной глобальной функцией $\tau^{(4)}$ обладает неконструируемостью *НКФ-1* в отсутствие *НКФ*. При этом, эта модель обладает свойством универсальной воспроизводимости в смысле *Мура*. Полученные в этом направлении результаты позволяют сформулировать весьма интересное утверждение, а именно.

Теорема 62. Каждая классическая модель d–КА (d ≥ 1) с глобальной функцией перехода $\tau^{(n)}$, заданная в алфавите A={0,1, ..., a–1}, будет обладать свойством универсальной воспроизводимости конечных конфигураций в смысле Мура, если все глобальные функции $\tau^{(n_j)}$, составляющие композицию $\tau^{(n)}$ (11), также обладают свойством универсальной воспроизводимости в смысле Мура конечных КФ.

В частности, при построении *1*–мерной *ГФП* $\tau^{(n+m-1)}$, обладающей свойством универсальной воспроизводимости в смысле *Мура*, на основе композиции двух более простых *ГФП* $\tau^{(n)}$ и $\tau^{(m)}$, имеющих одно и то же свойство, нам представляется полезным соотношение $\tau^{(n+m-1)} = \tau^{(n)}\tau^{(m)} = \tau^{(m)}\tau^{(n)}$. В основе доказательства лежат довольно прозрачные соотношения (*не теряя общности для 1–мерного случая*)

$$\sigma_1^{(n+m-1)}(x_1, x_2, ..., x_{n+m-1}) = \sum_{t=1}^{m}\left(\sum_{j=t}^{t+n-1} x_j \pmod a\right) \pmod a$$

$$\sigma_2^{(n+m-1)}(x_1, x_2, ..., x_{n+m-1}) = \sum_{t=1}^{n}\left(\sum_{j=t}^{t+m-1} x_j \pmod a\right) \pmod a$$

$$(\forall < x_1 x_2 ... x_{n+m-1} >)(\sigma_1^{(n+m-1)}(x_1, x_2, ..., x_{n+m-1}) = \sigma_2^{(n+m-1)}(x_1, x_2, ..., x_{n+m-1}))$$

$$x_j \in \{0,1, ..., a-1\}; \ a - \text{положительное целое число, } j=1..n+m-1$$

Кроме того, глобальные функции перехода $\tau^{(n)}$ и $\tau^{(m)}$ могут быть или линейными функциями, или их композициями. В то же время в результате *композиции* линейных глобальных функций $\tau^{(n)}$ и $\tau^{(m)}$ мы снова получаем *линейную ГФП* $\tau^{(n+m-1)}$, т.е. подобные *линейные ГФП* составляют замкнутое подмножество относительно операции композиции *(11)*, элементы которой будут обладать универсальной воспроизводимостью в смысле *Мура* конечных конфигураций. В то же время среди всех глобальных функций перехода *GS*-класса есть функции, отличные от линейных функций, однако обладающие универсальной воспроизводимостью в смысле *Мура*. Следующий достаточно интересный результат, имеющий немало приложений, имеет место в данном направлении. Более того, этот результат был обобщен на общий случай классической модели *d–КА (d≥1)* [44-49].

Теорема 63. Множество, содержащее все линейные классические КА и КА, чьи глобальные функции перехода τ^{(n)} являются композицией (11) линейных глобальных функций перехода, тоже будет обладать универсальной воспроизводимостью в смысле Мура конечных КФ; более того, в композиции (11) можно дополнительно использовать глобальные функции перехода сдвигов КФ вдоль осей координат (в некоторых случаях результаты композиции могут совпадать с соответствующими линейными классическими КА с несвязанными шаблонами соседства). При этом, существуют также нелинейные классические КА, обладающие универсальной воспроизводимостью в смысле Мура конечных конфигураций.

Суть этого результата - композиция линейных *глобальных* функций перехода, обладающих свойством *универсальной воспроизводимости*, снова дает глобальную функцию перехода, обладающую этим же свойством; при этом, *линейность* глобальных функций перехода не является обязательным условием. Поэтому, изучая универсальную *воспроизводимость* как *максимальную* конструктивную возможность классических *КА*-моделей по генерации ими конечных *КФ* было бы весьма интересно обнаружить не только новые классы *КА* с такой возможностью, но также исследовать классы *КА*-моделей, которые обладают такой возможностью в значительной степени.

Один класс *КА*-моделей, обладающих довольно высокой степенью воспроизводимости конечных конфигураций, можно определить на основе введенной нами специальной алгебраической системы для полиномиального представления многозначных логических функций [8,45,90]. Исследование целого ряда классов дискретных параллельных динамических систем *(ДПДС)*, включая *КА*-модели, достаточно тесно связано с исследованиями свойств их *ЛФП* $\sigma^{(n)}$, которые представляют *а*-значные логические функции *(а–ЗЛФ)*. Среди различных подходов к изучению подобных функций *особое* место занимает *алгебраический* подход, когда каждая *а–ЗЛФ* может быть представлена полиномом максимальной степени *n(а–1)* над полем *А* по модулю *а*, и наоборот, когда *а–ЗЛФ* есть отображение

$R^{(n)} : A^n \to A$. Между тем, при составном целом *a* далеко не каждая *a*-**ЗЛФ** может быть представлена в такой полиномиальной форме, или, скорее, «*почти все*» функции не имеют такого представления. Но поскольку алфавит *A* в классической *КА*-модели произволен, то возникает проблема распространения алгебраического метода исследования *ЛФП* $\sigma^{(n)}$ на общий случай алфавита *A*. В этой связи возникает интересный и важный со многих точек зрения вопрос: ***Возможно ли определить алгебраическую систему, допускающую полиномиальное представление каждой a-ЗЛФ в алфавите A для составного целого числа, аналогично случаю простого a?***

В этой связи мы определили *алгебраическую систему (AC)*, в которой «*почти все*» *a*-**ЗЛФ** имеют *полиномиальное* представление на случай составного целого числа *a* [8,45,90]. Предлагаемая *AC* определяется следующим образом. Выбирается конечный алфавит $A_a = \{0,1,...,a-1\}$ системы, и на нем определяется бинарная операция сложения по модулю *a*. В то же время на A_a определяется и бинарная операция #-произведения согласно следующей таблице умножения (*Табл. 3*).

Таблица 3 (таблица #-умножения)

#	0	1	2	3	4	5	.....	a-6	a-5	a-4	a-3	a-2	a-1
0	0	0	0	0	0	0	....	0	0	0	0	0	0
1	0	1	2	3	4	5	.....	a-4	a-3	a-2	a-1	0	a-1
2	0	2	3	4	5	6	.....	a-3	a-2	a-1	0	a-1	1
3	0	3	4	5	6	7	.....	a-2	a-1	0	a-1	1	2
4	0	4	5	6	7	8	.....	a-1	0	a-1	1	2	3
.....	.....	.....	....	.....	.....	.....	....	....	....	....	....	....
a-3	0	a-3	a-2	a-1	1	2	.....	a-9	a-8	a-7	a-6	a-5	a-4
a-2	0	a-2	a-1	1	2	3	.....	a-8	a-7	a-6	a-5	a-4	a-3
a-1	0	a-1	1	2	3	4	.....	a-7	a-6	a-5	a-4	a-3	a-2

Легко убедиться, что операция #-*произведения* на множестве $A_a \setminus \{0\}$ образует конечную циклическую группу $A^{\#}$ степени *(a-1)*. Для *AC*, заданной таким образом, имеет место следующий результат [90].

Теорема 64. Существует AC $<A_a; +; \#>$, в которой «почти каждая» a-ЗЛФ, определенная в алфавите A (a – составное целое), может быть представлена в виде полинома $P_{\#}(n)$ (mod a), где:

1) (+) – традиционная операция сложения по модулю a (mod a);

2) (#) – операция произведения, определенная таблицей 3;

$$P_{\#} = \sum_{j=1}^{a^n-1} c_j \# X_1^{d_{j_1}} \# X_2^{d_{j_2}} \# ... \# X_n^{d_{j_n}} \quad (mod\ a) - \text{полином, который}$$

3) не содержит диадических выражений следующего вида (12)

$$p_d \# X_j^d + B_d \# X_j^{a-d-1} \quad (0 \le d_{i_j} \le a-1; \ \sum_{j=1}^{n} d_{i_j} \ge 1; \ X_j, \ c_j \in A_a;$$

$$p_d + B_d = a; \ p_d, B_d \ge 1; \ X_j^p = X_j \# X_j \# \cdots \# X_j; \ j = 1..n; \ j = 1..a^n - 1;$$

$$\longleftarrow - - - p - - - \longrightarrow \quad d = 1..[(a-2)/2]$$

Этот результат сыграл весьма важную роль в исследованиях *ДПДС* для случая алфавита A_a, где a – составное целое число, и позволил получить немало достаточно интересных результатов, касающихся проблем *КА*, некоторые из которых рассматриваются ниже. Кроме того, теорема *64* дает довольно удовлетворительное аналитическое представление множества многозначных логических функций для случая составных a–модулей. Даже простая логическая функция:

$$R_1(x) = \begin{cases} 0, & \text{if } x = 0; \\ 2, & \text{if } x = 1; \\ 1, & \text{otherwise} \end{cases}$$

заданная в алфавите A_6, не может быть представлена полиномом по *(mod 6)*, тогда как в *АС <A_6; +; #>* ее представление принимает простой вид: $R_1(y) = P_\#(1) = y^2 + y^3$ *(mod 6)*. Целый ряд других весьма интересных примеров подобного типа совместно со *сравнительным* анализом вышеупомянутой *АС* и классической *АС* вида *<A_a; +; x>*, для которых операции *(+)* и *(*)* являются бинарными операциями *сложения* и *умножение* по *(mod a)* соответственно, можно найти в [44].

На основе приведенной *АС* можно определить еще один довольно интересный тип классических *КА*–моделей, обладающих довольно высокой степенью воспроизводимости конечных конфигураций, а также множество других довольно интересных приложений. Ввиду изложенного для классической модели *1–КА* ее *локальная* функция перехода определяется параллельными подстановками, а именно:

$$x_1 x_2 x_3 \ldots x_n \to x_1^1 = 0, \quad \text{if} \quad (\forall k)(x_k = 0)$$

$$x_1 x_2 x_3 \ldots x_n \to x_1^1 = \prod_{k=1}^{n} \# \delta(x_k), \quad \text{else}; \ x_1^1, x_k \in A \quad (k = 1..n) \tag{13}$$

$$\delta(x_k) = \begin{cases} x, & \text{if } x \ne 0 \\ 1, & \text{else} \end{cases}$$

где *#–произведение* определяется согласно приведенной таблице *3*.

При сделанных предположениях рассмотрим множество *S(a,m) всех* конечных конфигураций $c = \square x_1 x_2 \ldots x_m \square; x_k \in A \setminus \{0\}$ *(k=1..m)* размера $\le m$. Итак, мощность множества *S(a,m)* равна $(a-1)\{(a-1)^m - 1\}/(a-2)$, а мощность множества $\Sigma(a,m)$ всех конечных конфигураций размера $\leq m$ есть $(a-1)a^{m-1}$, тогда плотность множества $S(a,m)$ относительно множества $\Sigma(a,m)$ равняется $\Xi(a,m)=S(a,m)/\Sigma(a,m)\approx a(1-1/a)^m/(a-2)$, чья асимптотика характеризуется следующими соотношениями:

$$\lim_{a \to \infty} \Xi(a,m) = 1 \qquad\qquad \lim_{m \to \infty} \Xi(a,m) = 0 \qquad (14)$$

$$\lim_{m \to \infty} \Xi(a,m) = \lim_{a \to \infty} \Xi(a,m) = e^{-p}, \quad \textit{если} \quad \lim_{m, a \to \infty} m/a = p = const$$

Из этих соотношений можно убедиться, что во многих достаточно важных случаях плотность множества $S(a, m)$ вполне достаточная, чтобы рассматривать конечные конфигурации, составляющие его, в качестве самовоспроизводящихся конфигураций, т.е. определять еще один *новый* класс **KA**-моделей, которые существенно обладают воспроизводимостью в смысле *Мура* конечных конфигураций. На основе детального анализа подстановок *(13)* можно показать, что соответствующая им глобальная функция перехода модели *1–KA* обладает **НКФ** и **НКФ-3** в отсутствие неконструируемости **НКФ-1**; в то время как каждая **КФ** $c^* \in S(a,m)$ будет самовоспроизводящейся конфигурацией в смысле *Мура* для этих **KA**-моделей. Полученный результат не противоречит теореме 58, т.к. рассматриваемый класс моделей *d-KA* будет характеризоваться наличием *существенной* или *заметной* воспроизводимости в смысле *Мура* конечных **КФ**, однако не универсальной воспроизводимости конечных конфигураций.

Классическая нелинейная модель *1-KA* с простейшим индексом соседства и алфавитом состояний $A=\{0,1, ..., a-1\}$ представляет еще один пример такого рода; локальная функция перехода для такой модели определяется следующей формулой:

$$\sigma^{(2)}(x,y) = \begin{cases} x, \ \textit{if} \ y{=}0 \\ y, \ \textit{if} \ x{=}0 \quad ; \quad x,y \in A \\ x{\cdot}y \ (mod \ a), \quad otherwise \end{cases}$$

где $a = p^k$; $p \geq 3$ – простое число, а k – положительное целое число.

Нетрудно убедиться, такая модель не имеет неконструируемости **НКФ-1**, а также неконструируемости **НКФ**. В этой модели *конечные* конфигурации формата $c = \Box x_1 ... x_m \Box$; $x_k \in A \setminus \{0\}$ $(j = 1 .. m)$ являются самовоспроизводящимися в смысле *Мура*. Точнее, [48]: *Для каждой конфигурации* $c \in C(A,1,\phi)$ *существует такое целое* $w \geq 0$, *что* $c\tau^{(2)w}$ *является самовоспроизводящейся в смысле Мура конфигурацией*. Кроме того, полное множество $C(A,1,\phi)$ может быть сгенерировано посредством конфигураций из множества $G \subseteq$ **НКФ**.

Много специальных результатов в этом направлении можно найти в работах [8,32,36,44-49]. Классические **КА**-модели с универсальной воспроизводимостью привлекательны во многих отношениях. Эти результаты позволяют обнаружить немало полезных корреляций между *неконструируемостью* и универсальной воспроизводимостью для классических **КА**-моделей и решить ряд математических задач. Из анализа классических **КА**-моделей, обладающих в *существенной* степени воспроизводимостью в смысле *Мура* конечных **КФ**, вполне можно предположить, что *необходимое* условие сводится к тому, что локальные функции перехода $\sigma^{(n)}$ классических **КА**-моделей с этим свойством будут определяться параллельными *подстановками* вида:

$$x_1 x_2 x_3 \dots x_n \Rightarrow x^*_1 = \Phi(x_1, x_2, x_3, \dots, x_n) \qquad x_k, x^*_1 \in A \quad (k = 1 .. n)$$

где функция **Ф** основывается на операциях, образующих конечные *циклические* группы соответствующей степени на множестве **А** или его достаточно больших подмножествах. Рассматриваемые модели удовлетворяют указанному условию. В более широком контексте известные на сегодня классические **КА**-модели, которые обладают универсальной воспроизводимостью в смысле *Мура* и относятся к классу **КА**-моделей, обладающих свойством неконструируемости **НКФ-1** в отсутствие неконструируемости типа **НКФ**.

Наряду с продолжением исследований классических **КА**-моделей, обладающих свойством универсальной воспроизводимости, весьма интересно определить и другие классы **КА**-моделей, обладающих определенным *общим* свойством, интересным как с теоретической, так и с прикладной точек зрения, и эффективно охарактеризовать эти классы в терминах новых или ранее исследованных концепций и категорий. Таким образом, с учетом этого вопроса исследование **CSAG**-класса **КА**-моделей с симметричными функциями $\tau^{(n)}$ $\{\sigma^{(n)}\}$ является довольно интересным. Анализ множества классических моделей **d-КА** (**d=1,2**) из класса **CSAG** на основе как теоретических, так и компьютерных исследований [45] позволил сформулировать достаточно интересное предложение о том, что в подклассе **CSAG** существует *бесконечное* множество моделей, обладающих свойством *универсальной* или *существенной* воспроизводимости в смысле *Мура* конечных конфигураций. Итак, следующее довольно интересное предложение представляется нам вполне убедительным:

В среде классических d-КА (d ≥ 1) с симметричными глобальными функциями перехода $\tau^{(n)}$, не обладающими неконструируемостью *типа НКФ при наличии неконструируемости НКФ-1, существует бесконечно много моделей d-КА (d ≥ 1), обладающих универсальной либо существенной воспроизводимостью в смысле Мура.*

Известно, что доля классических моделей **d-КА** (**d ≥ 1**), которые не обладают **НКФ** (**НКФ-3**), стремится к **1** с ростом размера шаблона соседства и / или числа элементов алфавита **А** элементарного **КА**-автомата. Между тем, класс моделей, удовлетворяющих условиям вышеприведенного предложения, достаточно представительный. Так, уже для классического бинарного **1-КА** мощность этого класса не меньше, чем $N(n) = 2^{2^{2n-3}}$.

$$\begin{cases} (\forall < x_1, x_2, ..., x_{n-1} >)(\sigma^{(n)}(x_1, x_2, ..., x_{n-1}, x_n) \neq \sigma^{(n)}(x_1, x_2, ..., x_{n-1}, x_n^*)) \\ (\forall < x_1, x_2, ..., x_{n-1}, x_n >)(\sigma^{(n)}(x_1, x_2, ..., x_{n-1}, x_n) = \sigma^{(n)}(x_n, x_{n-1}, ..., x_2, x_1)) \\ x_k, x_k^* \in A = \{0, 1, 2, 3, ..., a-1\}; \quad k = 1..(n-1); \quad n \geq 2 \end{cases} \quad (15)$$

Такую оценку можно получить, рассматривая *классические* модели **1-КА**, чьи **ЛФП** $\sigma^{(n)}$ определяются соотношениями *(15)*. Несложно убедиться, классические **КА**-модели, определенные таким образом, будут обладать полностью симметричным **ЛФП** и не будут иметь **НКФ** и **НКФ-3** [47]. В случае классического **1-КА(a,n)** для каждого целого **a>1** существует *размер* шаблона соседства **n**, с которого *число* моделей с нелинейными симметричными **ЛФП**, не обладающими **НКФ** (**НКФ-3**), будет расти быстрее, чем число моделей с *линейными* симметричным **ЛФП**. Так, для бинарных моделей **1-КА** $M(n) = 2^{n-2}$ и указанное соотношение справедливо, начиная уже с **n = 5**.

На первый взгляд, множество классических **КА**-моделей, которые полностью определяются симметричными **ЛФП**, не обладающими **НКФ** при наличии для них **НКФ-1**, исчерпывает все **КА**-модели, характеризующиеся свойством универсальной воспроизводимости в смысле *Мура* конечных конфигураций. Но, как было показано в [8,49], это утверждение, скорее всего, неверно, и класс **КА**-моделей со свойством *самовоспроизведения* конечных **КФ** может быть более широким. Проблема была исследована теоретическими методами наряду с компьютерным моделированим динамики классических **КА**-моделей размерностей 1 и 2. В частности, для компьютерного исследования динамики классических моделей **1-КА**, локальные функции которых *симметричны*, в системе **Mathematica** создан ряд процедур, позволяющих исследовать свойство воспроизводимости в смысле *Мура* конечных конфигураций по отношению к **ЛФП** [42]. Именно с экспериментами с данными процедурами существенно утвердилось наше *предположение, что класс моделей 1–КА, которые обладают универсальной или существенной воспроизводимостью в смысле Мура конечных конфигураций, значительно шире класса линейных КА–моделей.* Ряд весьма интересных результатов в этом направлении можно найти в [8,32,36,44-49]. Таким образом, вполне можно предположить, что *симметрия* глобальных функций наряду с отсутствием для них *неконструируемости* **НКФ** является одной из предпосылок *универсальной* либо *существенной* воспроизводимости конечных конфигураций в классических **КА**–моделях. В этой связи можно сформулировать довольно интересное утверждение [44-49].

Среди всех классических моделей d–КА с симметричными ГФП $\tau^{(n)}$ ($d \geq 1$; $n \geq d+1$), которые обладают неконструируемостью НКФ–1 в отсутствие неконструируемости НКФ, существует бесконечно много моделей (не обязательно линейных), обладающих свойством универсальной либо существенной воспроизводимости конечных конфигураций в смысле Мура; предполагается, что существенная воспроизводимость имеет место тогда, когда воспроизводимость присуща более чем половине всех конечных конфигураций.

Между тем, воспроизводимость обусловлена не только *симметрией* **ГФП.** Линейные глобальные функции перехода $\tau^{(n)}$, чьи *локальные* функции перехода имеют вид $\sigma^{(n)}(x_1, x_2, ..., x_n) = \sum_j b_j x_j \ (mod \ p^k)$, где *p – простое число, k – положительное целое*; $b_1, b_n \in A \setminus \{0\}, x_j \in A \ (j=2..n-1)$ обладают свойством универсальной воспроизводимости в смысле *Мура.* Число таких глобальных функций перехода в зависимости от значений параметров *a* и *n* определяется следующей формулой:

$$N(a,n) = (a-1)a^{(n-2)/2} * \begin{cases} 1, & \text{if } n - \text{an even number} \\ \sqrt{a}, & \text{otherwise} \end{cases}$$

Более того, среди глобальных функций перехода этого класса доля *симметричных* функций $\tau^{(n)}$ есть $1/[(a-1)a^{(n-k)/2}]$ *(где k=2 для четного целого n; в противном случае k = 1).* Итак, с ростом значения *n* и / или *a* доля функций быстро уменьшается. Среди всех симметричных и несимметричных глобальных функций $\tau^{(n)}$ существуют функции, обладающие *универсальной* либо *существенной* воспроизводимостью и отличающиеся от *линейных* глобальных функций [27,44-49,63,64].

Нетрудно убедиться, что одним из простых примеров нелинейных моделей, обладающих свойством *универсальной* воспроизводимости в смысле *Мура* конечных конфигураций, модель **1-КА** с индексом соседства $X=\{0,1\}$, алфавитом $A=\{0,1,2\}$ и с локальной функцией $\sigma^{(2)}$, определяемой следующей формулой:

$$\sigma^{(2)}(x,y) = \begin{cases} x+y \ (mod \ 3), & if \ x=0 \\ x+y+1 \ (mod \ 3), & if \ x=1 \\ x*y+1 \ (mod \ 3), & if \ x=2 \end{cases}$$

вполне может служить. Кроме того, было показано, что *нелинейные* **КА**-модели из класса моделей *1-КА* с индексом соседства $X = \{0,1\}$, алфавитом $A = \{0,1, ..., a-1\}$ *(a – простое число)* и с **ЛФП** $\sigma^{(2)}$, которые определяются следующей формулой:

$$\sigma^{(2)}(x,y) = \begin{cases} x+y \ (mod \ a), & if \ x=0 \\ x*y+1 \ (mod \ a), & if \ x=a-1 \\ x+y+1 \ (mod \ a), & otherwise \end{cases}$$

обладают универсальной либо существенной воспроизводимостью в смысле *Мура* конечных конфигураций. Имеются и другие весьма интересные примеры нелинейных **КА**-моделей, которые обладают универсальной либо существенной воспроизводимостью в смысле *Мура* конечных конфигураций [27,32,36,44-49,173-177].

До сих пор распространенной точкой зрения была универсальная *воспроизводимость* в смысле *Мура* в *линейных* классических моделях, связанная с алфавитом состояний, чья мощность определяется как $a=p^k$, где p – простое число, а k – положительное целое. Между тем, проведенные нами исследования, базирующиеся на теоретических результатах наряду с компьютерным моделированием, позволили доказать актуальность более общего результата [44-49], а именно:

Для линейной классической модели d-КА (d≥1) с алфавитом A={0,1, ..., g-1} (где g может иметь вид 2ᵏ; k - положительное целое число), обладающей универсальной воспроизводимостью в смысле Мура, существует хотя бы 1 нелинейная КА-модель, обладающая тем же свойством универсальной воспроизводимости в смысле Мура.

В качестве примера можно представить классические модели *1-КА* с индексом соседства $X=\{0,1\}$ и алфавитом $A=\{0,1,2, ..., a-1\}$, где a не может быть представлено в виде p^k *(p – простое, а k – положительное целое)*, чьи локальные функции перехода определяются формулой:

$$\sigma^{(2)}(x,y) = \begin{cases} 0, & if \ x=y \\ a-1, & if \ x+y=a-1 \ ; \\ \sigma^{(2)}(y,x), & otherwise \end{cases} \quad x,y \in A = \{0,1,2,...,a-1\}$$

$$(\forall c)(\forall b,d)(b \neq d \to \sigma^{(2)}(c,b) \neq \sigma^{(2)}(c,d)); \quad b,c,d \in A$$

Показано, что **KA**–модели этого подкласса обладают существенной или универсальной воспроизводимостью в смысле *Мура* конечных конфигураций. Примером может служить модель **1-KA** с индексом соседства **X={0,1}** и алфавитом **A = {0,1,2,3}**, чья локальная функция перехода $\sigma^{(2)}$ определяется параллельными подстановками вида:

$00 \to 0$	$10 \to 1$	$20 \to 2$	$30 \to 3$	$01 \to 1$	$11 \to 0$	$21 \to 3$	$31 \to 2$
$02 \to 2$	$12 \to 3$	$22 \to 0$	$32 \to 1$	$03 \to 3$	$13 \to 2$	$23 \to 1$	$33 \to 0$

Такая нелинейная **KA**–модель обладает свойством универсальной воспроизводимости в смысле *Мура*, отличаясь от линейной модели с локальной функцией $\sigma^{(2)}(x,y) = bx+cy \ (mod\ 4); b,c,x,y \in A$, которая обладает тем же свойством. Кроме того, для частичной генерации заданного числа копий определенной конечной конфигурации во втором случае требуется гораздо больше шагов. Так, генерация **10** копий конфигурации «*13023212001030131213032212213*» с линейной функцией $\sigma^{(2)}(x,y) = x+y \ (mod\ 4); x,y \in A=\{0,1,2,3\}$ требует *1985* шагов модели, в то время как упомянутая *нелинейная* модель, обладающая тем же свойством универсальной *воспроизводимости* в смысле *Мура* конечных конфигураций, требует только *481* шаг. При этом, такое соотношение справедливо для многих конфигураций. Интересно отметить, что во многих случаях нелинейные модели существенно *эффективнее* генерируют нужное число копий воспроизводящихся конечных конфигураций, чем соответствующие *линейные* модели, определенные в том же самом алфавите.

С другой стороны, исследования выше отмеченного **CSAG**–класса симметричных локальных функций перехода показали, что в нем имеются модели, обладающие *универсальной* воспроизводимостью в смысле *Мура* в случае составных чисел *a* как мощности алфавита **A**, тогда как *линейные* модели при этом условии не обладают данным свойством. Так, в случае мощности **6** линейная модель с указанным свойством отсутствует, в то время как нелинейная модель с **ЛФП**, определяемой следующими параллельными подстановками, этим свойством обладает [27,44-49,173-177]:

$00 \to 0$	$10 \to 1$	$20 \to 2$	$30 \to 3$	$40 \to 4$	$50 \to 5$
$01 \to 1$	$11 \to 0$	$21 \to 4$	$31 \to 2$	$41 \to 5$	$51 \to 3$
$02 \to 2$	$12 \to 4$	$22 \to 0$	$32 \to 5$	$42 \to 3$	$52 \to 1$
$03 \to 3$	$13 \to 2$	$23 \to 5$	$33 \to 0$	$43 \to 1$	$53 \to 4$
$04 \to 4$	$14 \to 5$	$24 \to 3$	$34 \to 1$	$44 \to 0$	$54 \to 2$
$06 \to 5$	$15 \to 3$	$25 \to 1$	$35 \to 4$	$45 \to 2$	$55 \to 0$

Есть много других интересных примеров *классических* **KA**–моделей, обладающих *универсальной* либо *существенной* воспроизводимостью в смысле *Мура* конечных конфигураций. Часть из них получена на основе компьютерного моделирования в результате исследования проблемы универсальной воспроизводимости в смысле *Мура*, что подвигло нас сформулировать следующее предположение:

Множество всех классических моделей 1–КА, которые обладают универсальной воспроизводимостью в смысле Мура, формируют подмножество моделей, локальные переходные функции которых удовлетворяют следующему определяющему соотношению:

$$\left\{(\forall c \in A)(<x_2,...,x_n> \neq <y_2,...,y_n> \to \sigma^{(n)}(c,x_2,...,x_n) \neq \sigma^{(n)}(c,y_2,...,y_n))\right\} \&$$

$$\left\{(\forall <x_2,...,x_n>)(b \neq d \to \sigma^{(n)}(b,x_2,...,x_n) \neq \sigma^{(n)}(d,x_2,...,x_n))\right\}$$

$$b,c,d \in A; \quad x_j,y_j \in A; \quad j=2..n; \quad A=\{0,1,...,a-1\}$$

Число таких моделей не менее $[(a-1)!]^2$. Проведенное исследование позволяет говорить о достаточно высокой степени достоверности предположения для *1*–мерного случая. Кроме того, в случае более высокой размерности *предположение* также кажется справедливым.

Между тем, использование нестандартных методов позволило нам обнаружить ряд других интересных классов **КА**–моделей, которые обладают существенной воспроизводимостью. В частности, можно определить полезную модификацию *логической* операции **XOR** над натуральными числами следующим образом, а именно:

Операция «x XOR1 y» с натуральными числами x и y определяется как побитовая операция XOR, но без переноса в старшие разряды с бинарными эквивалентами этих целых чисел x,y; при этом, длина бинарного представления w определяется длиной представления максимального целого числа, т.е. $w = max\{|x|, |y|\}$, например:

$$12 \ XOR1 \ 19 \equiv \begin{bmatrix} 01011_{12} \\ 10011_{19} \end{bmatrix} \equiv 11000 \equiv 24$$

Очевидно, что в двоичном случае указанная выше операция **XOR1** совпадает с классической операцией **XOR**. В то время как в случае множества $A=\{0,1,2,3\}$ таблица операции **XOR1** определяется как:

XOR1	000	001	010	011
000	000	001	010	011
001	001	000	011	010
010	010	011	000	001
011	011	010	001	000

XOR1	0	1	2	3
0	0	1	2	3
1	1	0	3	2
2	2	3	0	1
3	3	2	1	0

Нетрудно убедиться, что множество $A=\{0,1,...,h\}$ *(h – простое число)* образует конечную аддитивную группу *Абеля* с нейтральным *«0»*

Виктор Аладьев, Вячеслав Ваганов, Михаил Шишаков

элементом по отношению к операции **XOR1**; каждый элемент из **A** обладает единственным *обратным* элементом, который совпадает с самим собой. Простая процедура **& XOR1**, запрограммированная в системе **Maple** [41], обеспечивает выполнение операции **XOR1** над произвольным конечным множеством натуральных чисел; там же представлен исходный код процедуры вместе с ее использованием. Например, таблица **XOR1**-операции для множества **A**={0,1,2, ..., 31} позволяет выявить ее *структурную* организацию, представляющую самостоятельный интерес. Компьютерный и теоретический анализ *классических* **KA**-моделей показал, что при сделанных допущениях может быть сформулировано следующее предложение [27,47].

<u>Теорема 65.</u> Классическая модель d–KA (d≥1) с алфавитом A={0,1,2, ..., j} (j – произвольное простое число), локальная функция перехода $\sigma^{(n)}$ которой определяется формулой $\sigma^{(n)}(x_1,...,x_n)$=&XOR1$(x_1,...,x_n)$, обладает универсальной воспроизводимостью в смысле Мура.

Показано, что данный результат экстраполируется на *классические* модели **d–KA** (d ≥ 1) с произвольным индексом соседства. Поэтому вполне уместно сформулировать следующее заключение:

Класс моделей d–KA (d ≥ 1) относительно свойства универсальной воспроизводимости в смысле Мура шире, чем класс KA-моделей, определяемых линейными локальными функциями перехода $\sigma^{(n)}$ и их суперпозициями. Число таких линейных моделей 1–KA(a,n) есть $(a-1)^2 a^{(n-2)}$ (где a – простое число).

Теорема **65** в значительной степени дает ответ на важный вопрос о существовании классических **KA**-моделей, отличных от линейных **KA**-моделей, обладающих универсальной воспроизводимостью в смысле *Мура* конечных конфигураций. При этом, предположение, которое позволяет более широко рассматривать класс **KA**-моделей, обладающих *универсальной* либо *существенной* воспроизводимостью в смысле *Мура* конечных конфигураций, формулируется ниже.

Ввиду довольно сложной динамики многих классических моделей *1–KA* уже даже в случае *бинарного* алфавита метод компьютерного моделирования с полным основанием можно отнести к основным составляющим аппарата исследования классических **KA**-моделей. Такой метод позволяет не только эмпирически изучать динамику **KA**-моделей и достаточно эффективно ее визуально отображать, но и дает достаточно неплохие возможности для формулировки различных гипотез, некоторые из которых уже получили строгое теоретическое обоснование, в то время как другие стимулировали ряд достаточно интересных исследований. Наряду с описанными процедурами было создано *специальное* программное обеспечение разной сложности для компьютерного исследования различных аспектов **КА**-проблематики, прежде всего динамики **КА**-моделей размерностей *1* и *2* [27,41,42,44-49,63,64,173-177].

Так, этот метод позволил сформулировать и в значительной мере подтвердить *одну* довольно интересную гипотезу о существовании подмножества множества одномерных симметричных глобальных функций перехода, не обладающих *неконструируемостью* **НКФ** при наличии для них неконструируемости типа **НКФ-1** и для которых имеет место универсальная воспроизводимость конечных **КФ.** Эти исследования представляются нам весьма интересными, позволяя в случае положительного решения получить полезные *взаимосвязи* между *алгебраическими* свойствами глобальных функций перехода и проблемой неконструируемости в классических **КА**-моделях.

Так, компьютерное моделирование *1–КА* с алфавитом *A={0,1,..., a}*, индексом соседства *X={0,1,...,n-1}* и локальной функцией перехода

$$\sigma^{(n)}(x_1, x_2, ..., x_n) = XOR1(x_1, x_2, ..., x_n); \quad x_j \in \{0, 1, ..., a\}; \ a - положительное \ целое; \ j=1..n$$

позволяет получить немало довольно интересных результатов [42]. Итак, в таких моделях из произвольных конечных конфигураций *x* в алфавите *A* генерируются последовательности конфигураций, содержащие подпоследовательности конфигураций *вида $x0^{j1}...x^{jk}S$* *($j_k≥0$; k=1..∞), 0^{jk}* - строка *0...0* длины *j_k;* при этом, *j1..jk* - *палиндром.* Для моделирования подобных моделей *1–КА* был использован ряд процедур, запрограммированных в **Mathematica.** Эти процедуры наряду с другим программным обеспечением позволили получить целый ряд интересных результатов, связанных с конструктивными возможностями классических моделей *d–КА (d=1,2)*, включая также воспроизводимость в смысле *Мура* конечных конфигураций. Такие результаты по динамическим свойствам *d–КА (d=1,2)* можно найти, в частности, в наших работах [27,41,42,44-49,63,64,173-177].

Метод моделирования с применением указанного программного обеспечения позволил определить ряд типов *классических* моделей *1–КА*, обладающих свойством существенной воспроизводимости конечных конфигураций наряду с некоторыми другими довольно интересными *динамическими* свойствами **КА**-моделей этого класса [44-49] Так, в результате таких экспериментальных исследований была обнаружена модель *1-КА* с индексом соседства $X=\{0,1\}$ наряду с алфавитом $A = \{0,1,2\}$ и локальной функцией перехода $\sigma^{(2)}(x, y) = x\Theta y;\ x,y \in A$, где Θ-операция определяется следующей таблицей:

Θ	0	1	2
0	0	2	1
1	2	0	1
2	1	2	0

Показано, модель *1-КА* не обладает неконструируемостью *НКФ*, в то время как конечная конфигурация такая, как $c^*=\Box x_1 x_2 x_3 x_4 \ldots 21\Box$ $\{x_1,x_2,x_3,x_4 \in A\}$ является конфигурацией *НКФ-1* для данной модели [47]. Экспериментальные исследования упомянутой модели *1-КА* подтвердили наличие *существенной* воспроизводимости конечных конфигураций для такой классической модели *1-КА*.

Между тем, целый ряд исследований в этом направлении позволил сформулировать немало интересных предположений, из которых можно отметить следующее. Теоретические и экспериментальные исследования классических моделей *1-КА* показали, что в качестве моделей, обладающих общим свойством, могут быть *КА*-модели, обладающие универсальной воспроизводимостью в смысле *Мура* конечных конфигураций. В качестве классической модели *1-КА* выбрана модель с индексом соседства $X=\{0,1\}$ и алфавитом $A=\{0,1,2, \ldots,a-1\}$. На множестве A задана *бинарная* $\otimes$-операция, определяемая следующей $\otimes$-таблицей, а именно:

$\otimes$	0	1	2	.....	$a-2$	$a-1$
0	0	$x_{0,1}$	$x_{0,2}$	.....	$x_{0,a-2}$	$x_{0,a-1}$
1	$x_{1,0}$	$x_{1,1}$	$x_{1,2}$	.....	$x_{1,a-2}$	$x_{1,a-1}$
2	$x_{2,0}$	$x_{2,1}$	$x_{2,2}$	.....	$x_{2,a-2}$	$x_{2,a-1}$
.....	....	....	....	.....	....	....
$a-2$	$x_{a-2,0}$	$x_{a-2,1}$	$x_{a-2,2}$	.....	$x_{a-2,a-2}$	$x_{a-2,a-1}$
$a-1$	$x_{a-1,0}$	$x_{a-1,1}$	$x_{a-1,2}$	.....	$x_{a-1,a-2}$	$x_{a-1,a-1}$

Элементы представленной таблицы, определяющие $\otimes$-операцию, удовлетворяют следующим определяющим условиям, а именно:

$$(\forall h,j,k)(j \neq k \to x_{h,j} \neq x_{h,k})\,\&\,(\forall h,j,k)(j \neq k \to x_{j,h} \neq x_{k,h})$$
$$x_{h,j},\,x_{h,k},\,x_{j,h},\,x_{k,h} \in A = \{0,1,\ldots,a-1\};\quad h,k,j = 0..a-1$$

Суть этих условий состоит в том, что столбец и строка $\otimes$-таблицы содержат строго один вход элементов алфавита *A*. Например, мы можем ограничиться лишь условием, что $\otimes$-операция на алфавите **A** образует конечную группу *Абеля*. Так, из экспериментального и теоретического изучения классических моделей *1-КА* с индексами соседства $X1=\{0,1\}$ и $X2=\{0,1,2\}$ вместе с алфавитом $A=\{0,1,...,a-1\}$ *(a = 2..5)* есть весьма убедительные аргументы, чтобы сформулировать следующее интересное предположение, а именно:

Классическая модель d–KA (d≥1) с индексом соседства $X=\{0,1,...,n-1\}$ и алфавитом $A=\{0,1,2, ..., a-1\}$, чья локальная функция перехода $\sigma^{(n)}$ определяется формулой $\sigma^{(n)}(x_0,x_1,...,x_{n-1})=\otimes(x_0,x_1,...,x_{n-1})$, обладает универсальной воспроизводимостью в смысле Мура конечных КФ, где x_j – координаты элементарного автомата шаблона соседства в однородном пространстве Z^d (d ≥ 1; j = 0..n-1).

Для проверки этого предположения использовалось компьютерное моделирование, в результате которого были получены достаточно интересные экспериментальные результаты [46]. Более того, можно показать, что в случае справедливости этого *предположения* помимо линейных классических моделей *d–KA (d≥1)* будет существовать не менее $[(a-1)!]^2$ *КА*-моделей с алфавитом $A=\{0,1, ..., a-1\}$ и индексом соседства $X=\{x_0,x_1, ..., x_{n-1}\}$, чьи локальные функции перехода $\sigma^{(n)}$ определяются по приведенной выше формуле и которые обладают универсальной воспроизводимостью в смысле *Мура* конечных **КФ**. Этот результат позволит достаточно заметно расширить класс **КА**-моделей с упомянутым интересным свойством генерации *конечных* конфигураций; с другой стороны, $\otimes$-операции могут представить определенный интерес при изучении классических **КА**-моделей.

Анализ подобных примеров в совокупности с рядом *теоретических* соображений позволяет нам прийти к выводу об отсутствии какой-либо *первопричины* линейности классических **КА**-моделей, которая составляет фундамент свойства универсальной или существенной воспроизводимости в смысле *Мура* конечных конфигураций. Более точно, и *универсальная*, и *существенная* воспроизводимость в смысле *Мура* конечных конфигураций имеет более глубокие корни, и их выявление представляет несомненный интерес.

В любом случае, исходя из представленных результатов, получены довольно интересные примеры классических **КА**-моделей, которые обладают универсальной воспроизводимостью и которые отличны как от класса линейных классических моделей, так и от широкого класса **КА**-моделей, сформированных посредством композиции их

ГФП, и обладающих свойством универсальной воспроизводимости в смысле *Мура* конечных конфигураций.

В случае положительного решения вопроса наличия *универсальной* воспроизводимости в смысле *Мура* конечных **КФ**, в классических моделях, обладающих этим свойством, неконструируемость типа **НКФ** отсутствует при наличии неконструируемости типа **НКФ-1**. Следовательно, возникает довольно интересный вопрос, а именно: *существуют ли классические **КА**–модели, в которых конечная **КФ**, отличная от **НКФ**, будет самовоспроизводящейся в смысле Мура, либо «почти все» конечные **КФ**, отличные от конечных **КФ** типа **НКФ**, будут обладать воспроизводимостью в смысле Мура?* Этот вопрос интересен ввиду возможности *самовоспроизведения* в случае сужения множества конечных **КФ** до множества $C(A,d,\phi) \backslash$**НКФ**. К сожалению, на сегодня данный вопрос открыт; это в полной мере относится к проблеме существенной воспроизводимости в смысле *Мура*, однако наше исследование позволяет ожидать на этот вопрос отрицательный ответ.

Вообще говоря, самовоспроизводимость в **КА**-моделях изучается в отношении конечных конфигураций, однако такое явление также может быть обобщено и на случай бесконечных конфигураций. Одно из возможных *обобщений* может быть определено следующим образом. Пусть *S* - случайно сгенерированная строка элементов из алфавита *A*={0,1, ..., *a–1*} длины *n*, где *a* – простое число (*эта строка имитирует бесконечную конфигурацию модели 1–КА*), разбиваемая на равные непересекающиеся подстроки длины *m* << *n*. В результате многочисленных компьютерных экспериментов стало возможным сформулировать *предположение*, определяющее такое явление, как самовоспроизведение на случай бесконечных **КФ** в классических одномерных **КА**–моделях:

*Для целых чисел p и d будет существовать строка S (одномерная **КФ**, составленная из элементов алфавита A) такой длины, что применение к ней глобальной функции перехода* $\tau^{(n)}$*, определяемой строго линейной локальной функцией перехода* $\sigma^{(n)}$*, определенной в том же самом алфавите A, через не более чем d шагов модели 1-КА с указанной выше линейной функцией перехода генерирует строку, которая содержит p непересекающихся копий существенной доли вышеуказанных подстрок длины m.*

Эксперименты проводились, используя среди прочего, процедуру *InfiniteCF*, запрограммированную в системе *Mathematica* [27,42].

Следует отметить, что исследования экстремальных динамических свойств конечных конфигураций играют довольно важную роль в математической теории *классических* **КА**-моделей. В этом контексте желательно рассмотреть также и другие понятия экстремальности, отличающиеся от универсальной воспроизводимости либо иные, существенно значимые. В этом направлении нами рассматривается ряд новых концепций. Между тем, следует отметить, что *сложность* их теоретического исследования довольно высока, требуя подхода на основе *компьютерного* моделирования. С этой целью нами были запрограммированы большие пакеты процедур в системах **Maple** и **Mathematica** [41,42], что позволило получить значительное число экспериментальных результатов. Первые полученные результаты в данном направлении позволяют говорить о достаточно неплохой *эффективности* такого подхода. В последующем нами планируется представить наиболее интересные в этом направлении результаты.

В частности, представляется довольно интересным компьютерное изучение динамических свойств, включая самовоспроизводимость, классических строго линейных моделей *d–КА* (*d ≥ 1*) с алфавитом *A*={0,1,2,...,a–1} и индексом соседства, который случайным образом изменяется в пределах *основного* шаблона соседства. Компьютерное исследование таких моделей *d–КА* (*d = 1, 2*) уже дало ряд довольно интересных свойств, связанных с их динамикой. Дополнительно к этому рассматриваются классические модели *d–КА* с *произвольным* алфавитом *A*={0,1,2, ..., a–1} и фиксированным индексом соседства наряду с тем, что на каждом шаге локальная функция $\sigma^{(n)}$ модели *d–КА* (*d ≥ 1*) изменяется случайным образом в пределах множества всех допустимых локальных функций перехода.

Компьютерное исследование *одномерных* классических **КА**-моделей на предмет обладания ими свойства воспроизводимости в смысле *Мура* конечных конфигураций *выявило* немало таких моделей, чьи локальные функции перехода отличаются от указанных линейных [27,44-49]. В качестве примера таких моделей сначала рассмотрим классическую модель *1–КА* с алфавитом *A*={0,1, ..., a} (*a+1 = p^h; p, h - простые числа*), индексом соседства *X*={0,1} и с локальной функцией перехода, представленной таблицей параллельных подстановок:

00 → 0	10 → a	20 → a-1	30 → a-2	... ...	a0 → 1
01 → 1	11 → 0	21 → a	31 → a-2	... ...	a1 → 2
02 → 2	12 → 1	22 → 0	32 → a	... ...	a2 → 3
03 → 3	13 → 2	23 → 1	33 → 0	... ...	a3 → 4

04 → 4	14 → 3	24 → 2	34 → 1	... ...	a4 → 5
05 → 5	15 → 4	25 → 3	35 → 2	... ...	a5 → 6
06 → 6	16 → 5	26 → 4	36 → 3	... ...	a6 → 7
07 → 7	17 → 6	27 → 5	37 → 24	... ...	a7 → 8
... ...	... ...	... ...	... ...	... ...	... ...
0a → a	1a → a-1	2a → a-2	3a → a-3	... ...	aa → 0

Следующая схема прекрасно иллюстрирует принцип организации параллельных подстановок, определяющих локальную функцию перехода классической модели *1–КА* с индексом соседства *X*={0,1} и алфавитом состояний *A* = {0,1,2,3,4,5,6} единичного автомата такой модели. Таким образом, из такой схемы следует, что параллельные подстановки с левыми частями, которые представлены специально организованными кортежами {*xy*} (*x,y*∈*A*), принимают значения из алфавита *A* в качестве *правых* частей, расположенных симметрично вверх и вниз относительно линии нулевых значений.

```
00 → 0  10 → 6  20 → 5  30 → 4  40 → 3  50 → 2  60 → 1
01 → 1  11 → 0  21 → 6  31 → 5  41 → 4  51 → 3  61 → 2
02 → 2  12 → 1  22 → 0  32 → 6  42 → 5  52 → 4  62 → 3
03 → 3  13 → 2  23 → 1  33 → 0  43 → 6  53 → 5  63 → 4
04 → 4  14 → 3  24 → 2  34 → 1  44 → 0  54 → 6  64 → 5
05 → 5  15 → 4  25 → 3  35 → 2  45 → 1  55 → 0  65 → 6
06 → 6  16 → 5  26 → 4  36 → 3  46 → 2  56 → 1  66 → 0
```

Вышеприведенная схема весьма прозрачна, применима к любому *конечному* алфавиту *A* и не требует каких-либо особых пояснений. Например, схема легко программируется как процедура, чей вызов *SymmetricLTF[A]*, где аргумент *A* задает алфавит *A*={0,1, ..., *a*} (*a* ≤ 9) классической *модели 1–КА* с индексом соседства *X*={0,1}, возвращает *список* параллельных подстановок, определяющих требуемую *ЛФП* модели. В некоторых случаях полученные таким образом модели *1–КА* могут совпадать с *линейными* моделями. Указанная процедура распространяется на модели *1–КА* с индексом соседства *X*={0,1, ..., *n–1*}. Было бы очень интересно распространить описанную выше технику на случай *КА*-моделей больших размерностей.

В свете вышеизложенного весьма целесообразно уточнить влияние *симметрии* локальных функций перехода на воспроизводимость в смысле *Мура* конечных *КФ* в классических *КА*-моделях. Приведен ниже пример строго линейной локальной функции перехода σ$^{(n)}$ с алфавитом *A*={0,1,2,3,4,5,6} и индексом соседства *X*={0,1}, имеющей *симметричность* нижепредставленной схемы относительно *главной диагонали* со свойством *воспроизводимости* в смысле *Мура* конечных конфигураций.

```
00 → 0    10 → 1    20 → 2    30 → 3    40 → 4    50 → 5    60 → 6
01 → 1    11 → 2    21 → 3    31 → 4    41 → 5    51 → 6    61 → 0
02 → 2    12 → 3    22 → 4    32 → 5    42 → 6    52 → 0    62 → 1
03 → 3    13 → 4    23 → 5    33 → 6    43 → 0    53 → 1    63 → 2
04 → 4    14 → 5    24 → 6    34 → 0    44 → 1    54 → 2    64 → 3
05 → 5    15 → 6    25 → 0    35 → 1    45 → 2    55 → 3    65 → 4
06 → 6    16 → 0    26 → 1    36 → 2    46 → 3    56 → 4    66 → 5
```

Определим группу классических моделей **1-КА** с симметричными *локальными* функциями перехода и попытаемся выявить *отношения* с воспроизводимостью в смысле *Мура* конечных конфигураций. В качестве наглядного примера рассмотрим конкретную локальную функцию перехода классической модели **1-КА** с алфавитом **А={0,1, 2,3,4}**, которая принадлежит данной группе.

$$00 \to 0 \quad 10 \to b \quad 20 \to c \quad 30 \to d \quad 40 \to e$$
$$01 \to b \quad 11 \to e \quad 21 \to d \quad 31 \to e \quad 41 \to 0$$
$$02 \to c \quad 12 \to d \quad 22 \to e \quad 32 \to 0 \quad 42 \to b \qquad (16)$$
$$03 \to d \quad 13 \to e \quad 23 \to 0 \quad 33 \to b \quad 43 \to c$$
$$04 \to e \quad 14 \to 0 \quad 24 \to b \quad 34 \to c \quad 44 \to d$$

Кортежи **<b,c,d,e>** – произвольные *перестановки* четырех элементов **b,c,d,e∈А\{0}**. Сам принцип определения *симметричных* локальных функций перехода **КА**-моделей этой группы легко узреть из схемы *(16)*. Очевидно, что число элементов такой группы равно *(а–1)!*.

Теоретически и на основе компьютерного анализа показано [45,49], что модели этой группы обладают свойством универсальной или существенной воспроизводимости в смысле *Мура* конечных **КФ** и имеют достаточно интересную динамику генерации копий самовоспроизводящихся конечных конфигураций.

Таким образом, довольно естественно предположить, что свойство универсальной воспроизводимости в смысле *Мура* конечных **КФ** в классических **КА**-моделях в *первую* очередь основано на некоторой форме полной или существенной симметрии локальных функций перехода относительно *главных диагоналей* структурно *оформленных* правил подстановок, определяющих *локальные* функции перехода наряду с отсутствием *неконструируемости* типа **НКФ** при наличии неконструируемости **НКФ–1**, но не их *линейности*. Кроме того, для алфавита *A*={0,1,2,3, ..., *a*} при (*a*+1) = *p^h*, где *p,h* – простые числа или *h*=1 скорость генерации копий начальных конфигураций одной и той же длины, как правило, зависит от типа симметрии локальных функций перехода описанного выше типа.

Итак, классическая модель *1–КА* с локальной функцией перехода, определенной параллельными подстановками *(16)*, из конфигурации *w*="42030334402223240011324211213123434104322424332031130" будет генерировать конфигурацию, содержащую 62 непересекающихся копии конфигурации *w* за *15500* шагов, тогда как строго линейная классическая модель *1–КА* с тем же алфавитом *A* и тем же индексом соседства генерирует 62 непересекающихся копии той же *КФ w* за *15500* шагов также, тогда как для других типов *КА*-моделей, также имеющих свойство и воспроизводимости в смысле *Мура* конечных конфигураций, эту скорость оценивать достаточно сложно.

Структура выше указанной локальной функции перехода также обобщается на случай классических моделей *1–КА* с алфавитом *A*= {0,1,...,*a*-1} и индексом соседства *X*={0,1,...,*n*-1} следующим образом. Всевозможные наборы <*x1...xn*> (*xj*∈*A*; *j*=1..*n*), на которых задается локальная функция перехода $\sigma^{(n)}(x_1, x_2, ..., x_n)$ нашей модели *1–КА*, группируются следующим образом, а именно:

$$
\begin{array}{l|ll}
x1x2...xn\text{-}1 & 0 & \to x`_o \\
x1x2...xn\text{-}1 & 1 & \to x`_1 \\
======== & === & a = p^h;\ p,h\ -\ \text{простые};\ x_j \in A;\ j=1..n\text{-}1 \\
x1x2...xn\text{-}1 & a\text{-}1 & \to x`_{a-1}
\end{array}
\qquad (17)
$$

Очевидно, что из всех наборов <*x1x2...xn*> мы получаем a^{n-1} таких упорядоченных групп. Затем, начиная слева, в наборе таких групп, последовательно выбираем те группы формата *(17)*, чья локальная функция $\sigma^{(n)}(x_1,...,x_n)$ определяется аналогично указанный *1–КА* с минимальным индексом соседства. Как иллюстрацию структуры локальных функций перехода для общего случая моделей *1–КА* указанной группы приведем пример модели *1–КА*, определенной таким образом, с индексом соседства *X*={0,1,2}, алфавитом *A*={0,1,2} и локальной функцией перехода, определяемой параллельными подстановками следующим образом:

000→0 010→2 020→1 100→0 110→2 120→1 200→0 210→2 220→1
001→1 011→1 021→2 101→1 111→1 121→2 201→1 211→1 221→2
002→2 012→0 022→0 102→2 112→0 122→0 202→2 212→0 222→0

Многочисленные компьютерные исследования показали, модели **1-КА**, определенные таким образом, обладают воспроизводимостью в смысле *Мура* конечных конфигураций [8,44-49]. Однако, следует еще раз отметить, что скорость генерации заданного числа копий в таких моделях **1-КА** несоизмеримо ниже, чем в случае линейных моделей **1-КА** при условии *идентичности* их алфавитов и индексов соседства, а сам процесс генерации трудно формализовать в целом. Еще один типичный пример дает модель **1-КА** с алфавитом $A=\{0,1\}$, индексом соседства $X = \{0,1,2,3\}$ и с локальной функцией перехода, определяемой следующими параллельными подстановками:

$0000 \to 0$ $0010 \to 1$ $0100 \to 0$ $0110 \to 1$ $1000 \to 0$ $1010 \to 1$ $1100 \to 0$ $1110 \to 1$
$0001 \to 1$ $0011 \to 0$ $0101 \to 1$ $0111 \to 0$ $1001 \to 1$ $1011 \to 0$ $1101 \to 1$ $1111 \to 0$

Данная модель **1-КА** из случайно сгенерированной конфигурации $w = $ "1111011011111100110100100111001101010000000010101" за *8128* шагов генерирует *128* подкопий w в *выходной* конфигурации, тогда как *255* копий исходной конфигурации длины *62* генерируются на *16320* шагах этой **КА**-модели. Определенные таким образом модели **1-КА**, включая отличные от *линейных* моделей, обладают свойством воспроизводимости в смысле *Мура* конечных конфигураций.

Без потери общности, следующий фрагмент представляет общую схему организации симметричных локальных функций перехода для классической модели **1-КА** с алфавитом $A = \{0,1,2\}$ и индексом соседства $X=\{0,1,2\}$. На данной схеме (**W**) представлены 2 варианта симметрии локальных функций перехода – по отношению к двум *основным диагоналям подблоков* параллельных подстановок, которые составляют общий блок *упорядоченных* параллельных подстановок, определяющих локальную функцию перехода модели **1-КА**.

$000 \to 0$ $010 \to a$ $020 \to b$ $000 \to 0$ $010 \to b$ $020 \to a$
$001 \to a$ $011 \to b$ $021 \to 0$ $001 \to a$ $011 \to 0$ $021 \to b$
$002 \to b$ $012 \to 0$ $022 \to a$ $002 \to b$ $012 \to a$ $022 \to 0$

$\qquad\qquad (1) \qquad\qquad\qquad\qquad\qquad\qquad (2)$

$100 \to 0$ $110 \to a$ $120 \to b$ $100 \to 0$ $110 \to b$ $120 \to a$
$101 \to a$ $111 \to b$ $121 \to 0$ $101 \to a$ $111 \to 0$ $121 \to b$
$102 \to b$ $112 \to 0$ $122 \to a$ $102 \to b$ $112 \to a$ $122 \to 0$

$\qquad\qquad\qquad\qquad\qquad\qquad\qquad\qquad\qquad\qquad (W)$

$200 \to 0$ $210 \to a$ $220 \to b$ $200 \to 0$ $210 \to b$ $220 \to a$
$201 \to a$ $211 \to b$ $221 \to 0$ $201 \to a$ $211 \to 0$ $221 \to b$
$202 \to b$ $212 \to 0$ $222 \to a$ $202 \to b$ $212 \to a$ $222 \to 0$

В приведенной модели состояния удовлетворяют соотношениям a, $b \in A \setminus \{0\}$ ($a \neq b$). Определенная таким образом модель **1–КА** обладает неконструируемостью **НКФ-1** с отсутствием неконструируемости **НКФ**. Очевидно, что число различных классических моделей **1–КА** с локальными функциями перехода, определенными посредством вышеуказанных схем **(W)**, равно $2(a-1)!$. Теоретически и на основе достаточно обширного компьютерного анализа показано [7,44-49], что можно сформулировать следующее предположение, а именно:

*Классические модели **1–КА**, чьи локальные функции перехода будут определяться с помощью соотношений типа **(W)**, будут обладать существенной либо универсальной воспроизводимостью в смысле Мура конечных конфигураций. Данный результат обобщается на случай моделей **d–КА** больших размерностей ($d > 1$).*

Для определения локальной функции перехода с *симметрией* типа **(W)** произвольной классической модели **1–КА** в *Mathematica* была запрограммирована процедура *SymmetricalLTF; SymmetricalLTF* с рядом других средств, также запрограммированных в *Mathematica*, оказались полезными в компьютерном анализе *воспроизводимости* в смысле *Мура* в классических моделях **1–КА.**

До сих пор *классические* **КА**-модели рассматривались с точки зрения их максимальных генерационных возможностей по отношению к множеству $C(A,d,\phi)$ конечных конфигураций *независимо* от порядка их генерации. Однако вопрос о возможностях генерации заданной *истории* конечных **КФ** некоторой классической **КА**-моделью, т.е. последовательности **КФ** $<c_o>[\tau^{(n)}]$ в ее динамике, непосредственно примыкает к данной проблематике. Таким образом, вообще говоря, вопрос можно сформулировать следующим образом, а именно:

*Существует ли для заданной истории конечных конфигураций $\Omega = \{c_o \rightarrow c_1 \rightarrow c_2 \rightarrow c_3 \rightarrow c_4 \rightarrow ... \rightarrow c_k \rightarrow ...\}$ $c_o \in C(A,d,\phi)$, заданных в конечном алфавите А, глобальная функция перехода $\tau^{(n)}$, определенная в том же алфавите А и генерирующая указанную историю **КФ**, то есть, может ли иметь место соотношение $<c_o>[\tau^{(n)}] = \Omega$?*

Нетрудно убедиться, что ответ на этот вопрос в целом отрицателен [5,8,11,13,44-49]. Более того, в алгоритмическом контексте проблема определения возможностей генерации Ω–истории конечных **КФ** с помощью классической **КА**-модели неразрешима [8]. Кроме того, с точки зрения изучения *фундаментальных* свойств **КА**-моделей было бы желательным определить и исследовать и другие плодотворные концепции универсальности **КА**–моделей, которые отличаются от вычислимости и воспроизводимости конечных конфигураций.

Исследование свойств особых типов конфигураций *(периодических, пассивных, исчезающих и т.д.)* в классических **КА**–моделях интересно как с узкоспециальной, так и с того либо иного уровня общности точки зрения в рамках **КА**–проблематики. В частности, пассивные **КФ** играют важную роль в случае, когда классические **КА**–модели рассматриваются как алгоритмы параллельной обработки или при погружении в них различных процессов и объектов. Ряд вопросов, касающихся пассивных и исчезающих конфигураций обсуждается в [44]. С точки зрения изучения устойчивых траекторий динамики классических **КА**–моделей определенный интерес представляют и *периодические* конечные конфигурации. Из последующего следует, что проблема определения, будет ли произвольная конечная **КФ** периодической в классической **КА**–модели, неразрешима.

Между тем, в прикладном отношении классическое понятие *d*–**КА** *(d≥1)* во многих отношениях оказывается довольно неудобным при моделировании достаточно сложных дискретных процессов и при изучении многих аспектов динамики самой классической модели **КА.** Такое моделирование *(по сути дела нижний уровень параллельного символического программирования)* становится достаточно сложным, громоздким и малообозримым. Кроме того, сущность некоторых моделируемых процессов настоятельно требует довольно *серьезной* модификации классической **КА**–концепции. В частности, мы ввели специальный класс моделей *(далее обозначаемых как d*–**КА****)* [8,44-49], которые в определенной степени похожи на нейронные сети либо нервные ткани; они довольно хорошо отражают базовый принцип функционирования многих типов многоклеточных систем.

Модели *d*–**КА*** довольно хорошо отвечают базовым требованиям и аспектам биологии развития на клеточном уровне, а также *базовым* принципам функционирования параллельных вычислительных систем. Все аспекты развития многоклеточных систем базируются на межклеточных взаимодействиях, чей механизм в своей основе достаточно сложен и многогранен. Однако ряд его весьма важных явлений может быть довольно хорошо смоделирован посредством распространения специальных *управляющих* импульсов в моделях **КА***. На основе данных моделей *d*–**КА*** можно существенно более адекватно моделировать многие явления *морфогенетических* полей, которые в настоящее время очень активно изучаются в различных аспектах. Так, современные идеи и гипотезы в биологии развития [2,8,13-18,45,91,92] достаточно определенно выявляют перспективу применения моделей *d-KA** в качестве удобной формальной среды моделирования многих процессов из этой области и прикладных областей, прилегающих к ней.

В частности, модели *d-KA** *(d ≥ 1)* являются весьма удобной средой моделирования многих биологических процессов и явлений таких, как нейронные сети, процессы в мембранах, развитие популяций как на клеточном, так и на индивидуальном уровнях, и т.д. [91,92]. Многие из перечисленных и других аспектов лежат в основе нейрокомпьютеров, образуя одну из *основных* компонент взаимодействия между биологическими и компьютерными науками [7,27,40,44-49]. Перспективное использование моделей *KA** предполагается в ряде других важных областей. В качестве модели возбудимых сред *KA** обладают своей основной характерной особенностью – свойством передачи управляющих импульсов на расстояния любой длины и с необходимыми скоростями, которые позволяют довольно просто создавать волновые фронты распределения *возбуждений* различных типов в моделирующей среде.

Неформально *KA** определяются следующим образом. Отдельный автомат в *d–KA** может получать информацию непосредственно от ближайших соседей и может синхронно изменять свое состояние и излучать управляющие импульсы в дискретные моменты времени *t>0* в зависимости от текущего состояния и входящих *управляющих* импульсов. Без потери общности и более формально определяем модели *d-KA** для наиболее простого одномерного случая *(рис. 9)*. Модели этого класса могут быть значительно легче обобщены на произвольную размерность *(d ≥ 2)*, чем некоторые другие типы *KA.*

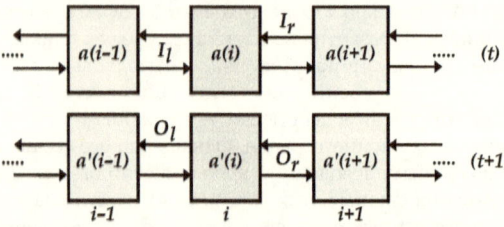

Рис. 9. Принципиальная схема функционирования модели 1–KA.*

По определению **КА*** является кортежем **КА*** ≡ <Z^1, **A**, **I**, φ>, где Z^1 и **A** определены аналогично классической модели **1-КА**, **I** – множество импульсов и φ – *функциональный алгоритм (ФА) 1-КА**. Мы свяжем единичный автомат с каждой точкой *i* из Z^1, отождествляя автомат с *I*; *ФА* φ определяется следующими дискретными уравнениями:

$$\begin{cases} a'(i)_{t+1} = S[i_r, a(i), i_l]_t \\ (j'_r)_{t+1} = R[i_r, a(i), i_l]_t \quad a'(i), a(i) \in A; \;\; j'_r, j'_l, i_r, i_l \in I; \; t = 0,1,2,... \quad (18) \\ (j'_l)_{t+1} = L[i_r, a(i), i_l]_t \end{cases}$$

где *a'(i)*, *a(i)* – состояния *i*-автомата; i_r, i_l – *правый* и *левый* входящие импульсы *i*-автомата соответственно; в то время как j'_r, j'_l – *правый* и *левый* выходные импульсы *i*-автомата соответственно; наконец, **S**, **R** и **L** – функции выбора, определяющие следующее состояние, *выходной* импульс справа и *выходной* импульс слева соответственно. Итак, суть функционирования модели **1-КА***, определенной таким образом, довольно проста и состоит в следующем *(рис. 9)*. Находясь в момент *t≥0* в состоянии *a(i)* и получая на свой вход управляющие импульсы j_r *(справа)* и j_l *(слева)*, в следующий момент *(t+1)* *i*-автомат переходит в состояние *a'(i)* и испускает управляющие импульсы j'_r *(вправо)* и j'_l *(влево)*, определяемые согласно системе уравнений *(18)*. Итак, выходные импульсы произвольного *i*-автомата являются для всех его непосредственных соседей входными импульсами.

Очевидно, если входные импульсы *i*-автомата модели совпадают с *состояниями* его ближайших соседей *(i-1,i+1)*, а *выходные* импульсы совпадают с его *состоянием*, то модели **1-КА*** и *классические* модели **1-КА** с индексом соседства *Мура* идентичны и имеет место условие **I ≡ A** и **I∪A = A**. Итак, **d-КА*** является *эквивалентной* модификацией классических моделей **d-КА**, которая приспособлена для изучения целого ряда прикладных аспектов **КА**-проблематики существенно лучше. Многие примеры конкретного использования моделей **КА*** подтвердили их достаточно высокую эффективность, прежде всего с прикладной точки зрения [7,8,13-18,27,32,36,44-49,91,92,173-177].

Показано, что модели **d-КА*** можно вполне успешно использовать в качестве довольно удовлетворительного промежуточного этапа при моделировании в классических моделях и при исследовании некоторых вопросов их динамики [8]. Этот факт положен в основу подхода, что произвольная **d-КА*** *(d≥1)* может быть конструктивно встроена в классическую модель *d–KA*. В частности, показано, что: *Каждая модель 1-KA* ≡ <Z^1, A, I, Fa> эквивалентна классической модели 1-KA ≡ <Z^1, A∪I, $\tau^{(7)}$, X> с индексом соседства X={-3,-2,-1,0, 1,2,3}* [11]. Используя несложный подход и представляя состояния *моделирующей* классической модели *1-KA* в специальном формате, весьма просто убедиться в достоверности следующего результата.

Теорема 66. Произвольная модель 1-KA* ≡ <Z^1,A,I=0_l∪0_r,Fa> будет моделироваться строго в реальном времени соответствующей классической моделью 1-KA с индексом соседства Мура X = {-1,0,1} и алфавитом A*=A∪0_l∪0_r, где 0_l и 0_r - множества соответственно выходных импульсов единичных автоматов 1-KA* влево и вправо.

Был получен ряд других результатов, *касающихся* эквивалентности, в том числе строгой эквивалентности, моделей *KA** и классических *KA*-моделей. В любом случае вполне уместно отметить следующее обстоятельство: если для теоретического исследования *формальной* клеточной модели более предпочтительны классические модели *d–KA*, то модели *d–KA** во многих отношениях представляют более приемлемую среду для моделирования конкретных процессов, т.е. оба класса этих моделей представляют как бы две разные стороны классической клеточной модели параллельной обработки [8,44-49]. Проиллюстрируем возможности моделей *KA** на простом примере решения достаточно известной *проблемы ограниченного роста* (*ПОР*), которая является типичной минимаксной задачей в *KA*-теории.

В целом ряде случаев исследование последовательностей <c_o>[$\tau^{(n)}$] включает в себя довольно важный вопрос о существовании в них так называемых *пассивных конфигураций* (*ПКФ*), т.е. конфигураций *g*, для которых выполняется условие $g\tau^{(n)}$=*g*. Так, некоторые авторы изучали проблему, заключающуюся в определении классических *KA*-моделей, позволяющих генерировать из простых начальных конечных конфигураций *ПКФ* максимально возможного размера, зависящего от *размера* шаблона соседства модели. В качестве одной из разновидностей *экстремальной* проблемы, которая имеет связь с *ПКФ*, является известная задача *Гайского–Ямада*, заключающаяся в определении *ПКФ максимально* возможного размера, генерируемой классической моделью *d–KA* (*d≥1*) из некоторой *простой* начальной конфигурации, но без акцента на рассмотрении связи ее размера с размером шаблона соседства модели [4,5,8,27]. Некоторые вопросы генерации цепочек автоматов заданной длины можно найти в [7].

Рассмотрим так называемую *проблему ограниченного роста* (**ПОР**) в классических **КА**-моделях, *непосредственно* связанную с проблемой *Гайского–Ямада*, с классом минимаксных задач в **КА**-проблематике, которые представляют несомненный гносеологический интерес с точки зрения различных развивающихся *клеточных* систем. В связи с рядом технических сложностей, возникающих при погружении довольно сложных алгоритмов в классические **КА**-модели, мы для решения **ПОР** выбрали класс моделей **КА***, определенных выше. Соображения в пользу аналогичного решения можно найти в [48].

Без нарушения общности мы определим **ПОР** относительно класса простейших моделей *1-**КА****. Определяется конечная **КФ** вида $w_o =$ □$gg...gg$□ {где $|w_o|=r$} длины *r* из состояний *g* единичных автоматов в *1-**КА****. **ПОР** сводится к определению *функционального* алгоритма *Fa* в *1-**КА****, позволяющего вырастить из начальной конфигурации w_o пассивную конфигурацию вида $w=$□*FFFF ... FFFF*□ максимально возможного размера $L = L(w_o, Fa)$. Следующий основной результат является на сегодня наилучшим решением **ПОР** [5,8,11-13,27,44-49].

Теорема 67. Для модели 1-КА* ≡ <Z¹, A, I, P> с #A = 12 и #I = 4m + 17, {где m – по-возможности наименьшая скорость распространения управляющих импульсов в модели; #W – мощность множества W} существует функциональный алгоритм P, позволяющий вырасти из начальной конечной конфигурации w_o длины r конфигурацию w длины L элементарных автоматов в состояниях «F», где размер L определяется следующими рекуррентными формулами, а именно:

$$L = r(2m+1)^{\sum\limits_{j=0}^{n} \varpi_j^2 + 2(2^r+1)} \quad , \quad \varpi_0 = 2^{4rm(m+1)}, \quad \varpi_j = 2(L_j - r) \tag{19}$$

$$L_1 = r(2m+1)^{\varpi_0^2+2}, \qquad L_j = L_{j-1}(2m+1)^{2L_{j-1}^2+2}+2$$

Для выращивания конечной конфигурации из цепочки автоматов заданной длины L для функционального алгоритма P потребуется t=]1/2*m+3/2[*L шагов симулирующей модели 1-КА*.

Суть реализации одного данного функционального алгоритма *Fa*, решающего **ПОР** в *1-**КА****, представлена, например, в [8]. На основе такого предложения можно изучать его различные модификации, позволяющие довольно существенно улучшить результат теоремы *67* [5,8,9,32,36]. Таким образом, время роста цепочек элементарных автоматов такой фантастической длины не превышает их двойной длины и с увеличением размера *m*, который весьма существенно влияет на длину растущей цепочки, асимптотически приближаясь к предельному значению $t =]3/2*L[$.

Очевидно, теоретический *предел* времени роста цепочки автоматов длины L в некоторой модели *1–КА** составляет $t=]L/2[$; между тем, приведенный функциональный алгоритм *Fa* не позволяет достичь этого *предела*. Тогда как модификация алгоритма *Fa*, примененная для решения *ПОР*, позволяет выращивать цепочку элементарных автоматов при одинаковых начальных условиях за время, равное асимптотически $t =]1/2 + 1/2m[*L$, и с длиной следующего размера:

$$L = r * (2m+1)^{4^{r+1}+3} - 2m$$

Анализ функциональных алгоритмов, решающих *ПОР*, позволяет разделить их на 2 довольно больших класса, которые существенно различаются между собой [5,8,27,44-49,173-177], а именно:

(1) Алгоритмы, чья суть заключается в постоянном поддержании роста фигуры до получения управляющего stop-импульса (сигнала);

(2) Алгоритмы, чья суть сводится к предварительному наброску формы растущей фигуры с последующим ее заполнением некими F символами (наполнителями).

Функциональный алгоритм, лежащий в основе вышеупомянутого первого решения *ПОР*, относится ко *второму* классу, в то время как алгоритм, *оптимальный* по времени, – к *первому*. Усложнение этого функционального алгоритма позволяет улучшить *предел* размеров конфигураций, растущих в *КА**, и в этой связи возникает довольно интересный вопрос, а именно:

Существуют ли функциональные алгоритмы Fa, использующие любые другие идеи и позволяющие получать существенно лучшие результаты относительно выращивания конечных конфигураций максимального размера при прочих равных условиях?

Достаточно подробное обсуждение *ПОР*, ее прикладных аспектов наряду с рядом других связанных проблем (*проблема синхронизации стрелков, проблема французского флага и др.*), можно найти в работах [7,9,44-49]. Приведенное выше понятие моделей *1–КА** может быть легко обобщено на общий случай *d*–размерности ($d \geq 2$).

Несложно показать, что при наличии в классической *КА*–модели *периодических* конфигураций с *минимальным p*–периодом их число *бесконечно*, и существуют *периодические* конфигурации бесконечно большого размера с одинаковым *p*–периодом. Если в *КА*–модели существуют периодические **КФ** с минимальными периодами *p* и *q* (*p ≠ q*), то в ней существуют хотя бы периодические конфигурации с *минимальным* периодом *g = g(p,q) = НОК(p,q)*, где **НОК** – *наименьшее общее кратное p* и *q*. В связи с этим возникают *два* основных вопроса: (*1*) получение *верхних* оценок размера минимальных периодов как функции от основных параметров **КА**–модели, и (*2*) установление алгоритмической разрешимости проблемы *наличия* в классической **КА**–модели периодических конфигураций, помимо тривиального случая периодической нулевой конфигурации. Для классических **КА**–моделей установлена нижняя граница размера минимального периода, выражаемая следующим результатом [5,12,27]:

Существуют классические d–КА, имеющие индекс соседства Мура наряду с периодическими конечными КФ с минимальным периодом $p \geq 2|c| - 2$, где $|c|$ – диаметр конфигурации c. При этом, имеются классические модели 1–КА с индексом соседства X={-3,-2,-1,0,1,2,3}, имеющие периодическими конечные КФ с минимальным периодом $w_{min} \geq 2L (|c|)$ где значение L определяется из соотношений (19).

При этом, вторая часть результата указывает на существование для классических **1–КА** периодических **КФ** относительно небольшого размера с *фантастически большим* размером *минимального* периода. Более того, *положительное* решение *первого* вопроса влечет за собой разрешимость *второго* вопроса, тогда как неразрешимость *второго*, в свою очередь, влечет за собой отрицательное решение *первого*. На сегодня оба вопроса остаются открытыми даже для случая **1–КА**.

Модели **КА** *на разбиении* (**КАнР**), определенные в разделе *2.4, особый* интерес представляют для физического моделирования, допуская довольно простое программирование обратимости динамики. Что касается вопроса существования *универсальных конфигураций* (**УКФ**) в моделях *d–КАнР*, то имеет место результат: *Модель d–КАнР (d ≥ 1) не может иметь конечного множества УКФ.*

Интересная картина имеет место и относительно существования в *d-КАнР (d≥1)* самовоспроизводящихся в смысле *Мура* конечных **КФ**. Показано, что модели *d-КАнР* могут обладать существенной либо универсальной воспроизводимостью в смысле *Мура* конечных **КФ**, а их динамика будет *обратимой*. Однако, как в случае классических **КА**–моделей, имеет место следующий отрицательный результат:

Не существует модели 1–КАнР, могущей удваивать конечную КФ, определенную в том же самом алфавите состояний модели.

Глава 4. Проблема сложности конечных конфигураций в классических клеточных автоматах (КА–моделях)

Сложность во всей ее общности – одно из наиболее расплывчатых и интригующих понятий современного естествознания. По нашему мнению, во многом главная причина этого состоит в *интуитивной* сущности понятия. Акцентируем, что наиболее фундаментальная проблема развития – это понимание того, как система может само-усложняться, и *насколько* сложность *исходной* системы должна быть большой для этой задачи. Одна из сложностей в решении данной проблемы, грандиозной во многих аспектах, состоит в отсутствии удовлетворительной меры сложности. Кроме того, возможно, что для общего понятия сложности *единый* подход просто отсутствует, несмотря на то, что в этом направлении было предпринято немало серьезных попыток, тогда как само понятие *сложности* по сути дела является многоаспектным и определено сферой его применения.

Таким образом, исследования данного понятия весьма желательны. Между тем, ввиду изучения классических **КА**–моделей в качестве формальной основы моделирования в биологии развития наряду с исследованием *параллельных* дискретных динамических систем все вопросы, связанные с концепцией *сложности* в **КА**–моделях, вполне резонно полагать достаточно актуальными. Особую актуальность этим проблемам придает обстоятельство, что **КА**–модели все шире используются в качестве *концептуальных* моделей пространственно распределенных *динамических* систем, в числе которых различные физические системы кажутся нам наиболее интересными [5,8,9]. В этой главе представлены наши основные результаты исследований сложности конечных конфигураций в классических **КА**–моделях, а также связанные с ними другие вопросы.

Для *формального* моделирования различных дискретных процессов и явлений в классических **КА**–моделях наибольший интерес связан с динамикой начальных конечных конфигураций. Действительно, некоторый модельный процесс представляется динамикой некоей классической **КА**–модели *(т.е. соответствующей историей начальных конечных конфигураций в ней)*. В этом контексте возникает вопрос по сложности конечных **КФ**, образующих историю развития некоего процесса либо объекта, моделируемого в классической **КА**–модели. Сегодня известны *три* основных подхода к определению понятия «*количество информации*», которые связаны с понятием сложности конечных объектов, а именно: *комбинаторный, вероятностный* и *алгоритмический,* основанный на теории рекурсивных функций и абстрактных автоматов.

Так, в рамках *алгоритмического* подхода *А.Н. Колмогоров* определил *относительную* сложность некоего объекта *А* относительно объекта *В минимальной* длиной программы получения конечного объекта *А* из конечного объекта *В.* При этом, в качестве представителей этих объектов *А.Н. Колмогоров* выбрал их двоичные номера в некоторой формальной нумерации, тогда как в качестве программы вывода - программу работы соответствующей машины *Тьюринга* [93].

Предложенный нами подход к определению сложности конечных *КФ* на основе *КА*-аксиоматики по своей сущности также является алгоритмическим, однако отличается от подхода *А.Н. Колмогорова.* Суть такого подхода к определению понятия сложности конечных конфигураций заключается в оценке сложности генерации некоей *конечной* конфигурации из некоторой *примитивной* $КФ$ $c_p \in C(A, d, \phi)$ (например, $c_p = \Box 1\Box$ *для 1-КА*) посредством конечного числа *ГФП* $\tau^{(n}{}_k)$ из некоторого *фиксированного* множества функций G_f, которое мы назовем *базовым* множеством. В главе дано определение сложности конечных конфигураций на базе *КА*-аксиоматики наряду с рядом достаточно интересных результатов, связанных с ним. Однако, для строгого определения концепции сложности требуются некоторые фундаментальные результаты, относящиеся к динамике конечных конфигураций в *классических* и *полигенных КА*-моделях.

Проблема *неконструируемости* имеет место для *моногенных (глава 2)* и *полигенных КА*-моделей. Во втором случае эта проблема известна как проблема *полноты* и определяется как: *может ли произвольная конечная КФ быть сгенерирована из некоторой примитивной КФ посредством конечной последовательности глобальных функций перехода полигенной КА-модели?* Проблема привлекла внимание многих исследователей, которые получили целый ряд достаточно интересных результатов в данном направлении, тогда как важный результат *М. Кимуры* и *А. Маруока* полностью завершает решение проблемы полноты [7,27,29,31,32,40,44-49,54-57,173-177].

__Теорема 68.__ d-мерная ненулевая конфигурация $c \in C(A, d, \phi)$ *может быть сгенерирована из примитивной конфигурации* $c_p \in C(A, d, \phi)$ *с помощью определенной конечной последовательности глобальных* *функций перехода* $\tau^{(n}{}_k)$ *полигенной модели d–KA (d ≥ 1).*

Итак, проблема *полноты* в определенной степени характеризует конструктивные возможности *полигенных* **KA**–моделей, и в случае ее положительного решения доказываются достаточно широкие возможности такого класса **KA**–моделей относительно генерации конечных конфигураций. Фактически, на основании результата теоремы **68** показано, что из любой **d**–мерной ненулевой конечной конфигурации $j \in C(A, d, \phi)$ с помощью конечной *последовательности* глобальных функций перехода некоторой *полигенной* модели **d–KA** можно сгенерировать любую заданную конечную конфигурацию *w* [44]. Между тем, следующий результат непосредственно следует из вышеупомянутых результатов *М. Кимуры* и *А. Маруока*.

Теорема 69. *Произвольная d–мерная конфигурация* $c \in C(A, d, \phi)$ *для полигенной модели d–KA (d ≥ 1) вполне может быть сгенерирована из некоторой начальной примитивной конфигурации* $c_p \in C(A, d, \phi)$ *путем применения к ней конечной последовательности d–мерных глобальных функций перехода* $\tau^{(n}{}_k)$ *из некоторого фиксированного (базового) множества* G_f *глобальных функций перехода.*

Этот результат наряду с теоретическим интересом представляет и прикладной интерес, например, в системах обработки и хранения *графической* информации различного типа (*например, в базах данных изображений*), и в разных системах кодирования и декодирования информации [7]. Так, в системах обработки, хранения и передачи изображений различного вида, компьютерной графики и в других весьма важных приложениях проблема *компактного* представления **d**–мерных **КФ** (*дискретных изображений*) представляет значительный интерес. При этом, подход к решению этой проблемы и связанное с ним предположение хорошо согласуется с нашим *представлением* об общих принципах функционирования развивающихся систем: *в основе развивающихся систем наиболее вероятно будет лежать программа развития, но не полное описание развитой системы.*

Возможно, эта проблема весьма важна и перспективна со многих точек зрения, требуя дальнейших более детальных исследований в этом направлении. С задачами *сложности* конечных **КФ** и полноты в **KA**–моделях естественным образом связана и более прикладная задача представления и хранения информации в различных базах данных изображений, в которых информация представляется не цифрами и символами, а 2– и 3–мерными изображениями разной природы [44-49]. Так, такой подход предложен нами для решения ряда задач кодирования и сжатия данных. Этот подход применен для исследования *биологически* мотивированных приложений.

Возвращаясь к теореме *68*, с другой стороны, следует отметить, что имеет место фундаментальный результат, описывающий свойства классических *КА*-моделей и непосредственно продолжающий ряд результатов предыдущей главы по проблеме существования *УКФ* для классических *КА*-моделей [44-49]. Кроме того, этот результат можно рассматривать как прямое следствие результатов теорем *72* и *73*, которые могут быть достаточно легко получены на их основе.

Теорема 70. Не существует конечных множеств d-мерных КФ c_k из множества C(A,d,ф) наряду с глобальными функциями перехода $\tau_k^{(n_k)}$, которые определены в одном и том же конечном алфавите A, удовлетворяющие следующему соотношению, а именно:

$$\bigcup_k < c_k > [\tau_k^{(n_k)}] \equiv C(A, d, \phi) \qquad (k = 1..p)$$

Мы представили несколько вариантов доказательства теоремы *70*, с которыми можно ознакомиться, в частности, в [44-49]. Теоремы *69* и *70* позволяют получить довольно веские основания для строгого математического обоснования нашего понятия *сложности конечных* конфигураций на основе *КА*-аксиоматики наряду с рядом других результатов в этом направлении. В частности, из теоремы *70* легко следует результат: *Даже полигенные КА-модели не являются конечно-аксиоматизируемыми формальными системами, т.е. невозможно для них определить конечное множество конфигураций (аксиом), из которых можно было бы вывести все множество C(A,d,ф) конечных конфигураций посредством некоего конечного множества глобальных функций перехода (правил вывода).* Перейдем теперь непосредственно к определению понятия сложности конечных *КФ*, представляющего несомненный теоретический и гносеологический интерес. Пусть G_f - конечное множество *d*-мерных глобальных функций перехода, заданных в некотором конечном алфавите *A*, с помощью которого в течение конечного числа шагов произвольная конечная конфигурация w^* может быть сгенерирована из некоей *примитивной* конфигурации $c_p \in C(A,d,\phi)$, т.е. существуют следующие правила вывода конечных конфигураций из некоторой примитивной конфигурации c_p:

$$w^* = c_p \tau_1^{m_1} \tau_2^{m_2} \tau_3^{m_3} \dots \tau_n^{m_n} \quad (\tau_k \in G_f; \tau_j \neq \tau_{j+1}; k = 1..n; j = 1..n-1) \quad (20)$$

где m_k – кратность использования глобальных функций перехода $\tau_k \in G_f$ ($k = 1..n$). Мы будем говорить, что конфигурация $w^* \in C(A, d, \phi)$ генерируется из некоторой *простейшей* конфигурации $c_p \in C(A, d, \phi)$ по крайней мере за $r = \Sigma_k m_k$ шагов функций глобального перехода $\tau_k \in G_f$ ($k = 1..n$). Так, для классических моделей *1-КА* конфигурация вида $c_p = \Box 1 \Box$ может быть выбрана в качестве простейшей *КФ*.

Кроме того, две произвольные конечные конфигурации $\tau_i, \tau_j \in G_f$ полагаются *различными* ($\tau_i \neq \tau_j$) лишь в том случае, если имеет место соотношение $(\exists c \in C(A, d))(c\tau_i \neq c\tau_j)$. Если в генерирующей цепочке *(20)* имеется *(n-1)* пар различных глобальных функций перехода $<\tau_i, \tau_j>$ *(j=1..n-1)*, то будем говорить, что в цепочке генерации *(20)* конфигураций $w^* \in C(A, d, \phi)$ из простейшей *КФ* $c_p \in C(A, d, \phi)$ будут существовать *(n-1)* уровней L_k, которые определяются следующей бинарной сигнализирующей функцией, а именно:

$$L_k = \begin{cases} 1, & if \ \tau_k \neq \tau_{k+1} \\ 0, & otherwise \end{cases} \qquad k = 1..n-1$$

Диаграмма *(рис. 10)* иллюстрирует описанный процесс генерации произвольной конечной конфигурации $w^* \in C(A, d, \phi)$ из заданной простейшей конечной конфигурации c_p согласно цепочке *(20)*.

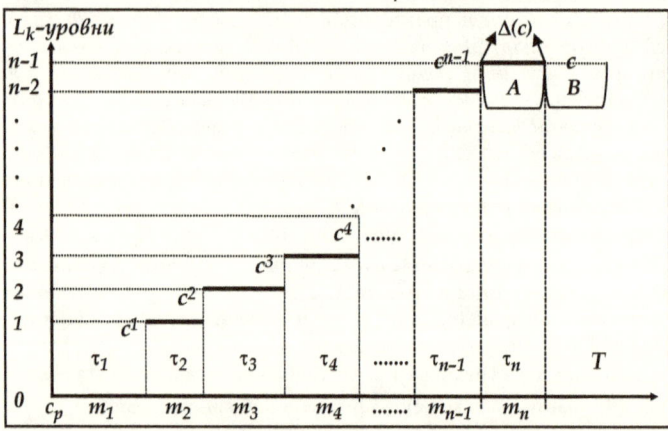

Рис. 10. *Диаграмма, поясняющая оптимальную стратегию вывода конфигурации $c \in C(A, d, \phi)$ [оптимальный граф КА(c) вывода].*

Необходимо отметить, что приведенная диаграмма *(рис. 10)* может служить в качестве неплохой *иллюстрации* для ряда исследований, связанных с концепцией сложности конечных **КФ** в классических **КА**–моделях. Ввиду сказанного сложность произвольной конечной конфигурации c^{**} можно определить следующим образом.

Определение 19. *Сложность конфигурации $c^{**} \in C(A, d, \phi)$ ($d \geq 1$) на основе КА–аксиоматики вычисляется по обобщенной формуле:*

$$SL(c^{**}) = \min_{\tau_k \in G_k} \prod_{k=1}^{n-1} p_k^{m_k}$$

где p_k – k-е простое число, а m_k определяются на основе цепочек вывода конечных конфигураций (20) полигенной модели d-КА (d≥1).

Сущность такого понятия сложности основана на теоремах 69 и 70, которые утверждают *(с одной стороны)* о возможности генерации из начальной конечной конфигурации $c_p \in C(A,d,\phi)$ каждой конечной конфигурации в полигенном **d-КА**, тогда как *(с другой стороны)* о невозможности существования конечных множеств конечных **КФ** и глобальных функций перехода классических моделей **d-КА**, в совокупности порождающих *все* множество $C(A,d,\phi)$ *(d≥1)* конечных конфигураций. На основе этого определения был получен целый ряд весьма важных свойств конечных конфигураций в *классических* и *полигенных* **КА**-моделях, которые характеризуют их относительно введенного понятия *сложности* [11,12,44-49]. Некоторые результаты в данном направлении представляет теорема, имеющая целый ряд интересных приложений в теоретическом и прикладном аспектах.

Теорема 71. *Для каждого целого $d \geq 1$ множество $C(A,d,\phi)$ конечных конфигураций d-размерности содержит конфигурации заданной сложности относительно конечного базового набора W_f функций глобального перехода d-размерности, определенных в некотором конечном алфавите A, полигенной модели d-КА ($d \geq 1$).*

Из этой теоремы следует, что для любого конечного множества W_f конфигурации любой заданной сложности относительно него все еще будут существовать во множестве $C(A,d,\phi)$. При этом, и другие *характерные* свойства введенного понятия сложности конечных **КФ** в **КА**-моделях наряду с довольно интересными следствиями из них можно найти в работах [27,44-49]. На основании теоремы **71** и ряда других наших результатов в этом направлении можно получить и результат, играющий важную роль в исследовании динамических свойств классических **КА**-моделей, а также для развития *концепции сложности*, связанной с *базовой* концепцией классических **КА** [18,32].

Теорема 72. **В размерности $d \geq 1$ существуют глобальные функции перехода $\tau \notin G_f$, порождающие из заданной конфигурации $c \in C(A,d,\phi)$ ограниченной сложности, конфигурации любой наперед заданной сложности в смысле определения 19.**

Эта теорема утверждает, что, если глобальные функции перехода, составляющие базовый набор G_f, генерируют конечные **КФ** только *ограниченной* сложности, то глобальными функциями перехода τ_j, не принадлежащими множеству G_f, могут быть созданы конечные конфигурации *любой* сложности. Результат этой теоремы породил немало довольно интересных вопросов, одним из которых является вопрос о числе конечных конфигураций *одинаковой* сложности по отношению к заданному базовому множеству G_f. Ниже теорема 73 дает возможность в значительной степени прояснить этот вопрос.

Теорема 73. **Существует бесконечное число базовых множеств G_f d-мерных глобальных функций перехода, определенных в конечном алфавите А, по отношению к каждому из которых существуют бесконечные множества s_j конечных конфигураций одной и той же сложности в смысле определения 19.**

Результат теоремы **73** позволяет решить ряд довольно интересных вопросов, сформулированных в наших работах [1,5,8]. Достаточно подробное исследование базового набора G_f, использованного при определении понятия *сложности* конечных **КФ** в классических **КА**-моделях, а также свойств глобальных функций перехода, которые образуют множество G_f, позволяют весьма существенно прояснить не только новые свойства введенного понятие сложности, но также дают эффективный аппарат изучения *динамики* таких **КА**-моделей, как *классические*, *полигенные* и *недетерминированные* в ряде случаев.

Так, в частности, весьма важно исследовать минимальное базовое множество G_f, содержащее *наименьшее* число глобальных функций перехода $\tau_k^{(n_k)}$. Исследуя проблему полноты в *полигенных* моделях, *А. Маруока* и *М. Кимура* представили *конструктивное* доказательство существования базового множества G_f *(теорема 68)*; однако они не использовали *оптимизирующую* технику. Вообще говоря, детальное исследование базовых множеств G_f глобальных функций перехода до сих пор отсутствует, тогда как в отношении более узкого класса бинарных моделей **1–КА** был получен ряд интересных результатов *(см.* [5,7,9,12-18,27,32-36,44-49,173-177] *и цитируемые в них работы).*

Теорема 74. *Существует минимальное базовое множество G_f из 4 бинарных 1-мерных глобальных функций перехода $\tau_k^{(n_k)}$; хоть одна из них обладает неконструируемостью типа НКФ-1. Более того, относительно минимального базового множества G_f бинарных 1-мерных глобальных функций перехода существуют бесконечные множества конечных конфигураций одинаковой сложности.*

В некотором смысле этот результат приводит к результату теоремы 73 в случае минимальных базовых множеств G_f, тогда как метод ее доказательства оказывается полезным при получении следующей довольно интересной теоремы, которая имеет целый ряд важных приложений в исследовании динамики классических **КА–**моделей.

Теорема 75. *Существуют минимальные базовые множества G_f из 1-мерных глобальных функций $\tau_k^{(n_k)}$ в бинарном алфавите B, для каждой из которых имеются бесконечные множества функций $\tau_k^{(n_k)}$ одного и того же класса наряду с КФ $c_k \in C(B,\phi)$ такие, что последовательности конфигураций $<c_k>[\tau_k^{(n_k)}]$ будут содержать конечные конфигурации любой наперед заданной сложности. Но не существует конечного базового набора G_f 1-мерных бинарных глобальных функций $\tau_k^{(n_k)}$, относительно которого произвольная последовательность $<c>[\tau_k^{(n_k)}]$ ($c \in C(B,\phi)$; $\tau_k^{(n_k)} \notin G_f$) состоит лишь из бинарных конечных конфигураций ограниченной сложности.*

Теорема 75 позволяет получить ответы на ряд вопросов и немного глубже раскрывает суть введенного понятия сложности конечных конфигураций, базирующегося на **КА–**аксиоматике. В связи с этим следует отметить, что понятие сложности некоторого алгоритма во многом зависит как от самого алгоритма, так и от его конкретной реализации. Традиционное, более точное определение на сегодня отсутствует. Итак, результаты относительно оценки сложности для алгоритмов вполне могут иметь существенно различный характер. Например, сложность *нормального алгоритма Маркова* определяется длиной записи всех его формул подстановок, тогда как сложность машины *Тьюринга*, как правило, определяется *произведением* числа *состояний* конечного автомата и *символов* алфавита внешней ленты.

Например, функция алгебры логики от *n* переменных реализуется с помощью соответствующего нормального алгоритма *Маркова* со сложностью порядка **2n**, тогда как посредством машины *Тьюринга* со сложностью порядка $2^n/n$. В то время как, определяя сложность *классической* модели $<Z^d, A, \tau^{(n)}, X>$ произведением *dxnxa*, мы можем легко убедиться, что функция алгебры логики от *n* переменных в общем случае весьма просто реализуется посредством подходящей классической модели *1–КА* со сложностью **2n**. Тогда как сложность алгоритма, реализуемого в среде *d–КА (d≥1)*, вполне естественным кажется определить формулой вида *S=d*a*n*p*, где *d* – размерность модели, *a* – мощность ее алфавита, *n* – размер индекса соседства и *p* – *минимальное* число параллельных подстановок, определяющих локальную функцию перехода $\sigma^{(n)}$, требующихся для реализуемого алгоритма. Итак, приведенное выше понятие сложности конечных конфигураций достаточно существенно влияет на сравнительные характеристики различных алгоритмов. Поэтому, концептуальной основе *сравниваемых* формальных алгоритмов необходимо уделять существенно больше внимания [5,7,9,12,13,27,44-49,173-177].

В доказательстве теорем *73–75 существенно* использовалось понятие *минимального* базисного множества G_f и некоторые динамические свойства глобальных функций перехода, входящих в него. В то же время, по-видимому, вполне уместно представить более детальные свойства аналогичных *минимальных* базисов, учитывая их важность для исследования более глубоких свойств динамики классических *КА*-моделей. Посему ограничимся случаем бинарного *полигенного 1–КА*, множеством *C(B,1,ф)* конечных бинарных конфигураций и бинарными *глобальными* функциями перехода $\tau_k(^{n}k)$ в соответствии с соответствующими им *локальными* функциями перехода в форме следующих параллельных подстановок, а именно:

		(a)	(b)	(c)				(d)	
000	⇒	0	0	0					
001	⇒	1	1	1					
010	⇒	0	1	0		00	⇒	0	
011	⇒	1	0	0		01	⇒	1	
100	⇒	0	1	1		10	⇒	1	(21)
101	⇒	1	0	1		11	⇒	1	
110	⇒	1	1	0					
111	⇒	0	0	0					

Ввиду сделанных предположений имеет место следующий важный результат, характеризующий глобальные функции перехода для *минимального* базисного набора G_f для **1**-мерного случая бинарных полигенных **КА**-моделей [5,8,13-18,27,45-49,173-177].

Теорема 76. *Минимальное базовое множество G_f включает четыре* ***1****-мерные бинарные глобальные функции перехода $\tau_k(^n{}_k)$, локальные функции перехода $\sigma_k(^n{}_k)$ которых определяются вышеуказанными параллельными подстановками (21.a–d); кроме того, глобальные функции перехода, образующие базовое множество G_f, обладают типами конечных конфигураций в соответствии с таблицей 4.*

Таблица 4

ЛФП\НКФ	НКФ	НКФ-1	НКФ-2	НКФ-3	АККФ
(15.a)	–	+	–	–	+
(15.b)	–	+	–	–	+
(15.c)	+	+	–	–	+
(15.d)	+	–	+	+	–

Минимальное базовое множество G_f для одномерного небинарного случая состоит из глобальных функций перехода $\tau_k(^n{}_k)$, которые обладают такими типами конфигураций, как НКФ и/или НКФ-1, НКФ-2 и, возможно, НКФ-3 наряду с АККФ.

Выбор глобальных функций перехода $\tau_k(^n{}_k)$, которые определены локальными функциями перехода *(21.a–d)*, в качестве *минимального* базового множества G_f обосновывается в [40]. Более того, показано, что не существует множества G_f **1**-мерных бинарных глобальных функций, определенных локальными функциями с простейшим индексом соседства **X={0,1}**, допустимых в качестве минимального базисного множества [44]. В минимальном базисном множестве G_f, чьи глобальные функции определяются локальными функциями перехода с параллельными подстановками вида *(21.a–d)*, первые 2 локальные функции *(21.a–b)* имеют дефекты **1** и **3** соответственно, принадлежа *изолированному* подмножеству относительно операции *композиции* глобальных функций перехода и обладая множеством довольно интересных свойств, касающихся динамики конечных и бесконечных конфигураций. Данный вопрос довольно подробно рассмотрен в [8,44-49] наряду с рассмотрением вопроса о наличии типов неконструируемости для глобальных функций перехода, составляющих минимальное множество G_f глобальных функций.

Итак, результат теоремы **76** позволил решить некоторые задачи из [5]; этот результат может быть использован для изучения проблемы *сложности 1-мерных* конечных конфигураций в конечном алфавите *A* [44–49]. В частности, на основе результатов этой теоремы можно дать простейшее обоснование введенного нами понятия *сложности* конечных конфигураций для **1**-мерного бинарного случая. Кроме того, результат такого обоснования принимает форму следующей теоремы, представляющей и самостоятельный интерес в качестве составляющей аппарата исследования классических *КА*-моделей.

Теорема 77. Любая одномерная бинарная конфигурация $c{\in}C(B,1,\phi)$ монотонно генерируется примитивной конфигурацией $c_p = {\square}1{\square}$ с помощью глобальных функций перехода $\tau_{jk}{}^{(n}{}_k{}^)$ из фиксированного конечного множества G. В то же время не существует конечной системы пар $\{c_k, \tau_{jk}{}^{(n}{}_k{}^)\}$ такой, что будет иметь место следующее определяющее соотношение, а именно:

$$\bigcup_k <c_k> \left[\tau_{j_k}^{(n_\kappa)}\right] = C(B,1,\phi); \quad c_k{\in}C(B,1,\phi) \quad (n_k{\in}\{2,3\}; \ j_k{\in}\{0,1,2,3\}; \ k=1..p)$$

В качестве базового множества G_f можно выбрать множество G бинарных глобальных функций перехода, относительно которого определяется понятие сложности одномерных бинарных конечных конфигураций в классических КА-моделях.

Следует отметить, что результат теоремы обобщается и на случай любого конечного алфавита *A* состояний элементарных автоматов произвольной модели *1-КА*. Более того, на основе этого результата можно получать более простые доказательства; во многих случаях конструктивные доказательства предыдущих теорем главы можно получить наряду с рядом других интересных результатов, которые касаются *сложности* конечных конфигураций для *бинарной* модели *1-КА* [44-49]. При этом, первую часть теоремы **77** можно улучшить следующей теоремой, что представляет несомненный интерес для теории классических и полигенных *КА*-моделей [8,27,32,36,40,45].

Теорема 78. Систему пар, в которой каждая глобальная функция перехода $\tau_{jk}{}^{(n}{}_k{}^)$ будет произвольной композицией конечного числа функций из множества G, можно выбрать в качестве некоторой конечной системы пар $\{c_k, \tau_{jk}{}^{(n}{}_k{}^)\}$ теоремы 77. Есть подмножества *бинарных 1-мерных конфигураций из C(B,1,ф) {мощности в среднем 3/4 мощности всего множества C(B,1,ф)}, которые не могут быть сгенерированы посредством конечного числа пар следующего вида* $\{c_k, \tau_k^{(n_k)}\}$ $(c_k \in C(B,1,ф); k = 1 .. p)$.

В ряде случаев $\{c_k, \tau_k^{(n_k)}\}$ $c_k \in C(B,1,ф)$ в формулировках теорем **77** и **78** можно использовать систему пар в эквивалентном виде, полагая $(\forall k)(c_k \equiv c_p = \Box 1\Box)$, т.е. можно использовать одну примитивную **КФ** c_p $(k=1..m)$. Действительно, мы можем убедиться, что для конечной конфигурации $c \in C(A,1,ф)$ можно указать функцию перехода $\tau_c^{(h_c)}$ в том же алфавите **A** такую, что $c_p \tau_c^{(h_c)} = c$. Поэтому, для конечной системы пар $\{c_k, \tau_k^{(n_k)}\}$ существует некоторая *эквивалентная* система пар вида $<c_p, \{\tau_k^{(n_k)}\} \cup \{\tau_k^{(h_k)} \mid k = 1 .. m\}>$, чьи глобальные функции перехода $\tau_k^{(h_k)}$ удовлетворяют соотношению $c_k = c_p \tau_k^{(h_k)}$ $(k = 1 .. m)$. Данный подход позволяет унифицировать множество начальных конфигураций c_k *системы пар образующих*, смещая основной акцент на конечное множество базисных глобальных функций перехода. Ввиду сказанного, формулировки теорем **77** и **78** модифицируются соответствующим образом и, в первую очередь, упрощается форма определяющего соотношения основной теоремы **70**.

В то же время эти две *эквивалентные* формы указанного отношения имеют свои преимущества при теоретическом изучении динамики классических **КА**-моделей. Прежде всего, этот момент проявляется при использовании введенного понятия сложности конечных **КФ** в классических **КА**-моделях, а также результатов, полученных на ее основе в качестве некоего аппарата исследования динамических свойств *классических* и *полигенных* **КА**-моделей. Следует отметить, что проблема сложности конечных конфигураций в классических **КА**-моделях, несмотря на представленные выше результаты и ряд других, располагает рядом *открытых* вопросов и перспективных направлений для дальнейших исследований, требующих решения с различных точек зрения [5,7,9,11-18,27,40-42,44-49]. В конце этого раздела целесообразно остановиться на двух различных подходах к определению концепции сложности конечных конфигураций в классических **КА**-моделях, а именно: *конфигурационный* и *блочный* подходы; их сущность была кратко отмечена в разделах **3.1–3.2**.

Прежде всего, под сложностью конечной *конфигурации* понимается возможность **КА**-модели либо множества аналогичных моделей к генерации множества $C(A,d,\phi)$ конечных конфигураций из одного либо конечного множества начальных конечных конфигураций. Из определения *17* и теоремы *71* следует, что для целого числа $d \geq 1$ множество $C(A,d,\phi)$ конечных конфигураций d–размерности будет содержать конфигурации любой наперед заданной сложности по отношению к любому конечному *базовому* множеству G_f d–мерных глобальных функций перехода, определенных в некоем конечном алфавите A классической *КА*–модели. Из этого результата следует, при произвольном определении конечного базового множества G_f конечные конфигурации *предопределенной* сложности по-прежнему будут существовать в множестве $C(A,d,\phi)$ всех конечных d–мерных конфигураций, определенных в произвольном алфавите A.

Совершенно иная картина имеет место при определении блочной сложности, когда рассматривается более широкая возможность по генерации не конечных конфигураций $c = \Box hx_1x_2x_3...x_nh\Box$ [$\Box$ – нуль-*конфигурация бесконечного числа символов '0'; $x_j \in A$, $j = 1..n$; $h \in A \setminus \{0\}$*], а блочных конфигураций, т.е. конфигураций блоков $<x_1x_2x_3x_4...x_n>$ $\{x_j \in A, j = 1..n\}$ элементарных автоматов. При таком подходе вполне реальна другая ситуация. Проиллюстрируем сущность подобного различия с помощью бинарной модели *1–КА*, локальная функция перехода которой определяется следующей формулой, а именно:

$$\sigma^{(3)}(x,y,z) = \begin{cases} x+y \pmod 2, & if\ y = 1 \\ x+y+z \pmod 2, & otherwise \end{cases}$$

т.е. это - упомянутая ранее бинарная модель *1–КА* с номером *120*. Показано, что эта модель не обладает неконструируемостью типа *НКФ*, обладая неконструируемыми конфигурациями типа *НКФ–1* вида, например, $c' = \Box 10x_1x_2...x_n1\Box$, $c = \Box 1^40x_1x_2...x_n1\Box$ $\{x_j \in B = \{0,1\}$, $j = 1..n\}$; т.е. доля неконструируемых конфигураций типа *НКФ–1* относительно всех конечных конфигураций составляет более 1/2. Вместе с тем, эта модель не обладает неконструируемостью *НКФ–2*; т.е. *каждая* конечная конфигурация, которая отличается от *НКФ–1*, имеет *предшественника* как из множества $C(B,1,\phi)$, так и множества $C(B,1,\infty)$, т.е. является *АККФ*. Эта модель обладает универсальной воспроизводимостью в смысле *Мура* конечных конфигураций.

Ввиду сказанного наряду с видом глобальной функции перехода рассматриваемой модели можно показать, что для нее существует бесконечное множество неконструируемых конфигураций класса

НКФ-1 $\left\{c_1^j\right\}$ $(j = 1..\infty)$, в совокупности генерирующих все множество $C(B,1,\phi)$ конечных конфигураций *(22)*. Следовательно, множество всех неконструируемых конфигураций класса **НКФ-1** упомянутой модели *1-КА* с номером *120* будет генерировать множество $C(B,1,\phi)$ всех конечных конфигураций, заданных в бинарном алфавите:

$$\tau^{(3)}:\begin{cases}\begin{matrix}c_1^1 \to c_2^1 \to c_3^1 \to c_4^1 \to ... \to c_k^1 \to ...\\ \overline{\overline{}}\\ c_1^j \to c_2^j \to c_3^j \to c_4^j \to ... \to c_k^j \to ...\\ \overline{\overline{}}\\ c_1^k \to c_2^k \to c_3^k \to c_4^k \to ... \to c_k^k \to ...\end{matrix}\end{cases} \tag{22}$$

$$\bigcup_{j=1}^{\infty}\left\langle c_1^j\right\rangle\left[\tau^{(3)}\right] = C(B,1,\varphi); \quad (\forall k,j)\left(k \neq j \to \left\langle c_1^k\right\rangle\left[\tau^{(3)}\right]\bigcap\left\langle c_1^j\right\rangle\left[\tau^{(3)}\right] = \varnothing\right)$$

Более того, как отмечалось ранее, компьютерные эксперименты с такой **КА-**моделью в сочетании с большим числом теоретических результатов, основанных на динамических свойствах классических моделей *1-КА*, обусловленных наличием в них *неконструируемости* типа **НКФ-1** при отсутствии неконструируемости **НКФ, НКФ-2** и **НКФ-3** позволили сформулировать следующее предположение [8].

Предложение 6. Приведенная выше классическая бинарная модель 1-КА с номером 120 обладает универсальной воспроизводимостью в смысле Мура конечных конфигураций; более того, произвольная конечная конфигурация в совокупности будет генерировать все множество бинарных блочных конфигураций.

Кроме того, в случае положительного ответа мы получаем пример весьма простой бинарной классической **КА-**модели, обладающей свойством универсальной самовоспроизводимости в смысле *Мура* конечных конфигураций, с примером модели, для которой любая конечная конфигурация в совокупности генерирует *все* множество *блочных* конфигураций. Детальный *компьютерный* анализ, который мы провели наряду с рядом других исследователей, убеждает нас в обоснованности этого *предположения,* но до сих пор отсутствует его теоретическое обоснование [8,11-18,44-49]. Здесь же вполне можно поставить следующий вопрос: *существует ли классическая модель d-КА (d ≥ 1), для которой последовательность* $<c_o \in C(A,d,\phi)>[\tau^{(n)}]$ *в совокупности будет содержать все множество блочных d-мерных конфигураций, определенных в алфавите А?* Положительный ответ дал бы пример классической **КА-**модели, в которой *каждая* блочная конфигурация *w* является *воспроизводящейся* в том смысле, что для нее существует такое целое *t > 0,* что $c_o \tau^{(n)t}$ будет содержать заданное число вхождений блочных подконфигураций *w.*

Обоснование данного предложения еще раз достаточно наглядно проиллюстрирует саму сущность различий между *универсальными конечными* конфигурациями и *блочными* конфигурациями, которые сгенерированы классическими **КА**-моделями, наряду с различием между нашим подходом к определению сложности конечных **КФ** в *классических* **КА**-моделях и подходом *А. Колмогорова* к определению сложности конечных объектов. Итак, возможность генерирования с помощью описанной выше бинарной модели **1-КА** всех блочных конфигураций из некоторой исходной конфигурации может быть определенным *аналогом* генерации посредством машины *Тьюринга* последовательностей бинарных слов ограниченной сложности.

В контексте вышесказанного определенный интерес представляет проблема о возможности генерации классическими **КА**-моделями одних и тех же последовательностей конечных конфигураций. В этом направлении имеет место следующий результат, а именно:

Для каждого целого $a \geq 2$ существует конечное число классических моделей d-КА ($d \geq 1$) с глобальными функциями перехода $\{\tau_1^{(n)}, \tau_2^{(n)}, \tau_3^{(n)}, ..., \tau_m^{(n)}\}$ и индексом соседства $X=\{0,1,2,...,n-1\}$, определенных в алфавите $A=\{0,1,2,...,a-1\}$, таких, что имеют место соотношения $<c_j>[\tau_1^{(n)}] \equiv <c_j>[\tau_2^{(n)}] \equiv ... \equiv <c_j>[\tau_m^{(n)}]$, где $p = p(a, X)$ и c_j - конечные конфигурации, определенные в том же самом алфавите A. Таким образом, существуют пары моделей, генерирующие идентичные последовательности КФ для определенного конечного множества начальных конечных конфигураций. Проблема генерации моделью d-КА ($d \geq 1$) произвольной последовательности КФ $<c>[\tau^{(n)}]$, вообще говоря, алгоритмически неразрешима.

Подобные вопросы представляют несомненный интерес, который обусловлен обстоятельством, что изучение динамических свойств классических **КА**-моделей, как формальных объектов, базируется на исследовании последовательностей конечных конфигураций, генерируемых ими. В этой связи возникает вопрос о пересечении наборов последовательностей, генерируемых *двумя* классическими моделями d-КА ($d \geq 1$) и обладающими идентичными алфавитом и размерностью. Показано [11,12,27,45], что данный вопрос является алгоритмически неразрешимым.

Проблема сложности конечных конфигураций в классических **КА**-моделях имеет большое значение не только в контексте изучения как определенных формальных *дедуктивных* систем, так и в случае встраивания в них развивающихся систем клеточной организации и их определенных явлений. Более того, эта проблема имеет самое непосредственное отношение к проблеме исследования сложности *самоорганизующихся* биологических клеточных систем, что является достаточно актуальным для современной биологии развития.

Как хорошо известно, в кибернетических исследованиях биологии развития до сих пор отсутствует достаточно удовлетворительный подход к оценке сложности развивающихся биологических систем. Наш математический подход в этом направлении может оказаться довольно плодотворным и перспективным. Итак, представленные результаты наряду с другими нашими результатами по проблеме *сложности* конечных конфигураций в **КА**-моделях будут не только фактически формировать проблематику и решать ряд ее основных проблем в целом, но также они формулируют и немало открытых вопросов и довольно перспективных направлений для дальнейших исследований, представляющих и значительный самостоятельный интерес к теоретическим и прикладным аспектам **КА**-моделей.

Полученные нами результаты по проблеме сложности конечных **КФ** в контексте **КА**-аксиоматики в определенной мере позволяют лучше прояснить сущность понятия сложности в зависимости от используемой аксиоматики. Итак, в аксиоматике классической и полигенной **КА**-моделей имеются бинарные конечные **КФ** любой заданной сложности, тогда как в других аксиоматиках, например, в аксиоматике *А.Н. Колмогорова* все бинарные слова, печатаемые на машине *Тьюринга*, на выходной ленте будут только ограниченной *сложности*. Таким образом, скорее всего, не существует какого-либо понятия некоей *абсолютной сложности* конечных объектов наряду с понятием сложности в целом; т.е. в значительной степени понятие сложности носит ярко выраженный аксиоматический характер.

Как и в случае классических **КА**-моделей, в случае моделей **КАнР** вполне естественно определить понятие сложности конечных **КФ**, основанное на аналоге теоремы *70*. Большинство представленных результатов относительно сложности конечных **КФ** переносится непосредственно на модели **КАнР**, играющие достаточно важную роль в качестве превосходной среды физического моделирования и исследования широкого *класса* пространственно распределенных динамических систем [7,27,31,32,44-49,61,63,64,173-177].

Глава 5. Параллельные формальные грамматики и языки, определяемые классическими клеточными автоматами (КА-моделями)

*Теория формальных грамматик (**ТФГ**) занимает* центральное место в математической лингвистике, предоставляя формальные ресурсы для исследования функционирования языка. ***ТФГ*** выделяется на фоне других разделов математической лингвистики существенно большей сложностью используемого аппарата, который подобен аппарату теории алгоритмов и аппарату общей теории автоматов, с которой у него немало точек соприкосновения и пересечения, а также существенным усложнением математических задач, которые возникают в ней. *Формальные грамматики* хорошо изученных типов представляют системы, позволяющие генерировать / распознавать множества цепочек, чаще всего интерпретируемых как множества грамматически правильных предложений некоторых формальных языков, а также связывать описание их синтаксической структуры с цепочками, составляющими такие множества, в терминах систем составляющих или деревьев подчинения.

Математическая значимость *порождающих* грамматик определяется тем обстоятельством, что они представляют собой одно из средств *эффективного* определения важных множеств слов. При этом, класс формальных языков, генерируемых с помощью любых грамматик, будет совпадать с классом всех *рекурсивно* перечислимых множеств. С этой точки зрения *формальные* грамматики *классической иерархии Хомского* представляют здесь особый интерес [94,95]. В связи с этим существенное значение приобретает изучение *классов* абстрактных автоматов, которые *эквивалентны* классам формальных грамматик, описывающих те же формальные языки.

Например, *автоматные* грамматики эквивалентны классу *конечных* автоматов, *контекстно-свободные* грамматики эквивалентны классу автоматов со стековой памятью, *контекстно-зависимые* грамматики эквивалентны линейно ограниченным машинам *Тьюринга*. Кроме грамматик *Хомского*, сегодня существует много других интересных с разных точек зрения видов *формальных* грамматик, служащих для описания множеств слов и других объектов, и среди них внимание привлекают *параллельные* формальные грамматики, которые дают довольно эффективные средства для лингвистического описания некоторых важных параллельных процессов и объектов [7,44-49].

Поскольку **ТФГ** является частью теории автоматов, то исследование *динамики* **КА**-моделей с ее точки зрения, несомненно, заслуживает особого внимания, поэтому многие наши работы посвящены этим проблемам. Между тем, теория *параллельных формальных* грамматик вполне может эффективно использоваться не только при создании теории параллельного программирования наряду с архитектурой вычислительных систем параллельного действия *новых* поколений, но и в создании лингвистической основы для описание динамики различных пространственно–распределенных систем клеточного характера. С этой целью для исследования языков, генерируемых классическими **КА**-моделями, нами в *1974 г.* был определен класс формальных параллельных грамматик, т.н. τ_n-*грамматики* [96-98].

При этом, в основном были изучены τ_n-*грамматики*, определяемые классическими и недетерминированными *1*-мерными моделями *1-КА*, однако подобный подход можно распространить на модели *d-КА (d $\geq$ 2)* и другие определенные типы **КА**-моделей, отличных от вышеперечисленных. При таком подходе классические модели **КА** можно рассматривать как подкласс формальных параллельных грамматик (**ФПГ**), не использующих нетерминальных символов и вывод которых осуществляется абсолютно параллельным образом. Грамматики этого типа подобны известным *системам Линденмайера* (**L**-*системы*), их вполне успешно можно применять для *формального* лингвистического описания *динамики* разных клеточных объектов и многих *параллельных* дискретных процессов и явлений. Ниже, на концептуальном уровне рассмотрение параллельных τ_n-*грамматик* выполняется в соответствии с традициями **ТФГ**, в результате этого получаем ряд характеристик **ФПГ** данного класса, интересных со многих точек зрения [7,27,44-49,96-98,173-177].

Неформально τ_n-*грамматики* определяются следующим образом. По аналогии с основными понятиями **ТФГ** алфавит **А** единичного автомата классической модели *1-КА* считается в качестве алфавита τ_n-грамматики, а ее функция локального перехода $\sigma^{(n)}$ определяет набор параллельных продукций или правил вывода. В грамматике начальная конечная конфигурация модели определяет аксиому, а конечные конфигурации, порожденные из этой *аксиомы*, являются словами языка, определяемого такой *параллельной* τ_n-грамматикой. Аналогично обычной формальной грамматике в классической **КА**-модели из начальной конечной конфигурации c_o *(аксиомы)* путем последовательного применения локальной функции перехода $\sigma^{(n)}$ (*правил вывода*) выводятся *новые* конфигурации (*слова языка*). В то же время, как между традиционными формальными грамматиками и параллельными τ_n-*грамматиками* имеют место 2 важных различия:

- *правила вывода в τ_n-грамматике применяются одновременно и абсолютно параллельным образом;*
- *терминальные и нетерминальные символы никак не различаются между собой в алфавите А параллельной τ_n-грамматики.*

В *ТФГ* некоторый формальный язык определяется как множество всех *терминальных* слов, генерируемых из аксиомы c_o посредством *правил* вывода грамматики. $L(\tau_n)$-*язык* определяется как множество *всех* конечных конфигураций (*слов*), сгенерированных из *начальной* конфигурации (*аксиомы*) посредством *одновременного* применения параллельных подстановок, определенных функцией локального перехода, ко всем символам *текущей* конфигурации (*слова*). Так как *локальная* функция перехода $\sigma^{(n)}$ однозначно определяет *глобальную* функцию перехода, глобальная функция перехода τ_n у *КА*-модели рассматривается как *правила вывода* в формальной τ_n-грамматике.

Параллельные формальные τ_n-грамматики, определенные таким образом, подобны упомянутым *L*-системам; они могут достаточно успешно использоваться для *лингвистического* описания некоторых дискретных *развивающихся* систем и *параллельных* процессов. Здесь и далее нам понадобятся некоторые определения. Предполагается, что читатель довольно хорошо знаком с основами *ТФГ*. Посему при изложении материала используются стандартные обозначения и терминология хорошо устоявшейся *ТФГ* [7,96-98]. Мы исследовали τ_n-грамматики согласно *традициям ТФГ* относительно ряда весьма важных характеристик этого класса *параллельных* грамматик [96-98].

5.1. Основные свойства параллельных языков, определяемых классическими клеточными автоматами

В этом разделе даются основные понятия и свойства формальных параллельных языков, определяемых *1*-мерными классическими *КА*-моделями. В традициях *ТФГ* τ_n-грамматики и определяемые ими *параллельные* формальные языки довольно подробно изучены, что нашло отражение в работах [96-98,99-109]. Согласно традициям

ТФГ, мы определяем произвольный $L(\tau_n)$-язык как набор всех слов *(конечных конфигураций)*, которые получены из аксиомы $c_o \in C(A,1,\phi)$ *(начальная конфигурация)* *последовательным* применением к аксиоме c_o правил вывода $\tau^{(n)}$ (*ГФП некоторой классической 1-мерной модели*). Таким образом, формально *параллельные* грамматика τ_n и $L(\tau_n)$-язык определяются следующим образом.

<u>*Определение 20.*</u> *Произвольная параллельная τ_n-грамматика – это упорядоченный кортеж вида $\tau_n=<n, A, \tau^{(n)}, c_o>$, где его компоненты определены следующим образом, а именно:*

1) n – индекс грамматики (размер шаблона соседства определенной классической модели 1–КА с алфавитом состояний А);

2) А – конечный алфавит τ_n-грамматики (внутренние состояния элементарных автоматов в классической модели 1–КА);

3) $\tau^{(n)}$ – правила вывода грамматики (глобальная функция перехода классической модели 1–КА с алфавитом состояний А);

4) c_o – аксиома грамматики (начальная конечная конфигурация в классической модели 1–КА с алфавитом состояний А).

Формальный параллельный $L(\tau_n)$-язык, который определяется τ_n-грамматикой, является множеством слов *(конечных конфигураций)*, выведенных из аксиомы $c_o \in C(A,1,\phi)$ *(исходная конфигурация)* путем последовательного применение к ней правил вывода $\tau^{(n)}$ *(функция глобального перехода классической модели 1–КА)*, т.е. определяющим является соотношение $L(\tau_n) \equiv <c_o>[\tau^{(n)}]$. Как уже отмечалось ранее, *сугубо* параллельный принцип, используемый τ_n-грамматикой для обработки слов, является его существенной особенностью, заметно отличающей τ_n-грамматику от хорошо известных традиционных формальных грамматик в иерархии *Хомского*.

Этот параллелизм отражает основные прикладные мотивации и со стороны вычислительных и биологических наук, и со стороны ряда весьма абстрактных моделей *реального* физического мира, который функционирует в пространстве и времени. При этом, необходимо помнить, что в отличие от *традиционных* грамматик τ_n-грамматики не используют *нетерминальных* символов, которые выполняют роль символов, расширяющих алфавит формальной грамматики.

Определяя таким образом *параллельные τ_n-грамматику* и $L(\tau_n)$-язык, получаем возможность изучать динамику **1**-мерных классических **КА**-моделей в рамках **ТФГ**, позволяя взглянуть на нее с несколько нетрадиционной стороны. Полученные результаты исследования *классических* и *недетерминированных* моделей **1–КА** с точки зрения **ТФГ** представлены в ранее цитированных наших работах, а также в работах других исследователей [7,34,110-122] наряду с обзорами [34-38,50,51,99]. Если не будет указано обратного, то в этом разделе рассматриваются *параллельные* τ_n-*грамматики* и *L*(τ_n)-*языки*, которые определяются классическими моделями <Z^1, A, $\tau^{(n)}$, X> с алфавитом $A = \{0,1,2,3, ..., a–1\}$ и индексом соседства $X = \{0,1,2,3, ..., n–1\}$.

Изучение свойства *замкнутости* какого-либо класса формальных языков по отношению к традиционным в **ТФГ** операциям является классическим подходом к *математической* характеристике данного класса. Существуют две основные причины для рассмотрения этих операций, касающихся параллельных *L*(τ_n)-языков. Прежде всего, возможность более глубоко прояснить различия между семейством *L*(τ_n)-языков и традиционными семействами формальных языков, которые существуют на этом пути. Во-вторых, множество *операций*, естественных для *семейства L*(τ_n)-языков, до сих пор определено не до конца. Кроме того, следующий основной результат определяет *поведение L*(τ_n)-языков по отношению к традиционным операциям, исследованных в классической теории формальных грамматик [7].

Теорема 79. *Класс языков* L(τ_n) *не замкнут по отношению к таким операциям, как конечное преобразование, гомоморфизм, итерация, объединение, произведение, сложение и пересечение, в то время как класс этих параллельных языков замкнут относительно операции обращения.*

J. Dassow исследовал параллельные τ_n-грамматики и *L*(τ_n)-языки, связанные с ними, относительно **4** новых операций, и показал, что класс *L*(τ_n)-языков не замкнут по отношению к этим операциям, интересным с биологической точки зрения [111]. Вышеуказанные результаты получены, в основном, конструктивными методами, заключающимися в построении соответствующих примеров *L*(τ_n)-языков. Кроме того, следующий факт возможно отнести к *наиболее* существенным *особенностям* τ_n-грамматик: большинство подходов на основе стандартных методик и аппарата исследования в **ТФГ** не применимы к классу τ_n-грамматик, предполагая здесь применение новых нестандартных методов. Например, использование методов теории рекурсивных функций позволило решить ряд вопросов в теории τ_n-грамматик [8,27,44-49,96-98,173-177].

Данный подход основан на введенном понятии G-индексации, по отношению к которой была установлена взаимная однозначность между некоторой частично рекурсивной словарной функцией $\tau^{(n)}$: $C(A,1,\phi) \to C(A,1,\phi)$ и подходящей числовой частично рекурсивной функцией $F_n(w): N \to N^* \subseteq N$. В этом случае изучение параллельных τ_n-грамматик и ассоциированных с ними $L(\tau_n)$-языков сводится к исследованию соответствующих числовых функций $F_n(w)$, а также области их значений. В рамках этого подхода был исследован ряд свойств числовой функции $F_n(w)$; для функции $F_n(w)$ имеет место верхний предел сложности, выраженный следующим результатом: *Произвольная числовая функция $F_n(w)$ мажорируется подходящей примитивно-рекурсивной функцией $J(n,w)$.* Этот результат хорошо согласуется с тем фактом, что: *Словарная функция, определяемая с помощью параллельного отображения $\tau^{(n)}$: $C(A,\phi) \to (A,\phi)$, является примитивно-рекурсивной функцией* [8,9,11-18,27,44-49]. Между тем, остается еще много вопросов, связанных с применением методов и результатов теории рекурсивных функций к задаче исследования динамических свойств классических *KA*-моделей; в то же время на сегодня такой подход оказывает существенную помощь в данном направлении. В частности, с использованием данного метода было получено простое доказательство интересного результата теории конечных автоматов: *Функция, определяемая конечным автоматом и правильно предсказывающая среду, является примитивно рекурсивной.* Некоторые другие интересные результаты могут быть получены на основе указанного подхода. Тогда как для случая параллельных $L(\tau_n)$-языков этот подход позволяет получить следующие довольно интересные результаты [5,8,27,44-49,61,62,63,173-177].

Теорема 80. В целом не существует конечного множества языков $L(\tau_n)$, чье объединение образует дополнение определенного языка того же класса; при этом, дополнение конечного множества $L(\tau_n)$-языков не может быть снова языком того же самого класса.

Из этих результатов следует, что семейство языков $L(\tau_n)$ проявляет *сильный* иммунитет к замкнутости относительно *операций*, которые *традиционны* для *ТФГ* вместе с другими операциями, интересными с точки зрения самой *ТФГ* и ряда интересных приложений. В этом отношении весьма интересно сравнить между собой *L*–системы и τ_n-грамматики. Так, языки семейства *L* в целом относительно $L(\tau_n)$-языков обладают *полным* иммунитетом к *традиционным* операциям замыкания. Довольно интересное обсуждение причины различий τ_n-грамматик и *L*–систем можно найти, например, в [44-49,96-98].

Между тем, вычислительные возможности τ_n-грамматик являются эквивалентными возможностям универсальной машины *Тьюринга*, т.е. класс всех параллельных τ_n-грамматик обладает *универсальной* вычислимостью. Наряду с этим показано, что каждый конечный непустой язык порождается подходящей τ_n-*грамматикой*, тогда как для каждого *n*–индекса (*n является целым числом > 1*) τ_n-грамматики существуют бесконечные *регулярные* языки и даже конечные языки, которые не могут генерироваться с помощью τ_n-грамматик, однако вполне могут быть сгенерированы с помощью τ_{n+1}-грамматик. По порождающим возможностям параллельных языков τ_n-грамматики образуют *иерархию* согласно *n*–индекса конкретной τ_n-грамматики.

Существуют *нерекурсивные* $L(\tau_n)$ –языки и обычные языки, которые не являются $L(\tau_n)$-языками; $L(\tau_n)$-языки имеют *непустые пересечения* с обычными языками, *контекстно-свободными* языками, *контекстно-зависимыми* языками. Вследствие упомянутых различий, семейство $L(\tau_n)$-языков существенно отличается от традиционных семейств формальных языков в иерархии *Хомского*, а именно – это семейство содержит *неконтекстно-свободные* языки и даже *нерекурсивные* языки при отсутствии в семействе довольно большого количества классов регулярных языков [27,44-49,173-177].

Кроме того, общепризнанный метод осмысливания порождающих возможностей определенного класса порождающих формальных систем сводится к сопоставлению его с уже *классической* иерархией *Хомского*. Из *основных* причин в пользу этого является тот факт, что иерархия *Хомского* была исследована в *ТФГ* наиболее подробно. В этой связи, ряд наших результатов посвящен установлению связи $L(\tau_n)$-языков с традиционными языками в иерархии *Хомского*, где рекурсивные и рекурсивно перечислимые языки, обычные языки, контекстно–свободные и контекстно–зависимые языки являются основными классами. Показано, что множество всех параллельных

$L(\tau_n)$-языков образует собственное подмножество множества всех языков *Линденмайера* (*L-языки*), в то время как $L(\tau_n)$-языки являются *собственным подклассом* класса $L(T_n)$-языков, которые определяются недетерминированными параллельными T_n-грамматиками.

Итак, наш результат устанавливает *взаимосвязь* между семействами параллельных формальных языков $L(\tau_n)$ и $L(T_n)$, определяемых как параллельными τ_n-, так и T_n-грамматиками классических *1-КА* и недетерминированных моделей *1-КА* соответственно в иерархии *Хомского*. С целью лучшего понимания места языков $L(\tau_n)$ в данной иерархии были включены также *<k,p>*-языки *Линденмайера* [5,8,32]. Теорема *81* ниже определяет место языков $L(\tau_n)$ и $L(T_n)$ в иерархии *Хомского* относительно основных *традиционных формальных языков*.

Теорема 81. *Следующая диаграмма определяет отношения между параллельными языками* $L(\tau_n)$ *и* $L(T_n)$, *определяемыми классической и недетерминированной моделями 1-КА соответственно, в рамках общепризнанной иерархии формальных языков Хомского.*

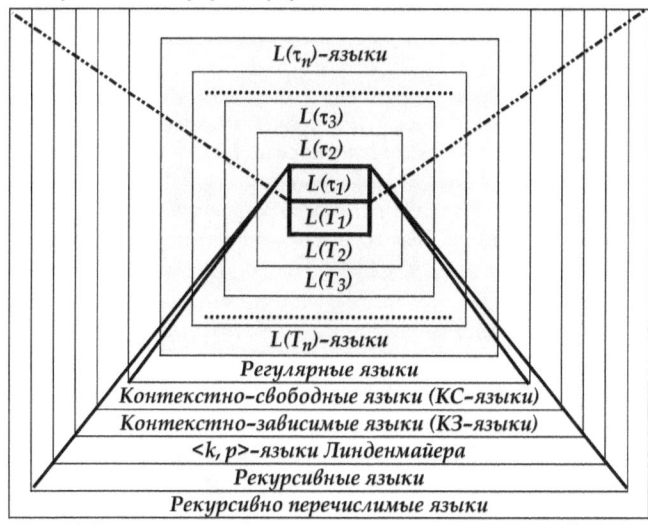

Рис. 11. Расположение формальных параллельных языков $L(\tau_n)$ *и* $L(T_n)$ *в общепризнанной иерархии языков Хомского.*

Виктор Аладьев, Вячеслав Ваганов, Михаил Шишаков

Многие интересные свойства $L(\tau_n)$-языков, касающиеся различных операций с ними, представлены в вышеприведенных работах и в цитированных ссылках на первоисточники [7,27].

Отыскание определенного класса распознавателей или *акцепторов*, допускающих языки, сгенерированные посредством грамматик, является традиционным подходом в *ТФГ*. Очевидно, что хорошая автоматная модель некоего семейства формальных языков придает ей достаточно строгую характеристику. Кроме того, в отношении такой модели необходимо сделать одно важное замечание, вообще говоря. Все разумные модели данного типа *(в крайнем случае, в их классическом смысле)* располагают конечным автоматом в качестве устройства управления. Поэтому, семейство формальных языков, допускаемых аналогичными моделями, должно быть замкнуто по отношению к операции пересечения с регулярными множествами слов. С такой *программистской* точки зрения изучались различные классы $L(\tau_n)$-языков. В этом направлении относительно $L(\tau_n)$-языков был получен следующий результат [27,32,36,173-177].

<u>*Теорема 82*</u>. *Класс всех параллельных $L(\tau_n)$-языков не замкнут по отношению к операции пересечения с регулярными множествами конечных слов.*

Итак, из данного результата следует, что нельзя найти автоматную модель акцепторов в стандартном понимании относительно класса параллельных $L(\tau_n)$-языков. Относительно $L(\tau_n)$-языков существует множество других интересных вопросов [5,8,32,40]. Прежде всего, с точки зрения проблемы обратимости встроенных в классические *КА*-модели процессов *вопрос* существования языка $L^{-1}(\tau_h)$, который будет обратным к языку $L(\tau_n)$, представляет несомненный интерес. Нетрудно убедиться, что при существовании *взаимно–однозначного* параллельного глобального отображения $\tau^{(n)}: C(A) \to C(A)$ данный вопрос имеет положительное решение [32]: *для любого языка $L(\tau_n)$, чьи правила вывода отвечают τ_n-грамматике, обладающей этим свойством, существует обратный язык $L^{-1}(\tau_h)$ того же класса.* В частности, свойство обратимости можно легко запрограммировать для вышеуказанных моделей *КАнР*. При этом, при существовании для глобальных функций перехода $\tau^{(n)}$ неконструируемости типа *НКФ*, *НКФ-3* и/или *НКФ-1* вполне можно определить $L(\tau_n)$-языки, имеющие *обратные* языки того же самого класса [5,18,32,40]. Однако

244

в общем случае этот вопрос решается отрицательно, а именно.

Теорема 83. *Существуют параллельные формальные языки* $L(\tau_n)$, *для которых в общем случае множества слов* $L^{-1}(\tau_n)$ *не являются языками того же самого класса.*

Изучение $L(\tau_n)$ –языка на предмет сохранения свойства быть снова $L(\tau_n)$-*языком* при его *сужении* или *расширении* некоторым конечным подмножеством S слов из множества $C(A,1,\phi)$ также интересно. Для ряда интересных случаев множества слов $L(\tau_n)$, $L(\tau_n)\cup S$ и $L(\tau_n)\setminus S$ являются языками одного класса, то есть языками, порожденными параллельными τ_n-грамматиками, однако в общем случае данное утверждение неверно; много простых примеров служат в качестве подтверждения. Точнее, имеет место следующий результат.

Теорема 84. *Существует параллельный язык* $L(\tau_n)$ *и такое конечное подмножество слов* $j{\subset}C(A,1,\phi)$, *что множества* $L(\tau_n), L(\tau_n)\cup j, L(\tau_n)\setminus j$ *не могут быть формальным языком того же самого класса.*

Таким образом, результаты теорем *82-84* представляют множество наглядных примеров незамкнутости класса параллельных языков $L(\tau_n)$ относительно операций, характеризующих важные свойства динамики классических моделей *1-KA*, которые определяют все τ_n-грамматики, соответствующие им. Вместе с другими результатами о незамкнутости класса параллельных языков $L(\tau_n)$ относительно ряда важных теоретико-множественных операций теоремы *82-84* подтверждают весьма *сильную* незамкнутость класса параллельных формальных языков в этом направлении. Это свойство *существенно* отличает класс $L(\tau_n)$-языков от традиционных семейств *формальных* языков, рассматриваемых в классической *ТФГ* [8,9,11-18,27,44-49].

Одним из возможных способов изучения структуры параллельных τ_n-грамматик является подход, состоящий в наложении частичных ограничений непосредственно на определения их компонентов с последующим изучением влияния данных ограничений на языки, генерируемые грамматиками. Ряд результатов в этом направлении представлен в книге [1] и работах [44-49]. Свойства параллельных τ_n-грамматик и $L(\tau_n)$ языков рассматривались ранее независимо от внутренней структуры слов, составляющих данные параллельные языки. В связи с этим возникает довольно интересный вопрос.

Бесконечная последовательность слов $S=\{c_k\}$ ($c_k \in C(A,1,\phi) \mid k = 1,2,...$) называется *формульной последовательностью*, если каждое ее слово $c_k \in S \subset C(A,1,\phi)$ структурно можно представить как одну из *конечного* числа формул следующего общего вида:

$$C_k = C_{j_1}(k)\,C_{j_2}(k)\,C_{j_3}(k)\,C_{j_4}(k)\,...\,C_{j_h}(k)\,...\,C_{j_p}(k)$$
$$(\forall j_m)(\forall k)(C_k, C_{j_m}(k) \in C(A,1,\phi)); \quad j_m \in \{1,2,3,...\};\; m = 1..p$$

Формульные последовательности слов являются примерами $L(\tau_n)$-языков, в которых слова, образующие их, в некоторых отношениях, содержат историю своего развития. $L(\tau_n)$-язык - *формульный* язык, если соответствующая ему τ_n-грамматика порождает формульную последовательность слов *(конечных конфигураций)*. Можно показать, что параллельный $L(\tau_n)$-язык, порожденный соответствующей τ_n-грамматикой, определяемой *линейной* классической моделью *1–КА*, является формульным языком [8,43]. Это еще одна разновидность общей характеристики порождающих возможностей такого класса *КА*-моделей, которая также обобщается на случай *d*-размерности. Существует множество довольно сложных примеров формульных языков, определенных классическими *КА*-моделями [27,44-49].

Так, показано, что бинарная модель *1–КА* отличается от линейной модели с индексом соседства $X=\{0,1,2\}$ и с локальной функцией $\sigma^{(3)}$ перехода, определенной по следующей формуле, а именно:

$$\sigma^{(3)}(x,y,z) = \begin{cases} x+y+z+1 \ (mod\ 2), & if\ xyz \in \{001,011\} \\ x+y+z \ (mod\ 2), & otherwise \end{cases} ; \quad x,y,z \in \{0,1\}$$

сгенерирует формульную последовательность конфигураций из произвольной *конечной* конфигурации c_o. При этом, произвольная *конечная* конфигурация c_o, за исключением случая *простейшей КФ* $c_o = \square 1 \square$, не является *самовоспроизводящейся* конфигурацией в смысле *Мура*. Легко заметить, что упомянутая бинарная *1–КА* модель имеет номер 57. Итак, из следующих трех начальных конфигураций $c_o = \{11011 \mid 10111 \mid 100111\}$ такая бинарная *1–КА* генерирует следующие последовательности формульных конфигураций соответственно:

$$\begin{cases} c_{2k-1} = 100(10)^k 1 \\ c_{2k} = 1(10)^k 11 \end{cases} \begin{vmatrix} c_{2k-1} = 101(10)^k 1 \\ c_{2k} = 101(00)(10)^{k-1} 11 \end{vmatrix} \begin{vmatrix} c_{2k-1} = 1101(10)^k 1 \\ c_{2k} = 10(010)^k 11 \end{vmatrix} (k = 1,2,3,...)$$

Тогда как для начальной конфигурации $c_o = \square 1111001011 \square$ модель генерирует формульную последовательность конфигураций вида:

$$c_1 = 11(10)^4 1, \quad c_2 = 1100(10)^3 11, \quad c_k = \begin{cases} (10)^{(k+9)/2} 1, & \textit{if } k \textit{ is odd number} \\ (10)^{(k+8)/2} 11, & \textit{if } k \textit{ is even number} \end{cases} ; k \geq 3$$

Таким образом, понятие формульного языка достаточно хорошо характеризует класс линейных классических **KA**-моделей наряду с рядом других типов классических **KA**-моделей. Кроме того, легко показать, что каждый конечный параллельный язык $L(\tau_n)$ является формульным языком, а любой формульный язык $L(\tau_n)$ рекурсивен, однако обратные утверждения в целом неверны. Более подробное рассмотрение формульных параллельных $L(\tau_n)$-языков с довольно интересными примерами можно найти в [27,32,36,40,44-49,173-177].

Введенные понятия *формульных* грамматик и языков представляют несомненный интерес в исследованиях синтаксической структуры параллельных языков, порожденных τ_n-грамматиками. Более того, эти понятия довольно тесно связаны с применением классических моделей **d-KA** *(d ≥ 1)* в качестве среды моделирования различных параллельных процессов, объектов и явлений. Поэтому возникает актуальная проблема определения формульности параллельного $L(\tau_n)$-языка; данная проблема, по нашему мнению, *алгоритмически* неразрешима. В данном контексте возникает обратная проблема, а именно: *необходимо определить параллельный язык $L(\tau_n)$ заданной формульной структуры,* решаемая *отрицательно* уже для простых типов *формульного* представления. Не взирая на довольно большое число полученных результатов, на сегодня имеется весьма скудная информацию по вопросу *формульного* представления $L(\tau_n)$-языков, поэтому исследования в данном направлении весьма желательны.

5.2. Параллельные грамматики, определяемые классическими клеточными автоматами, по сравнению с формальными грамматиками других классов и типов

Введя параллельные τ_n-грамматики, вполне естественно сравнить их порождающие возможности с ранее изученными формальными грамматиками других типов и классов. Результаты, доступные в этом направлении, позволяют не только получать со многих точек зрения довольно интересные сравнительные оценки нового класса параллельных грамматик, определенных классическими моделями **KA,** но и, с другой стороны, оценить параллельные τ_n-грамматики

Виктор Аладьев, Вячеслав Ваганов, Михаил Шишаков

и порождаемые ими формальные параллельные языки. Например, *Е.С. Щербаков* [119], занимаясь вопросом математического аппарата моделирования для биологии развития на клеточном уровне, ввел новый класс параллельных грамматик, который впоследствии был назван *Sb(m)*-грамматиками, которые определяются следующими параллельными продукциями в качестве правил вывода, а именно:

$$Sb: \begin{cases} x_1 \, x_2 x_3 \dots x_m & \Rightarrow \quad y_1 y_2 y_3 \dots y_p \\ 0\,0\,0\,0\,0 \dots 0 & \Rightarrow \quad 0\,0\,0\,0\,0 \dots 0 \end{cases} \qquad (23)$$

$$(x_k, y_j \in A = \{0,1,\dots,a\text{-}1\}; \quad k = 1..m; j = 1..p; \ 1 \le p \le m)$$

характеризуемыми *одновременным* применением к *конечному* слову в некотором конечном алфавите *A*. При этом, т.к. длины правых частей параллельных подстановок могут превышать *1*, то в случае определения результата применения параллельных *продукций* (23) к некоторому слову в алфавите *A* вполне возможно возникновение определенной *неоднозначности* в некоторых его позициях. Поэтому, *параллельные* продукции (23) следует пополнить простой функцией выбора последующего состояния, а именно:

$$W(h_1, h_2, \dots, h_v) \in A \qquad h_k \in A; \quad (k = 1..v; 1 \le v \le r) \qquad (24)$$

что позволяет однозначно выбирать в позициях неоднозначности определенные состояния, вполне *однозначные* для этой конкретной неоднозначности, на основе произвольного кортежа $<h_1, h_2, h_3, \dots, h_v>$ состояний. При сделанных выше предположениях параллельная *Sb(m)*-грамматика определяется следующим образом.

Определение 21. Sb(m)-грамматика – это упорядоченный кортеж вида Sb(m) = <A, c_o, Sb, W>, чьи компоненты определяются как:

1) A – конечный терминальный непустой алфавит;
2) Sb – параллельные продукции вывода в виде (23);
3) W – функция выбора состояния в точках неоднозначности (24);
4) c_o – аксиома параллельной грамматики.

Множество конечных слов, сгенерированных Sb(m)-грамматикой, будем называть Sb(m)-языком.

Показано, что по порождающим возможностям *Sb(m)*-грамматики и τ_n-грамматики эквивалентны, точнее имеет место результат [8].

Теорема 85. Для произвольной Sb(m)-грамматики существует τ_n-грамматика, которая строго эквивалентна первой грамматике {n=max_k(m_k)+max_k(p_k)-1, если m, p≥1 и n=2m-1 в противном случае}.

Теорема *85* является еще одним довольно серьезным аргументом, подтверждающим достаточно высокую степень общности понятия *классических* моделей *1–КА* в качестве грамматик с параллельными продукциями, определяющими правила вывода. Обсуждение ряда вопросов взаимосвязи τ_n-*грамматик* с некоторыми другими типами параллельных грамматик (*так, например, изотонных структурных грамматик, параллельных пространственных грамматик, параллельных программируемых пространственных грамматик и т.д.*) совместно с рядом традиционных грамматик можно найти в [8]. В частности, в рамках теории τ_n-грамматик была рассмотрена формальная *модель Липтона* асинхронных линейных структур, которая играет вполне определенную роль в теории программирования. Показано, класс всех грамматик такого типа составляет *собственный подкласс* класса всех формальных параллельных τ_n-грамматик.

Так как класс параллельных языков $L(\tau_n)$ – собственный подкласс класса языков *А. Линденмайера*, которые порождаются *L–системами*, то возникает целый ряд вопросов, относящихся к более детальному выявлению отношений между обоими классами этих формальных языков [5,8,32,36,44-49]. Так, *Дж. Баттлер* показал, что **произвольная классическая модель 1–КА симулируется посредством подходящей системы Линдемейера PD(m, n) в реальное время, а произвольная система PD(m, n) симулируется посредством соответствующей классической модели 1–КА, но не в реальное время, вообще говоря.** Основываясь на результатах по вычислимости и моделированию в классических моделях *d–КА* (*d ≥ 1*), мы доказали даже существенно более общий результат [5,8,27].

<u>*Теорема 86.*</u> *Произвольная L–система Линденмайера моделируется посредством соответствующей классической модели 1–КА, но не в реальное время, вообще говоря, и наоборот.*

К проблемам τ_n-*грамматик* тесно примыкают работы, касающиеся применения *КА*-моделей в качестве *акцепторов* и *распознавателей*, а также работы по пространственным грамматикам. Прежде всего, это связано с вопросами распознавания посредством *КА*-моделей формальных языков в *реальном* времени. В этом направлении было получено много достаточно интересных результатов. В частности, *А.Р. Смит* [115] изучал классы *1*- и *2*-мерных формальных языков, распознаваемых *КА*-моделями с *ограничением* по времени. Другие интересные вопросы *распознавания* различных *классов* формальных языков как по *классическим*, так и по *недетерминированным* моделям **КА** можно найти в работах известных исследователей: *Р. Фольмар, А.Р. Смит, Х. Нишио, С. Секи, Т. Джебелян, О. Ибарра, Р. Зоммерхалдер* и др. [7]. Хороший обзор результатов и методов в этом направлении представлен *М. Махаджан* [122]; там же можно найти и некоторые дополнительные примеры языков согласно представленной выше *классификации* **КА**-моделей наряду с рядом задач для дальнейших исследований, тогда как характеристика наиболее важных из них представлена в обзорах [7,27,37,173-177].

Кроме того, целый ряд работ посвящен применению классических **КА**-моделей в качестве генераторов языков специального типа, в частности, фрактального типа [123]. *Пространственные* грамматики привлекли достаточно значительное внимание, ибо генерируемые ими языки представляют собой множества *пространственных фигур (областей)* вместо одномерных строк *(слов)*. Так, *В. Гросски* и *П. Ванг* были одними из первых исследователей, изучившими взаимосвязь между *классическими* **КА**-*моделями, параллельными* программируемыми пространственными грамматиками наряду с пространственными грамматиками, имеющими достаточно большие возможности для теоретических и прикладных аспектов [7,113]. При этом, показано, что τ_n-*грамматики* эквивалентны *параллельным* программируемым пространственным грамматикам и что существует определенный конструктивный односторонний переход от таких параллельных пространственных грамматик к τ_n-грамматикам. По целому ряду причин дальнейшие исследования в данном направлении кажутся нам весьма перспективными. Между тем, немало вопросов в этой области остается открытым, однако наиболее важными являются вопросы расширения исследований по *параллельным* грамматикам, определяемым различными типами **КА**-моделей. Ниже некоторые результаты, представленные по τ_n-грамматикам, обобщаются и на случай недетерминированных одномерных **КА**-моделей.

5.3. Параллельные грамматики, определяемые недетерминированными клеточными автоматами

Недетерминированная T_n-грамматика, в любой дискретный момент $t > 0$ допускающая один либо несколько, но только конечное число вариантов выбора правил вывода, является весьма существенным обобщением понятия параллельной грамматики. Параллельная T_n-

недетерминированная грамматика определяется ниже.

Определение 21. *Параллельная недетерминированная грамматика это упорядоченный кортеж вида T_n = <n, A, W_n, c_o>, компоненты которого определяются следующим образом:*

1) n – индекс недетерминированной T_n-грамматики (максимальный размер шаблона соседства для используемых функций глобального перехода классических моделей 1–КА);

2) A – конечный непустой алфавит T_n-грамматики;

3) W_n – допустимый конечный набор правил вывода грамматики;

4) c_o – аксиома грамматики (исходная конечная конфигурация).

Множество всех слов, сгенерированных из аксиомы $c_o \in C(A, 1, \phi)$ с помощью правил параллельного вывода из допустимого набора W_n глобальных функций перехода, и есть параллельный язык $L(T_n)$.

Из определений *параллельных* τ_n-грамматик и T_n-грамматик легко заметить, первые являются частным случаем вторых. Аналогично случаю τ_n-грамматик мы рассмотрим *недетерминированные* модели *1–КА*, определяемые соответствующими им параллельными T_n-грамматиками. Одним из наиболее важных результатов в теории конечных автоматов является факт, что класс формальных языков, определенных недетерминированными конечными автоматами, совпадает с классом *всех* языков, которые генерируются с помощью полностью определенных конечных автоматов. Тогда как в случае параллельных T_n-грамматик и τ_n-грамматик имеет место другая картина, характеризующаяся следующим результатом [8,27,44–49].

Теорема 87. *Существуют $L(T_n)$-языки, не являющиеся языками $L(\tau_n)$, тогда как существуют регулярные языки, которые не являются ни параллельными $L(T_n)$-языками, ни $L(\tau_n)$-языками.*

Итак, в отличие от конечных автоматов, недетерминированность в правилах вывода параллельных грамматик, которые определяются *недетерминированными КА*–моделями, расширяет их порождающие языковые возможности. Рассмотрим порождающие возможности параллельных недетерминированных грамматик T_n в зависимости от их правил вывода W_n. При сделанных ранее в этом направлении определениях и предположениях имеет место следующий базовый результат, имеющий вполне определенное значение.

Виктор Аладьев, Вячеслав Ваганов, Михаил Шишаков

**Теорема 88.** Любое конечное множество слов, заданное в конечном алфавите A, для подходящей недетерминированной грамматики T_n является языком $L(T_n)$. Для целого n≥2 существуют конечные и бесконечные регулярные множества слов, которые не могут быть сгенерированы какой-либо параллельной недетерминированной T_n грамматикой, однако они вполне могут быть сгенерированы как посредством соответствующей параллельной T_{n+1}-грамматики, так и параллельной детерминированной τ_{n+1}-грамматикой.

Из теоремы 88 следует, что _недетерминизм_ сохраняет генеративные языковые возможности параллельных недетерминированных T_n-грамматик относительно регулярных языков, аналогично случаю τ_n-грамматик. Подобно случаю параллельных τ_n-грамматик для _недетерминированных_ грамматик T_n справедлив результат, который описывает языки $L(T_n)$ с "_программистской_" точки зрения [8,44-49].

**Теорема 89.** Класс недетерминированных языков $L(T_n)$ не замкнут относительно операции пересечения с регулярными множествами слов (конечных конфигураций).

Следовательно, в случае недетерминированных параллельных T_n-грамматик также невозможно определить удовлетворительную формальную автоматную модель распознавателей, допускающих произвольный $L(T_n)$-язык. По сути же дела, следовало бы ожидать аналогичный результат, поскольку, на наш взгляд, такая ситуация определяется, прежде всего, совершенно параллельным способом применения правил вывода в T_n-грамматике, тогда как известные традиционные автоматные модели распознавателей основаны на ярко выраженном последовательном принципе обработки с четко определенным _централизованным_ управлением. В то время как _КА_-модели, будучи параллельными системами, используют принцип децентрализованного управления наряду с параллелизмом.

Рассмотрим вопрос _замкнутости_ класса _недетерминированных_ $L(T_n)$ языков относительно ряда операций, традиционных для _ТФГ_. В предыдущем разделе отмечалось, что класс всех _детерминированных_ языков $L(\tau_n)$ _незамкнут_ по отношению практически ко всем _базовым_ операциям, рассматриваемым в _ТФГ_. Между тем, изучение данных вопросов, касающихся класса недетерминированных $L(T_n)$-языков, представляет довольно серьезный интерес. Следующая теорема _90_ представляет результаты, полученные в этом направлении [44-87].

Теорема 90. *Класс недетерминированных языков $L(T_n)$ незамкнут относительно операций таких, как произведение, гомеоморфизм, объединение, дополнение, конечное преобразование и пересечение, однако этот класс замкнут относительно операции обращения.*

Итак, и для *недетерминированных* $L(T_n)$-языков ситуация полностью аналогична случаю детерминированных $L(\tau_n)$-языков, однако этот вопрос требует дальнейшего изучения. Введем еще одну довольно важную операцию, именуемую τ^*-операцией, касающуюся языков $L(T_n)$. Пусть подмножество слов $L \subset C(A,1,\phi)$ является неким языком $L(T_n)$, тогда как τ^* - произвольная глобальная функция перехода, определенная в алфавите A. Определим множество конечных слов $\tau^*(L) = \{x \mid x=\tau^*(x'); \ x' \in L\}$. Возникает достаточно интересный вопрос: *всегда ли множество $\tau^*(L)$ снова будет языком того же класса, где L - недетерминированный язык $L(T_n)$?* Ответ на этот вопрос будет *отрицательным.* Отметим, что операции *левого* и *правого* деления L-языка на конечное ω-слово, заданное в алфавите A, определяются и обозначаются как $\omega \backslash L=\{x \mid \omega x \in L\}$ и $L \backslash \omega=\{x \mid x\omega \in L\}$ соответственно. Показано, что класс недетерминированных языков $L(T_n)$ незамкнут относительно двух упомянутых операций [8]; следующая теорема, представляющая интерес с точки зрения грамматических свойств моделей T_n как генераторов формальных языков, резюмирует это.

Теорема 91. *Класс недетерминированных $L(T_n)$-языков незамкнут относительно τ^*-операции и операции левого (правого) деления на произвольное конечное слово (конфигурацию), определенное в том же самом конечном алфавите A.*

Таким образом, представленные результаты подтверждают, класс недетерминированных параллельных *$L(T_n)$-языков* обладает таким же сильным иммунитетом относительно операции замыкания по отношению к основным операциям классической *ТФГ*, аналогично классу детерминированных *$L(\tau_n)$-языков*. Кроме того, с другими интересными свойствами языков $L(\tau_n)$ можно ознакомиться в [8,40, 44-49], тогда как положение этих языков в классической иерархии *Хомского* представлено на рис. *11*. Много результатов относительно грамматик τ_n и T_n, показали, что традиционный метод реализации языков программирования для однородных компьютерных систем вряд ли позволит создать достаточно эффективное параллельное программное обеспечение, использующее максимальную степень параллелизма, допускаемую аналогичными системами конечных автоматов. На наш взгляд, грамматики T_n и τ_n являются достаточно мощными инструментами *математической семантики* и для языков микропрограммирования *параллельных* вычислительных систем, и для описания многих типов *клеточных* систем различной природы. В настоящее время наряду с отмеченными типами параллельных формальных языков мы также исследуем некоторые другие языки того же типа, которые имеют интересные приложения, в том числе вопросы их симулирования с помощью различных *КА*–моделей.

На этом завершается изложение *основных* полученных результатов в теории параллельных грамматик τ_n и T_n, которые определяются *классической* и *недетерминированной* моделями *1–КА* соответственно. Тогда как здесь не рассматриваются важные и интересные вопросы исследования *КА*–моделей как *акцепторов* формальных языков. Эти вопросы были довольно интенсивно исследованы исследователями такими, как *K. Culik, A.R. Smith, T. Jebelean, S. Kosaraju, A. Hemmerling, M. Nordahl*, и многими другими; их работы в данном направлении можно найти в достаточно подробных списках источников [7,27].

5.4. Алгоритмические проблемы параллельных грамматик, определяемых классическими клеточными автоматами (КА–моделями)

Проблемы алгоритмической разрешимости играют очень важную роль в современной математике. Данные проблемы связаны с так называемым классом *«массовых»* задач, для которого необходимо установить наличие либо отсутствие разрешающего алгоритма. В теоретической и математической кибернетиках алгоритмически неразрешимые проблемы довольно часто возникают в проблемах анализа динамики преобразователей дискретной информации, в частности, различных бесконечных автоматов, из которых *языковые* вопросы *КА*–моделей рассматриваются ниже. Действительно, если в рамках конечных систем вопросы *алгоритмической* разрешимости не носят столь актуального характера (*так как многие решения можно получать методами простого перебора соответствующих вариантов*), то в теории генерирующих грамматик алгоритмические проблемы занимают значительное место, например, проблемы *существования* алгоритмов, распознающих относительно грамматики некоторого класса или типа, обладает ли формальный язык, сгенерированный данной грамматикой, заданным свойством.

На сегодня не на все вопросы по алгоритмической разрешимости в теории параллельных грамматик, определенных классическими *КА*-моделями, существуют ответы. Здесь представлены результаты решения некоторых алгоритмических проблем для параллельных языков $L(\tau_n)$ и $L(T_n)$, которые характеризуют как конструктивные, так и динамические свойства соответствующих им *КА*-моделей. В то же время, много вопросов осталось вне нашего поля зрения. Для наиболее известных массовых задач в этом направлении приведем их математические формулировки.

1. *Проблема пустоты:* *существует ли алгоритм, определяющий будет ли язык, порожденный формальной грамматикой, пустым?*

2. *Проблема полноты:* *существует ли алгоритм, который позволяет определить существование для произвольной формальной грамматики способности порождать язык, который содержит все непустые конечные слова, заданные в его алфавите?*

3. *Проблема конечности:* *существует ли алгоритм, который позволит определять, будет ли конечным каждый язык, порожденный формальной грамматикой?*

4. *Проблема принадлежности:* *существует ли алгоритм, позволяющий определять факт принадлежности конечного слова языку, порождаемому произвольной грамматикой?*

5. *Проблема идентичности:* *существует ли алгоритм, позволяющий определять идентичность языков, генерируемых двумя произвольными грамматиками?*

6. *Проблема простоты:* *существует ли алгоритм, который позволяет определять, будет ли язык, сгенерированный формальной грамматикой, регулярным, контекстно–свободным либо контекстно–зависимым?*

7. *Проблема формульности:* *существует ли алгоритм, позволяющий определять, будет ли формальный язык генерироваться грамматикой в качестве формульного языка?*

8. *Предельная проблема.* *Пусть j – формальная грамматика. Если для нее существует слово $c^* \in L(j)$ такое, что для каждого слова $c \in L(j)$ языка на основе правил вывода предустановленной грамматики j генерируется последовательность, содержащая слово t^*, то для нее вполне естественно определить слово t'' как предел процесса вывода в такой грамматике. Для* *случая параллельных грамматик, определяемых классическими моделями КА, предел t* представляет в некотором смысле **точку устойчивости** процесса вывода. Во многих случаях предел может быть и потенциально достижимым, в частности, в случае неограниченного увеличения длины выводимых слов. С учетом этих допущений проблема сводится к вопросу существования решающего алгоритма для определения существования в любом языке, порожденном произвольной грамматикой, некоего предела в указанном выше смысле.*

9. *Проблема пустоты пересечения:* *Существует ли некий алгоритм, который определяет пустоту пересечения двух языков, генерируемых с помощью произвольной формальной грамматики?*

10. *Проблема существования:* *существует ли некоторый алгоритм, определяющий, будет ли множество слов языком указанной формальной грамматики?*

Несомненно, указанные проблемы алгоритмической *разрешимости* являются достаточно важными математическими проблемами для теории параллельных грамматик, определяемых *классическими **КА**-*моделями, как, между тем, и некоторыми другими формальными системами. На основе ряда исследований можно сформулировать следующую основную теорему [8,27,44-49,173-177].

Теорема 92. ***Проблемы тождества, конечности, принадлежности, пустоты пересечения, существования и существования предела алгоритмически неразрешимы для*** $L(\tau_n)$***-языка, сгенерированного с помощью параллельной*** τ_n***-грамматики, в то время как проблемы пустоты и полноты являются алгоритмическими разрешимыми.***

Эти утверждения верны и для случая параллельных языков $L(T_n)$. Тогда как полностью либо частично вышеуказанные две проблемы простоты и формульности остаются открытыми. Кроме того, если проблема формульности все еще остается полностью открытой, то относительно проблемы простоты имеет место результат, который представляет следующая основная теорема.

Теорема 93. *Проблема простоты относительно регулярных языков и контекстно-свободных языков* $L(\tau_n)$ *неразрешима.*

В виду результата этой теоремы алгоритмическая неразрешимость проблемы простоты вполне реальна. Кроме того, из теоремы 93 и результатов исследования конечных автоматов неразрешимость проблемы *эквивалентности* произвольной грамматики τ_n в плане возможностей языка, порожденного ею для {*недетерминированного*} конечного автомата, а также {*одностороннего недетерминированного*} автомата со стэковой памятью. Итак, проблема сравнения языков $L(\tau_n)$ с известными традиционными распознавателями в иерархии *Хомского* неразрешима, определяя достаточно строгий результат в теории формальных τ_n-грамматик [8,27,40,44-49,173-177].

При этом, аналогично случаю языков $L(\tau_n)$ *неразрешимость* наряду с *разрешимостью* подобных массовых проблем существует также и для недетерминированных языков $L(T_n)$. Однако, поскольку класс всех языков $L(\tau_n)$ является собственным подклассом класса языков $L(T_n)$, то он позволяет переносить приведенные выше результаты относительно алгоритмической разрешимости и на параллельные недетерминированные языки $L(T_n)$. Кроме того, необходимо иметь в виду, неразрешимость некоей массовой проблемы предполагает отсутствие решающего алгоритма только лишь в его современном понимании. Хотя для некоторых задач этого класса разрешающие алгоритмы вполне возможны. Например, для *КА-моделей* подобная ситуация является достаточно распространенным явлением.

На этом изложение полученных результатов по теории грамматик, определяемых *классическими* и *недетерминированными одномерными КА*-моделями (*позволяющими не только получать удовлетворительные лингвистические характеристики динамических свойств моделей этого типа, но и дать новые средства для исследования КА-моделей*), в целом, завершается. Между тем, в этом направлении сохраняется и много открытых проблем и перспективных направлений исследований. Кроме того, представляется весьма перспективным *распространение* полученных результатов теории параллельных τ_n-грамматик и T_n-грамматик на случай более высоких размерностей [8,32,36,44-49].

Более частная проблема идентификации моделей бесконечных *КА* на основе некоторых результатов их динамики непосредственно примыкает к проблеме существования. Ее основная суть сводится к определению искомой *КА*-модели в терминах ее *ЛФП* на основе известных последовательностей $J_k=<c_k>[\tau^{(n)}]$ $(k=1..v)$ конечных *КФ*, генерируемых ею; т.е. конструктивное определение вида *ЛФП* $\sigma^{(n)}$ модели на основе уже известных J_k-последовательностей, которые генерируются соответствующей *ГФП* $\tau^{(n)}$. Эта проблема *аналогична* случаю теории конечных автоматов, когда в экспериментах с ними определяется их внутренняя логическая организация, т.е. таблица, определяющая *выходной* сигнал автомата на основе его *внутреннего* состояния и *входных* данных. Аналогичный эксперимент состоит в задании на входе конечного автомата *входных* последовательностей символов и последующем анализе выходных последовательностей, генерируемых автоматом; то есть в результате этого эксперимента производится *идентификация* автомата по результатам анализа его реакции на входные последовательности. Итак, теория конечных автоматов имеет дело с наборами экспериментов различного типа для идентификации их логической внутренней структуры или их отдельных компонент. Подробное обсуждение этой проблематики можно найти в работах [7,124]. Задача идентификации для случая *бесконечной* **КА**-модели будет сводиться к определению ее **ГФП** на основе *последовательностей* конечных **КФ**, генерируемых моделью, т.е. на основе ее конкретной истории либо их конечного числа.

Проблема идентификации сводится к определению внутренней *логической* структуры **КА**-модели на основе ее динамики, а именно: *вход (текущая **КФ** – глобальное состояние модели) под действием **ГФП** (**ЛФП**) переходит в следующее внутреннее состояние, отождествляемое с выходом этой модели;* т.е. любую **КА**-модель можно рассматривать как *бесконечный* автомат *Мура*. Эта проблема, интересная по своей сути, для *бесконечных* **КА**-моделей не носит столь всеобъемлющего характера, поскольку в общем случае проблема неразрешима. Хотя во многих довольно интересных случаях проблема разрешима.

А. Адамацкий был первым, кто начал исследование этой проблемы для случая **КА**-моделей, получив здесь немало весьма интересных результатов, касающихся проблем *идентификации* для *классических* и некоторых других типов конечных **КА**-моделей [125-127]. Таким образом, для конечных **КА**-моделей проблема как существования, так и идентификации алгоритмически разрешима, потому что **КА**-модели генерируют только конечные языки $L(\tau_n)$. Как правило, как проблема существования, так и проблема идентификации уже для классических моделей **1-КА** являются *неразрешимыми*. Между тем, неразрешимость обеих массовых задач дает хорошую возможность использовать ее как эффективную компоненту аппарата изучения массовых задач динамической теории классических **КА**-моделей.

Невзирая на *неразрешимость* в целом как проблемы существования, так и проблемы идентификации, проблема экспериментального определения классической **КА**-модели, генерирующей требуемые J_k-последовательности конечных **КФ**, представляет несомненный интерес. Так, интересный экспериментальный подход к решению проблемы *идентификации* можно найти в [5,11-18,32,36]. Проблема идентификации, которая в нашем случае может быть определена как: *В терминах динамики КА-модели с алфавитом А внутренних состояний ее элементарных автоматов необходимо определить ее локальную функцию перехода;* указанная проблема может быть конструктивно решена посредством алгоритма, представленного, например, в [9]. Этот конструктивный алгоритм имеет достаточно простую программную реализацию. Обобщение этого алгоритма на большие размерности позволяет сформулировать утверждение: *для классической модели d-КА (d≥1) задача идентификации в нашей постановке имеет конструктивное решение при предположении о выборе центрального автомата шаблона соседства этой модели.*

Итак, неразрешимость проблем существования и идентификации классических **КА-**моделей предполагает дальнейшую разработку частичных подходов к их решению для **КА-**моделей определенных типов либо классов. Такие подходы способствовали бы появлению определенных достаточно важных теоретических и прикладных результатов в целом. С другой стороны, можно показать, проблема *идентификации* для *конечных* моделей *d-КА* вполне конструктивно разрешима и для этого существуют эффективные компьютерные методы [36]. Были предложены методы идентификации конечных моделей *d-КА* с помощью искусственных нейронных сетей; также рассмотрены достаточно интересные вопросы оценки и обучения нейронных сетей, которые используются для решения указанной выше проблемы идентификации для *конечных* моделей *d-КА* [7]. В целом, такая проблематика представляется довольно интересной с определенных точек зрения, поэтому в этом направлении нами и рядом других исследователей был проведен ряд исследований [27]. Много интересных ссылок в этом направлении можно найти в [7].

В следующей главе рассматрены вопросы, представляющие *особый* интерес с точки зрения использования классических **КА-**моделей в качестве перспективной среды для моделирования параллельных дискретных процессов и алгоритмов в различных теоретических и прикладных областях естествознания. Кроме того, сама концепция моделирования обсуждается с различных точек зрения, которые, в целом, представляют теоретический и прикладной интерес.

Глава 6. Проблема моделирования в классических клеточных автоматах (КА-моделях) и некоторые сопутствующие ей вопросы

Симулирование в классических моделях d-КА $(d \geq 1)$ представляет довольно большой теоретический и прикладной интерес. Данной проблеме посвящено значительное количество работ, содержащих много достаточно интересных результатов. Одно из направлений исследований в данной области связано с моделированием одной d-КА $(d \geq 1)$ другой, а именно: моделирование в реальном времени; моделирование с подавлением *определенных* свойств моделируемой d-КА, упрощение параметров симулирующей модели и т.д. Если в ранее рассмотренных направлениях *КА*-проблематики проблемы оптимизации практически не ставилось, то в моделировании уже предполагается использование *определенной* оптимизации. Многие исследователи активно занимались вопросами моделирования в классических d-КА; из них следует отметить таких исследователей, как: *John Neumann, A. Burks, S. Cole, K. Culik, E. Banks, H. Yamada, H. Nishio, S. Amoroso, A.R. Smith, E. Codd, T. Toffoli, P. Sarkar, J. Buttler, R. Volmar, A. Wuensche, A. Waksman, A. Adamatzky, A.S. Podkolzin, O.L. Bandman, V.Z. Aladjev, S. Ulam* и многие другие [7]. Подробнее с информацией в этом направлении можно ознакомиться в [44-49] наряду со ссылками на целый ряд других работ, доступных в них. И это несмотря на то, что эти вопросы касаются, главным образом, внутренней *КА*-проблематики, помимо довольно многочисленных работ, рассматривающих *КА* как основную среду моделирования в многочисленных прикладных задачах.

Из первых довольно интересных результатов в этом направлении, не считая результатов моделирования в *КА* первосоздателей этой проблематики *Джона фон Неймана* и его прямых последователей (*да и во многом и самого КА-направления*), следует отметить докторскую диссертацию *А.Р. Смита* [67], где он рассматривает ряд достаточно важных вопросов *симулирования* одной классической модели *d-КА* другой моделью того же измерения *d*, но с уменьшением размера шаблона соседства симулирующей *d-КА* и др. Множество других достаточно интересных результатов, касающихся симулирования подобного и аналогичного типа в *классических* моделях *d-КА (d≥1)*, можно найти в цитированных выше работах. С историей данной проблематики можно ознакомиться, например, в [7,8,27,44-49].

6.1. Понятия моделирования в классических клеточных автоматах (КА-моделях)

Прежде всего, сделаем *общее* замечание относительно двух методов моделирования в **КА.** Аналогично проблематике основателей **КА** *(John Neumann, S. Ulam, A. Burks, J. Holland, E. Codd, E. Banks, H. Yamada и др.)* довольно большое число исследователей в этом направлении для задач теоретического и особенно прикладного моделирования применяли непосредственно **КА**-модели, снабжая их требуемыми правилами функционирования с *погружением* в них симулируемых алгоритмов и объектов. Такой подход имеет явно конструктивный характер, когда в требуемой среде **КА** единая задача *симулирования* может сводиться к *композиции* подзадач, составляющих ее. Один из типичных способов моделирования такого типа является создание в среде **КА** ряда блоков единичных автоматов, которые выполняют определенные функции и взаимодействуют между собой обменом управляющими импульсами по организованным *информационным* каналам, формируемым элементарными автоматами среды. Такой подход определяет *прямое* погружение моделируемой задачи в **КА.**

Тогда как второй подход использует **КА**-модели как формальные системы параллельной обработки информации, представляя *более общий* уровень моделирования исследуемых алгоритмов. В данном отношении оба подхода к моделированию на основе метода **КА** в определенной мере *вполне* можно сравнивать с хорошо известными способами моделирования на основе машин *Тьюринга* и *Марковских* алгоритмов или неких других формальных алгебраических систем символьной обработки в конечных алфавитах. Если *первый* подход наиболее подходит для целей исследования прикладных аспектов моделирования на основе *d-КА (d ≥ 1),* то второй составляет основу формального исследования конструктивных и вычислительных возможностей **КА**-моделей как абстрактных систем параллельной обработки информации, которая на *аксиоматическом* уровне будет обеспечивать свойства однородности и локальности, тогда как на программном уровне – свойство *обратимости* динамики **КА.** Более того, оба эти метода могут быть взаимодополняющими с разумной степенью допустимости. Именно второй подход и служит основой в дальнейшем представлении различных вопросов моделирования.

Мы начнем представление с традиционного подхода к концепции моделирования, восходящего к *А.Р. Смиту* [67]. Обозначим через c_t

конфигурацию классической модели *d–KA* (*d*≥1) в момент *t*≥0 и τ - глобальную функцию перехода (*ГФП* τ) модели. Тогда результат *t*-кратного применения τ-функции (*обозначение* - $τ^t$) определяется с помощью следующего рекуррентного соотношения, а именно:

$$τ^o(c_o) \equiv c_o τ^o \equiv c_o , \quad τ^t(c_{t-1}) \equiv c_{t-1} τ^t \equiv τ(τ^{t-1}(c_{t-1})) \equiv c_t \qquad (t \geq 1)$$

При сделанных предположениях вводим понятие симулирования модели *d–KA* (*d*≥1) с помощью другой модели той же размерности.

Определение 22. Пусть J_d - множество всех допустимых моделей d–KA (d ≥ 1). Теперь рассмотрим две классические модели G1 и G2 из множества J_d с множествами КФ и глобальных функций перехода c1, $τ_1$ and c2, $τ_2$ ($τ_1, τ_2 \in F_d$) соответственно. Будем говорить, что G2 моделирует G1 в реальное время k2/k1 тогда и только тогда, когда существуют эффективно вычислимое инъективное отображение H: c1 → c2 и эффективно вычисляемая функция H1: $J_d → J_d$ такие, что имеет место следующее соотношение, а именно:

$$τ_2^{k2}(H(c_t)) \equiv H(τ_1^{k1}(c_t)); \quad τ_2 = H1(τ_1)$$

При выполнении условия k2 = k1 будем говорить о симулировании классических моделей d–KA (d ≥ 1) в строго реальное время.

При представлении результатов относительно моделирования в *d–CA* (*d ≥ 1*) иногда будет довольно удобно использовать обозначение (*d, n, a*) для модели *d–KA* ≡ <Z^d, *A*, $τ^{(n)}$, *X*>, где смысл параметров *d, n* и *a* полностью соответствует определению классических моделей *d–CA* (*d*≥1), не требуя особых пояснений. С помощью одной весьма простой процедуры Дж. *Баттлер* [129] на основе *одного* условия для существования алгоритма симулирования в реальном времени *1/k* классической модели *d–KA* (*d ≥ 1*) посредством других моделей той же *d*-размерности доказал следующий результат, достаточно часто используемый при исследовании динамики классических моделей посредством симулирования.

Теорема 94. Для классической модели (2, n, a) существует модель (2,p,a^{2kg}), которая симулирует первую модель в реальное время 1/k, где g - длина ребра минимального квадрата, содержащего шаблон соседства симулируемой модели.

Без ограничения общности симулирование классической модели *1–KA* с алфавитом *A*={0,1,...,*a*-1} и индексом соседства *X*={0,1,...,*n*-1} с помощью модели того же класса и размерности, но с *уменьшением* размера шаблона соседства, представлено в [8,9] для иллюстрации одного из возможных методов симулирования классических *d–КА* *(d≥1)*. Представленная схема весьма прозрачна, определяя принцип *уменьшения* шаблона соседства исходного размера *n* симулируемой модели и позволяя получить результат, полезный в приложениях.

Теорема 95. *Для классической модели (1, n, a) существует модель (1,2,ψ) с алфавитом $\cup_p A^p \cup A$ {p=1..(n-2)} элементарного автомата мощности $(a^n - a)/(a-1)$, симулирующая первую в режиме реального времени 1 / (n-1).*

Обобщение этого подхода позволяет получить довольно полезный результат [8,11-18,27,40,44-49,173-177].

Теорема 96. *Для произвольной модели d–КА (d ≥ 1) с алфавитом A = {0,1, ..., a–1} и шаблоном соседства $n_1 x n_2 x \ldots x n_d$ существует такая модель той же d–размерности, симулирующая первую в реальном времени $1/(\sum_{j=1}^{d} n_j - d)$, с индексом соседства X = {0, 1} и алфавитом A' мощности, определяемой по следующей формуле, а именно:*

$$\# A' = a + \sum_{j=1}^{d} \left(\frac{a^{\prod_{k=1}^{j} n_k + \varphi(j)} - a^{2\prod_{k=0}^{j-1} n_k}}{a^{\prod_{k=0}^{j-1} n_k} - 1} \right), \quad where \quad \varphi(j) = \begin{cases} 1, & if\ j < d \\ 0, & otherwise \end{cases}; \quad n_o = 1$$

Оптимизация алгоритма симулирования подобного либо другого типа может рассматриваться в качестве весьма интересной задачи. Так, используя описанный выше подход, можно доказать результат, полезный для задач моделирования в классических *d–КА (d ≥ 1)* [8].

Теорема 97. *Классическая модель d–КА (d≥1) с шаблоном соседства в виде гиперпараллелепипеда размера $n_1 x n_2 x \ldots x n_d$ и с алфавитом A={0,1,2,3, ..., a–1} симулируется в реальное время 1/n посредством модели той же самой d–размерности с алфавитом A* и шаблоном соседства в виде гиперкуба с ребром длины два при условиях, что:*

$$n = \max_{k=1..d} \{n_k\} - 1 \qquad \# A^* = \sum_{k=1}^{n} a^{k^d}$$

Характерное свойство симулирующей *КА*–модели – наследование ею ряда *базовых* динамических свойств симулируемой модели. Это обстоятельство достаточно существенно, позволяя прежде всего на теоретическом уровне исследовать *динамику* классических моделей *d–КА (d ≥ 1)* с простыми индексами соседства с распространением полученных ранее результатов на более общие типы классических

КА-моделей. Упрощение шаблона соседства исследуемой модели, порой, достигается существенным *увеличением* мощности алфавита симулируемой модели. Между тем, в целом ряде случаев простота топологии соединений элементарных автоматов исследуемых **КА**-моделей говорит в пользу подобного подхода. Приведенные выше результаты характеризуются тем фактом, что классические модели с большим шаблоном соседства и маленьким алфавитом **А** можно симулировать с помощью моделей того же самого типа с *меньшими* шаблонами соседства и *большими* алфавитами **А***, и наоборот.

Другой результат, относящийся к симулированию произвольных классических моделей *d*–**КА** (*d ≥ 1*) бинарными моделями того же самого типа и размерности, был получен *А.Р. Смитом* [7,67].

Теорема 98. *Классическая модель (d, n, a) строго в реальное время симулируется моделью (d, k, 2) с выполнением соотношения:*

$$|k| \le (2^{a-1} - 1)(n + 2) + [log_2\, a](n - 1) + 1$$

Отметим, что при доказательстве приведенных выше результатов *Баттлера–Смита* по симулированию в классических моделях *d*–**КА** (*d ≥ 1*) не использовалась оптимизирующая техника, и в некоторых наших работах предпринимались попытки получить *определенную* оптимизацию параметров модели. Вопросы *оптимизации* основных параметров симулирующих моделей рассмотрены рядом других исследователей [7,120-132]; см. также полезные ссылки в [8,27,44-49].

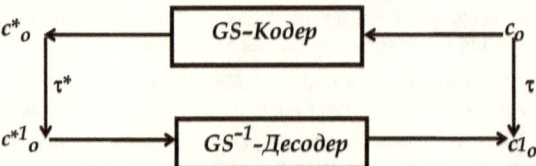

Рис. 12. Диаграмма, иллюстрирующая принцип 1–симулирования в классических КА–моделях.

Ниже представлены некоторые результаты в данном направлении. Так, в связи с этим была введена концепция *1*–симулирования, суть которой иллюстрирует диаграмма, представленная на рис. *12*, она сводится к следующему [5,8,9]. Эта диаграмма позволяет наглядно представить суть *1*–моделирования в среде классических моделей *d*–**КА** (*d≥1*) наряду с иллюстрацией самого используемого *принципа* симулирования. В моделируемой классической *d*–**КА** (*d ≥ 1*) каждая конфигурация $c_0 \in C(A,d,\emptyset)$, определенная в конечном алфавите A, в результате действия *глобальной* функции перехода τ преобразуется в следующую конфигурацию $c_0\tau=c^1{}_0$. Пусть $GS(x)$ – определенный метод рекурсивного кодирования символов $x \in A$, тогда как $GS^{-1}(y)$ это метод рекурсивного декодирования символов алфавита A^* для моделирующей d-КА $(d \geq 1)$; $GS(x)$ и $GS^{-1}(y)$ определяют *рекурсивные* методы *кодирования* и *декодирования* **КФ** x и y соответственно. Тогда для симулирования классической модели d-КА $(d \geq 1)$ каждая **КФ** $c^*{}_0 = GS(c_0)$ в результате действия глобальной функции перехода τ^* преобразуется в *следующую* конфигурацию $c^{*1}{}_0$, для которой имеет место соотношение $GS^{-1}(c^{*1}{}_0) = c^1{}_0$. Будем говорить, что некоторая классическая d-КА 1-моделируется посредством модели той же d-размерности, если динамика *симулируемой* модели и *симулирующей* модели подчиняются перечисленным условиям. Пусть T_X – длина ребра минимального d-мерного гиперкуба для шаблона соседства симулируемой классической модели d-КА $(d \geq 1)$. При сделанных предположениях имеет место полезный результат [8,9,27,47].

Теорема 99. *Для произвольной классической модели $<Z^d, A, \tau^{(n)}, X>$ $(d \geq 1)$ с шаблоном соседства размера T_X существует классическая модель $<Z^d, A^*, \tau^{(p)}, X^*>$ с шаблоном соседства размера T_{X^*}, которая 1-симулирует первую классическую модель, где T_{X^*} и алфавит A^* удовлетворяют следующим определяющим соотношениям:*

$$\begin{cases} T_{X^*} \leq (T_X +1)([\log_2 a]+1)-1, & for \ A^* = \{0,1,2\} \\ T_{X^*} \leq (T_X +1)(L+5)-1, & for \ A^* = \{0,1\} \\ where \quad L = [(\log_2 a - 1)/(\log_2 7 - 1)]+2 \end{cases}$$

Насколько мы знаем, этот результат на сегодня является лучшим среди результатов подобного типа. В [1,8] были рассмотрены более специальные способы симулирования одной классической модели d-КА $(d \geq 1)$ другой моделью. *А.Р. Смит* показал [67], что, базируясь на довольно широком определении 22, невозможно симулировать классическую d-КА $(d \geq 2)$ моделью меньшей размерности. Между тем, мы показали, что при некоторых допущениях вполне можно симулировать произвольную классическую модель d-КА $(d \geq 2)$ с помощью даже соответствующей классической модели 1-КА [8,44]. Одна возможность подобного *симулирования* классических моделей d-КА $(d \geq 2)$ с помощью классической модели 1-КА будет показана ниже. Этот метод использует специальное *1*-мерное представление конечных конфигураций в классических моделях *2–КА*.

Некоторые работы, относящиеся к особым свойствам классических моделей *d–КА (d ≥ 1)*, также имеют прямое отношение к проблеме моделирования. В частности, некоторые исследователи занимались определенными вопросами стандартизации структуры шаблонов соседства *классических КА*–моделей. Данная проблематика является довольно важной как с теоретической точки зрения, так и с точки зрения многочисленных приложений, прежде всего с точки зрения применения *d–КА* в качестве перспективной *среды* моделирования. Вопросы в данном направлении регулярно исследовались *Х. Ямада* и *С. Аморозо* на основе введенных представлений о поведенческом и структурном изоморфизмах. Было показано, что определенные эквивалентные отношения, сохраняющие одну или обе эти формы *изоморфизма*, приводят к структурным стандартизациям шаблонов соседства в *классических КА*–моделях. В получении этих результатов центральную роль играют весьма важные понятия о блокировке и блокированной структуре единичных автоматов *КА*-модели. При этом, введение *слабой* формы поведенческого *изоморфизма* привело к упрощению стандартной структуры шаблонов соседства в таких моделях. Эти и другие связанные вопросы можно найти в [7,8,133].

В целом ряде проблем *симулирования* в классических моделях *d–КА (d ≥ 1)* в первую очередь с точки зрения вопросов алгоритмических свойств этих моделей, то понятие *Т–симулирования* является весьма эффективным. Как известно, *классическая КА*-модель представляет собой некий параллельный алгоритм обработки слов в конечном алфавите. Поскольку изучение классических *КА*-моделей с такой точки зрения представляет несомненный интерес, целесообразно определить *принципиально важное* понятие: «*один алгоритм (слабо) Т–симулирует другой алгоритм*»; формально определение такого понятия можно представить следующим образом.

Пусть M_1 – алгоритм обработки слов в конечном алфавите *A*, тогда как M_2 – алгоритм обработки слов в конечном алфавите *A* (A⊆A*)*. Предположим, $M^k_1 s = s^k$ $(M^o_1 s = s)$ – результат *k*-кратной обработки слова *s*, заданного в алфавите *A*, посредством алгоритма M_1. Тогда для произвольного конечного слова *s*, определенного в алфавите *A*, алгоритм M_1 генерирует некоторую последовательность конечных слов *(конфигураций)* следующего вида:

$$M^o{}_1s, M^1{}_1s, M^2{}_1s, M^3{}_1s, ..., M^k{}_1s, ... \qquad (25)$$

Пусть теперь s^* – произвольное конечное слово, которое задано в алфавите A^*, а в алфавите A совпадает со словом s, алгоритм же M_2 генерирует из слова s^* некоторую последовательность слов вида:

$$M^o{}_2s^*, M^1{}_2s^*, M^2{}_2s^*, M^3{}_2s^*, ..., M^k{}_2s^*, ... \qquad (26)$$

Определение 23. Будем говорить, что алгоритм M_2 T–симулирует алгоритм M_1 только тогда, когда существует некая рекурсивная процедура, позволяющая по конечному слову s, определенному в A алфавите, выделять из последовательностей слов (26) все такие подпоследовательности слов вида

$$M^o{}_os^*, M^{j1}{}_2s^*, M^{j2}{}_2s^*, M^{j3}{}_2s^*, ..., M^{jk}{}_2s^*, ...,$$

что в алфавите A будет иметь место следующее соотношение

$$(\forall k \in N)(M^{j}k_2s^* \equiv M^k{}_1s) \text{ и } (j_k = T+k)$$

Более того, если значение j_k в алгоритме симулирования M_2 будет зависеть от длины обрабатываемых слов s $\{j_k = f(|S|)\}$, то будем говорить – алгоритм M_2 слабо T–симулирует исходный алгоритм M_1, в частности, функциональный алгоритм классических KA.

Вышеупомянутая концепция T–симулирования используется нами достаточно широко, обладая множеством положительных черт. В частности, с учетом этой концепции довольно легко убедиться, что концепция 1–симулирования представляет собой *особый* случай T–симулирования, представляющий, между тем, и самостоятельный интерес, прежде всего, из-за следующих двух обстоятельств: *(1) 1*–моделирование определяет режим строго реального времени, и *(2)* простой метод GS^{-1} *декодирования* слов, генерируемых алгоритмом моделирования [8,11-18,27,44-49,61,63,173-177].

Между тем, наряду с приведенными понятиями *симулирования* мы определили более абстрактное понятие **WM–симулирования** [8,48], которое впоследствии получило существенное обобщение в виде понятия **W–симулирования,** которое используется в теоретическом изучении многих важных вопросов, связанных с моделированием в классических моделях *d–KA*, позволяя на этом пути решить немало весьма интересных задач в рамках общей задачи симулирования в классических моделях *d–KA (d ≥ 1)* [5,8,11-18,27,44-49,63]. Между тем, введенное понятие **W–**моделирования весьма существенно обобщает понятие **WM-моделирования**, охватывая достаточно широкий класс методов симулирования в классических моделях *d–KA* (*d* ≥ *1*). При этом, используемые методы симулирования в среде классических моделей *d–CA* (*d* ≥ *1*) соответствуют концепции **W**–моделирования. Со многими смежными вопросами можно ознакомиться в [5,48,49].

Концепция **W–симулирования** достаточно широка и охватывает не только по существу классические модели *d–CA* (*d* ≥ *1*). Как пример рассмотрим один алгоритм симулирования классической модели *1–KA* с алфавитом *A* = {*0,1,2, ..., a–1*} и индексом соседства *X* = {*0, 1*} с помощью модели *1–KA** с тем же самым алфавитом *A* и индексом соседства *X** = {*-1,0,1*}, локальная функция перехода которой σ$^{(3)}$ в формульном виде определяется следующим образом:

$$\sigma^{(3)}(x_{-1}, x_0, x_1) = \begin{cases} \sigma^{(2)}(x_{-1}, x_1), & if \quad [x_0] \ is \ even \ number \\ x_{-1} \otimes x_0 \otimes x_1, & if \quad [x_0] \ is \ odd \ number \end{cases}$$

где: σ$^{(2)}$(*x, y*) – локальная функция перехода моделируемой *1–KA*; ⊗ – операция *сложения по mod a* и [*x$_j$*] – координата элементарного *j*–автомата симулирующей модели *1–KA**.

В зависимости от определения локальной функции модели *1–KA** весьма просто убедиться, что *1–KA** *1*–симулирует модель *1–KA* на единичных автоматах с *четными* координатами. При этом, можно показать, что относительно данного *класса* **KA**-моделей справедлив первый критерий неконструируемости, базирующийся на общей концепции **ВСКФ** (*теорема 6*). Анализ наличия **ВСКФ** для моделей таких, как *1–KA**, ориентированных на *симулирование* модели *1–KA*, позволил сформулировать несколько более сильный результат [48].

Теорема 100. *Класс моделей 1–KA* с алфавитом A={0,1,2,3, ..., a–1} и индексом соседства X={0,1,...,n-1}, чьи локальные функции перехода определяются конфигурациями их шаблонов соседства наряду с координатами центральных автоматов, не могут симулировать произвольную классическую модель 1–KA с помощью модели 1–KA*, не обладающей неконструируемостью типа НКФ.*

Далее в настоящей главе будут использоваться некоторые другие подходы к симулированию в классических моделях *d–KA* (*d≥1*), чья суть будет понятна или следует из самого понятия симулирования, или будет пояснена в случае необходимости.

6.2. Моделирование известных формальных алгоритмов обработки слов в конечных алфавитах

Поскольку классические модели d–KA $(d≥1)$ являются алгоритмами *параллельной* обработки слов d–размерности в конечных алфавитах, достаточно интересно сравнивать их с известными формальными последовательными алгоритмами. Одним из подходов такого типа является *моделирование* алгоритма одного типа другим, и наоборот. Прежде всего, теперь мы представим результаты T–моделирования известных алгоритмов формальной обработки конечных 1-мерных слов в конечном алфавите с помощью классических моделей 1–KA, и наоборот. Более того, использованная оптимизирующая техника позволила получить хорошие соотношения между параметрами моделируемых и моделирующих алгоритмов, позволяя проводить сравнительные оценки алгоритмов такого типа.

Далее, в качестве параллельного алгоритма выбираем *классическую* модель 1-$KA \equiv <Z,A,\tau^{(n)},X>$, а в качестве первого последовательного алгоритма известную машину *Тьюринга* MT^s_q с алфавитом S $(\#S = s)$ символов на выходной ленте и алфавитом Q $(\#Q = q)$ внутренних состояний некоего конечного автомата; MT^s_q представляет собой наиболее популярную формальную модель для последовательных вычислений. При этом, мы рассмотрим машину MT^s_q с выходной лентой, *бесконечной* в обе стороны; эта машина является некоторой модификацией обычной машины *Тьюринга* и эквивалентна ей. В этом направлении имеет место следующий результат, полезный в дальнейшем исследовании динамики классических KA-моделей.

Теорема 101. *Для каждой машины MT^s_q существует классическая модель 1-KA с индексом соседства Неймана–Мура и алфавитом A мощности $(s + q + 9)$, которая 8-симулирует первую. Для каждой машины MT^s_q существует классическая модель 1-KA с индексом соседства Неймана и алфавитом A мощности $(s+2q)$, которая 2-симулирует первую. Для произвольной машины MT^s_q существует классическая модель 1-KA с индексом соседства $X = \{-2, -1, 0, 1\}$ и алфавитом A мощности $(s + q)$, 1-симулирующая ее. Для каждой машины MT^s_q с k $(k \geq 1)$ конечными лентами существует модель 1-KA с индексом соседства Неймана и алфавитом A мощности $s^k(q+1)^k$, которая 1-симулирует первую.*

Для сравнения рассматривалось симулирование MT^s_q с помощью моделей $KAнP \equiv <Z^1, A, 2, \Psi^{(2)}, \Xi>$. Этот класс моделей весьма широко используется для создания физических моделей различного рода, а взаимосвязь моделей этого типа с классическими KA-моделями рассматривалась выше. Результат можно представить теоремой.

Теорема 102. *Произвольная машина MT^s_q 2–симулируется моделью $KAнP \equiv <Z^1, A, 2, \Psi^{(2)}, \Xi>$ с #$A = (s + 2q)$ и $A = S \cup Q \cup Q^*$, и посредством модели $KAнP \equiv <Z^1, A, 3, \Psi^{(3)}, \Xi>$ с алфавитом $A = S \cup Q$ и #$A = (s + q)$, где #G – мощность произвольного конечного множества G.*

Определяя сложность машины MT^s_q и классической 1–KA как $S_{MT} = s x q$ и $S_{KA} = a x n$ соответственно, получаем соответствующие значения трех видов *(определенных по теореме 101)* классических KA-моделей, симулирующих произвольную машину MT^s_q, в виде $S_{CA} = 3(s+q+9)$, $S_{CA'} = 3(s+2q)$ и $S_{CA''} = 4(s+q)$ соответственно. На базе минимальной оценки сложности для MT^s_q, которая на сегодня равняется $S_{MT} = 24$ ($s=4$, $q=6$; $s=6$, $q=4$), легко убедиться, что $S_{KA} = 57$, $S_{KA'} = 42$ и $S_{KA''} = 40$.

Между тем, наряду с понятием *алгоритмической* сложности весьма интересна концепция сложности *моделирования,* которая включает временные и пространственные издержки на сам симулирующий алгоритм, т.е. сложность моделирования для *классических* моделей d–KA ($d \geq 1$) можно определить по формуле $SM_{CA} = d x T x a x n$, где d – размерность однородного пространства модели; a и n – мощность алфавита состояний A и размер шаблона соседства соответственно; T – время моделирования одного шага симулируемого алгоритма.

При сделанных предположениях разница в *трех* представленных случаях моделирования с помощью 1–KA становится более яркой, а именно: $SM_{KA} = 1 x 8 x 3 x (s+q+9) = 456$, $SM_{KA'} = 1 x 2 x 3 x (s+2q) = 84$, $SM_{KA''} = 1 x 1 x 4 x (s+q) = 40$. Таким образом, если в отношении алгоритмической сложности третий способ моделирования представляется наиболее простым, тогда как в отношении сложности моделирования имеет место полное превосходство третьего способа; более того, для него значения *алгоритмической* сложности и сложности моделирования совпадают – $S_{KA''} \equiv SM_{KA''} = 40$. Для оценки сложности *моделирования* с помощью $KAнP$ можно использовать параметр такой, как $SM_{KAнP} = $ #$A x m$, что для моделирования универсальной MT^s_q дает значение $SM_{KAнP} = 36$. Однако оценить влияние на этот параметр Ξ–*процедуры* блочной переразметки пространства Z^1 симулирующей модели достаточно сложно. Как следствие из теоремы *101*, следует немало довольно интересных результатов, касающихся алгоритмической *неразрешимости* некоторых массовых задач, связанных с *динамикой* конечных конфигураций в классических *КА*-моделях [4,5]. Ряд из этих проблем обсуждаются ниже, но для этого необходимо ввести некоторые новые понятия.

Определение 24. Конфигурация $c_o \in C(A, d, \phi)$ для глобальной функции $\tau^{(n)}$ классической модели d-KA ($d \geq 1$) называется соответственно:

ограниченной, если соотношение $(\exists p)(\forall k)(c_k \in <c_o>[\tau^{(n)}] \to d(c_k) \leq p)$ имеет место, где d – минимальный диаметр блока, содержащего c_k конфигурацию;

(k-т)-периодической, если соотношение $(\exists m)(\exists k)(c_o \tau^{(n)m} = c_o \tau^{(n)k})$ (m > 0; k-т > 1) имеет место; периодической конфигурацией, если имеет место соотношение $(\exists k > 1)(c_o \tau^{(n)k} = c_o)$, и пассивной для k=1; кроме того, 2 последних случая составляют класс всех полностью периодических конфигураций; наконец, исчезающей конфигурацией, если имеет место соотношение $(\exists m)(c_o \tau^{(n)m} = «\square»)$.

С учетом определения *24* может быть сформулирован следующий достаточно важный результат, определяющий решение ряда задач динамики классических *КА*-моделей; результат интересен также в дальнейших исследованиях данной проблематики [1,4,5,8,27,44].

Теорема 103. Следующие проблемы алгоритмически неразрешимы для произвольной классической модели d-KA ($d \geq 1$), а именно:

- проблема рекурсивности множества $<c_o>[\tau^{(n)}]$ конечных КФ;

- проблема ограничения произвольной конфигурации $c_o \in C(A, d, \phi)$;

- проблема (k-т)-периодичности или периодичности конечной КФ;

- проблема существования в последовательностях $<c_o>[\tau^{(n)}]$ для классической модели d-KA ($d \geq 1$) пассивных и/или исчезающих КФ;

- проблема существования для классической модели d-KA ($d \geq 2$) с ГФП $\tau^{(n)}$ конфигураций c* таких, что $c*\tau^{(n)} = c^\infty_r$, где $c* \in C(A, d, \infty)$ и c^∞_r – произвольная бесконечная конфигурация, состоящая только из состояний $r \in A$.

При доказательстве этой теоремы была существенно использована возможность *Т*-моделирования универсальной машины *Тьюринга* для классических моделей *1–КА*, что прямо следует из результата теоремы *101*. Полученный результат наряду с самостоятельным интересом может быть использован в качестве вспомогательного аппарата, основанного на *Т*–моделировании в решении некоторых задач динамики классических *КА*–моделей, представляющих как теоретический, так и прикладной интерес. В частности, из данного результата следует, что задача определения *вида* графа глобальных состояний *классической КА*–модели относительно ее начальных *КФ* является *неразрешимой*. В то время как неразрешимость последней проблемы теоремы основана на неразрешимости общей проблемы «*домино*», достаточно детально рассмотренной в [7,27,44-49].

На основе концепции *Т*–моделирования достаточно подробно был рассмотрен ряд вопросов симулирования с помощью классических одномерных моделей известных алгоритмов обработки таких, как *TAG-системы*, *LAG-системы*, регулярные *системы Бюхи*, *SS-машины*, нормальные алгоритмы *Маркова*, системы продукций *Поста* и др. [1,5,8]. В получении результатов наряду с применением принципа *Т*–моделирования применялась также оптимизирующая методика, заключающаяся в использовании в некоторой степени особенных оптимизационных процедур параллельного программирования в классических моделях *1–КА.* Это дало возможность в значительной степени получить оптимальные соотношения между основными параметрами моделирующих и моделируемых алгоритмов.

Определения алгоритмов обработки слов в конечных алфавитах, используемые ниже, хорошо известны и читатель сможет с ними ознакомиться, например, в [1,3,5,8], поэтому они имеют довольно схематичный характер с целью объяснения некоторых основных параметров моделируемых последовательных алгоритмов. Между тем, необходимо иметь в виду, что моделирование выполняется на формальном уровне, рассматривая *моделируемый* и *моделирующий* алгоритмы как формальные системы обработки конечных слов в конечном алфавите без какого–либо внутреннего кодирования.

Пусть моделируемый формальный алгоритм имеет алфавит $C = \{c_1, ..., c_m\}$. Тогда произвольная *TAG*-система имеет ω усечений и m элементарных преобразований вида $c_k \Rightarrow b_k$ *(k = 1..m)*, где b_k - слова в алфавите *C;* система продукций *Поста* имеет тот же алфавит *C* и *p* базовых продукций вида $a_j W \Rightarrow W b_j$ *(j=1..p)*, где a_j, b_j и *W* - слова в алфавите *C*. Подробное описание *SS*-машины можно найти в [5], тогда как с концепцией нормальных алгоритмов *Маркова* можно ознакомиться в книге, содержащей подробное изложение базовых элементов теории алгоритмов и рекурсивных функций [85]. Тогда как система *Бюхи* имеет алфавит **C** и *p* базовых преобразований в виде $a_jW \Rightarrow b_jW$ *(j = 1 .. p)*, где a_j, b_j, **W** - конечные слова в алфавите **C**. Другим естественным обобщением класса **TAG**-систем являются **LAG**-системы, определенные в алфавите **C** преобразованиями вида

$$r_j = c_{j_1}c_{j_2}c_{j_3} \dots c_{j_q} ; \quad r_jW \Rightarrow Wb_j \qquad (j = 1..p; \; p \le m^q)$$

где b_j, **W** - конечные слова в алфавите **C**; кроме того, если первые *q* символов некоего слова **s***, обрабатываемого системой, совпадают с подсловом r_j, то его *первый* символ c_{j_1} удаляется, и к правому концу слова **s*** добавляется подслово b_j. Очевидно, что при *q = 1* системы **TAG** и **LAG** совпадают. Таким образом, при сделанных допущениях имеет место результат, представляющий определенный интерес, с учетом того, что полученные соотношения получены в результате определенной процедуры оптимизации алгоритмов.

__Теорема 104.__ Произвольная TAG-система слабо T-моделируется с помощью соответствующей классической модели 1-КА; при этом, имеют место следующие соотношения, а именно:

$$a = \omega + m + \sum_{k=1}^{m} |b_k| + 3; \quad T = |s^*| + |b_k|; \quad s^* = c_k s; \quad s^* \in C \;\; (k = 1..m)$$

Произвольная система продукций Поста слабо T-моделируется с помощью соответствующей классической модели 1-КА; при этом, имеют место следующие соотношения, а именно:

$$a = 3 \sum_{j=1}^{p} [|a_j| + |b_j|] + 3p + m + 10; \quad T = 4|a_j| + 2|s^*| + 2|b_j|; s^* \in C \;\; (j = 1..p)$$

SS-машина слабо T-симулируется с помощью классической модели 1-КА; при этом, существуют отношения $a = 2n_1 + n_2 + 4$ и $T = 2|s^*| + 2$, где n1, n2 - количество инструкций $\{P_0, P_1\}$ и SD(k) для SS-машины соответственно. Регулярная система Бюхи слабо T-симулируется посредством подходящей классической модели 1-КА; кроме того, имеют место следующие определяющие соотношения, а именно:

$$a = 3 \sum_{j=1}^{p} [|a_j| + |b_j|] - 6p + m + 10; \quad T = |a_j| + max\{ |a_j|, |b_j| \}; \;\; s^* \in C \;\; (j = 1..p)$$

Во всех предыдущих случаях симулирующая классическая модель 1-КА обладает индексом соседства Неймана-Мура. Произвольная LAG-система слабо T-симулируется с помощью подходящей модели

1-КА с индексом соседства X = {0,1, ..., q+1}; при этом, существуют следующие определяющие соотношения, а именно:

$$a = m + \sum_{j=1}^{m} |b_j| + 3; \quad T = |s^*| + |b_j|; \quad s^* = r_j; \quad s^* \in C \ (j = 1..m)$$

Нормальный алгоритм Маркова слабо Т-симулируется с помощью классической модели 1–КА с индексом соседства X = {0, 1} ≡ {-1, 0}. Кроме того, следует иметь в виду, что для всех представленных случаев слово s* - результат переработки слова s симулируемым алгоритмом, тогда как |b| - длина слова (конфигурации) b.

Например, весьма интересное следствие вытекает из *симулирования* произвольной *SS*-машины с помощью подходящей модели *1–КА*, а именно [1,5,8,27,44-49,173-177].

<u>*Предложение 7.*</u> *Существуют одномерные классические КА-модели, чьи множества конечных конфигураций, вырождаемые в нулевую конфигурацию, являются креативными.*

Следовательно, существуют классические **КА**-модели, множества конечных конфигураций которых, *генерируемые* непосредственно в нулевую конфигурацию, являются нерекурсивными. В этой связи возникает очень интересный вопрос существования классических **КА**-моделей, чьи аналогичные множества *конечных* конфигураций являются простыми или максимальными, и каковы значения для моделей *1–КА* такого типа базовых параметров. Таким образом, из теоремы **104** следует, несмотря на использование *оптимизирующей* техники моделирования известных алгоритмов последовательной обработки, невозможно устранить условие *слабого* моделирования при применении моделей *1–КА* как симулирующих алгоритмов. Интересное обсуждение такой ситуации можно найти в [5,44-49].

На основе машин *Тьюринга* с *k* головками *(ТМ[k])* было рассмотрено множество формальных моделей параллельной обработки. Таким образом, одна из таких моделей позволяет проще анализировать ряд ситуаций, возникающих в системах параллельной обработки информации. Кроме того, модель получает довольно интересные интерпретации в терминах многопроцессорных вычислительных систем [8]. В детерминированных случаях вычислительная модель на основе *ТМ[k]* легко сводится к традиционной одноголовочной машине *Тьюринга*, между тем, возникает вопрос изучения ускорения обработки за счет параллельной работы *k* сканирующих головок машины. С принципом функционирования *ТМ[k]* читатель может ознакомиться, например, в [5,48]; там же можно найти обсуждение связанных вопросов. В качестве *моделирующего* алгоритма выбрана классическая модель *1-КА* с индексом соседства *Неймана-Мура*. При сделанных допущениях можно представить базовый результат.

Теорема 105. *Машина Тьюринга ТМ[k] с программой из w команд симулируется с помощью соответствующей классической модели 1-КА с индексом соседства Неймана-Мура, требующей не более, чем $2\{[w/2](p+1) - p\}$ ($p \geq k$) шагов модели; p – начальное расстояние между крайними сканирующими головками машины ТМ[k].*

Обсуждение результатов моделирования с помощью классических моделей *1-КА* многоголовочных машин *Тьюринга* можно найти, в частности, в работах [5,8,27,44-49,173-177].

Моделирование с применением классических моделей *d–КА* (*d* ≥ 1) связано с проблемой степени общности любой концепции модели такого типа, обсуждение которой было начато в [5,8,9,11]. В других наших работах исследовался вопрос о степени общности понятия классических *КА*-моделей и *основным* методом этого исследования было и остается моделирование. Мы продолжим обсуждение этого вопроса относительно одного достаточно интересного обобщения параллельных преобразований, которое было введено и изучено *В.М. Глушковым* и его коллегами в случае однородных синхронных параллельных процессов. В данном направлении в качестве такого обобщения *Г.Е. Цейтлин* предложил т.н. *однородные периодически определенные преобразования* (*ОПОП*), сущность которых сводится к следующему [7,8,27,32,36,38,48,49,134,135,173-177].

Пусть *R* – *двусторонний бесконечный* абстрактный регистр, который разделен на сегменты, каждый из которых содержит *r* отдельных элементов. Тогда формальный объект *ОПОП*

$$\Theta_s^R = \begin{bmatrix} f_1^{t_1}, & f_2^{t_2}, & \dots & , f_r^{t_r} \\ k_1, & k_2, & \dots & , k_r \end{bmatrix}$$

определяется функцией сдвига *s(q)=r*q+k* (*mod r*) вместе с системой генерирующих функций $\{f^t_j \mid j = 1..r\}$, где t_j – арность f^t_j-функций, которая соответствует интегральным множителям k_j (*j = 1..r*). Более того, результатом применения *ОПОП* к произвольному состоянию *G** ($G_q \mid -\infty < q < +\infty$) *R*-регистра является новое состояние $b^* = \Theta^R_s(G^*)$ такое, что $b^* = (b_q \mid -\infty < q < +\infty)$, где состояния отдельных элементов *q-го* сегмента *R*-регистра вычисляются по общим формулам вида:

$$b_{s(q)+p-1} = f_p^{t_p}(a_{s(q)+k_p}, a_{s(q)+k_p+1}, \dots, a_{s(q)+k_p+t_p-1}) \quad (p = 1..r)$$

Неформально говоря, функция сдвига $s(q)$ задает периодичность распределения сегментов в R-регистре, а упорядоченная система генерирующих функций с коэффициентами, связанными с ними, задает изменения состояний элементов q-го сегмента R-регистра. В таком контексте концепция *ОПОП* просто обобщается и на случай более высоких измерений. Эта формальная модель представляется весьма полезной при рассмотрении многих классических проблем параллельного программирования таких, как *конвейерный* перевод, *«писатели-читатели»*, проблема стрелка и другие. Так, *Г.Е. Цейтлин* показал, что на этой модели вполне можно сортировать строку из *n* символов за не более, чем *n* шагов; ранее аналогичный результат для случая классических моделей *1-КА* был получен нами в [5] на основе другого подхода. Результат носит не только теоретический характер, но и имеет приложения при практическом применении параллельных процессоров [47]. Оказалось, что такой абстрактный R-регистр d-размерности с *ОПОП*, который определяется на нем, моделируется посредством соответствующей классической модели d-КА $(d \geq 1)$ при достаточно умеренных допущениях.

Теорема 106. *Каждое ОПОП, определенное в алфавите состояний A на абстрактном R-регистре d-размерности, 1-моделируется с помощью соответствующей классической модели d-КА $(d \geq 1)$ при алфавите состояний $A \cup \{b\}$ ($b \notin A$) элементарных автоматов.*

Данный результат еще раз подтверждает достаточно *значительную* степень общности понятия классических *КА*-моделей и важность его применения для задач параллельного программирования, что уже находит отражение в разработанной *концепции* параллельного микропрограммирования [7,8,44-49]. Действительно, устанавливая эквивалентность концепций *КА*-моделей и *ОПОП* на абстрактных R-регистрах, вполне можно распространять результаты, методы и подходы достаточно продвинутой теории классических моделей для исследования важных теоретических вопросов параллельного программирования, изучаемых абстрактными *ОПОП*. С другими примерами моделирования формальных алгоритмов посредством классических моделей d-КА $(d \geq 1)$ можно ознакомиться, например, в ссылках в [7,27,32,36,38,44-49,134,135,173-177].

Несложно убедиться, что произвольная классическая модель *1-КА* с алфавитом $A = \{0,1,2, ..., a-1\}$ и индексом соседства $X = \{0,1,2, ..., n-1\}$ *Т*-симулируется моделью того же измерения с параметрами (A^* - алфавит состояний и X^* - индекс соседства симулирующей модели):

$$\#A^* = \sum_{j=0}^{T-1} a^{k^j}, \; X^* = \{0, 1, 2, ..., k-1\}; \; T = \left[\frac{n-k}{k-1}\right] + Sg\left(\frac{n-k}{k-1} - \left[\frac{n-k}{k-1}\right]\right) + 1; \; n > k$$

где **#A** – мощность множества **A** и *Sg(x)* – функция знака. Результат позволяет несложно обобщить теоремы *104* и *105* на классические модели *1–КА* с простейшим индексом соседства *X = {0, 1}* ≡ *{–1, 0}* как моделирующего алгоритма.

Ввиду вышеизложенных проблем довольно интересно рассмотреть обратную проблему симулирования классических моделей *1–КА* с помощью вышеописанной обработки *последовательных* алгоритмов слов. В первую очередь, рассмотрим *биологически* мотивированные алгоритмы, которым уделяется особое внимание в теоретических биологических науках. В изучении динамических математических теорий, изоморфных биологическим развивающимся системам, достаточно актуален принцип биологического эпиморфизма, что сводится к вопросу о возможности отображения одного алгоритма, определяемого определенным развитием, на другой. В этом случае можно говорить об *эпиморфизме* или *изоморфизме* двух алгоритмов. Так, из-за множества *биологических* причин, связанных с изучением применимости *динамических* математических теорий для проблем моделирования биологии развития, мы определили и исследовали т.н. *A–алгоритмы,* формулируемые следующим образом [8,9,12,13].

Пусть **G** – некоторый конечный непустой алфавит, а P_j, Q_j (*j=1..k*) – конечные слова, которые могут быть пустыми в алфавите **G**, тогда как символы (⇒) и (*) не принадлежат алфавиту **G**. Определяем **A**-алгоритм как некоторый конечный набор продукций вида:

$$P_j \Rightarrow Q_j; \quad P_k \Rightarrow *Q_k \qquad (j = 1..k\text{-}1) \qquad (26)$$

называемый *схемой* алгоритма, где **P** ⇒ (*) **Q** может быть простой продукцией **P** ⇒ **Q** или конечной продукцией **P** ⇒ ***Q**. Выполнение такого **A**-алгоритма с заданной схемой заключается в следующем.

Пусть S_o – произвольное конечное слово, определенное в конечном алфавите **G**. Тогда на первом шаге алгоритма $S_1 = A(S_o)$ первое же вхождение подслова P_1 в S_o заменяется подсловом Q_1. После чего процесс повторяется со словом S_1 и так далее, заканчиваясь неким словом S_v, которое не содержит входов подслова P_1. Затем к слову S_v применяется вышеописанная процедура, однако она касается уже вхождении подслова P_2 и т.д. Обработка слова S_o по *алгоритму*

A завершается на определенном шаге *f* тогда и только тогда, когда слово S_f не будет содержать вхождений подслов P_j *(j = 1..k-1)* либо слово S_{f-1} содержит вхождение подслова P_k. В данном случае слово $S_f = A(S_o)$ называется *результатом обработки (вычисления)* слова S_o с помощью алгоритма *A* с приведенной выше схемой *(26)*. Если же нет, то полагается, что алгоритм *A* неприменим к слову S_o.

Относительно алгоритмов *A* показано, что они будут эпиморфны классическим моделям *1–КА* и имеют интересные биологические интерпретации [4,5,8,44-49]. Теперь, используя приведенные выше определения и обозначения, и определение системы *полу-Туэ* [85], основной результат, касающийся моделирования классических моделей *1–КА* с алфавитом состояний *A = {0,1, ..., a–1}* посредством вышеизложенного, алгоритмы последовательной обработки слов могут быть сформулированы следующим образом [8,9,32,36,44-49].

Теорема 107. **Каждая классическая модель 1–КА может быть слабо T–симулирована соответствующей LAG-системой. Кроме того, имеют место следующие определяющие соотношения:**

$$C = A\bigcup\{\nabla\}; \quad q=n; \quad p=2*\sum_{j=1}^{n} a^j - a^n; \quad T = |s^*| + n - 1$$

Классическая модель 1–КА с индексом соседства X = {0, 1} слабо T–симулируется посредством системы продукций Поста; при этом, следующие соотношения #C=3a+5 и T=[(3|s^*|+10)/2] имеют место. Классическая модель 1–КА с индексом соседства X = {0, 1} слабо T–симулируется нормальными алгоритмами Маркова; кроме того, следующие соотношения #C = 2a + 5 и T = 3|s^*| + 2 имеют место. Каждая классическая модель 1–КА с индексом соседства X={0,1,2,3, ..., n–1} слабо T–симулируется произвольной MT^s_q в предположении T = |s^*| +n-1. Классическая модель 1–КА с индексом соседства X={0,1} слабо T–симулируется посредством подходящего A–алгоритма, определенного в алфавите G=A∪{b,∇} (∇,b∉A). Любая классическая модель 1–КА с индексом соседства X = {0, 1} слабо T–симулируется с помощью подходящей машины Тьюринга MT^s_q; более того, имеют место соотношения s = (a+1), q = 2(a+1), s×q = 2(a+1)² и T = |s^*| +1.

Между тем, обозначения теоремы *107* соответствуют обозначениям теоремы *104*, тогда как под *классической* моделью *1–КА* с алфавитом *A={0,1,...,a-1}* понимается симулируемая модель. *Оптимизирующая* техника *T–симулирования*, примененная при решении таких задач, позволила получить существенно *оптимальные соотношения* между базовыми параметрами *моделируемого* и *моделирующего* алгоритмов; получив веские основания того факта, что, за исключением машин *Тьюринга*, невозможно сузить условие слабого *T*–симулирования до условия *T*–симулирования, что обусловлено той принципиальной сложностью встраивания строго последовательных алгоритмов в высокопараллельную вычислительную среду, которая определена *KA*–моделью. Кроме того, представленные результаты взаимного моделирования в определенной степени смогут охарактеризовать относительную сложность соответствующих алгоритмов в рамках используемых понятий *T*–*симулирования* и *классических KA* в целом. Более подробное обсуждение вопроса можно найти, например, в наших работах [5,8,9,12,13,27,32,36,38,44-49,173-177].

Более того, на основе представленных результатов моделирования мы можем получить целый ряд достаточно интересных следствий, прежде всего, теоретического характера. Так, результаты *T. Яку* [86] вкупе с нашим результатом *T*–*симулирования SS*–машин с помощью классических моделей *1–KA* *(теорема 104)* привели к следующему довольно важному результату, решающему одну из задач *динамики* классических моделей *d–KA (d≥1)*, ассоциируемую с исчезающими конечными конфигурациями [1,5,8,27,44-49,173-177].

Теорема 108. Для классической модели d–KA (d ≥ 1) и конфигурации w∈C(A,d,φ) проблема определения, будет ли w–конфигурация как исчезающая конфигурация, алгоритмически неразрешима.

Между тем, *T. Яку* на основе техники погружения в классические *KA*–модели доказал *неразрешимость* проблемы наличия *исчезающих* конфигураций для произвольной модели *d-KA (d≥2)* [86]. Так, наше доказательство результата основывается на *неразрешимости* хорошо известной проблемы «*домино*», рассмотренной в [27,44-49].

Однако для классических моделей *1–KA* данная задача разрешима, что легко следует из теоремы *12*, справедливой также для *пассивных* конфигураций. Наряду с рядом других следствий этот результат подтверждает неэквивалентность *классических* моделей *1-KA* и *d-KA* *(d≥2)* относительно проблем разрешимости, подчеркивая наличие резко выраженной дифференциации множества всех классических моделей *d–KA* относительно их размерности [5,8,27,32,36,44-49].

6.3. Моделирование классических клеточных автоматов автоматами того же самого класса

В настоящее время в рассматриваемых задачах наибольшее число работ посвящено симулированию одной классической **КА**-модели посредством другой модели того же типа при заданных условиях. Данная проблема представляет существенный и теоретический, и прикладной интерес, поскольку результаты исследований в этом направлении позволяют вводить различные типы стандартизации всех или отдельных классов **КА**-моделей, весьма успешно решать различные задачи оптимизации, моделировать классические *d–КА* (*d≥1*) модели с *подавлением* тех или иных свойств исходных моделей и т.д. Таким образом, с прикладной точки зрения моделирование классических моделей *d–КА* (*d ≥ 1*) посредством бинарных моделей той же размерности представляет особый интерес, прежде всего, в компьютерных науках и в ряде других интересных приложений. В целом, эту проблему можно сформулировать следующим образом:

Для классической модели d–КА (d ≥ 1) с алфавитом A и шаблоном соседства, содержащимся в минимальном гиперпараллелепипеде размера n1*n2* ... *nd, следует построить бинарную классическую КА-модель той же самой d-размерности и минимально возможным шаблоном соседства, симулирующую исходную модель d–КА.

Проблемы *оптимизационного* характера во всех областях относятся к категории достаточно сложных задач. Вышеуказанная проблема не исключение, поэтому для ее решения был использован другой метод исследования [8,32,44-49]. Предложенный подход позволил получить следующий результат, имеющий ряд приложений [27].

<u>*Теорема 109.*</u> *Классическая модель d–КА (d ≥ 2) 1–симулируется с помощью соответствующей бинарной КА-модели той же самой размерности и с шаблоном соседства следующего размера L:*

$$L = (L_1)^{d-1}(L_d+1)\prod_{k=1}^{d}(p_k+1);\ \ L_1 = \left\lceil V = \sqrt[d]{log_2(a-1)+2}\right\rceil;\ \ L_d = L_1+[2(V-L_1)]$$

где p1*p2*p3* ... *pd – размер минимального гиперпараллелепипеда, который содержит шаблон соседства симулируемой КА-модели при условии выполнения соотношения: $log_2\ log_2\ 4(a-1) \ge d$.

Поэтому ребро *d*-мерного шаблона соседства симулирующей *d-КА* (*d ≥ 2*) при обеспечении соотношения теоремы *109* асимптотически уменьшается в $\sqrt[d]{log_2(a-1)+2}$ раз с ростом *d*-размерности. Мы ранее рассмотрели сформулированную проблему отдельно для 2 случаев классических моделей *1-КА* и *d-КА (d≥2)* по отношению к влиянию размерности *КА*-моделей на методы оптимизации моделирования. Ранее отмечалась неэквивалентность моделей *1-КА* и *d-КА (d ≥ 2)* относительно некоторых явлений; это относится также к проблеме моделирования в классических моделях *d-КА (d ≥ 1)*. Ряд аспектов обсуждения этого вопроса можно найти в [27]. Мы уделили этому моменту особое внимание, поэтому метод моделирования начал исходить из влияния размерности классической модели *d-КА (d≥1)* на оптимизирующий фактор. Таким образом, более оптимальное моделирование потребовало несколько иных подходов.

Так, для *1*-мерного случая была предложена оптимальная техника, максимально учитывающая саму специфику функционирования классических моделей *1-КА.* Такая техника основана на принципе максимального приближения характеристик этих симулирующих моделей к основным характеристикам потенциально оптимальных симулирующих моделей. При этом, потенциально оптимальными моделями считаются симулирующие модели, чьи значения *базовых* параметров могут быть *недостижимыми*, но которые могут служить хорошим ориентиром для перспективных исследований в данном направлении и для оценки значений параметров ранее созданных симулирующих моделей [5]. Так, *КА*-модель с шаблоном соседства размера $L_{opt} = (n+1)[log_2 a] + 2$, которая, между тем, недостижима, предполагается в качестве потенциально оптимальной бинарной *симулирующей* модели для *классических* моделей *1-КА* с алфавитом *А* и шаблоном соседства размера *n*. С точки зрения данной оценки существует проблема получения *оптимальной классической* модели *1-КА*, наиболее близкой к потенциально оптимальной модели той же размерности. Исследования в данном направлении позволили определить [4] симулирующую *бинарную* модель *1-КА* с шаблоном соседства размера $L = (n+1)[log_2 a+1+\omega] + 2$, где *0 < ω < 1.* Для оценки степени близости *симулирующей* бинарной модели к потенциально оптимальной модели можно использовать очевидное соотношение

$$\frac{L}{L_{opt}} = \frac{(n+1)[log_2 a] + (n+1)[1+\varpi] + 2}{(n+1)[log_2 a]} = 1 + \frac{1+\varpi}{log_2 a} + \frac{2}{(n+1)[log_2 a]}; \quad (0 < \varpi < 1)$$

Из этого соотношения легко сделать вывод об удовлетворительном сходстве полученной *симулирующей* модели с некоей стандартной моделью уже даже при *умеренной* мощности алфавита *А* и размере шаблона соседства симулируемой классической модели *1-КА.* При

Виктор Аладьев, Вячеслав Ваганов, Михаил Шишаков

этом, значение ω зависит от ряда условий, и так как компьютерные оценки показывают, что в случае $a \leq 2^{19}$ ω не превышает *1*, поэтому в расчетах вполне можно принимать *ω=1*. Для практических целей это вполне приемлемый подход, потому что уже такое количество состояний элементарного автомата в симулируемой классической модели *1–КА*, практически, неограничено. Между тем, как в общем случае значение ω не превышает двух. Итак, с учетом сказанного можно сформулировать следующий результат для произвольных классических моделей *d–КА (d ≥ 1)* [4,5,27,44-49,173-177].

__Теорема 110__. Классическая модель d–КА с алфавитом A={0,1,...,a–1} и шаблоном соседства, который располагается в минимальном гиперпараллелепипеде d-размерности p1*p2* ... *pd, 1-симулируется соответствующей бинарной классической моделью d–КА (d ≥ 1) с шаблоном соседства размера L = (p$_1$+1)[log$_2$ a + p$_1$ + λ)]*p$_2$*p$_3$* ... *p$_d$, где λ = 4 для значений a ≤ 2^{19} и λ = 5, в противном случае.

Метод доказательства теоремы позволяет достаточно эффективно симулировать классические модели *1–КА*, которые имеют довольно большой алфавит *A* и небольшие шаблоны соседства, посредством бинарных классических моделей *1–КА* с приемлемыми размерами шаблона соседства. Мы проиллюстрируем это одним интересным примером, имеющим довольно важное самостоятельное значение. Мы будем говорить, что классическая модель *d–КА (d ≥ 1)* является универсальной или обладает универсальной вычислимостью, если она *T–*симулирует универсальную машину *Тьюринга*. Такие модели обладают универсальной вычислимостью и играют весьма важную роль при исследовании *классических* моделей *d–КА (d≥1)* в качестве формальной модели параллельных вычислений. Универсальная вычислимость в *КА–*моделях, в принципе, может быть определена и с помощью некоторых других эквивалентных способов [5,44-49].

В связи с определением концепции универсальной вычислимости на основе понятия *T–*моделирования возникает довольно важный вопрос о *минимальной сложности* классической *КА–*модели, которая *T–*симулирует *универсальную* машину *Тьюринга*, либо в более общей постановке о *наиболее* простой классической модели *1–КА*, которая обладает *универсальной* вычислимостью. В качестве *меры сложности* универсальной модели *d–КА (d≥1)* вполне естественно использовать значение *d*a*n*, где три параметра определяют значения базовых параметров такой модели: *размерность(d), мощность алфавита A (a)*, и *размер (n) шаблона соседства*. Таким образом, по нашему мнению, определение универсальных моделей *d–КА* (*d≥1*) с минимальными значениями *d*a*n* не проще, чем определение универсальной MT^s_q с минимальным значением *s*q*, составляющим на сегодня значение *s*q = 26*. Между тем, данная проблема представляется нам, в целом, не столь фундаментальной, хотя и достаточно занимательной.

Для классических моделей *1–КА* наилучший результат в данном направлении был получен *А.Р. Смитом*, который доказал наличие *универсальных* моделей со следующими значениями *a*n*, а именно: *2*40, 3*18, 6*7, 8*5, 9*4, 12*3, 14*2* [67]. Кроме того, следует отметить наличие универсальных классических моделей *1–КА* с индексом соседства *X = {0, 1}*. Итак, мы имеем универсальную классическую модель *1–КА* со значением *a*n = 28*, которое практически совпадает с наилучшим известным нам на сегодня минимальным значением *s*q = 26* для универсальной машины Тьюринга MT^s_q.

Лучший результат аналогичного типа для случая универсальных классических моделей *2–КА* был получен *Э. Бэнксом* [68], который доказал факт существования универсальных моделей со значением *d*a*n = 2*2*5 = 20* в случае использования бесконечной начальной конфигурации симулирующей моделью и *d*a*n = 2*3*5 = 30*, иначе. Между тем, результаты *А.Р. Смита* и *Э.Р. Бэнкса* позволили, среди прочего, сделать ряд достаточно интересных выводов о влиянии размерности и типа используемых начальных конфигураций для моделей *d–КА* на результаты моделирования в них. Ряд подобных результатов в данном направлении был получен *А.С. Подколзиным* и другими несколько позже [7,27,45]. Так, например, *А.С. Подколзин* доказал существование *универсальных* моделей *2–КА* со значениями такими, как *d*a*n=2*2*9=36* и *d*a*n=2*3*5=30* [130]; этот результат повторяет результат *Э. Бэнкса*. Основной принцип доказательства основан на встраивании в модель *базовых* логических схем, которые реализуют функции дизъюнкции, триггера и т.д. Кроме того, *А.С. Подколзин* доказал следующий достаточно важный результат.

Теорема 111. Проблема распознавания универсальной КА-модели в классе моделей d–КА (d ≥ 2) алгоритмически неразрешима.

Посредством имплантации в классические модели *2–КА* базовых логических функций была доказана универсальность бинарных моделей *2–КА* с достаточно простыми шаблонами соседства [7,44]; показано, что игра *"Жизнь"* эквивалентна универсальной машине

Тьюринга, что обусловлено возможностью определения для данной игры процессов, эквивалентных универсальным вычислениям. На базе определения игры *"Жизнь"* мы вполне естественно приходим к выводу о существовании универсальных бинарных классических моделей *2-КА* со значением *d*a*n = 2*2*9 = 36*.

Используемый оптимизирующий метод симулирования моделей *1-КА* с помощью бинарных моделей того же класса дает довольно хорошие результаты и хорошие сравнительные характеристики по отношению к *потенциально оптимальным* симулирующим моделям. Однако его эффективность в определенном отношении зависит от значений *базовых* параметров *симулируемых* классических моделей: *размера* шаблона соседства и *мощности* алфавита *A*. Таким образом, в отдельных случаях можно использовать некоторые специальные модификации этого метода, позволяющие получать результаты по моделированию, *максимально* приближенные к оптимальным. Этот аспект моделирования был рассмотрен по отношению к проблеме обнаружения минимальных универсальных классических моделей *1-КА*, например, с алфавитом *A={0,1,...,a-1}* мощности $a \in \{2,3,4,8,14\}$. Классические *КА*-модели с этими характеристиками представляют определенный интерес как с *теоретической*, так и *прикладной* точек зрения. Основной результат можно представить теоремой *112* [5,8].

Теорема 112. Классическая модель 1-КА с алфавитом A={0,1,...,a-1} (a ≥ 6) и шаблоном соседства размера n 1-симулируется бинарной моделью 1-КА с шаблоном соседства размером $n[2log_2(a+2)+1] - 2$.

Произвольная классическая модель 1-КА с алфавитом A мощности 4÷21 и шаблоном соседства размера n 1-симулируется подходящей классической моделью 1-КА с алфавитом мощности 3 и шаблоном соседства размера 6n-1. Произвольная классическая модель 1-КА с алфавитом мощности a=5 ÷ 14 и шаблоном соседства размером n 1-симулируется подходящей классической моделью 1-КА, которая имеет алфавит мощности 4 и шаблон соседства размера 5n-2.

Следует отметить, что моделирование в строго реальном времени является весьма существенной характеристикой такого результата. Используя метод доказательства теоремы *112*, просто показать, что универсальная классическая модель *1-КА* со значением *a*n = 14*2* 1-симулируется бинарной моделью *1-КА* с шаблоном соседства *w* размера $2[2*log_2 16 + 1]-2=16$, т.е. для симулирующей модели *1-КА* допустимо значение *a*n=2*16*, приводя к следующему результату.

Теорема 113. Существуют универсальные классические модели 1-КА со значением a*n={2*16 | 3*11 | 4*8}; такие классические модели были получены в результате симулирования в строго реальное время.

Результат теоремы *113* доказывает существование универсальных классических моделей *1–КА* с довольно небольшими шаблонами соседства наряду с алфавитом состояний мощности *a;* кроме того, в течение довольно длительного времени это был один из лучших результатов в этом направлении [4,5,7]. Между тем, *М. Кук в 2000 г.* показал, что классическая бинарная модель *1–КА* с номером *118 (с индексом соседства Мура)* обладает универсальной вычислимостью. Ввиду представленных выше четырех типов неконструируемости для классических моделей *(НКФ, НКФ-1, НКФ-2* и *НКФ-3)* можно показать, что такая *КА*-модель определяется локальной функцией перехода $\sigma^{(3)}$ следующего вида а именно:

$$\sigma^{(3)}(x,y,z) = \begin{cases} x+y+z+1 \ (mod \ 2), \ if \ x=1 \ or \ <yz>=<11> \\ x+y+z \ (mod \ 2), \ otherwise \end{cases} ; \quad x,y,z \in \{0,1\}$$

обладает неконструируемостью *НКФ, НКФ-1* и *НКФ-2.* В качестве простых примеров неконструируемых конфигураций таких типов можно привести конечные конфигурации, а именно: *c1*=□*11001*□, *c2* = □*1*□ и *c3* = □*01010*□, соответственно *НКФ-2, НКФ-1* и *НКФ.* При этом, эта модель обладает γ–*КФ* минимального размера *1* и парами *ВСКФ* {□*01 | 01 | 10*□, □<*01 | 10 | 10*□} с *ВБ* размера 2 наряду с *НКФ-1, НКФ* и *НКФ-2* минимального размера *1, 5* и 5 соответственно.

Среди всех бинарных моделей *1-КА* с индексом соседства *Мура* до настоящего времени была найдена только *1* модель со свойством универсальной вычислимости, хотя ряд других моделей данного простого типа также смогли бы обладать таким свойством. Таким образом, имеются классические бинарные модели *1-КА* с индексом соседства *Мура,* обладающие *универсальной* вычислимостью. В этом смысле их сложность определяется как a*n=2*3=6. Между тем, этот результат *Кука* вызвал определенные сомнения; к сожалению, у нас нет достаточно подробной информации в данном направлении. Итак, на сегодня эту бинарную *КА*-модель можно рассматривать в качестве примера простейшей *КА*-модели, которая будет обладать *универсальной* вычислимостью, которая позволяет сформулировать следующее предположение.

Предложение 8. Существуют универсальные классические модели *1-КА с индексом соседства Мура и сложности* a*n = 2*3 = 6.

Между тем, выявление *минимальных* универсальных моделей *d–КА*, прежде всего, *бинарных* моделей *1–КА*, представляет, на наш взгляд, скорее *гносеологический*, чем теоретический и прикладной интерес. Особенно, если искусственная техника доказательства использует, порой, спорные в целом соглашения и предположения.

В то же время, интересно изучать свойства подобных *универсальных* моделей *1–КА* с точки зрения проблемы неконструируемости. И в этом направлении соответствующий анализ позволил представить интересный результат [27,44-49,173-177].

Теорема 114. *Существуют 1-мерные универсальные классические модели, которые обладают неконструируемостью всех четырех типов, а именно: НКФ, НКФ-1, НКФ-2 и НКФ-3.*

Обсуждение результатов теорем *109–114* вместе с сопутствующими довольно интересными вопросами можно найти, в частности, в [27, 44-49]. Так, приведенные результаты позволяют очень существенно упростить *технологию* моделирования сложных процессов, которые требуют весьма заметных усилий по их *погружению* в классические модели *1–КА*. Суть этой технологии представлена на формальном уровне и на **2** весьма интересных примерах: *проблемы ограниченного роста* в классических *КА*-моделях и *периодических* конечных *КФ* с максимальными периодами. В этом направлении существует ряд и других достаточно поучительных примеров [8,27,36,38,44-49].

Первый пример довольно тесно связан с проблемой *ограниченного роста*, рассмотренной для моделей *1–КА*. Параллельные *алгоритмы* выращивания *цепочек* активных автоматов фантастической длины, которые были получены с использованием *КА*-моделей таких, как *1–КА**, затем погружаются в классические модели *1–КА* с шаблоном соседства размера **3** и алфавитом мощности *4m*+29, где *m – скорость* передачи управляющей информации в моделях *КА**. Тогда на базе теоремы *112* мы получаем существование *эквивалентных* бинарных классических *1–КА* с шаблоном соседства размера $3[log_2(4m+31)]-2$.

Задача получения максимально возможных *минимальных* размеров периодов для *периодических* конечных *КФ* в классических *бинарных* моделях *1–КА* может служить в качестве второго примера. В [4,5,8] показано, что существует модель *1–КА**, *функциональный* алгоритм которой допускает для целого *m* ≥ **3** периодические конечные *КФ* длины *m* с *минимальным* периодом *p*=2^m-2 при мощности алфавита *A* и множества *I управляющих импульсов*, равных **3**. Там же показано, что такая *1-КА** эквивалентна некоторым классическим моделям *1-КА* с индексом соседства *Мура* и с алфавитом *А** *(#A*=#A+#I=6)*. Применение к этим результатам способа доказательства теоремы *112* приводит нас к существованию *бинарных* классических моделей *1-КА* с шаблоном соседства длины *n=16*, имеющих периодические конечные конфигурации длиной *5*m + 3 (m ≥ 3)* при минимальном периоде *p=2^m-2*. В общем случае рассматриваются *3 основных* этапа *симулирования* указанного типа в классических моделях *d-КА (d≥1)*:

d-КА* → классические модели d-КА → бинарные классические модели d-КА

Оценка шаблона соседства симулирующей бинарной модели *1-КА* в теореме *112* может быть обобщена так, что в *сочетании* с техникой симулирования классических моделей *1-КА,* предложенной при доказательстве теоремы *112,* можно получить интересную оценку размера шаблона соседства симулирующих бинарных *КА*-моделей также для случая больших размерностей.

Теорема 115. Классическая модель d-КА (d ≥ 1) с алфавитом А={0,1, 2,3, ..., a–1} и шаблоном соседства, содержащимся в минимальном d-мерном параллелепипеде $p_1\text{*}p_2\text{*}...\text{*}p_d$, 1-симулируется подходящей классической бинарной моделью той же размерности с шаблоном соседства размера $\{p_1[2log_2(a+2)+1]-2\}\text{*}p_2\text{*}p_3\text{*}...\text{*}p_d$.

Ряд аспектов обсуждения техники моделирования, примененной в доказательстве теорем *110-115,* вкупе с сопутствующими вопросами можно найти в [5,8,27,44-49]. Вопрос моделирования классических моделей *d-КА (d ≥ 1)* посредством *КА*-моделей того же класса, но с *уменьшением* размерности модели–аналога представляет довольно существенный и теоретический, и прикладной интерес. В [136] был представлен и проанализирован *1* интересный подход к проблеме моделирования классических моделей *3-КА* посредством моделей *2-КА,* использующий результаты из [137,138]. Обобщение данного подхода позволяет моделировать модели *d-КА (d ≥ 3)* посредством моделей *2-КА.* Между тем, этот подход не работает для *1*-мерного случая и не позволяет моделировать произвольную модель *2-КА* с помощью соответствующей модели *1-КА.* Следующая теорема дает другой подход, который обеспечивает *симулирование* классических моделей *2-КА* посредством моделей *1-КА* того же типа.

Теорема 116. Динамику конечных КФ в классических моделях 2-КА можно симулировать с помощью соответствующих классических моделей 1-КА с индексом соседства Неймана–Мура.

Суть доказательства теоремы *116* сводится к следующему. Прежде всего, известно, что произвольная классическая модель d–*KA* ($d \geq 1$) симулируется соответствующей классической *KA*-моделью той же размерности с простейшим индексом соседства X вида [4,5,44-49]:

$$X=\{(0,0,0, ..., 0,0),\ (1,0,0, ..., 0,0),\ ...,\ (0,0,0, ..., 0,1)\}$$

$$\underbrace{\underbrace{}_{d}\ \ \underbrace{}_{d}\ \ ...\ \underbrace{}_{d}}_{d+1}$$

т.е. ее шаблон соседства содержит $d+1$ элементарных автоматов, из которых один автомат является *центральным*, тогда как каждый из d автоматов примыкает к нему вдоль осей координат в E^d.

Следовательно, нам достаточно ограничиться случаем *классической* модели 2–*KA* с алфавитом $A = \{0,1,2,3, ..., a{-}1\}$ и индексом соседства $X = \{(0,0),\ (1,0),\ (0,1)\}$. Затем, записывая произвольную конечную 2-мерную конфигурацию на ленту машины $MT^s q$ особым образом с использованием двухуровневой структуризации состояний ячеек ленты аналогичной машины *Тьюринга*, задаем соответствующую программу ее работы, симулирующую динамику любой конечной конфигурации в симулируемой классической модели 2–*KA*.

Программа моделирования $MT^s q$ представлена в [5]. Показано, что произвольная классическая модель 2–*KA* с простейшим индексом соседства $X=\{(0,0),(1,0),(0,1)\}$ и алфавитом мощности a, симулируется машиной $MT^s q$ при $\#s=2a^2+3a+3$ и $\#q=a^2+2a+15$, *(где $\#g$ – мощность множества g)*. Более того, один шаг $c_0\tau$ симулируемой модели 2–*KA* соответствующая ей $MT^s q$ симулирует за $(n+1)m^2 + (2n^2 + 13n+15)m + 2n(n+9) + 28$ шагов, где $(n{\times}m)$ размер *минимального* прямоугольника, содержащего начальную конфигурацию $c_o \in C(A,2,\phi)$.

Из этого следует, что цена такого моделирования определяется его весьма существенными временными затратами, определяемыми в числе команд, требуемых для моделирования посредством $MT^s q$ реализации одного шага симулируемой модели 2–*KA*. С другой стороны, согласно теореме *101* следует, что для $MT^s q$ существует подходящая классическая модель *1–KA* с индексом соседства *Мура* и алфавитом A^* мощности $\#A^*=s+q+9$, которая 8–симулирует $MT^s q$. Итак, каждая классическая модель 2–*KA* с простейшим индексом соседства $X=\{(0,0),(1,0),(0,1)\}$ и алфавитом мощности a вполне может симулироваться посредством соответствующей классической *1–KA* с индексом соседства *Мура* и алфавитом мощности $3a^2+5a+27$.

Кроме того, подход, использованный в теореме *116*, предназначен для моделирования динамики конфигураций $<c_o> = \{c_o \tau^{(3)k} \mid k = 0,1, 2,3, ...\}$ $[c_o \in C(A,2,\phi)]$, однако с довольно небольшой модификацией он работает и для случая, когда конфигурации c_o периодические в структурном, а не в динамическом смысле. В этом случае мы будем иметь дело не с самой конечной конфигурацией c_o, а с ее *конечным* периодом. Итак, вышеприведенное *сведение* результатов позволяет сформулировать довольно интересное утверждение [27,44-49].

Теорема 117. Динамика конечных конфигураций для классических моделей d–КА ($d \geq 1$) с произвольным алфавитом А симулируется с помощью соответствующей бинарной классической модели 1–КА или небинарной классической моделью 1–КА с индексом соседства Неймана–Мура.

В то же время следует еще раз подчеркнуть, что использованный в теореме *116* метод, обеспечивает симулирование только динамики конечных и / или структурно-периодических *КФ* в классических моделях *d–КА (d≥2)* и не распространяется на более общий случай. Обсуждение особенностей такого симулирования можно найти в [44-49]. В частности, способ *структурирования* состояний конечного автомата моделирующей $MT^s q$ и символов на ее ленте достаточно полезен, позволяя нам в целом ряде случаев существенно упрощать программирование $MT^s q$, а также встраивать различные процессы, явления и объекты в *КА*-модели. Между тем, он имеет также свои недостатки, прежде всего, оптимизационного характера: с одной стороны, упрощающий процесс программирования в *КА* и в ряде случаев оптимизирующий временные характеристики; тогда как он усложняет *КА*-модели, прежде всего, *увеличением*, порой, весьма существенно, числа состояний элементарного автомата модели. По этой причине подобный способ может быть достаточно успешно использован, прежде всего, для *концептуального* решения задач *КА*-моделей, а не проблем *оптимизации*, связанных со сложностью *КА*. Так, в частности, использование этого подхода позволяет получить достаточно простой результат, а именно:

Классическая модель 1–КА с алфавитом мощности s(s+1)(q+1)+1 и индексом соседства Х={0,1} 2–симулирует машину $MT^s q$. Машина $MT^s q$ с 2-мерной лентой 1–симулируется посредством подходящей классической модели 2–КА с алфавитом А мощности q(s + 1) + 1 и индексом соседства Неймана–Мура.

6.4. Формальные параллельные алгоритмы, определяемые классическими одномерными клеточными автоматами (КА–моделями)

Параллельные алгоритмы обработки слов, которые определяются классическими моделями *d–КА (d≥1)*, достаточно долго изучаются многими исследователями, что обусловлено не только интересом с точки зрения общей теории алгоритмов, но и в свете применения классических моделей *d–КА* в качестве *формальных* моделей в ряде областей современного естествознания таких, как математическое моделирование, физика, кибернетика, дискретная синергетика, математика, биология развития, теоретическая биология и др.

Параллельные алгоритмы, определяемые *классическими* моделями *d–КА (d≥1)*, играют достаточно существенную роль в формальном описании ряда процессов биологического развития и различных программируемых систем на основе вычислительных однородных структур. Между тем, в связи с несомненным интересом к решению важных задач проектирования *многопроцессорных* языков, изучение формальных языковых моделей, которые функционируют сугубо параллельно, представляет особую важность. С этой целью в главе *5* и были определены формальные параллельные τ_n-грамматики и соответствующие им формальные параллельные $L(\tau_n)$-языки.

Тогда как в алгоритмическом отношении *параллельные алгоритмы, определяемые классическими моделями d–КА (d–ПАКА)*, представляют собой дальнейшее исследование классических моделей *d–КА (d ≥ 1)* как систем параллельной обработки слов в конечных алфавитах. Эта проблематика имеет непосредственное отношение к вопросу симулирования в классических моделях *d–КА (d≥1)* как по задачам, рассмотренным ранее, так и по ряду *базовых* методов исследования. В разделе определяется класс параллельных алгоритмов *1–ПАКА* и обсуждаются вопросы их сложности относительно ряда известных формальных алгоритмов обработки слов *(конечных конфигураций)*.

По определению *параллельные* алгоритмы *1–ПАКА(a,n)* оперируют словами {*конфигурации множества* $C(A,1,\phi)$}, которые определены в алфавите *A={0,1,2, ..., a–1}*. Способ функционирования *1–ПАКА(a,n)* задается с помощью индекса соседства *X={0,1, ..., n–1}* и глобальной функции перехода $\tau^{(n)}$ классической модели *1–КА*, определяемой соответствующей локальной функцией перехода $\sigma^{(n)}$ с правилами параллельных подстановок следующего общего вида, а именно:

$$00 \ldots 0 \Rightarrow 0 \quad x^{j_1} x^{j_2} \ldots x^{j_n} \Rightarrow x^{*j_1}; \quad x^{*j_1}, x^{j_k} \in A \ (k=1 \ldots n; \ j=1 \ldots a^n - 1)$$
$$\underbrace{\hphantom{00 \ldots 0}}_{n}$$

которые одновременно применяются к каждому слову s из набора $C(A,1,\phi)$ всех конечных одномерных конфигураций, определенных в алфавите A, т.е. слово s обрабатывается некоторым *параллельным* алгоритмом *1-ПАКА(a,n)*. Итак, *параллельный* алгоритм *1-ПАКА(a,n)* полностью определяется представленными выше параллельными подстановками, соответствующими локальной функции перехода $\sigma^{(n)}$ определенной классической модели *1-КА*.

Для каждого слова $c \in C(A,1,\phi)$ параллельный алгоритм *1-ПАКА(a,n)* определяет последовательность слов $<c>[\tau^{(n)}]$, в которой слово c_k называется *финальным*, если для него будет иметь место следующее соотношение $c_{k+1} = c_k \tau^{(n)} = c_k$. Пусть $C(A,1,\phi)$ будет множеством слов, обрабатываемых некоторым *параллельным* алгоритмом *1-ПАКА(a,n)*, а F – частичная словарная функция в алфавите A, если для некоего слова $c_j \in C(A,1,\phi)$ имеет место соотношение $F(c_j) = c^*_j \in C(A,1,\phi)$. Для данной словарной F-функции область существования и диапазон значений будут соответственно E_F и V_F. При этих предположениях будем говорить, что словарная F-функция, заданная в алфавите A^*, является *ПАКА*-вычислимой, если существует алгоритм *1-ПАКА(a,n)* в алфавите $A=\{b\}\cup A^*$ ($b \notin A^*$) такой, что для произвольного слова $c^*_o \in C(A^*,1,\phi)$, если c_o – представление слова c^*_o в формате

$$c^*_o = \Box b^{p+2} 0^1 b^2 0^{p+1} c^*_o b^{p+2} \Box,$$

то выполняются следующие два определяющих условия, а именно:

1) если слово c^* принадлежит области существования E_F F-функции, то последовательность конфигураций $<c_o>[\tau^{(n)}]$ будет содержать финальное слово c_f следующего общего вида, а именно:

$$c_f = \Box b^{p+2} 0^1 b^1 0^{p+2} F(c^*_o) b^{p+2} \Box, \qquad F(c^*_o) \in V_F; \tag{27}$$

2) если конечное слово c^*_o не принадлежит области существования E_F F-функции, то последовательность $<c_o>[\tau^{(n)}]$ не содержит финального слова c_f вышеуказанного общего вида (27).

В свете данного определения показано, что словарная F-функция будет *ПАКА-вычислимой* тогда и только тогда, когда она *вычислима* на соответствующей машине *Тьюринга* [5]. *Эквивалентность строгой* формализации интуитивного понятия **ПАКА**-*вычислимых* функций с классом машин *Тьюринга* представляет собой еще один довольно сильный аргумент в пользу известного алгоритмического тезиса *А. С. Чёрча*. Поскольку в теории формальных алгоритмов достаточно большое внимание уделяется вопросам сложности вычислений, то относительно класса параллельных алгоритмов *1–ПАКА* в данном направлении был получен довольно интересный результат [4,5,7].

Теорема 118. *Каждая частично рекурсивная словарная функция F, определенная в любом конечном алфавите A, ПАКА-вычислима в расширенном алфавите A* = {b}∪A (b∉A).*

Из результата теоремы *118* следует, что параллельные алгоритмы *1–ПАКА* в терминах сложности *Маркова–Нагорного* эквивалентны нормальным алгоритмам *Маркова*. Мы проанализировали вопросы параллелизма класса алгоритмов *1–ПАКА* и, как следствие анализа, определили наиболее интересные направления для дальнейшего исследования: *классы параллелизма, уточнение внутренней сущности параллелизма, выбор алгоритмов, наиболее подходящих для достаточно эффективных реализаций в вычислительных КА-моделях и т.д.* [44-43].

Таким образом, в частности, был определен довольно интересный класс так называемых *локально реализуемых алгоритмов (ЛРА)*, суть которого заключается в возможности представить общий алгоритм обработки в виде *локально* идентичных алгоритмов для отдельных *подслов* произвольного обрабатываемого слова. В качестве простого примера такого алгоритма можно указать проблему символьной сортировки. Анализ позволил сформулировать предположение о том, что алгоритмы вышеупомянутого класса *ЛРА* выполняются в вычислительных *КА*-моделях наиболее эффективным способом. В связи с этим возникает весьма интересный вопрос о существовании других классов алгоритмов, наиболее эффективно выполняемых в вычислительных *КА*-моделях, и о том, каким образом можно было бы их формально охарактеризовать.

Возвращаясь к известной задаче символьной сортировки, оценим эффективность ее реализации такими алгоритмами, как *1–ПАКА*. При этом, общая проблема символьной сортировки определяется следующим образом. Пусть *GS* – произвольное конечное слово в алфавите *A*, символы которого наделены определенной иерархией *(принцип приоритета)*. Требуется определить некий посимвольный алгоритм, быстро сортирующий произвольное конечное слово *GS* согласно заданному принципу приоритета символов в алфавите *A*.

Известно, что последовательные алгоритмы для решения данной задачи требуют не более $M=\alpha\,|\,GS\,|^2$ просмотров слова GS, где $|\,GS\,|$ является длиной слова GS и α – константа; тогда как подходящий *1–ПАКА* может решать эту задачу в строго линейное время:

Существует алгоритм 1–ПАКА, посимвольно сортирующий любое конечное слово GS, заданное в произвольном конечном алфавите A, за не более, чем h шагов, где h – длина слова (конфигурации) GS.

Известная *проблема французского флага (ПФФ)* – это формализация проблемы *регуляции* и *дифференциации* реальных биологических клеточных структур; при этом, она непосредственно примыкает к аналогичной проблеме сортировки, и это детально обсуждалось в наших работах [2,5,8,9,17,91,92,47]. В этом же аспекте представляет интерес проблема зеркальной инверсии произвольной конечной символьной строки посредством MT^s_q и классической моделью *1–КА*. Так, просто убедиться, что для зеркальной инверсии строки X длиной m с помощью MT^s_q требуется порядка $2m^2$ шагов, тогда как соответствующая классическая модель *1–КА* сможет решать эту же проблему за *линейное* время. Более того, применение классической модели *1–КА* с алфавитом *структурированных* состояний позволяет эффективно решать эту и многие другие задачи [5]. Используемый способ структурирования алфавита *A* состояний симулирующих моделей позволяет достаточно эффективно решать во временном отношении множество весьма интересных задач моделирования, будучи *неоптимальным* с точки зрения *сложности* классических *КА*-моделей; то есть этот подход довольно эффективен во временном отношении, что в целом приводит к определенному усложнению симулирующей классической модели. В результате формулируем следующее утверждение [27,44-49,173-177]:

Классическая модель 1–КА с простейшим индексом соседства J={0,1} решает проблему зеркальной инверсии произвольной конечной КФ длины m за время 2m–1. Классическая модель 1–КА решает задачу распознавания симметрии конечной конфигурации длины m за не более [m/2]. Классическая модель 1–КА с индексом соседства J={0,1} удваивает произвольную конечную конфигурацию, определенную на некотором сужении алфавита A, за β|m| шагов; β – константа и |m| – длина обрабатываемой конечной конфигурации.

Вполне естественно предположить, что распараллеливание дает весьма существенное преимущество по времени, когда временная сложность определенного алгоритма *нелинейно* зависит от входных данных задачи, как, например, в случае задачи *сортировки*. Однако даже в линейном случае распараллеливание может дать довольно существенное временное преимущество. В качестве интересного иллюстрирующего примера рассмотрим хорошо известную задачу нахождения *шаблона* на строках. Пусть *S* и *G* – две строки, которые содержат *n* и *m* символов из произвольного конечного алфавита *A* соответственно; следует проверить принадлежность подстроки *S* к строке *G* (*S⊂G?*). В связи с этим *Д.Е. Кнут, П. Пратт* и *А.Дж. Морис* предложили решение этой задачи за время не более *0(n+m)*. Между тем, просто доказать, что имеет место следующее утверждение [5]:

Классическая модель 1–КА с индексом соседства X={-1,0,1} сможет решить проблему нахождения шаблона на строке за не более, чем 0(|n – m|) шагов; n, m – длины строки и шаблона соответственно.

Существуют и другие достаточно интересные примеры подобного типа. Так, класс параллельных алгоритмов *1–ПАКА*, определенных классическими моделями *1–КА*, представляет собственный *подкласс* класса всех *локальных алгоритмов (ЛА)*, то есть алгоритмов, которые устанавливают свойства элементов некоторого набора, используя информацию на каждом шаге лишь о некотором соседстве слова, обрабатываемого в настоящий момент. В терминах *LA* естественно формулируются и решаются проблемы *существования/отсутствия* эффективных алгоритмов для разных дискретных экстремальных задач [44-49]. Следовательно, желательно применять и исследовать результаты и технику теории *LA* относительно *класса d–ПАКА (d≥1)* высоко параллельных алгоритмов.

В последние годы можно наблюдать рост числа работ, посвященных вопросам параллельных алгоритмов в качестве достаточно важной составляющей общей теории алгоритмов. В данном отношении мы исследовали вопрос временной сложности *параллельных алгоритмов 1–ПАКА* в отношении ряда известных вычислительных *формальных* последовательных моделей [4,5,8,9,27,44-49,173-177].

Теорема 119. Если некая частично рекурсивная словарная функция F вычисляется согласно алгоритма 1–ПАКА(a, n) за t шагов, то ей соответствующая машина Тьюринга вычисляет ту же функцию F за не более, чем {(n+1)t^2+(n–1)t}/2 шагов, где n – размер шаблона соседства КА-модели, соответствующей 1–ПАКА(a, n).

Анализ данного результата показывает *вполне* достаточную степень близости полученной оценки к оптимальной. Следовательно, если некоторая *частично рекурсивная словарная* функция является *ПАКА-вычислимой* за время *t*, то соответствующая машина *Тьюринга* может вычислить ее за время не более, чем αt^2 (α – *константа*). Итак, для формальных компьютеров на основе классической модели *1–КА* и машин *Тьюринга* временная разница вычислений имеет *квадратный* порядок. Вычислительные возможности *(в контексте их временной сложности)* алгоритмов *1–ПАКА* более наглядно можно показать на следующем примере. Известно, что 2-сторонний стековый автомат *(ДСА)* эквивалентен одноголовочной машине *Тьюринга* со временем работы не более $|x|^{\alpha|x|}$ шагов, где *x* – входное слово, α –константа. Описание *ДСА* и принцип его функционирования можно найти, в частности, в [9,44]. Характеристика *ДСА* в терминах параллельных алгоритмов *1–ПАКА* дает намного лучший результат относительно характеристики их временной сложности [9,27,44-49,173-177].

Теорема 120. Если двухсторонний стековый автомат допускает некоторое множество конечных слов за w шагов, то подходящий параллельный алгоритм 1–ПАКА может допускать то же самое множество слов за не более, чем $2w^2$ шагов.

Таким образом, параллельные алгоритмы *1–ПАКА* для множества вычислительных алгоритмов позволяют получать намного лучшие *временные* результаты, чем на машинах *Тьюринга*. При этом, следует отметить, что высокая *степень параллелизма*, присущая алгоритмам *1–ПАКА*, использовалась лишь на уровне *Т*-моделирования одного алгоритма другим; кроме того, в большинстве случаев присущий моделируемым алгоритмам *высокий* параллелизм, практически, не использовался. Итак, дальнейшие исследования данного вопроса представляются нам достаточно перспективными и актуальными.

Скажем, что машина *Тьюринга* **допускает** множество *W* конечных слов, заданных в алфавите *A*, если машина, которая содержит на выходной ленте конечное ω–слово, определенное в алфавите *A*, переходит в конечное состояние *q′* после анализа этого слова, если и только если $\omega \in W$. Скажем, *s(c)* будет множеством всех конечных предшественников *КФ* $c \in C(A,1,\phi)$ для классической модели *1–КА* с алфавитом *A;* конфигурация *c** – некоторый предшественник *КФ* *c*, если $c^*\tau^{(n)} = c$. Проблема нахождения *предшественников* конечных конфигураций в классических *КА*-моделях играет весьма важную роль, прежде всего, с точки зрения изучения свойства *обратимости динамики,* фундаментального для использования классических *КА-*

моделей как некоторых *концептуальных* моделей *пространственно-распределенных дискретных динамических* систем, из которых именно физические системы представляют наибольший интерес. Поэтому из-за изложенных допущений имеет место интересный результат, имеющий много важных приложений [4,5,8,9,27,44-49,173-177].

Теорема 121. *Для произвольной КФ* $c \in C(A,1,\phi)$ *соответствующая машина Тьюринга* MT^s_q *допускает множество* $s(c)$ *за не более, чем* $2(|c^*| + n)^2$ *шагов;* c^* – *предшественник конфигурации c, имеющей максимальную длину n.*

Исследуя вопросы *обратимости* динамики классических моделей **КА**, *Т. Тоффоли* показал, что в случае классических моделей *d–КА* ($d = 1, 2$) для $c \in C(A,d,\phi)$ множество $s(c)$ может быть сгенерировано с помощью некоторого недетерминированного конечного автомата (**НКА**), что позволяет делать вполне определенные заключения по временной сложности *генерации* и *распознавания* предшественников для конечных **КФ** в классических **КА**-моделях посредством **НКА** и машин *Тьюринга* MT^s_q [5,8,9,27,44-49,173-177].

В настоящее время известно много работ, посвященных изучению различных концепций стековых автоматов [7,9,49]. Так называемые *bc-автоматы* представляют немалое значение для структурного программирования; они приобрели широкую популярность из-за работ, связанных с представимостью в них формальных языков. На основе описания *bc*-автомата просто убедиться, что для него будет существовать *трехголовочная* машина *Тьюринга*, моделирующая его без временной задержки, и существует *одноголовочная* машина *Тьюринга*, моделирующая его за время $2(t+1)^2$; t – время обработки *входного* слова *bc*-автоматом. Следующий результат позволяет нам оценить *временные* затраты параллельного алгоритма *1–ПАКА* для выполнения той же работы, что и некоторый *bc*-автомат [27,44-49].

Теорема 122. *Если некоторый bc–автомат требует w шагов для обработки входного конечного слова, то соответствующий ему параллельный алгоритм 1–ПАКА может выполнить ту же самую обработку за не более, чем* $2(w+1)^2$ *шагов.*

Полученные в этом направлении результаты *моделирования* имеют разную степень близости к оптимальным, однако они позволяют в определенной степени получать *сравнительные* оценки временных сложностей классических **КА**-моделей, а также других известных последовательных формальных вычислительных моделей. Наряду с результатами многих других исследователей в этом направлении эти результаты позволяют получать достаточно полную картину в области *вычислительной* сложности классических *КА*-моделей. Так, например, *А. Хеммерлинг* представил довольно интересный обзор исследований касательно *сравнительного* анализа вычислительной сложности классических *КА*-моделей и известных машин *Тьюринга d*-размерности *(d ≥ 1)* [44,139]. Между тем, по сравнению с теорией последовательных алгоритмов, теория параллельных вычислений *КА*-моделями развита не настолько детально.

В заключение необходимо еще раз отметить следующее довольно важное обстоятельство в отношении результатов, представленных выше. Мы использовали моделирование на уровне классических *КА*-моделей в качестве абстрактных алгебраических параллельных систем обработки слов *(конфигураций)* без применения *максимально* параллельного моделирования в клеточной среде таких объектов *(в частности, путем погружения в них соответствующих алгоритмов таких, как логические сети и т.д.)*. Естественно, данный подход дал определенные результаты, которые несколько далеки от возможно опримальных, однако нас заинтересовал аналогичный подход. В следующей главе вопросы сложности классических *КА*-моделей рассматриваются в нескольких других аспектах, характеризующих свойства моделей не на уровне *множеств* конечных конфигураций, а на уровне определенных ими *глобальных* функций перехода, что позволяет дифференцировать класс *КА*-моделей с несколько иной точки зрения.

6.5. Специальные вопросы моделирования в классических клеточных автоматах (КА-моделях) относительно их динамики

Известно, что симулирование в среде классических *КА*-моделей - многогранная задача, включающая достаточно сложные вопросы такие, как *моделирование в реальное время, оптимальное моделирование согласно выбранным критериям оптимизации, методы и принципы для упрощения процесса моделирования, получение разных оценок сложности взаимного симулирования моделей, моделирование отдельных процессов, явлений, объектов и алгоритмов, симулирование в определенных классах КА-моделей, а также при различных условиях и т.д.* В предыдущих разделах рассматривались вопросы симулирования в классических моделях без каких-либо *дополнительных* условий для *симулирующих* **КА**-моделей. Ниже представлен ряд результатов по *симулированию*, когда на симулирующие классические **КА**-модели накладываются определенные ограничения, имеющие тот или иной смысл, вместе с интерпретациями таких ограничений.

Исследование динамических свойств классических **КА**-моделей в связи с типом их *локальных функций перехода (ЛФП)* представляет несомненный интерес. Так, в [1] были выделены **2** больших класса **КА**-моделей с *симметричными (**СФ**)* и *асимметричными (**АСФ**) ЛФП*. Можно показать, что **СФ**-класс моделей составляет подмножество, относительно операции композиции. Композиция *симметричной* и *асимметричной* локальной функции перехода всегда будет давать асимметричную функцию, тогда как существуют асимметричные локальные функции перехода, чьи композиции дают некоторую симметричную функцию. В частности, **2** очень простые локальные функции перехода, определяемые формулами следующего вида:

$$\sigma_1^{(2)}(x,y)=xy^2 \ (mod \ a); \qquad \sigma_2^{(2)}(x,y)=x^2y \ (mod \ a) \qquad (a \geq 3)$$

в результате *композиции* дают симметричную локальную функцию перехода $\sigma^{(3)}(x,y,z)=x^2y^5z^2 \ (mod \ a)$. В отношении классов **СФ** и **АСФ** моделей **КА** показано, что в смысле вычислительных возможностей они эквивалентны, то есть оба эти класса обладают *универсальными* классическими **КА**-моделями. Между тем, по ряду других важных характеристик классы **АСФ** и **СФ** могут существенно различаться. Так, например, существенные различия имеют место в отношении конструктивных возможностей и множеств неконструируемых **КФ** в классических **КА**-моделях с симметричными и асимметричными локальными функциями перехода, что, несомненно, необходимо учитывать во многих модельных приложениях [3,5,8,9,27,44-49].

Действительно, достаточно много процессов и алгоритмов имеют ярко выраженный асимметричный характер, хотя в их основе на самых низких уровнях и могут иметь место элементы различного уровня симметрии, и их можно просто встраивать в классические **КА**-модели с асимметричными локальными функциями перехода. Естественно, с учетом сказанного, такие процессы в классических **КА**-моделях как с симметричными, так и с асимметричными *ЛФП* симулируются, однако функции *первого* типа требуют, как правило, затраты такие, как *увеличение* базовых характеристик *симулирующей* **КА**-модели по отношению к аналогичной **КА**-модели *второго* типа: *мощность алфавита, время моделирования и размер шаблона соседства.*

В качестве примера представим результат симулирования машины *Тьюринга* с помощью *классической* модели *1–КА* с простым индексом соседства *Мура* и *симметричной* локальной функцией перехода [3]. Итак, одномерная локальная функция перехода $\sigma^{(n)}$, определяемая параллельными правилами вида ниже, является симметричной:

$$x_1 x_2 \ldots x_n \to x^*_1 \quad \text{и} \quad (x_1 x_2 \ldots x_n)^R \to x^*_1 \quad (x_k, x^*_1 \in A; \; k=1 \ldots n)$$

где J^R – кортеж, симметричный кортежу *J*. Естественно, обобщение понятия *симметрии* локальной функции перехода на случай более высокой размерности каких-либо затруднений не вызывает.

Теорема 123. *Если машина Тьюринга MT^s_q реализует определенный алгоритм SG за время t, то существует подходящая классическая модель 1–КА с алфавитом мощности 2*s + 4*q + 2, симметричной локальной функцией перехода $\sigma^{(3)}$ и индексом соседства Неймана-Мура, которая симулирует алгоритм SG за время не более 4*t.*

Метод доказательства данной теоремы позволяет распространять полученный результат на случай классических *КА*-моделей более высоких размерностей, но тогда возникает необходимость некоего расширения алфавита симулирующей *КА*-модели. Этот результат не только лишний раз подтверждает *эквивалентность* классических *КА* с *симметричными* и *асимметричными* локальными функциями перехода относительно их вычислительных возможностей, но и в определенной степени иллюстрирует сложность моделирования, в целом, *асимметричных* алгоритмов *симметричными d–КА (d ≥ 1)*.

В этом направлении интересные результаты были получены также *Х. Шверински* [141] и *Ю. Кобуши* [7,140]; они доказали возможность моделирования в реальном времени произвольной классической модели *1–КА* посредством модели той же размерности с индексом соседства *Мура* и симметричной локальной функцией перехода. При этом, *моделирование* в их работах рассматривалось собственно относительно множества $C(A,1,\phi)$ всех конечных конфигураций без какой-либо серьезной оптимизации, сказавшись на определенных параметрах симулирующих моделей. В частности, мы применяли определенную оптимизацию при моделировании асимметричных алгоритмов симметричными алгоритмами.

В связи с этим мы хотели бы еще раз обратить внимание, что оба класса *СФ* и *АСФ* классических *КЛ*-моделей обладают множеством специфических особенностей, но если исходить из практических соображений, то между ними есть 2 основных различия, а именно: **КА**-модели с симметричными локальными функциями перехода представляются нам гораздо проще для практической реализации и представляют интерес с точки зрения различных биологических интерпретаций (*так, симметрия может быть связана с отсутствием некоторого градиента при симулировании подобными моделями любого биологического явления; окружение такого типа моделей является более естественным, представляя собой нейроподобные системы и т.д.*), тогда как **КА**-модели с *асимметричными локальными функциями перехода*, в основном, существенно лучше приспособлены для моделирования различных процессов и алгоритмов, т.е. имеют большую степень конструктивных возможности по ряду основных показателей. Как показывает опыт, для ярко выраженных *асимметричных* процессов, в целом, невозможно удовлетворительно решать *оптимизационные* задачи в *симметричных* **КА**-моделях [8,27,44-49,102,173-177].

При симулировании в классических моделях *d-КА (d ≥ 1)* довольно важна проблема *оптимального* симулирования различных объектов, алгоритмов либо явлений. Оптимизация рассматривается обычно в отношении основных параметров симулирующей модели таких, как размер шаблона соседства, мощность алфавита, размерность модели и время симулирования. В этом отношении несомненный интерес представляет оптимизация классической *d-КА (d ≥ 1)* типа **СФ**, которая симулирует модель той же размерности с *произвольной* локальной функцией перехода. В случае *1-КА* в этом направлении имеет место следующий основной результат [5,8,9,27,44-49,173-177].

Теорема 124. *Произвольная классическая модель 1-КА с индексом соседства Мура симулируется посредством соответствующей классической модели 1-КА с таким же самым индексом соседства, алфавитом мощности 2*(4*g²+5*g+12) и симметричной локальной функции перехода за время не более 4L; L – длина обрабатываемой конечной конфигурации в симулируемой классической модели и g – мощность алфавита симулируемой классической модели 1-КА.*

Исследования по проблеме оптимизации основных параметров симулирующих классических моделей *d-КА (d ≥ 1)* представляют существенный интерес и на них следует обратить соответствующее внимание, хотя подобные проблемы представляются достаточно сложными, как, впрочем, и большинство из задач оптимизации в целом. Наряду с большим числом весьма интересных результатов о *взаимном симулировании* классических моделей в книге [142] было представлено симулирование произвольной классической модели **2–КА** *подходящей* классической моделью **2–КА** с индексом соседства *Мура,* алфавитом мощности *7776* и симметричной **ЛФП.** Было бы весьма интересно существенно понизить данное значение, которое, по нашему мнению, сильно завышено. Кроме того, в дальнейшем нам понадобится полезное свойство классических моделей **1–КА** с симметричными локальными функциями перехода $\sigma^{(2)}$ и простым индексом соседства $X = \{0, 1\}$.

Лемма 4. *Произвольная классическая модель 1–КА с симметричной локальной функцией перехода $\sigma^{(2)}$ и простым индексом соседства $X = \{0, 1\}$ обладает неконструируемостью НКФ и/или НКФ–1.*

Доказательство леммы предельно просто и может быть найдено в [5]. С другой стороны, для классических моделей **1–КА** с простым индексом соседства $X=\{0,1\}$ и *асимметричными* **ЛФП** этот результат, вообще говоря, неверен.

На основе этого результата можно показать, что результат теоремы *124* уже для весьма общих методов симулирования неосуществим в плане сведения к простейшему шаблону соседства симулирующей классической модели **1–КА** с симметричной локальной функцией перехода. А точнее, в отличие от теоремы *124*, любая классическая модель **1–КА** не может симулироваться подходящей классической моделью **1–КА** с простейшим индексом соседства и симметричной локальной функцией перехода при условии использования даже достаточно широкого класса концепций моделирования. В основе этого утверждения лежит факт, что при условии многих понятий моделирования свойства симулируемых классических **КА–**моделей такие, как наличие/отсутствие неконструируемости **НКФ (НКФ–3)** и *NCF–1* наряду с **ВСКФ** и **γ–КФ** сохранятся. Более того, результат используется при исследовании многих аспектов декомпозиции глобальных функций перехода **КА–**моделей. Итак, классическая модель **1–КА** симулируется с помощью подходящей модели **1–КА** с *симметричной* локальной функцией перехода и простым индексом соседства, но только при наличии неконструируемости **НКФ–1** и / или **НКФ.** Кроме того, этот результат со всей очевидностью вновь подтверждает ранее высказанное нами предположение о более предпочтительных конструктивных возможностях симулирования в классических **КА–**моделях с *асимметричными* **ЛФП** [5,27,44-49].

При исследованиях универсальной вычислимости и физического симулирования в классических **КА–**моделях возникает проблема обратимости динамики в таких моделях. Достаточно подробное обсуждение этой проблематики представлено в работах [4,5,8,9,27]. В связи с этим достаточно интересен вопрос о взаимосвязи свойств обратимости и универсальной вычислимости в классических *КА*. С этой целью мы используем понятие «*обратимости*» динамики *КА* в соответствии с вышесказанным (*глава 2*). В связи с этим достаточно интересен вопрос о взаимосвязи свойств взаимной стираемости и универсальной вычислимости в классических *КА*–моделях. Так как вычисление, вообще говоря, является необратимым процессом, то представляется вполне естественным, что существование в моделях пар *ВСКФ-1* и, следовательно, *НКФ* и/или *НКФ-1* должно было бы быть тесно связаным со свойством универсальной вычислимости в классических *КА*–моделях.

Между тем, довольно простые классические *КА*–модели, которые имеют пары *ВСКФ–1*, не допускают универсальной вычислимости [5,8,27]. Итак, существование для классической *КА*-модели *ВСКФ-1* (*НКФ* и/или *НКФ-1*) не является достаточным условием наличия у модели *универсальной* вычислимости. С другой стороны, на основе изложенного подхода к определению *универсальной* вычислимости было показано, что существование *ВСКФ-1* (*НКФ* и / или *НКФ–1*) является *необходимым* условием для того, чтобы некая классическая модель *1–КА* обладала этим свойством при условии рассмотрения только конечных конфигураций [1,5,9,27,45]. Этот результат в свое время вызвал довольно широкую дискуссию, стимулировав целый ряд последующих исследований в этом направлении [7,27,44-49].

Между тем, на основе несколько иных подходов *К. Морита* доказал существование *обратимой* модели *1–КА*, которая имитирует любую модель *1–КА*, включая необратимые, тогда как Дж. Дьюбак доказал симулируемость машин *Тьюринга* с помощью обратимых моделей *1–КА* [7]. *Т. Тоффоли* доказал возможность моделирования модели *d–КА* посредством обратимой модели *(d+1)–КА (d ≥ 1)*, доказав тем самым вычислительную универсальность обратимой модели *d–КА (d≥2)* [143]. Тогда как *К. Морита* и другие доказали *вычислительную* универсальность обратимых моделей *1–КА* [82-84]. Следовательно, в связи с изложенным *особый* интерес представляет симулирование необратимых классических моделей *d–КА* посредством обратимых моделей, а также вопрос существовании *обратимых* универсальных классических моделей *d-КА (d≥1)*. При этом, указанные результаты связывают обратимость с отсутствием неконструируемости *НКФ*.

Так, *Т. Тоффоли*, работая по результатам *Аладьева–Смита*, которые связаны с проблемой вычислимости в классических **КА**-моделях, показал, что несмотря на полученные ими результаты, существуют обратимые универсальные классические **КА**-модели. А точнее, он доказал, что классическая модель *d-КА* может быть конструктивно встроена в некоторую обратимую классическую модель *(d+1)-КА*, для которой проблема генерации конечных **КФ** неограниченного размера разрешима. Кроме того, результат *Т. Тоффоли* [7,11,144] не противоречит нашим результатам, полученным ранее, и *указанная* ситуация обусловлена множеством достаточно важных факторов, определяющих данные противоречия. Прежде всего, это связано с использованием различных *концепций* обратимости для динамики классических **КА**-моделей, сущность которых довольно подробно обсуждается и в настоящей книге.

Совершенно другой подход позволяет симулировать классические модели *d-КА* (*d* ≥ 1), включая **КА**-модели, которые обладают **НКФ**, посредством классических моделей *(d+1)-КА*, которые не обладают неконструируемостью **НКФ**, позволяя сформулировать достаточно интересный результат для целого ряда приложений.

Теорема 125. *Классическая модель d-КА (d≥1) с неким алфавитом A 1–симулируется посредством классической модели (d+1)-КА с тем же алфавитом A; кроме того, симулирующая модель (d+1)-КА не обладает неконструируемостью типа НКФ и сохраняет историю динамики произвольной конечной КФ симулируемой классической модели d-КА (d ≥ 1).*

Без ограничения общности мы рассмотрим такой подход на основе классических моделей *1-КА*. Пусть *1-КА* – классическая модель с алфавитом состояний *A*={0,1, ..., *a*–1}, простым индексом соседства *X* = {0, 1} и локальной функцией перехода $\sigma^{(2)}(x, y) = x^*$; *x, y, x*$^* \in A$. Хорошо известно, что классическая модель *1-КА* симулируется с временной задержкой и *расширением* алфавита *A* соответствующей моделью того же класса, той же размерности и индексом соседства *X* = {0, 1}. Определяем теперь классическую модель *2-КА*, которая будет симулировать модель *1-КА* с тем же алфавитом *A*, индексом соседства *X** = {(0,0), (0,1), (1,1)} и локальной функцией перехода $\sigma^{(3)}$, определяемой *параллельными* подстановками следующим образом.

$$S(x,y)_{t+1} = \sigma^{(2)}(S(x,y+1)_t, S(x+1,y+1)_t) \otimes S(x,y)_t \qquad (28)$$

где: $\sigma^{(2)}(c, d)$ – *локальная функция перехода симулируемой классической*

1–КА; $c \otimes d$ *– вычисление выражения* $c + d$ *(mod a); c, d*$\in$*A={0,1,2,3,...,a–1};* $S(x,y)_t$ *– состояние элементарного автомата КА-модели с координатами* *(x, y) в момент времени* $t \geq 0$; *x, y*$\in${0, ±1, ±2, ±3, ...}; *t = 0,1,2,3, ...*

Прежде всего, покажем, что симулирующая классическая модель **2–КА,** определенная таким образом, не будет обладать **НКФ.** Ибо согласно критерия существования неконструируемости типа **НКФ** *(теорема 6)*, такая модель **2–КА** *(при условии наличия **НКФ**)* должна была бы иметь пары **ВСКФ** следующего общего вида, а именно:

В предположении наличия для упомянутой классической модели **2–КА** пар **ВСКФ** вышеуказанного вида мы выбираем пару **ВСКФ** прямоугольной формы с *минимальным внутренним блоком* (**ВБ**), чья каждая соответствующая сторона *(без потери общности мы выбираем верхнюю сторону)* содержат хотя бы пару элементарных автоматов, находящихся в различных состояниях $x \neq y$ *(x, y*$\in$*A)*.

Выбрав теперь в такой паре **ВСКФ** самую правую верхнюю пару соответствующих автоматов **ВБ** в разных состояниях $x \neq y$ *(x, y*$\in$*A)*, легко убедиться, что на основе *локальной функции перехода* $\sigma^{(3)}$ *(28) симулирующей* модели в следующий момент времени *t* мы снова получаем для выбранной пары единичных автоматов различные состояния; то есть, точнее, имеет место следующее соотношение:

$$(\forall c, b \in A)(x \neq y \rightarrow \sigma^{(2)}(c, b) \otimes x \neq \sigma^{(2)}(c, b) \otimes y)$$

Итак, симуляция классической модели **2–КА** с локальной функцией перехода $\sigma^{(3)}$, определяемой соотношениями вида *(28)*, не обладает парами **ВСКФ**, что согласно критерия *неконструируемости* говорит, что такая модель также не обладает неконструируемостью **НКФ.**

Несложно убедиться, что приведенная модель **2–КА** симулирует модель **1–КА** с алфавитом **A={0,1,...,a–1}**, индексом соседства **X={0,1}** и локальной функцией перехода $\sigma^{(2)}(x,y) = x^*$; *x,y,x**$\in$*A*. Помещая, в частности, в строку с координатами {(0, j) | j = 0, ±1, ±2, ±3,...} каждую конечную или бесконечную **1**-мерную конфигурацию *(не нарушая общности конечную)* $c = x_1 x_2 x_3 x_4 ... x_n$ *(x*$_1$*, x*$_n$ $\neq$ *0; x*$_j$ $\in$*A; j=1..n)*, несложно проследить динамику ее развития под влиянием **ГФП** $\tau^{(3)}$, которая определяется локальной функцией перехода $\sigma^{(3)}$ *(28) симулирующей* модели. Довольно наглядная схема иллюстрирует симулирование произвольной классической модели *1–КА.*

$t=0$		...	0	0	0	0	0	0	...	0	0	0	...
	$c_0=$	...		0	0	x_1	x_2	x_3	...	x_{n-1}	x_n	0	...
		...	0	0	0	0	0	0	...	0	0	0	...
$t=1$		...	0	0	0	0	0	0	...	0	0	0	...
		...		0	0	x_1	x_2	x_3	...	x_{n-1}	x_n	0	...
		...		0	x^1_0	x^1_1	x^1_2	x^1_3	...	x^1_{n-1}	x^1_n	0	...
		...	0	0	0	0	0	0	...	0	0	0	...
$t=2$		...	0	0	0	0	0	0	...	0	0	0	...
		...		0	0	x_1	x_2	x_3	...	x_{n-1}	x_n	0	...
		...		0	b^1_0	b^1_1	b^1_2	b^1_3	...	b^1_{n-1}	b^1_n	0	...
		...	0	x^2_{-1}	x^2_0	x^2_1	x^2_2	x^2_3	...	x^2_{n-1}	x^2_n	0	...
		...	0	0	0	0	0	0	...	0	0	0	...
$t=3$		...	0	0	0	0	0	0	...	0	0	0	...
		...		0	0	x_1	x_2	x_3	...	x_{n-1}	x_n	0	...
		...		0	b^1_0	b^1_1	b^1_2	b^1_3	...	b^1_{n-1}	b^1_n	0	...
		...	0	b^2_{-1}	b^2_0	b^2_1	b^2_2	b^2_3	...	b^2_{n-1}	b^2_n	0	...
		...	x^3_{-2}	x^3_{-1}	x^3_0	x^3_1	x^3_2	x^3_3	...	x^3_{n-1}	x^3_n	0	...
		...	0	0	0	0	0	0	...	0	0	0	...

$$x^1_j = \sigma^{(2)}(x_j, x_{j+1}); \quad x^{k+1}_j = \sigma^{(2)}(x^k_j, x^k_{j+1});$$
$$x_j, x^k_j, x^{k+1}_j, b^k_j \in A; \; k=1,2,\dots; \; j=0,\pm1,\pm2,\dots$$

Довольно подробное описание алгоритма *моделирования*, лежащего в основе доказательства этого результата, можно найти, например, в [8,47]. Необходимо отметить, что результат теоремы *125* наряду с результатом *Т. Тоффоли* определяет довольно высокую цену такого симулирования – увеличение размерности симулирующей модели относительно размерности *симулируемой* классической **КА**-модели. Из результатов теоремы *117* следует, что классическая модель *d-КА* *(d≥1)* в рамках динамики *структурно-периодических* и/или *конечных* конфигураций симулируется с помощью подходящей *классической* модели *1–КА* с индексом соседства *X* = {-1,0,1}. В то же самое время подход, примененный при доказательстве теоремы, обеспечивает симулирование *динамики* лишь в классических моделях *d-КА* *(d≥1)* и на более общий случай симулирования *KA* не распространяется. Таким образом, с учетом сказанного вместе с результатом теоремы 125 можно сформулировать следующее предложение.

Теорема 126. Классическая модель d–KA (d ≥ 1) в рамках динамики конечных и / или структурно-периодических КФ симулируется с помощью соответствующей классической модели 2–KA, которая не обладает неконструируемостью НКФ и обладает простейшим индексом соседства X = {(0,0), (0,1), (1,1)}.

В то же время под обратимостью *Т. Тоффоли* вместе с рядом других исследователей понимают отсутствие для симулирующей модели *взаимной стираемости (неконструируемость НКФ)*, в то время как мы под обратимыми моделями понимаем также отсутствие в моделях *неконструируемости* типа *НКФ-1;* обоснование такой предпосылки представлено ранее. Между тем подход, используемый *Т. Тоффоли,* не только требует *увеличения* размерности симулирующей модели, но и не освобождает ее от неконструируемости *НКФ-1,* не позволяя в полной мере учитывать *динамику* таких симулирующих моделей, обратимую в полной мере. Наряду с этим *Т. Тоффоли* для создания *обратимых* моделей использовал структурный подход, представляя элементарный автомат модели простой логической схемой из трех элементов [7,144]. Между тем, анализ данного подхода показывает, что свойство обратимости достигается благодаря неявному росту мощности алфавита и относится к некоторому его подмножеству. Пока *реальная* обратимость относительно расширенного алфавита не достигнута. С другой стороны, под *реальной* обратимостью мы будем понимать обратимость динамики классической *KA–*модели относительно множества *C(A,d,ϕ).* Здесь еще раз уместно обсудить два уровня обратимости, а именно: *реальной* и *формальной.*

Итак, под *формальным уровнем* понимается обратимость конечной конфигурации c^*, а именно существование для $c^* \in C(A,d,\phi)$ такой единственной конфигурации $c' \in C(A,d,\phi)$ независимо от множества $C(A,d,\infty)$, что имеет место соотношение $c'\tau^{(n)} = c^*$. В то же время под *реальным* уровнем понимается обратимость только относительно конечных конфигураций; т.е. существование только для конечной конфигурации c такой единственной конечной конфигурации c^* лишь из множества $C(A,d,\phi)$, что имеет место соотношение $c^*\tau^{(n)} = c$. Таким образом, в зависимости от критерия существования *НКФ,* основанного на концепции *ВСКФ* или *γ–КФ,* легко убедиться, что наличие *формальной* обратимости может повлечь за собой *реальную* необратимость, тогда как обратное, вообще говоря, неверно.

Это обстоятельство основано на существовании 2 неэквивалентных типов неконструируемости в классических **КА**-моделях: **NCF-1** и **НКФ**, которые были отмечены ранее наряду с понятием реальной обратимости согласно определению **13**. Так, если для формально обратимой классической **КА**-модели существуют действительно *обратимые* конфигурации, тогда как, если аналогичная **КА**-модель обладает неконструируемостью типа **НКФ-1**, то модель реально необратима; с другой стороны, в отсутствие неконструируемости **НКФ КА**-модель может быть *реально* необратимой. Таким образом, классическая модель не может одновременно обладать свойствами *формальной* обратимости и *реальной* обратимости, т.е. эти 2 свойства в целом взаимоисключаемы. Очевидно, что *реальная* обратимость в классических **КА**-моделях влечет за собой *формальную* обратимость, в то время как обратное утверждение, вообще говоря, неверно.

Одной из мотиваций для введения понятия реальной обратимости динамики конечной конфигурации в классических моделях также является вполне естественное требование, что предшественник в предыстории $\{c\tau^{(n)k} \mid k = -1, -2, ...\}$ конфигурации $c \in C(A, d, \phi)$ следует вычислять за *конечное* число шагов. В частности, в предположении о принадлежности полностью нулевой конфигурации c_o = «□» ко множеству $C(A, d, \phi)$ всех конечных конфигураций существование в классической модели неконструируемости типа **НКФ-1** делает ее *реально необратимой*. С точки зрения определений **6** и **10** двух типов взаимно стираемых конфигураций можно представить достаточно полезный результат, дающий критерий двух типов обратимости в классических **КА**-моделях [27,44-49,173-177].

Предложение 9. Классическая модель d-КА (d≥1) формально (реально) обратима тогда и только тогда, когда такая модель не обладает парами ВСКФ (ВСКФ-1); т.е. не обладает неконструируемостью типа НКФ (НКФ и НКФ-1).

В связи со сказанным возникает интересный вопрос: *Возможно ли просимулировать произвольную классическую модель d-КА (d≥1) с помощью обратимой модели d-КА?* В свою очередь данный вопрос поднимает ряд сопутствующих вопросов, которые в определенной степени описывают *проблему обратимости* в классических моделях. Вообще говоря, аналогичные вопросы составляют *общую* проблему симулирования произвольных классических моделей *d-КА (d ≥ 1)* с помощью классических моделей той же размерности, *подавляющих* некоторые свойства симулируемых моделей. Так, по отношению к формальной обратимости, характеризуемой существованием в *КА* неконструируемости *НКФ-1*, получен результат, который играет достаточно существенную роль при исследованиях динамических свойств классических моделей *d–КА* (*d* ≥ *1*) [5,8,27,44-49,173-177].

Теорема 127. Произвольная классическая модель d–КА (d≥1) может 1–симулироваться посредством подходящей модели d–КА того же типа с минимальным расширением алфавита состояний А; кроме того, симулирующая модель d–КА не имеет неконструируемости НКФ-1 при наличии неконструируемости НКФ-2. Классическая модель d–КА (d≥1), не обладающая неконструируемостью НКФ-1 с алфавитом А мощности w, 1–симулируется соответствующей классической КА–моделью тех же самых размерности и индексом соседства наряду с алфавитом структурированных состояний мощности 2*w, не обладающая неконструируемостью НКФ-1 и ИсКФ при существовании для нее неконструируемости НКФ.

Довольно детальное описание алгоритма *моделирования*, лежащего в основе доказательства этого результата, можно найти, например, в [5,27,44-49]. Тогда как идея доказательства второй части теоремы может быть представлена следующим образом. Без ограничения общности рассмотрим модель *1–КА* с индексом соседства *X* = {*0,1,2*} и алфавитом *А* = {*0,1, ..., a–1*}. Симулирующая модель *1–КА* имеет тот же индекс соседства и алфавит *G* 2-уровневых состояний вида:

$$G = \left\{ \begin{bmatrix} 0 \\ 0 \end{bmatrix}, \begin{bmatrix} y_1 \\ 1 \end{bmatrix}, \begin{bmatrix} y_2 \\ 2 \end{bmatrix}, \begin{bmatrix} y_3 \\ 3 \end{bmatrix}, \begin{bmatrix} y_4 \\ 4 \end{bmatrix}, ..., \begin{bmatrix} y_{a-1} \\ a-1 \end{bmatrix} \right\}$$

где $\begin{bmatrix} 0 \\ 0 \end{bmatrix}$ - состояние покоя и $y_k \in \{0,1\}$, *k=1..(a–1)*, тогда как конечная конфигурация ☐*x1x2 ... xp*☐ симулируемой модели в *симулирующей* модели представлена *первым* уровнем, а второй уровень содержит состояния бинарного алфавита {*0, 1*} следующим образом:

$$...\begin{bmatrix} 0 \\ 0 \end{bmatrix} \begin{bmatrix} y_{-n} \\ x_{-n} \end{bmatrix} ... \begin{bmatrix} y_{-1} \\ x_{-1} \end{bmatrix} \begin{bmatrix} y_1 \\ x_1 \end{bmatrix} \begin{bmatrix} y_2 \\ x_2 \end{bmatrix} ... \begin{bmatrix} y_p \\ x_p \end{bmatrix} \begin{bmatrix} 0 \\ 0 \end{bmatrix} ... ; y_k \in \{0,1\}, x_k \in A, k = -n .. p$$

Локальная функция перехода симулирующей *КА*-модели, которая задает подсостояния состояний ее структурированного состояния, определяется следующим образом, а именно:

$$\sigma^{(3)}(x_j^t, x_{j+1}^t, x_{j+2}^t) = x_j^{t+1}; \quad y_j^{t+1} = \mu\left(\sum_{j=1}^3 x_j^t + j_j^t\right); \quad \mu(x) = \begin{cases} 0, if \ x = 0 \\ 1, otherwise \end{cases}; \ t \geq 0; \ j \in \{-\infty, +\infty\}$$

где $\sigma^{(3)}$ - локальная функция перехода симулирующей *КА*-модели.

На основании сделанных предположений несложно проверить, что модель **1-КА**, симулирующая исходную модель в строго реальное время, имеет мощность алфавита **2****a* и тот же индекс соседства **X** = {**0,1,2**}; при этом, *симулирующая* модель имеет неконструируемость типа **НКФ**, но не обладает неконструируемостью **НКФ-1** и **ИсКФ**.

Гораздо сложнее дело обстоит в случае неконструируемости такой, как **НКФ**, которая вместе с типом **НКФ-1** составляет *основу* понятия обратимости в классических **КА**-моделях. В рамках исследования данного вопроса было определено понятие **WM**-моделирования, охватывающее довольно широкий класс способов симулирования одной классической модели другой моделью тех же самых класса и размерности. На такой основе получен результат, в определенной степени характеризующий возможности задач симулирования и полезный в ряде теоретических исследований [5,8,9,27,44-49].

Теорема 128. Классическая модель d-КА (d≥1) не может быть WM-смоделирована с помощью соответствующей обратимой модели КА (в плане отсутствия неконструируемости НКФ) тех же самых класса и размерности.

Из понятия **WM**-*моделирования* и этого результата непосредственно следует вывод, что для возможности симулирования произвольной классической модели с помощью обратимой модели того же класса и размерности следует использовать методы *кодирования* конечных конфигураций для *симулирующей* **КА**-модели, которые допускают *бесконечное* число эквивалентных членов для *симулирующей* модели. Это составляет определенный тест *первого* уровня на допустимость того или иного способа симулирования с помощью **КА**-моделей с указанным выше свойством обратимости. Итак, из этого следует, что традиционные методы симулирования в *классических* моделях, охватываемых понятием **WM**-моделирования, не могут привести к нужной цели и здесь требуются некие нетрадиционные подходы.

В процессе исследований определено понятие **W**-моделирования, которое существенно расширяет понятие **WM**-моделирования и охватывает достаточно широкий класс известных и потенциально допустимых способов симулирования в классических **КА**-моделях. Более того, рассматривается симулирование классических моделей моделями той же размерности. Однако, и это не дало возможности положительно решать проблему симулирования соответствующей классической *обратимой* моделью той же самой размерности, о чем свидетельствует следующий основной результат, представляющий

Виктор Аладьев, Вячеслав Ваганов, Михаил Шишаков

вполне самостоятельный интерес [5,8,9,27,44-49,173-177].

Теорема 129. _Классическая модель d–KA (d ≥ 1) не W–симулируется посредством обратимой модели d–KA (в смысле отсутствия для нее неконструируемости НКФ) того же класса и размерности._

Таким образом, даже в рамках такого достаточно общего понятия, как **W**-моделирование, невозможно симулировать произвольную классическую модель **d–KA** (**d ≥ 1**) посредством обратимой модели той же размерности. Вопросы различия _неконструируемостей_ **НКФ**, **НКФ-1**, **НКФ-2** и **НКФ-3** в классических моделях были достаточно подробно рассмотрены выше. Еще раз: если задача моделирования **KA**-модели, обладающей неконструируемостью **НКФ-1**, моделями без неконструируемости **НКФ-1**, решается весьма просто (_теорема 127_), то в случае неконструируемости **НКФ** (**НКФ-3**) такой вопрос является довольно сложным, а именно: по крайней мере в рамках двух достаточно важных концепций **WM**-моделирования, а также **W**-моделирования, которые охватывают довольно широкий _спектр_ алгоритмов моделирования, интересных как с прикладной, так и с теоретической точек зрения, данная задача имеет отрицательное решение. Кроме того, понятия **W**- и **WM**-моделирования лучшим образом соответствуют алгоритмам симулирования классических **KA**-моделей посредством классических **KA**-моделей той же самой размерности с подавлением наличия γ-конфигураций и **ВСКФ** в _симулируемых_ моделях. В целом кажется вполне естественным, что классическая модель **d–KA** (**d ≥ 1**) не симулируется ся подходящей **KA**-моделью той же размерности из-за следующей причины. Так как модель **d–KA** (**d ≥ 1**), обладающая неконструируемостью **НКФ**, будет иметь γ-конфигурации, т.е. обладать несбалансированной функцией глобального перехода (_см. определение 9_), то модель **d–KA** (**d ≥ 1**), симулирующая ее, должна обладать функцией глобального перехода, выравнивающей этот дисбаланс симулируемой модели, делающего ее функцию глобального перехода _несбалансированной_ и имеющей γ-конфигурации, т.е. она также должна обладать некоей неконструируемостью **НКФ**. В этом контексте предложение может быть сформулировано, имеющее интересные приложения [44-49].

Предложение 10. _В рамках конечных конфигураций классическая модель d–KA (d ≥ 1) не может быть просимулирована посредством подходящей классической KA–модели той же самой размерности, которая не обладает неконструируемостью НКФ и НКФ-1, т.е. с помощью соответствующей реально обратимой классической KA-_

модели, которая не обладает и универсальной вычислимостью, и универсальной воспроизводимостью в смысле *Мура* конечных **КФ**.

Итак, что касается возможностей симулирования, то классические **КА**-модели, которые не обладают неконструируемостью **НКФ-1** и **НКФ**, не представляют особого интереса, образуя, при этом, узкий класс. Между тем, обладая существенным охватом, алгоритмы двух вышеупомянутых классов далеко не являются исчерпывающими, в этой связи поиск алгоритмов симулирования *необратимых* моделей *обратимыми* моделями весьма продуктивен. В частности, выходя за рамки конечности алфавита, имеется возможность симулирования произвольной классической **КА**-модели посредством моделей той же размерности при отсутствии неконструируемости **НКФ**. В этом направлении можно сформулировать следующий результат.

Предложение 11. Классическая модель d–КА (d ≥ 1) симулируется в строго реальное время с помощью приемлемой классической модели d-КА (d≥1) той же размерности с бесконечным алфавитом A∞ при отсутствии в ней неконструируемости типа НКФ.

Совсем иной подход позволяет симулировать классическую модель *d–КА (d ≥ 1)* посредством классической модели той же размерности, но с разрешимой проблемой существования неконструируемостей таких как **НКФ-1** и **НКФ**. Подробный алгоритм, лежащий в основе доказательства этого результата, можно найти, например, в [44-49].

Теорема 130. Произвольная классическая модель d–КА (d≥1) может 1–симулироваться посредством соответствующей классической модели d-КА, имеющей достаточно простой индекс соседства X и обладающей неконструируемостью такой, как НКФ и НКФ-1; кроме того, проблема существования неконструируемости этих типов для симулирующей КА-модели алгоритмически разрешима.*

Данный результат оказывается достаточно интересным для многих приложений, в том числе теоретических. Кроме того, теорема *130* абсолютно не противоречит тому результату, что, вообще говоря, проблема существования неконструируемости типа **НКФ (НКФ-3)** для произвольной *классической* модели *d–КА (d≥2)* алгоритмически *неразрешима* [9]. Используя вышеприведенные результаты *K. Morita, J. Dubacq* и ряда других [7] вместе с результатом теоремы *117*, можно доказать довольно интересный результат [27,44-49,173-177].

Теорема 131. Произвольная классическая модель d–КА (d≥1) может симулироваться посредством подходящей формально обратимой классической модели 1–КА.

Посредством моделирования универсальной машины *Тьюринга* в классических моделях *1–КА* доказано, что ряд массовых задач для них являются алгоритмически неразрешимыми *(см., в частности, теорему 103)*. Кроме того, *А.Р. Смит*, базируясь на одном понятии *универсальной* вычислимости в классических *КА*–моделях, доказал, что для *КА*–моделей, обладающих универсальной вычислимостью, проблемы *ограничения* и *пассивности* последовательностей $<c^*>[\tau^{(n)}]$ являются алгоритмически неразрешимыми. Тогда как следствием из доказательства теоремы *130* является результат, интересный для последующего исследования динамики классических *КА*–моделей.

Теорема 132. Имеются универсальные классические 1–КА, имеющие индекс соседства Мура и алгоритмически разрешимые проблемы ограничения и пассивности последовательности $<c>[\tau^{(3)}]$ конечных конфигураций, где $c \in C(A,1,\phi)$.

Кажется, это противоречие в результатах обусловлено различиями подходов к определению понятий и *моделирования*, и *универсальной* вычислимости в классических *КА*–моделях. Итак, вычислимость в *КА*–моделях можно определить или на основе теории *рекурсивных* словарных функций непосредственно, или на основе *моделирования* известных формальных алгоритмов *(машин Тьюринга, TAG–систем, LAG–систем, нормальных алгоритмов Маркова, SS–машин, регулярных систем Бюхи, систем продукций Поста и т.д.)*.

В рамках общей проблемы моделирования в классических моделях *d–КА (d ≥ 1)* вопрос симулирования реальных моделей посредством классических *КА*–моделей представляет несомненный прикладной интерес. Под *реальной* моделью понимается такая модель, которая отличается от классической модели, если ее элементарный автомат при переходе в следующий момент в новое состояние, *определяемое* локальной функцией перехода, может перейти и в какое-то другое состояние из того же алфавита состояний, т.е. новое состояние, как правило, будет отличаться от состояния, *ожидаемого* в соответствии с локальной функцией перехода классической *КА*–модели. Такое поведение элементарных автоматов в *реальной* модели объясняется множеством факторов: *аварийная ситуация, неисправность автомата, случайный отказ* и т.д. Поэтому модели такого типа можно назвать *реальными* с полным основанием. Они представляют значительный интерес в изучении некоторых вопросов *практической* реализации *параллельных* компьютерных систем на основе *КА*–моделей наряду с множеством других достаточно важных мотиваций.

Много работ было посвящено исследованию *реальных* **КА**-моделей, точнее, проблеме *надежности* функционирования моделей данного типа. Подход *Нишио-Кобучи* является наиболее известной техникой исправления ошибок *функционирования* реальных **КА**-моделей, его основная идея заключается в симулировании работы единичного автомата некоторой реальной модели с помощью *3-х* специальных корректирующих соседних автоматов [7,145]. Классическая модель, симулирующая *реальную* модель на основе информации *3* соседей элементарного автомата в момент *t>0*, корректно определяет новое состояние автомата в следующий момент *t+1*. Но функция выбора состояний в этом случае также предполагается вполне корректной.

Блочное кодирование, суть которого состоит во внедрении состояний элементарного автомата в некоторый кодирующий блок, который организован специальным образом, представляется как наиболее естественный подход для данной задачи. Это соответствует замене реальной модели с неким индексом соседства **X** соответствующей симулирующей классической **КА**-моделью, чей шаблон соседства включает шаблон соседства реальной модели, а ее организация и также способ функционирования *симулирующей* **КА**-модели дают возможность восстанавливать нарушения, возникающие в *реальной* модели. Ряд соображений относительно принципов реализации классических моделей, исправляющих ошибки *функционирования* реальных **КА**-моделей, можно найти, например, в [5,7,8,9,27,44-49]. Предложенный нами подход к проблеме организации надежного функционирования *реальных* **КА**-моделей представляет собой одну из задач общей задачи симулирования *одной* классической модели *d-КА (d ≥ 1) другой* моделью той же *d*-размерности с подавлением некоторого свойства симулируемой модели в контексте отсутствия этого свойства для симулирующей модели.

Проблема *надежности* функционирования **КА**-моделей данного типа, состоящих из *реальных* элементарных автоматов, в некоторой степени касается *общей* задачи симулирования в классических **КА**-моделях. Между тем, до сих пор предполагалось, что модели *d-КА* *(d ≥ 1)* представляют собой сугубо абстрактную модель, тогда как в *реальных* условиях работа моделей может подвергаться различного рода нарушениям, что может приводить к весьма нежелательным последствиям. В связи с этим возникает довольно важная проблема организации **КА**-модели такой, которая позволяла бы во многих важных случаях исправлять возможные сбои, возникающие в ходе

Виктор Аладьев, Вячеслав Ваганов, Михаил Шишаков

функционирования реальных **КА**-моделей.

Мы будем называть **КА**-модель *самокорректирующейся* моделью, если модель в процессе функционирования имеет возможность устранять последствия сбоев в работе элементарных автоматов и связывающих их информационных каналов. Естественно, что для таких объектов, как **КА**-модели, состоящих из бесконечного числа элементарных автоматов, систем связи элементарного автомата с его *непосредственными* соседями, которые определяются индексом соседства наряду со сложными локальными функциями перехода вполне реально довольно большое число разных неисправностей, возникающих при функционирование *реальных* **КА**-моделей. Здесь мы рассмотрим только 2 наиболее важных класса неисправностей, возникающих в реальных **КА**-моделях, а именно:

♦ *сбой при определении очередного состояния элементарного автомата реальной* **КА**-*модели; т.е. нарушение функционирования его локальной функции перехода;*
♦ *сбой при выборе состояний элементарных автоматов некоей реальной* **КА**-*модели, составляющих его шаблон соседства; неисправность в способе переключения модели.*

Рассматривая свойства **КА**-моделей на *поведенческом (динамическом)* уровне, а не на *структурном*, мы вполне можем ограничиться лишь 2 типами *сбоев*, которые в некоторой степени являются *абстракцией реальных* условий. При этом, с учетом принципа *функционирования* **КА**-модели, когда на получение *информации* о конфигурации **ШС** не тратится время, мы вполне можем ограничиться рассмотрением только первого типа сбоев. В общем случае в *реальных* **КА**-моделях при их функционировании может возникнуть множество других сбоев, однако мы будем вкладывать в термин *«реальная* **КА**-*модель»* только вышеуказанный смысл. Между тем анализ неисправностей многих иных типов является довольно сложной и важной задачей, требующей детальной проработки при практической разработке **КА**-моделей [146]. Теперь мы представим концепцию надежности реальной **КА**-модели.

<u>*Определение 25.*</u> *Реальная модель d–КА (d ≥ 1) имеет надежность (1–1/h^d), если в каждом гиперкубе d–размерности с ребром размера h не более одного единичного автомата могут быть подвержены различным сбоям в один и тот же момент времени.*

Очевидно, что при граничных значениях $h = \infty$ или $h = 1$ мы имеем дело с надежной *(классической)* моделью и ненадежной *(реальной)*

314

моделью соответственно. Тогда как все остальные промежуточные значения *h* дают *реальные* **КА**-модели разного уровня надежности. Предложены некоторые методы организации функционирования реальных **КА**-моделей, базирующихся на самокорректирующихся вычислительных структурах. Так, один из таких методов позволяет представить следующий достаточно интересный результат [44-49].

Теорема 133. *Для реальной модели d–КА (d≥1) надежности (1–1/h^d) (h ≥ 3) с алфавитом состояний A существует соответствующая самокорректирующаяся модель той же размерности с алфавитом состояний A∪{g} и глобальной функцией перехода $\tau^{(q)}\tau^{(p)}$, которая 2–симулирует первую модель, где $\tau^{(p)}$ – надежная корректирующая функция с индексом соседства Мура и g – некоторое маркирующее состояние самокорректирующейся КА-модели.*

Задача корректировки *реальных* моделей существенно упрощается, если предположить, что появление *сбоев* в элементарных автоматах модели идентифицируется ими самими при переходе в некоторое *сигнализирующее* состояние s∉A. При таком предположении можно существенно упростить *кодирование* состояний симулирующей **КА**-модели наряду с корректирующей функцией $\tau^{(p)}$. Ряд интересных возможностей для поддержки коррекции возможно получить при условии, что отдельные автоматы в *F*-состоянии работают без *сбоев*. В этом случае состояния автоматов *реальной* **КА**-модели кодируются с помощью линейной конфигурации в виде «*xxF*» (x∈A, F∉A). При прочих равных условиях элементарный автомат модели не должен обеспечиваться свойством идентификации отказов. Такой подход позволяет упростить алгоритм работы элементарных автоматов в симулирующей модели, что позволяет сформулировать полезный результат [5,27,44,173-177].

Теорема 134. *Для реальной модели d–КА (d≥1) надежности (1–1/j^d) (j≥3) с алфавитом A имеется подходящая самокорректирующаяся модель той же размерности с алфавитом A∪{F, s} и глобальной функцией перехода $\tau^{(q)}\tau^{(p)}$, которая 2–симулирует первую модель, где $\tau^{(p)}$ – надежная корректирующая функция с 1-мерным индексом соседства Мура и F,s – маркирующее и сигнализирующее состояние соответственно. При условиях надежности функционирования элементарных автоматов в состоянии F для реальной модели d-КА (d≥1) надежности (1–1/h^d) (h≥3) с алфавитом A существует некая самокорректирующаяся модель той же размерности с алфавитом*

$A \cup \{F\}$ *и с глобальной функцией перехода* $\tau^{(q)}\tau^{(p)}$, *2–симулирующая первую модель, где надежная функция* $\tau^{(p)}$ *имеет 1–мерный индекс соседства формата* $X = \{-2, -1, 0, 1, 2\}$.

Дальнейшее исследование проблемы самовосстановления *реальных* **KA**-моделей разного типа представляет значительный прикладной и познавательный интерес, и этому направлению следует уделить соответствующее внимание. Исследование устойчивости реальных **KA**-моделей к отказам различного рода вполне можно отнести и к этому направлению. При этом, вышеуказанные подходы не только носят *формальный* характер, но и позволяют рассматривать задачу *надежности клеточных* систем различного характера с формальных точек зрения. Таким образом, предложенные приемы коррекции реальных **KA**-моделей представляют определенный, прежде всего, теоретический интерес, несущий на себе черты общего базисного подхода, тогда как для практического применения они, пожалуй, недостаточно эффективны с учетом использования необходимых ресурсов. Поэтому для решения практических задач необходимо разработать более эффективные методы исправления отказов, то есть повысить надежность функционирования реальных моделей и конкретных устройств, реализуемых на их основе. Так, в случае практических реализаций вычислительных **KA**-моделей с целью управления надежностью был представлен структурный подход, основная сущность которого заключается в снабжении единичных автоматов и, может быть, системы коммутации шаблона соседства реальных **KA**-моделей некими специальными корректирующими логическими схемами, как наиболее естественное решение.

Эти логические схемы на основе входной информации и текущего состояния каждого элементарного автомата модели должны иметь возможность эффективно проводить *локальный* анализ надежности автомата, а в случае необходимости проводить соответствующую диагностику либо некоторую корректировочную процедуру. Для этой цели можно успешно использовать имеющиеся результаты по самокорректирующимся кодам. Самокорректирующиеся модели могут оказаться достаточно полезными не только с точки зрения компьютерных наук, но и в контексте исследования механизмов восстановления в случае возникновения различных повреждений в реальных *биологических* клеточных структурах. Имеются и другие весьма интересные интерпретации в этом направлении [7,9,44-49].

Глава 7. Проблема декомпозиции глобальных функций перехода в классических клеточных автоматах (КА-моделях)

Проблема *декомпозиции* глобальных функций перехода *(ГФП)* для *КА*-моделей представляет довольно значительный теоретический и прикладной интерес. Цель декомпозиции глобальных функций перехода в *КА*-моделях - определение эффективных процедур, которые позволяют на основе предварительно заданной функции глобального перехода определять состав более простых функций, чья композиция эквивалентна исходной глобальной функции. Эта проблема аналогична проблеме декомпозиции сложной системы на более простые подсистемы, представляющая довольно большой интерес для многих направлений *КА*-проблематики. В частности, эта проблема непосредственно примыкает к отмеченной проблеме сложности *A(X)*. Проблема имеет непосредственное отношение и к вопросам *конструктивной* сложности, играющим довольно важную роль в конкретных реализациях *КА*-моделей различного рода.

Как первая постановка, так и результаты по проблеме *декомпозиции* восходят к *С. Аморозо* и *Дж. Эпштейну* [147], которые доказали, что в множестве всех *бинарных 1-мерных* глобальных функций перехода имеются функции, не представимые в виде *композиции* конечного числа более простых функций того же типа и класса. После этого, используя довольно простую численную процедуру, *Дж. Баттлер* показал, что во множестве всех глобальных функций перехода *d*-размерности *(d≥1)* также есть функции, не представимые в виде т.н. *минимальной композиции* из конечного числа более простых *ГФП* из того же множества функций [148,149]. В некоторых наших работах проблема декомпозиции получила дальнейшее развитие [8,44-49]; полученные в этом направлении результаты позволили обсудить данную проблему с новых достаточно интересных точек зрения. В первую очередь, проблема декомпозиции в определенной степени относится к проблеме сложности глобальных функций перехода:

Представима ли произвольная глобальная функция перехода $\tau^{(m)}$ с помощью некоторой композиции конечного числа более простых глобальных функций перехода того же класса в том же алфавите?

Кроме того, мы будем говорить, что глобальная функция перехода $\tau^{(n)}$ проще, чем глобальная функция $\tau^{(m)}$ *(обе функции определены в* одном и том же конечном алфавите и имеют одинаковую размерность), если $n < m$; $n < m$ определяет соотношение между числом автоматов, составляющих шаблоны соседства обеих моделей. Оказалось, что проблемы такие, как *сложность* конечных конфигураций, *полнота* для *полигенных* моделей и *декомпозиция глобальных функций перехода* достаточно тесно связаны, представляя перспективное и обширное поле для дальнейших исследований [7-9,27,44-49]. Легко проверить, что в общем случае произвольная глобальная функция перехода $\tau^{(n)}$ не может быть представлена композицией из конечного числа более простых глобальных функций перехода того же класса и в том же алфавите. В частности, пусть следующее соотношение:

$$\tau^{(n)} = \tau^{(n_1)}\,\tau^{(n_2)}\ldots\tau^{(n_m)} \qquad (\forall j)(n_j = 2);\ j = 1..m;\ m = [n/2] \qquad (29)$$

где $[j]$ – минимальное целое, большее j, определяет декомпозицию глобальной функции $\tau^{(n)}$ классической модели *1–KA* с индексом соседства $X=\{0,1,2,\ldots,n\text{–}1\}$ в алфавите $A=\{0,1,2,\ldots,a\text{–}1\}$ на глобальные функции перехода $\tau^{(j)}$, определенные в том же алфавите наряду с индексом соседства $X=\{0,1\}$. Далее, на основании соотношения (29) просто проверить, что число всевозможных композиций функций $\tau^{(j)}$ удовлетворяет соотношению $a^{(a^2-1)m} < a^{a^{n-1}}$, которое при условии $m=[n/2]$ доказывает наше утверждение. Этот результат обобщается также на общий случай *KA*–моделей.

Наши первые результаты, касающиеся проблемы декомпозиции, были основаны на более ранних результатах о *неконструируемости* в классических моделях и позволили решать данную проблему для классических моделей *1–KA* [8,9,27]. Основным результатом в этом направлении было доказательство существования *1*-мерной *ГФП* $\tau^{(n)}$ с произвольным индексом соседства *n* и алфавитом состояний, для которого задача декомпозиции имеет отрицательное решение. Между тем, следующее обсуждение проблемы декомпозиции *ГФП* включает определение понятий наряду с определениями, которые вводятся по мере необходимости.

Определение 30. **В целом задача декомпозиции глобальных функций перехода $\tau^{(n)}$ (d–ПДФ) определяется возможностью представления произвольной глобальной функции перехода в форме композиции конечного числа более простых функций того же класса и в том же алфавите $A = \{0,1,2, \ldots, a\text{–}1\}$, а именно:**

$$\tau^{(n)} = \tau^{(n_1)}\,\tau^{(n_2)}\,\tau^{(n_3)} \ldots \tau^{(n_p)} \qquad (n > d+1;\ n_j < n;\ j = 1..p) \qquad (30)$$

где глобальные функции перехода $\tau^{(n)}$, $\tau^{(n_j)}$ ($j=1..p$) имеют одну и ту же размерность и определены в одном и том же алфавите; кроме того, для глобальных функций перехода $\tau^{(n_j)}$ допускается также и несколько вхождений в представление (30). Для случая одномерных глобальных функций перехода $\tau^{(n)}$ для разложения (30) существует соотношение $n = \sum_j n_j - p + 1$ ($j=1..p$). Для одномерного случая имеет место соотношение $(\forall j)(n_j \in \{2,3, ..., n-1\})$. Кроме того, приведенное представление (30) не может содержать тождественных функций $\tau^{(n_j)}$, для которых существует соотношение $(\forall g \in C(d,a))(g\tau^{(n_j)} = g)$.

Показано [44-49], что произвольная глобальная функция перехода относительно представимости в виде *(30)* удовлетворяет одному из 3-х возможных условий, а именно: *(1) не имеет представления в виде (30)*, *(2) имеет одиночное представление в форме (30)*, и *(3) имеет более одного представления в форме (30)*. Уже простая *1*-мерная глобальная функция перехода $\tau 1^{(3)}$, заданная локальной функцией перехода $\sigma 1^{(3)}(x, y, z)=x+y+z \ (mod \ 2)$, не имеет представления в виде *(30)*, тогда как глобальная функция перехода $\tau 2^{(3)}$, определенная локальной функцией перехода $\sigma^{(3)}(x, y, z) = \text{If}[x = 0, z, x + y + z \ (mod \ 2)]$, обладает единственным представлением в форме *(30)*, наконец, существует глобальная функция перехода $\tau^{(4)}$, которая допускает более одного представления в виде *(30)* – $\tau^{(4)} = \tau^{(3)}\tau^{(2)} = \tau^{(2)2}$. Пусть представление *(30)* будет единственным для глобальной функции перехода $\tau^{(n)}$. Очевидно, что все глобальные функции перехода $\tau^{(n_j)}$ из *(30)* будут иметь отрицательное решение *d–ПДФ*. Это один из самых простых подходов к доказательству существования *отрицательных* решений *d–ПДФ*. Итак, для $\tau^{(n)}$, имеющей единственное представление *(30)*, все ее составляющие являются непредставимыми в форме *(30)*.

Рассмотрим некоторое множество глобальных функций перехода, чьи локальные функции перехода определяются уравнениями:

$$\sigma^{(n)}(x_1, x_2, ..., x_n) = p_1 x_1 \# p_2 x_2 \# ... \# p_n x_n;$$

x_j, $p_j \in A = \{0, 1, 2, ..., a-1\}$; $j=1..n$; # – *бинарная коммутативная операция, в частности, сложение по* ***mod a***.

Данное множество определяет *полугруппу* относительно операции композиции без единицы. Легко видеть, что одномерная функция глобального перехода $\tau^{(n)}$ с четным размером *n* связного шаблона соседства может быть представлена композицией $\tau^{(n)} = \tau_1^{(n/2+1)} \tau_2^{(n/2)}$

из 2 глобальных функций перехода, локальные функции перехода которых имеют индексы соседства $X1 = \{0, n/2\}$ и $X2 = \{0,1, ..., n/2-1\}$ соответственно. Таким образом, первая имеет несвязный шаблон соседства (*только две крайние переменные шаблона соседства являются ведущими, в то время как другие являются фиктивными переменными*), а вторая имеет *связный* шаблон. В общем случае *несвязный* шаблон соседства для удобства изучения *КА–моделей* можно рассматривать как *связный* шаблон, в котором соответствующая *локальная функция* перехода $\sigma^{(3)}$ имеет фиктивные переменные, то есть переменные, которые принимают значения из конечного алфавита *КА*-модели и не влияют на *значения* локальной функции перехода. Например, бинарная модель *1–КА* с индексом соседства $X1=\{0,2\}$ и *ЛФП* вида $\sigma^{(3)}(x,y,z) = x+z$ (*mod 2*) эквивалентна бинарной *КА*-модели той же размерности с индексом соседства $X2=\{0,1,2\}$ и *ЛФП*, определяемой функцией $\sigma^{(3)}(x, y, z) = if(x=0, z, z+1$ (*mod 2*)).

Принимая же во внимание конечное число глобальных функций перехода $\tau^{(n_j)}$ в представлении (*30*) и конечное число этих функций в случае конечного алфавита *А*, несложно показать, например, на основе метода *перебора (хотя и очень громоздкого)*, что можно решать **задачу декомпозиции произвольной глобальной функции перехода на более простые функции, включая единственность разложения.**

При этом, следует обратить внимание на ложное недоразумение, которое может возникнуть из-за факта отрицательного решения *d-ПДФ*, с одной стороны, и *универсальности* классических моделей *d-КА* с простейшими индексами соседства, с другой. Действительно, любая модель *d–КА* симулируется посредством *КА*-модели той же размерности и с *простейшим* индексом соседства, шаблон соседства которого содержит только (*d+1*) элементарных автоматов. Однако в случае симулирования мы имеем дело, вообще говоря, с разными множествами конфигураций, в которых симулируемая модель и симулирующая *КА*-модель функционируют, тогда как глобальная функция перехода и функции, составляющие ее *декомпозицию (30)*, будут функционировать с одним и тем же набором конфигураций и в том же самом алфавите. Таким образом, данное различие носит достаточно принципиальный характер.

Достаточно большим подспорьем в исследованиях декомпозиции глобальных функций перехода выступает метод компьютерного моделирования. Так, целый ряд процедур, запрограммированных в системах *Maple* и *Mathematica*, оказался достаточно полезен при исследованиях этой проблемы для глобальных функций перехода размерности *1* и *2*, прежде всего, экспериментальными методами, включая метод полного *перебора*, учитывая, что *некоммутативность* композиции глобальных функций перехода не позволяет сужать рамки полного перебора при решении ряда задач разрешимости в общей задаче *декомпозиции* глобальных функций перехода [44-49].

Просто убедиться, что множество линейных глобальных функций перехода, определенных в произвольном алфавите *A* = {*0,1,2,...,a–1*} (*a – простое число*) и чьи локальные функции перехода определены вышеупомянутой функцией, замкнуто по отношению к операции *композиции*. Это утверждение можно легко получить на основе **ГФП** $\tau^{(n+m-1)}$ – результата *композиции* двух **ГФП** $\tau_1^{(n)}$ и $\tau_2^{(m)}$, определяемых локальными функциями перехода $\sigma_1^{(n)}$ и $\sigma_2^{(m)}$ соответственно:

$$\begin{cases} \sigma_1^{(n)}(x_1,x_2,...,x_n) = \sum_{j=1}^{n} x_j \,(mod\,a); \qquad \sigma_2^{(m)}(y_1,y_2,...,y_m) = \sum_{j=1}^{m} y_j \,(mod\,a); \\[2mm] \sigma^{(n+m-1)}(z_1,z_2,...,z_{n+m-1}) = \sum_{k=1}^{m} \left(\sum_{j=k}^{k+n-1} z_j \,(mod\,a) \right)(mod\,a) \\[2mm] x_n, y_m, z_2 \in A = \{0,1,...,a-1\}; \quad a - a\;prime; \\ j = 1..n; \;\; k = 1..m; \;\; p = 1..n+m-1 \end{cases}$$

Итак, **ГФП** $\tau^{(n+m-1)}$, результирующая композицию *двух* глобальных функций $\tau_1^{(n)}$ и $\tau_2^{(m)}$, определяется линейной локальной функцией $\sigma^{(n+m-1)}$. Определенный интерес представляет вопрос обнаружения определенных замкнутых подмножеств множества линейных **ГФП**. Очевидно, для каждого простого *a* множества локальных функций формы (*2a*) замкнуты относительно операции *композиции*, обладая свойством универсальной самовоспроизводимости в смысле *Мура*. В частности, подмножество бинарных **ГФП** со *связными* шаблонами соседства незамкнуто относительно операции композиции.

Наряду с известной *d–ПДФ* (*d≥1*) весьма интересно исследовать так называемую *обобщенную* задачу *декомпозиции d*-мерных глобальных функций перехода (*d–ОПДФ*), состоящую в представлении **ГФП** $\tau^{(n)}$ в виде композиции (*30*) при условии, что глобальные функции $\tau^{(n_j)}$ представления не связаны *обязательным ограничением* ($n_j < n$) (*j=1..k*), допуская знак равенства и исключая тривиальные случаи. Итак, в случае *d–ОПДФ* в представлении (*30*) используются произвольные глобальные функции перехода $\tau^{(n_j)}$ ($n_j \leq n$), имеющие как алфавит, так и размерность, идентичные исходной функции $\tau^{(n)}$. Очевидно, что *положительное* решение *d–ПДФ* для произвольной глобальной функции перехода $\tau^{(n)}$ влечет за собой положительное решение и *d*–ОПДФ, тогда как *обратное* утверждение, вообще говоря, неверно. Таким образом, *d*–ОПДФ и *d*–ПДФ *(d ≥ 1)*, вообще говоря, являются неэквивалентными проблемами.

Наряду с *d*–ОПДФ особый интерес представляет также *специальное* представление глобальных функций перехода в виде композиции конечного числа более простых функций. Далее под *специальным* будем понимать любое представление произвольной глобальной функции перехода $\tau^{(n)}$ в виде *(30)* при условии выбора начальной функции $\tau^{(n)}$ и функций $\tau^{(n_j)}$, составляющих ее декомпозицию, из заданного класса функций, но на них накладываются некоторые особые ограничения, имеющие определенную интерпретацию. В частности, вполне естественно нас интересует вопрос взаимосвязи свойств неконструируемости произвольной глобальной функции перехода $\tau^{(n)}$ и глобальных функций перехода $\tau^{(n_j)}$ $(n_j < n)$, которые входят в ее представление *(30)*. В данном направлении имеет место следующий результат [8,9,27,32,44-49,173-177].

<u>*Теорема 135.*</u> *Любая глобальная функция перехода $\tau^{(n)}$, заданная в конечном алфавите, обладает неконструируемостью НКФ тогда и только тогда, когда хотя бы одна глобальная функция перехода $\tau^{(n_j)}$ $(n_j < n)$ обладает НКФ; если хотя бы одна глобальная функция перехода $\tau^{(n_j)}$ $(n_j < n)$ обладает НКФ–1, их композиция $\tau^{(n)} = \tau^{(n_1)}...\tau^{(n_k)}$ будет обладать неконструируемостью типа НКФ или/и НКФ–1. Множество всех ГФП без НКФ будет замкнутым относительно операции композиции, тогда как множество всех ГФП, имеющих НКФ, отсутствует. Если ГФП $\tau^{(n)}$ в композиции $\tau^{(n+m-1)} = \tau^{(n)}\tau^{(m)}$ обладает парами ВСКФ минимального размера g, то ГФП $\tau^{(n+m-1)}$ будет обладать парами ВСКФ идентичного минимального размера g. Композиция линейных глобальных функций перехода, которые определены ЛФП формы (2a), дает линейную ГФП того же типа, т.е., свойство самовоспроизводимости в смысле Мура конечных КФ для линейных ГФП остается в силе относительно операции их композиции. Существуют ГФП, отличные от линейных, которые обладают универсальной или существенной воспроизводимостью в смысле Мура конечных КФ; это же свойство сохраняется и при их композиции с линейными ГФП, чьи ЛФП представимы как (2a). При этом, в такие композиции с линейными ГФП могут входить и ГФП, не имеющие неконструируемости НКФ при наличии НКФ–1.*

Кроме того, следует обратить внимание на переносимость этого и целого ряда нижепредставленных результатов относительно **ПДФ** и на **КА**-модели, отличные от классических. Представленные ниже результаты обобщаются также на случай больших размерностей.

Вместе с упомянутым понятием *декомпозиции* глобальных функций перехода в некоторых случаях определенный интерес представляет и другой подход к определению этого понятия. В [9,47] рассмотрен ряд подобных подходов. Так, в частности, подход к определению данного понятия интересен с точки зрения его влияния на *вопросы*, связанные с проблемой неконструируемости в целом. Этот подход к проблеме *декомпозиции* определяется следующим образом. Пусть композиция двух глобальных функций $\tau 1^{(n)}$ и $\tau 2^{(n)}$ обозначается как $\tau^{(n)} = \tau 1^{(n)} \oplus \tau 2^{(n)}$ и определяется следующим соотношением для их локальных функций перехода, а именно:

$$\left(\forall \langle x_1 x_2 ... x_n \rangle\right)\left(\sigma^{(n)}(x_1, x_2, ..., x_n) = \sigma_1^{(n)}(x_1, x_2, ..., x_n) + \sigma_2^{(n)}(x_1, x_2, ..., x_n) \quad (mod\ a)\right)$$
$$x_j \in A = \{0, 1, 2, ..., a-1\}; \quad j = 1..n$$

Следующий пример иллюстрирует такое понятие композиции:

$$\begin{bmatrix} 000 \\ 001 \\ 010 \\ 011 \\ 100 \\ 101 \\ 110 \\ 111 \\ x_1 x_2 x_3 \end{bmatrix} \rightarrow \begin{bmatrix} 0 \\ 1 \\ 0 \\ 0 \\ 1 \\ 0 \\ 0 \\ 1 \\ \sigma_1^{(3)} \end{bmatrix} \oplus \begin{bmatrix} 0 \\ 0 \\ 1 \\ 1 \\ 0 \\ 1 \\ 0 \\ 1 \\ \sigma_2^{(3)} \end{bmatrix} = \begin{bmatrix} 0+0\ (mod\ 2)=0 \\ 1+0\ (mod\ 2)=1 \\ 1+1\ (mod\ 2)=0 \\ 0+1\ (mod\ 2)=1 \\ 1+0\ (mod\ 2)=1 \\ 0+1\ (mod\ 2)=1 \\ 0+0\ (mod\ 2)=0 \\ 1+1\ (mod\ 2)=0 \\ \sigma^{(3)} \end{bmatrix} ; \quad x_1, x_2, x_3 \in A = \{0,1\}$$

представляя схему композиции локальных функций перехода $\sigma_1^{(3)}$ $\sigma_2^{(3)}$ с бинарным алфавитом $A = \{0,1\}$ и индексом соседства $X = \{0,1,2\}$, и с номерами **105** и **53** соответственно, в результате получаем **ЛФП** с номером **92**. Соответствующие им глобальные функции перехода $\tau 1^{(n)}$, $\tau 2^{(n)}$ и $\tau^{(n)}$ будут иметь **НКФ** и **НКФ-1**, **НКФ** без **НКФ-1**, и **НКФ** и **НКФ-1** соответственно. Легко заметить, что глобальную функцию перехода $\tau^{(n)}$ можно представить в форме конечной $\oplus$-композиции глобальных функций перехода одного и того же типа (*одинаковые алфавит состояний и индекс соседства*); множество таких глобальных функций перехода замкнуто относительно $\oplus$-операции; при этом, $\oplus$-*композицию* возможно использовать в сочетании со стандартной *композицией* для создания более сложных конструкций, например:

$$\tau^{(n)} = \tau_1^{(n_1)} ... \tau_p^{(n_p)} \oplus ... \oplus \tau_1^{(m_1)} ... \tau_t^{(m_t)} ; \quad n = \sum_{j=1}^{j=p} n_j - (p-1) = ... = \sum_{j=1}^{j=t} m_j - (t-1)$$

В этом направлении был получен целый ряд довольно интересных результатов, касающихся проблемы неконструируемости разных типов по отношению к упомянутому типу *композиции* глобальных функций перехода [27,32,44-49,173-177].

7.1. Декомпозиция специальных глобальных функций перехода в классических клеточных автоматах

Перед рассмотрением вопросов *декомпозиции* глобальных функций перехода специальных классов мы вновь вернемся к классическим одномерным моделям, для которых *1–ПДФ*, вообще говоря, имеет отрицательное решение, представленное в наших работах [44-49].

Теорема 136. Для произвольных целых чисел а>2 и n≥3 существуют 1–мерные глобальные функции перехода $\tau^{(n)}$, заданные в конечном алфавите A={0,1,...,a-1}, для которых 1-ПДФ имеет отрицательное решение.

Как отмечалось ранее, упомянутый результат *впервые* был получен нами на основе результатов по неконструируемости в *классических* моделях *1–КА*, а затем был передоказан и более конструктивными методами на основе результатов *Х. Ямада* и *С. Аморозо* по проблеме полноты для полигенных *КА*–моделей в совокупности с нашими результатами по неконструируемости. Получив отрицательный ответ на решение *1–ПДФ* в общем случае, мы оставляем в стороне множество важных вопросов, связанных со структурой множества всех глобальных функций перехода, не имеющих вышеуказанного представления *(30)*, с влиянием на возможность решения задачи *декомпозиции* базовых параметров и свойств классических моделей *1–КА.* Для исследования отмеченных и многих других вопросов по проблеме *декомпозиции* нам потребуются некоторые новые методы и подходы, часть из которых будет рассмотрена несколько ниже.

Прежде всего, рассмотрим класс всех бинарных моделей *1–КА*, для которых *1–ПДФ* в соответствии с теоремой *136* имеет *отрицательное* решение. В рамках такого класса мы изучали влияние на решение этой проблемы ограничения задачи для всех *бинарных* глобальных функций перехода $\tau^{(n)}$, не обладающих *неконструируемостью НКФ*, т.е. инъективных глобальных функций на множестве *C(A,1,ф)* всех конечных *одномерных* конфигураций. Из полученных результатов по неконструируемости в классических моделях *1–КА* известно, что сфера таких *КА*–моделей, не обладающих *НКФ*, незначительна и весьма быстро уменьшается с ростом размера шаблона соседства *1–КА.* Кроме того, класс таких моделей *1–КА* является замкнутым по отношению к операции композиции, что является весьма важным обстоятельством для решения *1–ПДФ.* Следующий результат дает ответ на поставленный ранее вопрос [8,9,27,32,36,44-49,173-177].

Теорема 137. *В классе всех бинарных инъективных 1-мерных ГФП в общем случае 1–ПДФ имеет отрицательное решение.*

Итак, *сужение* класса всех *1*-мерных *бинарных* глобальных функций перехода до собственного подкласса инъективных функций будет сохранять отрицательность решения *1–ПДФ*. Для *d–ПДФ* общего вида существенный интерес представляет вопрос по специальному представлению глобальных функций перехода в виде композиции конечного числа *более* простых функций. Некоторые специальные представления такого типа рассматриваются несколько ниже.

Из-за отрицательного решения *d–ПДФ* в общем случае возникает много довольно интересных сопутствующих проблем, из которых естественно выделить следующие. Пусть *M(A,d,SH)* является неким подмножеством множества *G* всех *d*-мерных глобальных функций перехода, которые определены в конечном алфавите *A* и обладают неким общим свойством *SH*. Следовательно, частичная проблема декомпозиции сводится к вопросу о возможности представления каждой глобальной функции перехода из множества *M(A,d,SH)* в виде некоторой композиции *(30)* функций из этого же множества. Данная частичная проблема *d–ПДФ* представляет определенный теоретический и прикладной интерес в зависимости от того либо иного выбора *определяющего* множества *M(A,d,SH)* *(d≥1)* глобальных функций перехода классических *КА*-моделей.

Прежде всего, рассмотрим *1–ПДФ* относительно известного класса всех *одномерных линейных* глобальных функций перехода, которые были определены в разделе *3.2*. Функции данного класса обладают общим свойством *SH* универсальной воспроизводимости в смысле *Мура* конечных конфигураций. Множество *SL линейных* 1-мерных глобальных функций перехода, чьи соответствующие локальные функции перехода определяются следующим образом:

$$\sigma^{(n)}(x_1,x_2,...,x_n) = b_0 x_1 + b_n x_n + \sum_{j=2}^{n-1} b_j x_j \quad (mod\ a); \quad x_j \in A = \{0,1,2,...,a-1\}$$

$b_0, b_n \in A \setminus \{0\}$; $a = p^k$, где *p* – простое, *к* – положительное целое; *j = 1..n* формирует коммутативное подмножество относительно операции композиции, элементы которых обладают свойством *универсальной воспроизводимости* конечных конфигураций в смысле *Мура*. Легко убедиться, что для произвольных *n* и алфавита *A={0,1,...,a-1}* число таких моделей равно $a^{n-2}(a-1)^2$. Более того, для любых натуральных чисел *a* и *n* существуют глобальные функции перехода $\tau^{(n)} \in SL$, чья проблема декомпозиции имеет отрицательное решение, т.е. такие глобальные функции перехода нельзя представить *композицией* из *более* простых глобальных функций перехода из множества *SL*. Как весьма простой пример рассмотрим *линейные бинарные* глобальные функции перехода $\tau^{(4)} \in SL$, локальные функции перехода которых определяются следующими формулами, а именно:

$$\sigma^{(4)}(x_1,...,x_4) = x_1 + x_2 + x_3 + x_4 \ (mod\ 2) \qquad \sigma^{(4)}(x_1,...,x_4) = x_1 + x_4 \ (mod\ 2)$$

$$\sigma^{(4)}(x_1,...,x_4) = x_1 + x_2 + x_4 \ (mod\ 2) \qquad \sigma^{(4)}(x_1,...,x_4) = x_1 + x_3 + x_4 \ (mod\ 2)$$

Очевидно, для представления всех глобальных функций перехода $\tau^{(4)} \in SL$ с учетом коммутативности подмножества *SL* целесообразно рассмотреть только две композиции более простых функций: $\tau^{(2)3}$ и $\tau^{(2)}\tau^{(3)}$, где $\tau^{(2)} \in SL$, $\tau^{(3)} \in SL$ и для глобальной функции перехода $\tau^{(3)}$ имеют место два индекса соседства *X*={-1,0,1}, *Y*={-1,1}. Следующий фрагмент наглядно иллюстрирует результат таких композиций:

$$\tau^{(2)3}: \begin{vmatrix} x_1 + x_2 \ (mod\ 2) \\ x_2 + x_3 \ (mod\ 2) \\ x_3 + x_4 \ (mod\ 2) \end{vmatrix} \rightarrow \begin{vmatrix} x_1 + x_2 + x_2 + x_3 \ (mod\ 2) \\ x_2 + x_3 + x_3 + x_4 \ (mod\ 2) \end{vmatrix} \rightarrow x_1 + x_2 + x_3 + x_4 \ (mod\ 2)$$

$$\tau^{(2)}\tau^{(3)}: \begin{vmatrix} x_1 + x_2 \ (mod\ 2) \\ x_2 + x_3 \ (mod\ 2) \\ x_3 + x_4 \ (mod\ 2) \end{vmatrix} \rightarrow x_1 + x_4 \ (mod\ 2); \qquad x_j \in A = \{0,1\}; \ j = 1..4$$

$$\tau^{(2)}\tau^{(3)}: \begin{vmatrix} x_1 + x_2 \ (mod\ 2) \\ x_2 + x_3 \ (mod\ 2) \\ x_3 + x_4 \ (mod\ 2) \end{vmatrix} \rightarrow x_1 + x_2 + x_3 + x_4 \ (mod\ 2); \quad Y = \{-1,1\}$$

Таким образом, для *двух* из **4** глобальных функций перехода $\tau^{(4)} \in SL$ решение проблемы декомпозиции по отношению к множеству *SL* является отрицательным. Для этих **2** функций с номерами *23205* и *26265* проблема *декомпозиции* также имеет отрицательное решение. Аналогичная картина имеет место для любого набора глобальных функций перехода $\tau^{(n)} \in SL$ относительно *произвольных* целых чисел $a \geq 2$ и $n \geq 3$ [27,44-49,173-177].

Класс **W** классических моделей *1-КА* с алфавитом *A* = {*0,1,2,..., a-1*}, индексом соседства *X* = {*0,1,2,3, ..., n-1*} и глобальными функциями перехода $\tau^{(n)}$, определяемыми локальными функциями перехода:

$$\forall(x_1, x_2,..., x_{n-1})(h \neq t \rightarrow \sigma^{(n)}(x_1, x_2,..., x_{n-1}, h) \neq \sigma^{(n)}(x_1, x_2,..., x_{n-1}, t))$$

$$h, t, x_j \in A = \{0,1,2,..., a-1\}; \ j = 1..n-1$$

представляет интерес с точки зрения воспроизводимости в смысле *Мура* конечных конфигураций. Показано, что модели этого класса, за исключением тривиальных, обладают свойством существенной либо полной воспроизводимости конечных конфигураций [44-49].

Класс **W** весьма интересен с точки зрения композиции глобальных функций перехода. Не нарушая общности, мы представляем *схему*, иллюстрирующую *композицию двух* глобальных функций перехода $\tau1^{(n)}$ и $\tau2^{(p)}$, определяемых локальными функциями перехода $\sigma1^{(n)}$ и $\sigma2^{(p)}$ соответственно. Данная схема показывает, что *композиция двух* глобальных функций перехода из указанного выше класса **W** дает функцию того же самого класса.

$$\sigma1^{(n)}: \quad x_1 x_2 x_3 \ldots x_n x_{n+1} x_{n+2} \ldots x_{n+p-2}(x_{n+p-1} \equiv 0) \quad \rightarrow \quad y$$
$$\sigma2^{(p)}: \quad x_1^1 x_2^1 x_3^1 x_n^1 \ldots x_p^{11} \quad\quad\quad\quad\quad\quad\quad\quad \rightarrow \quad x_1^2$$
$$\sigma1^{(n)}: \quad x_1 x_2 x_3 \ldots x_n x_{n+1} x_{n+2} \ldots x_{n+p-2}(x_{n+p-1} \equiv 1) \quad \rightarrow \quad z$$
$$\sigma2^{(p)}: \quad x_1^1 x_2^1 x_3^1 x_n^1 \ldots x_p^{12} \quad\quad\quad\quad\quad\quad\quad\quad \rightarrow \quad x_1^3$$
$$y, z, x_p^{11}, x_p^{12}, x_k^1, x_1^1, x_1^2, x_1^3, x_j \in \{0,1\}; \; j = 1..n+p-1; k = 1..p; \quad y \neq z \,\&\, x_1^2 \neq x_1^3$$

Такая схема представляет собой результат применения локальной функции перехода $\sigma^{(n+p-1)}$, соответствующей глобальной функции перехода, определяемой *композицией* глобальных функций $\tau1^{(n)}\tau2^{(p)}$, к двум кортежам вида $x_1 x_2 \ldots x_n \ldots x_{n+p-2} 0$ и $x_1 x_2 \ldots x_n \ldots x_{n+p-2} 1$; $x_j \in \{0,1\}$, *j=1..n+p-2*. Не нарушая общности, эта схема основана на бинарном алфавите *A={0,1}*. В то время как для локальных функций перехода $\sigma1^{(n)}$ и $\sigma2^{(p)}$ имеет место следующее соотношение, а именно:

$$\forall(x_1, x_2, \ldots, x_{n-1})(\sigma^{(n)}(x_1, x_2, \ldots, x_{n-1}, 0) \neq \sigma^{(n)}(x_1, x_2, \ldots, x_{n-1}, 1))$$
$$\forall(y_1, y_2, \ldots, y_{p-1})(\sigma^{(p)}(y_1, y_2, \ldots, y_{p-1}, 0) \neq \sigma^{(p)}(y_1, y_2, \ldots, y_{p-1}, 1))$$
$$x_j, y_k \in A = \{0,1\}; \quad j = 1..n-1; \quad k = 1..p-1$$

весьма легко убедиться, что локальная функция перехода $\sigma^{(n+p-1)}$ определяется *параллельными* подстановками следующим образом:

$$\forall(x_1, x_2, \ldots, x_{n-1})(\sigma^{(n+p-1)}(x_1, x_2, \ldots, x_{n+p-1}, 0) \neq \sigma^{(n+p-1)}(x_1, x_2, \ldots, x_{n+p-1}, 1))$$
$$x_j \in A = \{0,1\}; \quad j = 1..n-1$$

Таким образом, композиция двух глобальных функций перехода $\tau1^{(n)}$ и $\tau2^{(p)}$ в результате дает глобальную функцию перехода $\tau^{(n+p-1)}$ того же класса, довольно интересную со многих точек зрения. Более того, имеет место следующее предложение, а именно:

Вышеупомянутое множество W глобальных функций перехода $\tau1^{(n)}$ некоммутативно и замкнуто относительно композиции. Данное предложение справедливо для одномерных моделей с алфавитом A, отличным от бинарного, и индексом соседства любой формы. Как правило, операция композиции на множестве глобальных функций перехода является некоммутативной.

В качестве простого примера на основе процедуры *ComposeGTF*,

Виктор Аладьев, Вячеслав Ваганов, Михаил Шишаков

запрограммированной в **Mathematica**, проиллюстрирована [27,42] *композиция* двух одномерных **КА**-моделей с бинарным алфавитом **А** и индексом соседства **X** = {**0, 1, 2**}, локальные функции перехода которых имеют номера **86** и **90**.

Основные результаты, касающиеся задачи *декомпозиции* для *классов* глобальных функций перехода, включая функции приведенного выше множества **M(A,d,SH)**, будут представлены несколько ниже. Здесь рассмотрим некоторые более глубокие вопросы *декомпозиции* глобальных функций перехода для одного довольно интересного *подмножества* множества M(A,d,SH) – *линейных 1-мерных* глобальных функций перехода $\tau^{(n)}$, локальные функции перехода которых $\sigma^{(n)}$ определяются следующим образом, а именно:

$$\sigma^{(n)}(x_1, x_2, ..., x_n) = (x_1 + x_n + \sum_{2}^{n-1} b_k x_k) \quad (mod\ a);$$

$a = p^h$; p – простое, h – целое > 0, $b_k \in \{0,1\}$; $x_1, x_n, x_k \in A$ ($k=2..n-1$).

Это подмножество множества **M(A,d,SH)** мы будем обозначать как **M*(A,1,SH)**. В данной связи рассмотрим факт *замыкания* множества **M*(A,1,SH)** относительно операции *композиции*; более того, весьма целесообразно представить данное множество в виде объединения двух непересекающихся подмножеств **M*₁(A,1,SH)** и **M*₂(A,1,SH)** (*в дальнейшем для краткости **M*₁** и **M*₂***) соответственно подмножеств глобальных функций перехода $\tau^{(n)}$ ($n \geq 2$) со *связными* и *несвязными* шаблонами соседства размера *n*; т.е. **M*₁∩M*₂** = Ø и **M*(A,1,SH)** = **M*₁∪M*₂**, где Ø – пустое множество. Будем обозначать глобальные функции перехода из этих подмножеств соответственно как $\tau_1^{(n)}$ и $\tau_2^{(n)}$. При сделанных предположениях возможно сформулировать следующий базовый результат, имеющий достаточно интересные приложения [27,44-49,173-177].

Теорема 138. *Подмножество* **M*₁**∈**M*(A,1,SH)** *будет незамкнутым относительно операции композиции глобальных функций перехода* $\tau^{(m)}$, *его образующих. Глобальная функция* $\tau_1^{(n)}$∈**M*₁** *не может быть представлена в виде композиции из двух более простых функций из множества* **M*₁**.

Несмотря на результат теоремы, можно показать, что расширение множества глобальных функций перехода, которые допускаются в качестве *элементов* представления (30) для произвольной функции из **M*₁**, на множество **M*₂** позволяет положительно решать **1–ПДФ**

328

для глобальных функций перехода $\tau^{(n)}$ из множества M^*_1 [44-49]:

Теорема 139. *Произвольная глобальная функция перехода $\tau_1^{(2k)} \in M^*_1$ может быть представлена в виде $\tau_1^{(2k)} = \tau_1^{(k)} \tau_2^{(k+1)} = \tau_2^{(k+1)} \tau_1^{(k)}$, где $\tau_1^{(k)} \in M^*_1$ и $\tau_2^{(k+1)} \in M^*_2$ с индексом соседства $X_2 = \{0,k\}$ ($k=2,3,...$). Произвольная глобальная функция перехода $\tau_1^{[p(2k+1)]} \in M^*_1$ может быть представлена в виде $\tau_1^{[p(2k+1)]} = \tau_2^{[p(2k+1)-2]} \tau_1^{(p)} = \tau_1^{(p)} \tau_2^{[p(2k+1)-2]}$ ($p=3,5,7,9,...$; $k=1,2,...$). Произвольная глобальная функция перехода $\tau_1^{(n)} \in M^*_1$ в предположении, что $n=p^*q$, может быть представлена в виде $\tau_1^{(n)} = \tau_2^{(n-p+1)} \tau_1^{(p)} = \tau_2^{(n-q+1)} \tau_1^{(q)}$, где функции множества M^*_2, участвующие в представлении глобальной функции перехода $\tau_1^{(n)}$, имеют симметричные индексы соседства.*

Из результата этой теоремы следует, что произвольная глобальная функция перехода $\tau_1^{(n)} \in M^*_1$ в предположении составного числа n может быть представлена в виде композиции двух более простых глобальных функций перехода из множества $M^*(A,1,SH) = M^*_1 \cup M^*_2$. Для окончательного решения данного вопроса с множеством M^*_1 достаточно рассмотреть случай глобальной функции перехода $\tau_1^{(n)}$ в предположении простого целого числа n. Не вдаваясь в довольно трудоемкие детали анализа глобальных функций перехода такого типа, представим достаточно интересный результат, выражаемый следующей теоремой [27,32,36,44-49,173-177].

Теорема 140. *Глобальная функция перехода $\tau_1^{(n)} \in M^*_1$ может быть представлена в виде композиции конечного числа более простых глобальных функций перехода из множества $M^*(A,1,SH)$, если n – составное число; в частности, $\tau_1^{(n)} = \tau_2^{(p)} \tau_3^{(n-p+1)} = \tau_4^{(q)} \tau_5^{(n-q+1)}$, где $\tau_2^{(p)}, \tau_4^{(q)} \in M^*_1$; $\tau_3^{(n-p+1)}, \tau_5^{(n-q+1)} \in M^*_2$ ($n \geq 4$) при условии, что $n=p^*q$ при связном и несвязном шаблонах соседства размера p, q и $n-p+1$, $n-q+1$ наряду с индексами соседства соответственно $X_2 = \{0,1,...,p-1\}$, $X_3 = \{kp \mid k=0,1,...,q-1\}$ и $X_4 = \{0,1,...,q-1\}$, $X_5 = \{kq \mid k=0,1,...,p-1\}$.*

Таким образом, задача декомпозиции произвольной глобальной функции перехода $\tau_1^{(n)} \in M^*_1$ относительно множества $M^*(A,1,SH)$ разрешима, и при ее положительном решеним существуют вполне удовлетворительные конструктивные алгоритмы решеиня. Другая картина имеет место для случая глобальных функций перехода из множества $M^*{}_2$. Большое число глобальных функций перехода из $M^*{}_2$ может быть представлено в виде композиции конечного числа более простых функций из множества $M^*(A,1,SH)$ безотносительно типа числа, определяющего *размер* шаблона соседства исследуемой глобальной функции перехода. Однако необходимо иметь в виду, что с шаблоном соседства размера n существует $2^{n-2}-1$ различных глобальных функций перехода $\tau_2{}^{(n)} \in M^*{}_2$, и далеко не все из них имеют представление *(30)*. В частности, из *7* бинарных глобальных функций перехода $\tau_2{}^{(5)} \in M^*{}_2$ приведенное выше представление из конечного числа более простых функций из множества $M^*(B,1,SH)$ имеет пять функций, тогда как *15* бинарных функций $\tau_2{}^{(6)} \in M^*{}_2$ только шесть функций имеют такое представление и т.д. Наряду с этим для целого числа $n \geq 5$ и алфавита A существуют глобальные функции перехода $\tau_2{}^{(n)} \in M^*{}_2$, которые имеют представление *(30)* с соответствующими ограничениями [27,32,36,44-49,173-177].

Теорема 141. Для произвольных целого $n \geq 5$ и конечного алфавита существует не менее $n-4$ глобальных функций перехода $\tau_2{}^{(n)} \in M^*{}_2$, которые можно представить в виде композиции $\tau_2{}^{(n)} = \tau_2{}^{(n-1)}\tau_1{}^{(2)}$. 1-мерную бинарную глобальную функцию перехода $\tau^{(n)}$, локальная функция перехода которой определяется $\sigma^{(n)}(x_1,...,x_n) = \sum_k x_k \ (mod \ 2)$ со связным шаблоном соседства, может быть представлена в виде композиции $\tau^{(n)} = \tau^{(2)(n-1)}$, где $\tau^{(2)}$ - простейшая бинарная линейная глобальная функция перехода при $n = 2k \ (k = 2,3,4, ...)$.

Однако, несмотря на этот результат, анализ достаточно большого числа глобальных функций множества $M^*{}_2$ наряду с некоторыми теоретическими результатами позволяет подтвердить следующее предложение [27,32,36,44-49,173-177]:

Для целого $n \geq 4$ и алфавита A существуют глобальные функции перехода из множества $M^*{}_2$, не представимые в виде композиции конечного числа более простых функций из множества $M^*(A,1,SH)$.

Итак, проблема декомпозиции глобальных функций перехода по отношению ко множеству $M^*(A,1,SH)$ в целом имеет *отрицательное* решение. Исследуя проблему декомпозиции глобальных функций перехода, довольно интересно обобщить на случай более высоких размерностей и изучать изменение вышеприведенных результатов в зависимости от увеличения размерности глобальных функций перехода из вышерассмотренного класса *M*(A,d,SH)*. В отличие от *M*(A,1,SH)* множество *M*(B,1,SH)* одномерных бинарных функций линейного глобального перехода составляет подкласс класса всех одномерных линейных глобальных функций, который замкнут по отношению к композиции, формируя подмножество относительно данной операции. Таким образом, приведенные выше результаты могут быть естественным образом распространены на множество *M*(B,1,SH)*, представляя во многом прикладной, теоретический и самостоятельный интерес.

На примере изучения *1–ПДФ* относительно множества *M*(A,1,SH)* линейных глобальных функций перехода был рассмотрен целый ряд довольно глубоких свойств глобальных функций перехода по отношению к заданной задаче, а именно: влияние типа шаблона соседства *(связный или несвязный)*, число, определяющее его размер *(составное или простое)*, и тип глобальных функций, составляющих представление *(30)*. В рамках дальнейшего развития проблематики можно продолжить *аналогичное* изучение общего случая множества *M(A,d,SH)* линейных функций наряду с определением множества *MW(A,d,G)* глобальных функций перехода с определенным общим *G*–свойством, интересным как с теоретической, так и с прикладной точек зрения, в частности, *симметрии*. Еще достаточно интересный *подкласс* класса всех классических *KA*–моделей в связи с проблемой декомпозиции их глобальных функций перехода представлен *KA*–моделями с *рефрактерностью*.

Упомянутые *KA*–модели имеют *био–медицинские* интерпретации и в последнее время начинают применяться для исследования задач распознавания *образов*, свойств и топологии цифровых фигур и т.д. В наших работах ряд интересных теоретических и эмпирических результатов по динамике моделей *d–KAP(r, p)* {*данные модели были определены, например, в* [5,8,9]}, можно найти в [44-49,141]. Ниже эти *KA*–модели рассматриваются в связи с проблемой декомпозиции глобальных функций перехода. Модель *d–KAP(r, p)* определяется такими важными параметрами, как *порог возбуждения (p)* и *глубина рефрактерности (r)*.

На основе этих параметров и *дифференциации* состояний алфавита *A* имеется довольно хорошая возможность изучения своеобразных динамических свойств таких моделей, чья сущность заключается в распространении возбуждений в среде элементарных автоматов. Результат ниже представляет решение проблемы декомпозиции в случае глобальных функций перехода, относящихся к классу всех моделей *d–KAP(r, p)* [5,27,36,44-49,173-177].

Теорема 142. *Задача декомпозиции в классе всех моделей d–KAP(r,p) (d ≥ 1) с рефрактерностью имеет отрицательное решение.*

Этот результат говорит об *отрицательном* решении *d-ПДФ* в классе всех глобальных функций перехода с рефрактерностью, не взирая на порог возбуждения и глубину рефрактерности моделей; то есть рассматривается класс таких глобальных функций перехода, чьи локальные функции перехода $\sigma^{(n)}$ характеризуются *переключением* находящегося в возбужденном состоянии элементарного автомата в состояние рефрактерности. Теперь предположим, что некоторая глобальная функция перехода $\tau^{(n)}$ с рефрактерностью имеет порог возбуждения *1 ≤ p ≤ n-1* и глубину рефрактерности *r ≥ 1*. Тогда, из сделанного предположения вытекает довольно важный результат.

Теорема 143. *Каждая глобальная функция перехода из класса VG(r) одномерных глобальных функций перехода $\tau^{(n)}$ с рефрактерностью глубины r≥1 не может быть представлена композицией конечного числа глобальных функций из того же самого класса VG(r); VG(r) – множество глобальных функций перехода $\tau^{(n)}$ с рефрактерностью, которые изолированы относительно операции композиции.*

Следовательно, результат теоремы *143* представляет *исчерпывающее* решение проблемы декомпозиции в классе *VG(r)* всех одномерных глобальных функций перехода с *рефрактерностью* *r*-глубины. При этом, каждая глобальная функция из класса *VG(r)* расположена на собственном уровне сложности, который определяется ее порогом возбуждения *p* и индексом соседства. Таким образом, исследование многих важных *динамических* свойств распределения *возбужденных состояний* в среде даже моделей *1-KAP(r,p)* носит значительно более индивидуальный характер в зависимости от *базовых* характеристик моделей такого типа. Результаты теорем *142, 143* обобщаются также на модели *d–KAP(r,p) (d > 1)* с индексом соседства довольно общего вида. Другие интересные специальные представления глобальных функций перехода композицией конечного числа более простых функций рассматриваются ниже и в наших работах [5,27,44-49].

7.2. Некоторые подходы к решению общей проблемы декомпозиции глобальных функций перехода

В предыдущем разделе были рассмотрены определенные вопросы проблемы декомпозиции, касающиеся ряда специальных классов глобальных функций перехода, тогда как результаты решения *1-ПДФ* представлены на основе подхода, использующего результаты *S. Amoroso* и *X. Yamada* по проблеме полноты наряду с результатами по проблеме неконструируемости в классических *КА*-моделях. В этом же разделе представим результаты изучения *общей* проблемы декомпозиции на основе новых перспективных подходов, которые основаны на применении результатов и методов теории функций алгебры логики, *а*-значных логик, формального аппарата теории групп, алгебр и полугрупп, а также на существенном обобщении метода решения *d-ПДФ (d ≥ 1)* на основе исследования проблемы неконструируемости в классических *КА*-моделях. Наряду с этим, покажем довольно тесную связь проблемы *декомпозиции* функций глобального перехода $\tau^{(n)}$ с проблемой сложности конечных *КФ* в классических *КА*-моделях и с проблемой *полноты* для полигенных *КА*-моделей. Рассматриваемые подходы и методы решения *d-ПДФ* представляют интерес в исследовании некоторых других вопросов *КА*-проблематики и целого ряда ее прикладных аспектов.

Прежде всего, для решения проблемы декомпозиции предлагается подход, основанный на использовании функции *Шеннона*; подход был введен для оценки сложности реализации функций алгебры логики. Известно, что любая функция алгебры логики реализуется соответствующей логической схемой, состоящей из неких базовых логических элементов. В качестве базовых элементов выбраются те элементы, которые реализуют классические логические операции дизъюнкции, конъюнкции и отрицания.

Для описания сложности логических схем поступаем следующим образом. Пусть каждой логической схеме *М*, реализующей некую функцию алгебры логики, присваивается неотрицательное число *L(M)* - сложность схемы, а *L(σ)* – минимум сложностей всех схем *М*, которые реализуют эту логическую σ-функцию. Более того, пусть $L(n)=max_\sigma L(\sigma)$ и максимум берется по всем локальным функциям перехода $\sigma^{(n)}$, которые зависят от *n* логических переменных. Если достигается максимум, то *L(n)* будет таким минимальным числом, что с помощью схем, сложности не более $L(n)$, можно реализовать произвольную функцию $\sigma^{(n)}$ алгебры логики, т.е. задать локальную функцию перехода некоторой модели *d-KA*.

Функция $L(n)$ впервые была введена *К. Шенноном* для контактных сетей, и он же получил первые значительные результаты по ней. Впоследствии данная функция $L(n)$ получила имя автора и стала достаточно широко использоваться для оценки сложности разных функциональных схем. Исследование поведения функций $L(\sigma)$ и $L(n)$ является достаточно важной проблемой; при этом, оба аспекта исследования оказываются взаимосвязанными между собой [5,27].

В настоящее время *верхние* оценки, *асимптотически* равные *нижним* оценкам, получены лишь для сравнительно *небольшого* числа типов функциональных схем. Кроме того, под *типом* схемы понимается, как правило, набор базовых функциональных элементов, которые составляют схему, реализующую требуемую функцию $\sigma^{(n)}$ алгебры логики. Так как наша задача сводится к сравнительному анализу локальных функций перехода $\sigma^{(n)}$, то вполне можно ограничиться конкретным набором базовых функциональных элементов, то есть конкретным типом функциональных схем, на чьей основе и будет проводиться соответствующий *сравнительный* анализ. В этой связи вполне могут быть выбраны схемы из функциональных элементов в базисе *G={And, Or, Not}*; для таких схем найдены асимптотические выражения для функции *Шеннона* при условии асимптотического равенства верхней и нижней границ их сложности.

Назовем *число* элементов функциональной схемы *M*, реализующих логическую функцию $\sigma^{(n)}$, ее *сложностью* и обозначим как $S=L(\sigma^{(n)})$. Пусть теперь $L(\sigma^{(n)})$ – наименьшая сложность схем, реализующих некую локальную функцию перехода $\sigma^{(n)}$ и $L(n) = max_\sigma L(\sigma^{(n)})$, где максимум берется по всем функциям $\sigma^{(n)}$. Иными словами, $L(n)$ – минимальное число элементов в функциональной схеме, которое достаточно для реализации произвольной булевой функции от *n* переменных. Кроме того, при доказательстве результата довольно существенно используется результат *Лупанова*, фундаментальный в теории булевых функций, а именно:

Имеет место асимптотическое равенство $L(n) = 2^n/n$; кроме того, для любого значения $\delta>0$ доля логических функций $\sigma^{(n)}$, для которых справедливо соотношение $L(\sigma^{(n)}) \leq (1-\delta)*2^n/n$, будет стремиться к нулю с ростом значения n.

Несмотря на все возможные обобщения этого результата, вполне можно ограничиться им для дальнейших рассуждений. Очевидно, что произвольную локальную функцию перехода $\sigma^{(n)}$, заданную в бинарном алфавите, вполне можно рассматривать как некоторую функцию *алгебры логики*. Так как композиция глобальных функций перехода $\tau^{(n_j)}$ однозначно определяется специальной *суперпозицией* соответствующих *локальных* функций перехода $\sigma^{(n_j)}$, в дальнейшем данный вопрос сводится к суперпозиции локальных функций $\sigma^{(n)}$ в бинарном алфавите. Для этого для целого $n > 0$ выбирается некая локальная функция $\sigma^{(n)}$ с *максимально* возможной сложностью $L(n)$. Тогда на основе искомой композиции конечного числа бинарных глобальных функций перехода $\tau^{(n_j)}$ ($n_j < n$; $j=1..k$) для произвольной функции $\tau^{(n_j)}$ выбирается подходящая Σ-схема *суперпозиции* **ЛФП** и оценивается ее сложность $L(\Sigma)$, *сравниваемая* затем со сложностью $L(n)$ исходной локальной функции перехода $\sigma^{(n)}$. Сравнительный анализ позволяет сформулировать следующий результат [8,44-49].

__Теорема 144.__ Для любого заданного конечного базового множества G_f одномерных бинарных глобальных функций перехода $\tau^{(n)}$ есть такое целое число $n_o > 0$, что для каждого целого $n \geq n_o$ существует по меньшей мере одна бинарная глобальная функция перехода, для которой 1-ПДФ имеет отрицательное решение.

Следует отметить, что аналогичный результат для *бинарного* случая получен нами на основе результатов относительно универсальной воспроизводимости в смысле *Мура* конечных **КФ** в классических моделях **1-КА.** Таким образом, результат теоремы **144** был получен в предположении о том, что *локальная* функция перехода $\sigma^{(n)}$ имеет произвольный вид, т.е. не требуется обязательного определяющего условия $\sigma^{(n)}(x,...,x)=x$, позволяя распространить результат решения **d-ПДФ** на случай нестабильных моделей **d-КА.** Кроме того, при доказательстве теоремы не участвовало и понятие размерности, а только шаблон соседства, представленный его индексом соседства. При этом, необходимо иметь в виду, что в случае размерности $d \geq 1$ произвольный индекс соседства $X=\{x_o,x_1,x_2, ..., x_{n-1}\}$, где n – кортеж d-мерных точек, определяющих *координаты* единичных автоматов шаблона соседства модели d-KA ($d \geq 1$). Это обстоятельство играет весьма существенную роль при обобщении результатов на случай более высокой размерности, когда есть возможность специальной *нумерации* единичных автоматов, составляющих шаблон соседства.

Следовательно, довольно просто убедиться, что результат теоремы **144** справедлив и для глобальной функции перехода в *произвольной* бинарной модели *d–KA.* Еще раз следует отметить, что *композиции* глобальных функций перехода соответствует некая суперпозиция локальных функций перехода, что является весьма существенным сужением общей концепции суперпозиции функций. Такой факт приводит к невозможности *непосредственного* переноса результатов по *а*-значным логикам *(а>2)* на случай *ЛФП*, которые определены в алфавите *A* общего вида, хотя методы *а*-значных логик кажутся довольно перспективными для изучения многих свойств *динамики* классических *KA*-моделей. Довольно подробное обсуждение этого вопроса можно найти, в частности, в работах [27,44-49,173-177].

Так как в *общем* случае алфавита классической модели невозможно непосредственно обобщить приведенные результаты *относительно* бинарных глобальных функций перехода, мы вынуждены прежде всего обратиться к *а*-значной логике *(а > 2)*, относительно которой следует отметить, что при решении многих важных ее проблем мы сталкиваемся с достаточно большими сложностями и особенными обстоятельствами [9,44-49]. Итак, в *а*-значной логике исследование произвольной системы функций относительно ее полноты связано с большими техническими трудностями. Тогда как доказательства полноты конкретных систем в наборе функций *а*-значной логики делаются, как правило, с помощью их приведения к *преднамеренно* полным системам функций, что в целом ряде случаев граничит с достаточно существенными затруднениями [27,44-49,173-177].

Рассмотрим локальную функцию перехода $\sigma^{(n)}$, определенную в алфавите *A*={0,1,2,3, ..., а-1} *(а > 2)*, как функцию *а*-значной логики. Предположим, что существует такое конечное базовое множество *G* локальных функций перехода, что каждая локальная функция перехода $\sigma^{(n)} \notin G$ может быть представлена в виде конечного числа *суперпозиций* локальных функций перехода из *G*. Используя теперь терминологию и обозначения работ [44-49] и обозначения набора всех функций *а*-значной логики через *L(а)*, мы просто заключаем, что *замыкание* множества *G* совпадает с *L(а)*, т.е. [*G*]≡*L(а)*. Очевидно, что множество *G* является полной системой в *L(а)*. Однако, так как множество *G* конечно по предположению, то всегда можно выбрать такое минимальное подмножество *G**⊆*G*, что множество *G** будет полной системой в *L(а)*, в то время как любое его подмножество не будет *полной* системой в *L(а)*. Итак, *предположение* о существовании для множества $L(a)$ конечного базисного подмножества G^* будет эквивалентно существованию конечного базиса в $L(a)$. Проблема *декомпозиции* глобальных функций перехода, заданных в конечном алфавите A, может свестись к проблеме *функциональной* полноты в *a*-значной логике, исследование которой по существу связано с т.н. *предполными классами* [44-49]. Вопросы исследования *a*-значных логик достаточно полно представлены, например, в [27,44-49].

Определение 26. Класс SG функций, принадлежащих к замкнутому классу R множества L(a), будем называть предполным в R, если SG есть неполная система в R, однако дополнение к ней произвольной функции f∈R\S превращает SG в полную систему функций в R.

Из известных результатов по *a*-значным логикам легко убедиться, что число предполных классов в $L(a)$ конечно и не превышает 2^{a^a}. Но можно показать, это противоречит условию тому, что в случае фиксированного целого числа *a* в *a*-значной логике всегда будет *базис*, состоящий из любого, но *конечного* числа функций, включая предложенный базис G^* в классе функций $L(a)$. Следовательно, в вышеуказанном классе функций $L(a)$ не может иметься конечного базиса G^*. Остается только оценить влияние этого факта на вопрос существования *конечного базиса* в более узком классе $L(a,0)$ функций *a*-значной логики, удовлетворяющих условию $\sigma^{(n)}(0,0,...,0,0) = 0$, т.е. определяющему условию классических *КА*-моделей. В результате проведенной оценки доказано отсутствие конечного *базиса* в классе функций $L(a,0)$, позволяя нам сформулировать результат, который является аналогом теоремы *144* для функций *a*-значной логики и представляет определенный теоретический интерес [8,27,44-49].

Теорема 145. Класс L(a,0) всех локальных функций перехода $\sigma^{(n)}$ при условии n ≥ 2 и a > 2 не имеет конечного базиса.

На основе этого результата аналогично *бинарному* случаю нетрудно получить отрицательное решение проблемы *декомпозиции* в случае глобальных функций перехода $\tau^{(n)}$ в целом [27,32,36,40,44-49].

Теорема 146. Среди классических моделей d–КА (d≥1), определенных в конечном алфавите A и с произвольными индексами соседства, имеется бесконечное множество глобальных функций перехода $\tau^{(n)}$, для которых d–ПДФ имеет отрицательное решение.

Аналогичный результат легко получить на основе приведенных выше результатов по проблеме *сложности конечных* конфигураций в классических моделях *d–КА (d≥1)*. Невозможность *положительного* решения *d-ПДФ* для произвольной глобальной функции перехода позволяет вполне естественно ввести понятие сложности для самих глобальных функций аналогично случаю *конечных* конфигураций в классических моделях *d–КА (d≥1)*. Из анализа понятий *сложности* конечных *КФ* и глобальных функций в классических *КА*–моделях следует, в основе этого лежит невозможность существования в них некоторых конечных *базовых* множеств для конечных *конфигураций* и глобальных функций перехода соответственно.

Из сказанного со всей очевидностью можно сделать однозначный вывод о возможности достаточно плодотворного использования в исследованиях в данном направлении аппаратов, разработанных в алгебре логики и *a*–значных логиках, и результатов по проблеме сложности конечных конфигураций в классических моделях *d–КА (d ≥ 1)*. Кроме того, в исследованиях проблемы декомпозиции для глобальных функций перехода также могут быть использованы и некоторые алгебраические методы [27,32,44-49,173-177].

Известно, что глобальные функции перехода, которые реализуют отображение конфигураций множества *C(A, d)* на себя, образуют некоторую *полугруппу* относительно операции композиции; пусть *L(a,d)* обозначает полугруппу всех таких глобальных отображений *d*–размерности $\tau^{(n)}$: *C(A,d) → C(A,d)*. Можно показать, что *L(a,d)* есть некоммутативная полугруппа с групповым тождеством *(для полной определенности, определяемым $\sigma^{(2)}(x,y) = x$)*, которое оставляет любую глобальную функцию перехода $\sigma^{(n)}$ неизменной в рамках ведущих переменных. Итак, исследование свойств композиции глобальных функций перехода $\tau^{(n)}$ часто может быть сведено к исследованию соответствующих свойств подходящей полугруппы *L(a,d)*. Поэтому мы определяем ряд необходимых алгебраических понятий.

Будем называть *подгруппу G* некоторой полугруппы *S максимальной подгруппой* полугруппы *S*, если она строго не содержится ни в *одной* другой подгруппе этой полугруппы. Существование *максимальных* подгрупп впервые было доказано Дж. *Шварцем* для периодической полугруппы, и *Уоллесом* и *Кимурой* для произвольной полугруппы. Приведем еще один пример существования *максимальных подгрупп* в полугруппах, определяемых глобальными отображениями $\tau^{(n)}$: *C(A, d) → C(A, d)* в классических моделях *d–КА (d ≥ 1)*. Покажем, что полугруппа *L(a,d)* содержит одну максимальную группу *G*, где под максимальной группой понимается группа, которая содержится в полугруппе *L(a,d)*, *нераширяемой* посредством *дополнения* к *G* новых элементов из множества $L(a, d) \setminus G$. С однозначными глобальными отображениями $\tau^{(n)} \colon C(A, d) \to C(A, d)$ проблема изучения свойств классических моделей d-KA посредством алгебраических методов связана достаточно тесно.

Известно, что множество всех отображений $\tau^{(n)} \colon C(A, d) \to C(A, d)$, вообще говоря, не удовлетворяет групповым аксиомам, а точнее, аксиоме об обратном элементе даже в случае предположения об исключении глобальных параллельных отображений $\tau^{(n)}$, которые обладают неконструируемостью типов **НКФ**, **НКФ-1** и **НКФ-3**. Но, рассматривая набор $G(d)$ всех d-мерных глобальных функций, чьи соответствующие глобальные отображения $\tau^{(n)} \colon C(A, d) \to C(A, d)$ - взаимно-однозначны, можно показать, что множество $G(d)$ *образует* группу относительно операции композиции [5,47]. Этот результат позволяет применять групповые методы исследования динамики классических моделей d-KA *($d \geq 1$)*, т.е. сводить исследование ряда свойств таких классических моделей к изучению соответствующих свойств группы $G(d)$, а также подгрупп, составляющих его. Итак, в частности, из определения множества $G(d)$ *($d \geq 1$)* легко получить и максимальность группы $G(d)$, принадлежащей полугруппе $L(a, d)$ всех глобальных параллельных отображений $\tau^{(n)} \colon C(A,d) \to C(A,d)$.

Под декомпозицией полугруппы S будем понимать возможность ее представления в виде объединения S_k *(k=1,2, ...) непересекающихся* подполугрупп. Для того, чтобы такая декомпозиция представляла определенное значение для изучения ее структуры и *определяющих* свойств, необходимо, чтобы *подполугруппы* S_k были несколько более *специальными* полугруппами, чем S, например, *простыми* группами или полугруппами. В этом отношении полугруппа отображений $L(a,d)$ разлагается в объединение непересекающихся полугруппы $L^*(a,d)$ и максимальной группы $G(d)$, т.е.: *существуют следующие определяющие соотношения, а именно:*

$$L(a, d) = L^*(a, d) \cup G(d) \quad u \quad L^*(a, d) \cap G(d) = E$$

где E - единичная группа, состоящая только из одного единичного элемента - тождества полугруппы. Решение достаточного числа вопросов, касающихся возможностей *полугруппы L(a,d)*, может быть сведено к решению соответствующих вопросов *для группы G(d)* или *полугруппы L*(a, d)*, что и было сделано [8,27,32,36,44-49,173-177].

Пусть каждая глобальная функция перехода $\tau^{(n)} \in L(u,d)$ может быть представлена в форме композиции конечного числа более простых функций из некоторого конечного множества $G_f \subset L(a, d)$. В таком случае $L(a, d)$ будет полугруппой с конечным числом образующих. Действительно, множество $G_f \subset L(a, d)$ будет представлять собой систему образующих для полугруппы $L(a, d)$ только, если каждый элемент множества может быть представлен не менее, чем одним способом в виде композиции конечного числа степеней элементов из множества G_f. Однако, поскольку согласно приведенному выше предположению множество G_f конечно, то из этого легко следует наш предыдущий вывод.

Система образующих для множества G_f называется *неприводимой*, если каждая истинная подсистема для нее не является системой *образующих для полугруппы* $L(a,d)$. Далее, под множеством $G_f \subset L(a,d)$ мы будем понимать некоторую *неприводимую* систему образующих и назовем ее *базисом полугруппы* $L(a,d)$. В полной мере приведенное выше соображение можно отнести к группе $G(d) \subset L(a, d)$. Назовем подгруппу $G^*(d)$ группы $G(d)$ замкнутой, если композиция $g1g2$ ее любых двух элементов $g1, g2 \in G(d) \backslash G^*(d)$ не принадлежит *подгруппе* $G^*(d)$. В дальнейшем нам понадобится несколько довольно простых результатов, представленных в наших работах [27,44-49,173-177].

Прежде всего, если полугруппа $L(a,d)$ имеет конечный базис G_f, то максимальная группа $G(d) \subset L(a,d)$ также имеет конечный базис G^* такой, что существуют соотношения $G_f = G^* \cup G^\#$ и $G^* \cap G^\# = \emptyset$, где $G^\#$ – *конечный базис* полугруппы $L(a,d) \backslash G(d)$. При этом, если группа $G(d)$ не имеет конечного базиса, то *полугруппа* $L(a,d)$ также не будет иметь конечного *базиса*. Если же группа $G(d)$ содержит *n замкнутых* подгрупп, то число N элементов базиса G_f группы не меньше, чем n ($N \geq n$). Из данного результата легко получить важное следствие: *если группа G(d) содержит бесконечное число замкнутых подгрупп, то она не может иметь конечного базиса.* Эти результаты можно перенести и на случай произвольных алгебраических полугрупп. В дальнейшем мы без ограничения общности будем отождествлять глобальные функции перехода $\tau^{(n)}$ классических моделей *d–KA* с соответствующими параллельными глобальными отображениями $\tau^{(n)}: C(A, d) \to C(A, d)$, определяемыми глобальными функциями *KA*.

Рассмотрим теперь несколько более подробно одно представление полугруппы $L(a,d)$ согласно результатам по неконструируемости в классических моделях *d–KA (d≥1) (глава 2)*. Известно, что множество параллельных глобальных отображений $\tau^{(n)}$: $C(A,d) \rightarrow C(A,d)$ вполне может быть представлено в виде *объединения 7* непересекающихся подмножеств, обладающих следующими *основными определяющими* характеристиками, которые относятся к компоненте параллельных глобальных отображений $\tau^{(n)}$ {*глобальные функции перехода $\tau^{(n)}$ - ГФП*}

G_1: *ГФП $\tau^{(n)}$ обладает неконструируемостью четырех типов НКФ, NCF-1, NCF-2 и NCF-3;*

G_2: *ГФП $\tau^{(n)}$ обладают неконструируемостью типов НКФ (НКФ-3) и НКФ-1 без неконструируемости типа НКФ-2;*

G_3: *ГФП $\tau^{(n)}$ обладают неконструируемостью типов НКФ (НКФ-3) и НКФ-2 без неконструируемости типа НКФ-1;*

G_4: *ГФП $\tau^{(n)}$ обладают только неконструируемостью типа НКФ-2; более того, глобальные отображения, определенные такими ГФП, не являются взаимно-однозначными;*

G_5: *ГФП $\tau^{(n)}$ обладают только неконструируемостью НКФ-1;*

G_6: *ГФП $\tau^{(n)}$ обладают только неконструируемостью НКФ (НКФ-3);*

$G_7 \subset G_6$: *ГФП $\tau^{(n)}$ определяют взаимно-однозначные параллельные глобальные отображения вида:* $\tau^{(n)}$: $C(A,d) \rightarrow C(A,d)$ $(d \geq 1)$.

Возможно убедиться, что относительно композиции множества G_k ($k=1..6$) образуют некоммутативные полугруппы, а множество G_7 - группу [8,45]. Таким образом, полугруппа $L(a,d)$ всех параллельных глобальных отображений $\tau^{(n)}$: $C(A,d) \rightarrow C(A,d)$ в классических d-КА ($d \geq 1$) может быть представлена в виде *объединения* конечного числа непересекающихся полугрупп и группы, т. е. $L(a, d) = \cup_k G_k$ ($k=1..7$).

Анализ структур полугрупп G_j ($j = 1..6$) и группы G_7 позволил нам сформулировать довольно интересный результат, относящийся к операции *разложения полугруппы* $L(a,d)$ параллельных отображений $\tau^{(n)}$: $C(A,d) \rightarrow C(A,d)$ для классических моделей d-КА ($d \geq 1$).

Теорема 147. Полугруппу $L(a, d)$ всех параллельных отображений $\tau^{(n)}$: $C(A,d) \rightarrow C(A,d)$, определенных классическими моделями d-КА ($d \geq 1$), можно представить объединением шести непересекающихся подполугрупп G_k ($k = 1..6$), которые не имеют конечных систем образующих, и 1 максимальной группы $G(d)$. Множества G_h ($h=4..6$) относительно полугруппы $L(a,d) \setminus G(d)$ являются изолированными подполугруппами.

Относительно группы *G(d)* следует сделать довольно существенное замечание. Анализ многих одномерных бинарных параллельных отображений $\tau^{(n)}: C(B,1) \to C(B,1)$ и, в первую очередь, отображений, составляющих подполугруппу G_4, позволил сделать *предположение*, что *G(d)* – группа единиц, т.е. будет состоять лишь из идентичных параллельных глобальных отображений. Кроме того, дальнейшие исследования показали, что вопрос о структуре самой группы *G(d)* в какой–то степени остается до сих пор открытым.

Проведенное более детальное исследование *бинарных* классических моделей *1–КА* для установления *взаимно–однозначных* отображений $\tau^{(n)}: C(B,1) \to C(B,1)$, которые отличаются от идентичных, оказалось весьма успешным. Следующая теорема представляет наилучший на сегодня результат, полученный в данном направлении, который представляет определенный теоретический интерес, в частности, в формальном исследовании классических моделей *1–КА* [27,45-48].

Теорема 149. *Полугруппа L(a,1) 1-мерных параллельных глобальных отображений* $\tau^{(n)}: C(A,1) \to C(A,1)$ *(a≥3), определенных посредством классической модели 1–КА, представляется в форме объединения шести попарно неэквивалентных непересекающихся подполугрупп* G_k *(k = 1..6), которые не имеют конечных систем образующих, и 1 максимальной группы G(a), являющейся объединением подгруппы* T^* *всех идентичных отображений* $\tau^{(n)}{}_0$ *(n ≥ 2) с конечной системой образующих P(a,2) вместе с соотношением* $\tau^{(n)(a-1)!} = \tau^{(2)}{}_0$ *и, может быть, подгруппы взаимно–однозначных отображений, отличных от вышеупомянутых отображений.*

Результаты теорем *148, 149* говорят о необходимости продолжения исследований в данном направлении, учитывая все разнообразие возможностей уже для одномерного *бинарного* случая. В настоящее время наши исследования в этом направлении *вполне* определенно говорят в пользу данного предположения. Следующий результат иллюстрирует разнообразие возможностей для случая бинарных классических моделей *1–КА* [27,32,36,44-49,173-177].

Теорема 150. *Для произвольного целого n ≥ 3 существует не менее* $2^{n-1} - n$ *бинарных одномерных глобальных функций* $\tau^{(n)}$, *каждая из которых будет одновременно обладать следующими свойствами:*
♦ *отсутствует неконструируемость типа НКФ, НКФ-1 и НКФ-3 при наличии неконструируемости типа НКФ-2;*

♦ *произвольная конфигурация $c \in C(B,1,\phi)$ является периодической; для ГФП существуют периодические конфигурации с p-периодом минимального размера, определяемого как $(|c|+n-2)/(n-1) < p = 2^k$;*

♦ *глобальные параллельные отображения $\tau^{(n)}$: $C(B,1,\infty) \to C(B,1,\infty)$, определяемые такими глобальными функциями перехода, не будут являться взаимно-однозначными отображениями;*

♦ *для глобальных функций перехода $\tau^{(n)}$ этого типа 1–ПДФ имеет отрицательное решение.*

Этот результат является существенным обобщением ряда лемм из [45], однако он не дает полного решения вопроса о структуре даже группы **G(1)**, участвующей в указанном представлении полугруппы *L(a,1)* одномерных глобальных отображений. Вместе с тем данный результат еще раз иллюстрирует многообразие форм поведения конечных конфигураций уже для случая классических бинарных моделей **1–КА.** Кроме того, из результатов теорем **147–150** следует, что группа **G(d)** в представлении полугруппы **L(a,d)** должна будет содержать нетривиальные идентичные однозначные глобальные отображения, в то время как для каждой из шести подполугрупп **G_j (j = 1..6)**, определяемой представлением **L(a, d), d–ПДФ**, вообще говоря, будет иметь отрицательное решение.

В заключение этого раздела на основе понятия *бесконечных взаимно-стираемых конфигураций* (**∞–ВСКФ**) определим еще один подход к решению проблемы декомпозиции глобальных функций перехода в классических **КА**–моделях. В этой связи довольно подробно была изучена подполугруппа G_4 одномерных глобальных параллельных отображений $\tau^{(n)}$: $C(A,1) \to C(A,1)$; относительно G_4 был получен ряд достаточно интересных динамических свойств. В дальнейшем нам понадобятся некоторые новые понятия и определения [8,27,45,47].

Определение 27. *Две конфигурации c_1, $c_2 \in C(A,d,\infty)$ будем называть парой бесконечных взаимно-стираемых конфигураций (**∞–ВСКФ**) тогда и только тогда, когда для них имеет место соотношение $c_1\tau^{(n)} = c_2\tau^{(n)} = c_3 \in C(A,d,\infty) \neq \square$, где $c_1 \neq c_2$ и «$\square$» - полностью нулевая конфигурация пространства Z^d, которая согласно приведенному выше постулату принадлежит множеству $C(A,d,\phi)$.*

Будем говорить, что бинарная глобальная функция перехода $\tau^{(n)}$ реализует так называемый «*перевертень*», если на некоторой паре кортежей $<x_1x_2...x_{n-1}0>$, $<x_1x_2...x_{n-1}1>$ соответствующая локальная функция перехода $\sigma^{(n)}$ принимает значения $\sigma^{(n)}(x_1, x_2, x_3, ..., x_{n-1}, x_n) = x_n + 1 \ (mod \ 2)$. Число «*перевертеней*» для произвольной глобальной функции перехода $\tau^{(n)}$ называется ее **дефектом,** в определенной степени характеризуя степень ее отклонения от идентичной **ГФП** $\tau^{(n)}_0$. Мы определим полезный класс $E^{\#}$ глобальных функций $\tau^{(n)}$ подполугруппы G_4, чьи локальные функции перехода $E^{(n)}$ будут определяться следующим образом, а именно:

$$E^{(n)}(x_1, x_2, ..., x_n) = \begin{cases} 0, & if \ x_j = 0, \ x_{n-1} = x_n = 1 \ (j = 1 .. n-2) \\ 1, & if \ x_j = 0, \ x_{n-1} = 1 \quad (j = 1 .. n-2, n) \\ x_n, & otherwise \end{cases}$$

Данный *класс* глобальных функций перехода из-за специфических *динамических* свойств представляет вполне определенный интерес в дальнейших исследованиях независимо от проблемы *декомпозиции*. Рассматривая подкласс глобальных функций перехода множества $E^{\#} \subset G_4$, имеющих дефект *1*, доказано, что композиция двух таких функций снова является функцией множества G_4, но с дефектом, отличным от *1* [45]. На основе анализа множеств пар ∞-**ВСКФ** для глобальных функций перехода из множества $E^{\#}$ можно установить точный вид таких пар для каждой функции из класса $E^{\#}$, позволяя доказать следующий достаточно интересный результат:

Для произвольного целого n≥3 глобальные функции перехода $E^{(n)}$ из класса $E^{\#}$ имеют, в целом, отрицательное решение 1–ПДФ.

Этот результат позволяет получить конструктивное *отрицательное* решение *1–ПДФ*, имеющее другие интересные приложения [9,40]. Ниже некоторые из них рассматриваются нами в ином контексте. Итак, для решения вопроса существования для подполугруппы G_4 некоторого *конечного* базиса определен класс глобальных функций перехода $\tau^{(n)}$, относительно которого было проведено достаточно подробное исследование структуры пар ∞-**ВСКФ**. Предложенный подход конструктивен и позволяет делать довольно убедительные предположения относительно *реальной* возможности переноса всех результатов, полученных в данном направлении, на общий случай классических моделей *1–КА*. Пока же для исследований в качестве базового результата выступает следующая теорема [9,27,45,173-177].

Теорема 151. Для произвольного целого n ≥ 3 существуют 1-мерные бинарные глобальные функции перехода $\tau^{(n)} \subset G_4$, которые будут обладать множеством пар ∞-ВСКФ только следующего вида:

$$C_1^\infty = ...g_{j+p+1}^1 g_{j+p}^1 ... g_{j+1}^1 g_j^1 g_{j-1}^1 g_{j-2}^1 ... g_1^1 X$$

$$C_2^\infty = ...g_{j+p+1}^2 g_{j+p}^2 ... g_{j+1}^2 g_j^2 g_{j-1}^2 g_{j-2}^2 ... g_1^2 X$$

где (g_j^1, g_j^2) – произвольная пара двухэлементного множества формата

$$\left\{ (x_1 x_2 ... x_{n-1}, x_1^1, x_2^1, ..., x_{n-1}^1), (x_1^1, x_2^1, ..., x_{n-1}^1, x_1 x_2 ... x_{n-1}) \right\}$$

$$(x_k \in \{0,1\}, \ k = 1..n-1; \ j = 1,2,3,...)$$

где X^∞ – некая бесконечная бинарная одномерная конфигурация, а кортежи $\langle x_1 x_2 ... x_{n-1} \rangle$, $\langle x_1^1 x_2^1 ... x_{n-1}^1 \rangle$ различны и определяются бинарными кортежами длины n, на которых глобальная функция перехода $\tau^{(n)} \subset G_4$ будет реализовывать «перевертень».

На основе определенного *класса* глобальных функций перехода $\tau^{(n)}$ из G_4, который определяется особым образом и функции которого удовлетворяют условиям теоремы *151*, используя также детальный анализ структур пар ∞–*ВСКФ*, существующих для них, мы можем сформулировать следующий результат, достаточно полезный для ряда приложений теоретического характера [8,27,44-49], а именно:

Подполугруппа G_4 одномерных бинарных глобальных функций $\tau^{(n)}$ перехода не имеет конечного базиса.

Из достаточно детального анализа глобальных функций $\tau^{(n)} \subset G_4$, которые удовлетворяют условиям теоремы *151*, возможно сделать вывод, что среди функций *подполугруппы G_4* имеются функции $\tau^{(n)}$, которые имеют пары ∞–*ВСКФ*, состоящие из подконфигураций, имеющих вполне конкретный набор компонентов минимальной длины *(n-1)*. Кроме того, для таких функций существуют пары ∞–*ВСКФ*, состоящие из *периодических* конфигураций с минимальным периодом *(n-1)*. Более того, *базовая составляющая (K)* конфигураций этой пары ∞–*ВСКФ* в некоторой степени аналогична внутреннему блоку *(ВБ)* классических *ВСКФ*, определенных и рассмотренных в разделе *2.3* настоящей книги.

Отметим, что полученные нами *нижние* оценки для минимальных размеров *K* пар ∞–*ВСКФ* для глобальных функций перехода $\tau^{(n)}$ из G_4, *ВБ* классических пар *ВСКФ* и *НКФ-1* для случая классических моделей *1–КА* совпадают и равны *(n-1)*, т.е. на *1* меньше размера шаблона соседства соответствующей классической модели *1–КА*. Кроме того, на основе подробного анализа множества глобальных функций перехода $\tau^{(n)}$ из G_4, удовлетворяющих условиям теоремы *151* и обладающих парами ∞–*ВСКФ* с *минимальным* периодом *(n-1)*, возможно получить еще одно решение *1–ПДФ.*

Теорема 152. Подполугруппа L(a, 1) всех одномерных параллельных глобальных отображений $\tau^{(m)}$: C(A,1) → C(A,1) не имеет конечного базиса. Для произвольного целого m ≥ 3 существует одномерная глобальная функция перехода $\tau^{(m)}$, определенная в произвольном конечном алфавите A, для которой 1–ПДФ имеет отрицательное решение.

Аналог нашей теореме *152* на основе алгебраического подхода был получен *С. Боднарчуком* и *Г.Е. Цейтлиным*. Изучая преобразования, эквивалентные классическим моделям *1–КА*, на основе изучения класса полугрупп, определяемых данными преобразованиями, они доказали, что такие полугруппы, а значит и одномерные функции глобального перехода не могут иметь конечного базиса [7,134,135]. Однако, такой алгебраический подход позволяет решать проблему декомпозиции глобальных функций перехода для моделей *d–КА* только на уровне – возможность/невозможность положительного решения *d–ПДФ (d ≥ 1)*, исключая конструктивный подход.

С другой стороны, метод исследования *1–ПДФ* на основе теоремы *150* позволяет получить более сильный результат, включая также элементы *конструктивного* определения вида глобальных функций перехода $\tau^{(n)}$, для которых *1–ПДФ* имеет отрицательное решение. При этом, ряд методов, используемых нами для решения проблемы *декомпозиции,* также в определенной степени носит *конструктивный* характер. В этом отношении было бы интересным распространить такой подход также и на общий случай классических *КА*-моделей. Необходимо отметить, что предложенный метод решения *1–ПДФ,* основанный на понятии ∞–*ВСКФ,* является весьма существенным обобщением метода решения проблемы *декомпозиции* глобальных функций на основе результатов по проблеме неконструируемости в классических *КА*-моделях [8,9,27,44-49,173-177].

В следующих разделах на основе полиномиального представления локальных функций перехода $\sigma^{(n)}$ в классических *КА*-моделях мы проведем дальнейшее обсуждение общей/обобщенной проблемы декомпозиции глобальных функций перехода вместе с вопросами, связанными с ними относительно сложности глобальных функций перехода в *КА*-моделях наряду с алгоритмической разрешимостью проблемы декомпозиции в целом.

7.3. Вопросы разрешимости проблемы декомпозиции глобальных функций перехода в классических клеточных автоматах (КА–моделях)

В этом разделе на основе одного *алгебраического* подхода, который представляет интерес для математической теории **КА**-моделей, наряду с ее многочисленными приложениями, рассматриваются некоторые вопросы исследования как *общей* проблемы *(d–ПДФ)*, так и *обобщенной* проблемы *(d–ОПДФ)* декомпозиции глобальных функций перехода. Прежде всего, еще раз отметим *принципиальное* отличие *общей* проблемы от *обобщенной*. Как было отмечено ранее, *обобщенная* проблема декомпозиции отличается от *общей* проблемы тем, что в *представлении (30)* допустимо использование глобальных функций перехода с шаблонами соседства того же размера, что и исходная глобальная функция перехода $\tau^{(n)}$, то есть вместо условия $n_j < n; j=1..m$ используется следующее условие $n_j \leq n; j = 1..m$.

Более того, обе эти проблемы *декомпозиции* не эквивалентны – для некоторой глобальной функции перехода *d–ОПДФ* может иметь решение, тогда как для *d–ПДФ* нет. Мы можем привести несколько довольно простых примеров решения в виде композиций *бинарных* одномерных глобальных функций перехода: $\tau^{(3)}_{120}=\tau^{(2)}_{10}\tau^{(3)}_{30}$, $\tau^{(3)}_{84}=\tau^{(2)}_{10}\tau^{(3)}_{42}$ и $\tau^{(3)}_{20} = \tau^{(2)}_9\tau^{(3)}_{136}$; то есть глобальные функции перехода с номерами *120, 84* и *20* могут быть представлены композицией двух глобальных функций перехода соответственно с номерами *30, 42* и *136* вместе с глобальными функциями перехода $\tau^{(2)}_{10}$ and $\tau^{(2)}_9$, чьи локальные функции перехода определяются $\sigma^{(2)}_{10}(x,y)=y+1$ *(mod 2)* и $\sigma^{(2)}_9(x, y) = x+y+1$ *(mod 2)*. При этом, можно привести множество подобных примеров. Эта ситуация связана с тем, что результатом *композиции* является глобальная функция перехода, чья локальная функция перехода имеет крыйние элементы шаблона соседства в качестве *несущественных* переменных, уменьшая тем самым размер реальных шаблонов соседства. Поэтому и существуют глобальные функции перехода $\tau^{(n)}$, для которых *d–ПДФ* имеет отрицательное решение при наличии положительного решения *d–ОПДФ*.

В частности, *композиция* $\tau^{(n)}=\tau^{(q)}\tau^{(p)}$ 1-мерных глобальных функций перехода допустима при $q < n$ и $p = n$, так как локальная функция, соответствующая результирующей функции $\tau^{(n)}$, вполне сможет иметь размер шаблона соседства, равный *n*, по причине наличия у нее несущественных переменных, крайних относительно шаблона. Между тем, *d–ОПДФ* можно рассматривать как некий вид *частного* случая, на который не будет обращаться особого внимания, только упоминая его в более общем контексте как допустимый случай, т.е. в дальнейшем в основном будем рассматривать представление *(30)* при условии *nj < n*, учитывая выше представленный случай.

С целью анализа в данном направлении *бинарных* одномерных как классических, так и неклассических моделей с индексом соседства *X*={0,1,2,3} была использована достаточно простая процедура *PDF*, запрограммированная в системе *Maple*. Вызов процедуры *PDF(m)* возвращает список формата {[*a,b*], [*c,d,g*],...,[*e,f*], [*l,s*]}, чьи подсписки с *2* и/или *3* элементами определяют номера глобальных функций перехода, составляющих все *допустимые* композиции *более* простых глобальных функций для исходной глобальной функции перехода с заданным номером *m*, если существуют подобные композиции; в противном случае вызов процедуры возвращает *пустой* список [41].

Данная процедура достаточно просто адаптируется как для более общих видов одномерных *КА*–моделей, так и для более сложных моделей; ряд ее модификаций читатель может найти в [18,27,40,41]. Компьютерные эксперименты, проведенные с этой процедурой, в значительной мере позволили получить довольно разнообразную статистику относительно представимости бинарных глобальных функций размерности *1* и *2* в виде композиции *(30)* более простых глобальных функций перехода, заданных в том же самом алфавите. Ниже представлен только ряд результатов собранной статистики.

В частности, на основе использования *1* модификации процедуры *PDF* получен список номеров всех *1*–мерных *бинарных* глобальных функций перехода с индексом соседства *X*={0,1,2}, не обладающих композициями из более простых глобальных функций. Довольно простой подсчет показывает, что доля моделей с таким свойством составляет *0.76*, то есть превышает *3/4*. Итак, из всех классических одномерных бинарных моделей с индексом соседства *X* = {0, 1, 2}, которые обладают атрибутом универсальной воспроизводимости в смысле *Мура* конечных конфигураций, только три с номерами *60, 90, 102* могут быть представлены в виде композиций из двух более простых функций с номерами {[7,4], [4,7], [13,7], [10,13]}, {[7,7], [10,7]}, {[10, 11], [7, 6], [6, 7], [11, 7]} соответственно. Кроме того, глобальная линейная функция перехода с номером *105*, обладающая наряду с другими данным атрибутом, не может быть представлена в форме композиции двух более простых глобальных функций перехода.

С другой стороны, использование процедуры показало, *линейная бинарная* глобальная функция $\tau^{(4)}{}_{27030}$ имеет *3* представления в виде *композиции* более простых функций $\tau^{(4)}{}_{27030}=\tau^{(2)3}{}_{6}=\tau^{(2)}{}_{6}\tau^{(3)}{}_{90}=\tau^{(3)}{}_{90}\tau^{(2)}{}_{6}$; при этом, если первое представление прямо следует из результата, представленного ниже, тогда как второе и третье были получены экспериментальным методом посредством *Maple* процедуры *PDF*. Более того, применяя довольно простую модификацию процедуры *PDF*, можно убедиться, что эта оценка вполне удовлетворительно соответствует аналогичным *оценкам* для классических одномерных бинарных *КА*-моделей с произвольным индексом соседства. Кроме того, выполненные многочисленные компьютерные эксперименты с существенно более сложными глобальными функциями перехода размерности *1* и *2* показали, что с ростом мощности алфавита и/или размера индекса соседства *доля* классических моделей, для которых *d*-ПДФ имеет *положительное* решение, очень быстро уменьшается. Например, и без того минимальное усложнение вышеупомянутых бинарных моделей до одномерных бинарных моделей с шаблоном соседства размера четыре уменьшает долю *КА*-моделей, имеющих *положительное* решение *d*-ПДФ, до *0.025* вместо *0.242* относительно предыдущего случая.

Форма представления глобальных функций перехода представляет также довольно значительный интерес. Точнее, из *62* одномерных бинарных глобальных функций перехода с индексом соседства *X =* *{0,1,2}*, которые имеют положительное решение *1*-ПДФ, только две функции перехода имеют *симметричные* представления, а именно: $\tau^{(3)}{}_{240}=\tau^{(2)}{}_{4}\tau^{(2)}{}_{13}=\tau^{(2)}{}_{13}\tau^{(2)}{}_{4}$ и $\tau^{(3)}{}_{170}=\tau^{(2)}{}_{6}\tau^{(2)}{}_{11}=\tau^{(2)}{}_{11}\tau^{(2)}{}_{6}$; дополнительно, глобальные функции перехода, которые допускают единственные представления в форме *(30)*, отсутствуют. Принимая во внимание, что из *823 бинарных* глобальных функций с индексом соседства *X=* *{0,1,2,3}*, которые также имеют *положительное* решение *1*-ПДФ, уже *185* глобальных функций имеют симметричные представления, а *382* глобальные функции имеют *единственные представления* в виде *композиций (30)*. Наконец, число допустимых композиций *(30)* для обоих типов функций $\tau^{(3)}$ и $\tau^{(4)}$ есть *{2, 4, 6, 34}* и *{1 .. 13, 15, 20, 31, 482}* соответственно; при этом, максимальные значения относятся к функциям, чьи локальные функции перехода имеют номер *0*.

Довольно значительный потенциал для проблемы декомпозиции глобальных функций $\tau^{(n)}$ обеспечивает использование глобальных функций в том же самом алфавите наряду с *несвязными* индексами соседства. И прежде всего это относится к случаю, когда проблема *декомпозиции* рассматривается относительно заданных подклассов глобальных функций перехода. Рассмотрим данное предложение на примере класса линейных моделей *1–KA*, локальные функции перехода которых определяются следующей формулой:

$$\sigma^{(n)}(x_1,...,x_n) = \sum_1^n b_j x_j \ (mod \ a); \ x_j, b_j \in A = \{0,1,...,a-1\}; \ (j = 1..n), \ a - prime \quad (31)$$

Этот интересный класс *d–KA* рассматривался нами с разных точек зрения. Например, простая линейная *1–KA* с локальной функцией перехода $\sigma^{(4)}(x_1, x_2, x_3, x_4) = x_1 + x_2 + x_3 + x_4 \ (mod \ a); \ x_j \in \{0,1,...,a-1\}; \ j=1..4;$ a – простое число, не может быть представлена в виде композиции функций более простых *KA*–моделей из того же класса со *связными* индексами соседства, вообще говоря. Принимая во внимание, что данная проблема легко решается с помощью глобальных функций перехода с *несвязными* индексами соседства, мы предположим, что $\sigma^{(4)}(x_1, x_2, x_3, x_4) = b_1 x_1 + b_2 x_2 + b_3 x_3 + b_4 x_4 \ (mod \ a); \ b_j x_j \in \{0,1,...,a-1\}; \ j=1..4;$ a – простое число, определяет глобальную функцию перехода $\tau^{(4)}$ и со связным индексом соседства $X4 = \{0,1,2,3\}$. Легко увидеть, что две *глобальные* функции перехода $\tau^{(3)}$ и $\tau^{(2)}$, определяемые локальными функциями перехода $\sigma^{(3)}$ и $\sigma^{(2)}$ с индексами соседства $X3 = \{0, 3\}$ и $X2 = \{0, 1\}$ соответственно, а именно: $\sigma^{(3)}(x_1, x_2, x_3) = x_1 + x_3 \ (mod \ a)$ и $\sigma^{(2)}(x_1, x_2) = x_1 + x_2 \ (mod \ a);$ a – простое число, решают *1–ПДФ* для **ГФП** $\tau^{(4)}$ в форме $\tau^{(4)} = \tau^{(3)}\tau^{(2)}$. В данной связи читатель может достаточно легко убедиться в справедливости следующего предложения:

Для четного целого n решение проблемы декомпозиции для **ГФП** $\tau^{(n)}$, *определяемой локальной функцией* $\sigma^{(n)}$ *в форме* (**30**), *определяется следующим образом:* $\tau^{(n)} = \tau_1^{(n/2+1)}\tau_2^{(n/2)} = \tau_3^{(2)}\tau_4^{(n-1)}$, *где глобальные функции перехода* $\tau_1^{(n/2+1)}, \tau_2^{(n/2)}, \tau_3^{(2)}, \tau_4^{(n-1)}$ *определяются* **ЛФП** $\sigma_1^{(n/2+1)}, \sigma_2^{(n/2)}, \sigma_3^{(2)}, \sigma_4^{(n-1)}$ *с индексами соседства* $X_1 = \{0, n/2\},$ $X_2 = \{0,1,...,n/2-1\}, X_3 = \{0,1\}, X_4 = \{2k \mid k = 0..n/2\}$ *соответственно.*

Наряду с этим, вопрос сохранения фундаментальных *динамических* свойств глобальной функции перехода, являющейся результатом *композиции* функций того же самого класса в виде (**30**), представляет вполне определенный интерес. В данном отношении мы вполне можем ограничиться классом т.н. «*линейных*» глобальных функций перехода, локальные функции перехода которых определяются по формуле *(31)*. Кроме того, среди множества данных функций есть *подмножество* т.н. «*строго линейных*» функций, локальные функции перехода которых определяются формулой *(31)* при условии, что $(\forall j)(b_j \equiv 1)$. Легко проверить, множество всех глобальных функций перехода, определенных в конечном алфавите $A=\{0,1,...,a\text{-}1\}$ и чьи локальные функции перехода определены по приведенной выше формуле *(31)*, есть полугруппа относительно операции *композиции* по модулю a (a – *простое число*). Композиция *строго линейных* **ГФП** всегда дает линейную функцию, но не является строго линейной. С классом линейных и строго линейных глобальных функций $\tau^{(n)}$ были проведены многочисленные компьютерные эксперименты в плане исследования проблемы декомпозиции, используя довольно простые процедуры *StrictLinearGTF, LinearGTF, Reproduction* вместе с *CompGTF* [7,18,42], запрограммированные в системе *Mathematica*. Теоретические результаты с использованием многочисленных и всесторонних компьютерных экспериментов, выполненных нами в системе *Mathematica 11.3.0*, позволили сформулировать следующее достаточно полезное предложение, а именно.

Предложение 12. Композиция в виде (30) строго линейных 1–мерных глобальных функций перехода, заданная в алфавите $A=\{0,1,...,w\text{-}1\}$ при условии, что w простое число, дает глобальную функцию $\tau^{(n)}$, которая за редким исключением отличается от строго линейных функций перехода, являясь одной из функций группы (31), и обладая самовоспроизводимостью в смысле Мура конечных конфигураций. Композиция $\tau^{(4)}=\tau^{(2)}\tau^{(2)}\tau^{(2)}$, где $\tau^{(2)}$ определяется локальной функцией перехода $\sigma^{(2)}(x,y)=x+y \pmod 2$; $x,y\in A=\{0,1\}$ является исключением.

Интересные случаи представления глобальных функций перехода появляются при использовании глобальных функций перехода в качестве компонентов в представлениях *(30)*, локальные функции перехода которых содержат фиктивные переменные, т.е. функции с несвязными индексами соседства. Таким образом, из одномерных *строго* линейных глобальных функций перехода мы вполне можем генерировать *линейные* глобальные функции перехода, локальные функции перехода которых определяются *формулой (31)* и которые обладают самовоспроизводимостью в смысле *Мура* конечных **КФ**. Более того, данный результат существенно расширяет класс *строго линейных* глобальных функций перехода, для которых изначально было обнаружено свойство *универсальной* самовоспроизводимости в смысле *Мура* конечных конфигураций.

Поэтому проблема обнаружения достаточно интересных классов **KA**–моделей, глобальные функции перехода которых допускают положительное решение *d*–**ПДФ**, становится довольно актуальной вследствие достаточно существенной исключительности данного явления. Точнее, в отличие от первоначальной постановки *d*–**ПДФ**, решения которой сводились к доказательству наличия глобальных функций перехода, которые не допускают представления в форме *(30)* более простых функций, теперь по важной причине возможно говорить о поиске весьма интересных классов глобальных функций перехода, допускающих такие представления. Между тем, наряду с классическим понятием композиции глобальных функций мы рассмотрели некоторые другие понятия композиции, в частности, т.н. ⊕–композиции, которые представляют определенный интерес с точки зрения динамики классических **KA**–моделей [7,18,45]. Было обнаружено немало довольно интересных свойств ⊕–композиции, среди которых следует *особо* отметить следующие. Что же касается операции композиции этого типа, то был рассмотрен класс строго линейных *1*–мерных глобальных функций перехода *(31)*. Показано, что результат *p*–кратной *композиции* строго линейной одномерной глобальной функции перехода $\tau^{(n)}$ {$\tau^{(n)0}{=}\tau^{(n)}$, $\tau^{(n)p}$}, определенной в алфавите $A = \{0,1,...,a{-}1\}$, где *a* – простое число, а $p = \{1,...,a{-}2\}$ будет множеством различных *1*–мерных глобальных функций перехода, каждая из которых обладает свойством самовоспроизводимости в смысле *Мура* конечных конфигураций. Программную поддержку ⊕–*композиции* локальных функций перехода обеспечивает простая процедура **CompGTF1**, запрограммированная в *Mathematica*. При этом, на основе результатов теоретических и экспериментальных исследований ⊕–композиции глобальных функций перехода был сформулирован следующий результат [18,27,42,44-49,62,173-177].

<u>Предложение 13.</u> Пусть J будет d-мерной классической KA-моделью с линейной глобальной функцией перехода W, локальная функция перехода которой определяется с помощью формулы (31) и задана в алфавите A = {0, 1,..., a–1} (a – простое число), тогда p-кратная ⊕-композиция ее глобальной функции W для p∈{1,2,3,...,a–2} будет порождать (a-2) линейных глобальных функций перехода, которые обладают свойством воспроизводимости в смысле Мура конечных конфигураций, определенных в алфавите A. Кроме того, конечная

352

конфигурация, заданная в алфавите А, и ей обратная, являются воспроизводящимися в смысле Мура, требуя для этого одинаковое числа шагов генерации глобальной функции перехода, являющейся результатом р-кратной ⊕-композиции глобальной функции W для целых значений $p \in \{1,2,3,...,a-2\}$.

Как правило, время генерации заданного *числа* копий тестируемой конечной конфигурации максимально для композиции $\tau^{(n)0}$ *($\tau^{(n)}$ определяется в алфавите А = {0, 1, ..., a–1}; а – простое число)*, тогда как для композиции $\tau^{(n)p}$ растет одинаково для всех *(p=0...a–2)* с ростом размера строк, т.е. некая конечная конфигурация для получения *d* ее копий потребует то же самое число шагов глобальной функции перехода $\tau^{(n)p}$ для *p=0,...,a–2*. Достаточно большим подспорьем в исследовании проблемы ⊕-композиции глобальных функций $\tau^{(n)}$ стало компьютерное моделирование с использованием процедур таких, как *CompGTF0, CompGTF1, Reproduction* и *Reproduction2*, запрограммированных в *Mathematica*. Эти процедуры оказались довольно полезными инструментами в компьютерном изучении *⊕-композиции* одномерных глобальных функций перехода [18,42]. Наконец, необходимо отметить, что общая проблема *декомпозиции (d–ПДФ)* глобальных функций перехода представляет *наибольший* интерес со всех точек зрения, тогда как *обобщенная* задача *(d–ОПДФ)* носит скорее *обобщающий* характер и была введена нами для более исчерпывающего изучения проблемы декомпозиции глобальных функций перехода. В то же время, *d–ОПДФ*, возможно, имеет также и некие интересные приложения, кроме теоретического интереса.

Вопросы алгоритмической разрешимости играют в современной математике чрезвычайно важную роль и составляют достаточно широкий класс так называемых *массовых* задач. Ряд проблем этого класса, связанных с *КА*–моделями, рассматривался выше. Тогда как ниже вопросы алгоритмической разрешимости касаются проблем *декомпозиции* глобальных функций для классических *КА*–моделей. Как отмечалось выше, проблема алгоритмической разрешимости *декомпозиции* решается положительно на основе полного перебора, как следует из нижеследующей теоремы.

Теорема 153. *Для глобальной функции перехода $\tau^{(n)}$ d–размерности, заданной в алфавите А, существует конструктивный алгоритм в виде полного перебора, решающий и d–ПДФ, и d–ОПДФ (d $\geq$ 1).*

Действительно, довольно просто убедиться, что для произвольной глобальной функции перехода, определенной в любом конечном алфавите, существует конструктивный алгоритм для определения возможности решения *d*–ПДФ и *d*–ОПДФ *(d≥1)* для функции. Суть этого алгоритма достаточно подробно представлена, например, в [47]. При этом, существующая теоретическая возможность такого конструктивного решения как *d*–ПДФ, так и *d*–ОПДФ ограничена *возможностями* современных компьютерных ресурсов. Естественно, предложенный алгоритм решения является довольно громоздким, однако такой запрограммированный алгоритм позволяет получать *(при условии их существования)* всевозможные представления любой глобальной функции перехода размерности *d = 1,2,* определенной в произвольном конечном алфавите *A,* в форме композиции более простых глобальных функций перехода. При изучении *специфики* проблемы *декомпозиции,* прежде всего, с прикладной точки зрения возникает следующий достаточно интересный вопрос, а именно:

Имеется ли эффективный конструктивный алгоритм, отличный от полного перебора, определяющий возможность решения d–ПДФ и/или d–ОПДФ для произвольной глобальной функции перехода $\tau^{(n)}$ d–размерности, определенной в произвольном конечном алфавите состояний A = {0, 1, ..., a–1} (d ≥ 1)?

Кроме того, трудоемкость конструктивного алгоритма может быть достаточно существенно снижена, если ограничиться получением *допустимого* представления, или локальная функция перехода $\sigma^{(n)}$, соответствующая тестируемой глобальной функции $\tau^{(n)}$, обладает определенной особенностью. Несмотря на разрешимость *d*–ПДФ, существует ряд более особых проблем, решение которых известно и не так громоздко. Рассмотрение начнем с самых простых случаев декомпозиции глобальных функций перехода.

Прежде всего, отметим довольно важный, особенно с прикладной точки зрения, вариант специального представления глобальной функции перехода $\tau^{(n)}$ для ограниченного количества функций в представлении *(30)*, т.е. при выполнении условия *p ≤ p* = const.* Для данного частного случая проблема декомпозиции алгоритмически разрешима и доказать это весьма просто; алгоритм ее разрешения конструктивен и достаточно просто реализован уже на *ПК* [44-49]. Аналогичным образом можно рассмотреть разрешимость *d*–ПДФ и других частных случаев вышеприведенного представления *(30)* для глобальных функций перехода. В этой связи весьма интересно рассмотреть проблему декомпозиции не только относительно *всего* множества глобальных функций перехода, но также относительно некоторых его специальных подмножеств.

Пусть $\mathfrak{R}$ – *множество* всех *d*-мерных глобальных функций перехода $\tau^{(n)}$, заданных в произвольном конечном алфавите *A*, таких, что для функции $\tau^{(n)} \in \mathfrak{R}$ имеет место следующее соотношение

$$(\forall c \in C(A, d, \phi))(|c| \leq |c\tau^{(n)}|),$$

где $|c^*|$ – *максимальный* диаметр произвольной конфигурации c^*. Тогда в классе $\mathfrak{R}$ глобальных функций перехода *d-ПДФ* является алгоритмически разрешимой, позволяя использовать и простой, и довольно быстрый разрешающий конструктивный алгоритм [47].

Теорема 154. **_В классе $\mathfrak{R}$ d-мерных глобальных функций $\tau^{(n)}$ d-ПДФ_** **_(d ≥ 1) алгоритмически разрешима, обладая достаточно простым конструктивным разрешающим алгоритмом._**

Проблема *декомпозиции* глобальной функции перехода $\tau^{(n)}$, если в ее представлении *(30)* имеет место соотношение $\Sigma_j n_j = n{-}k{+}1;\ n_j < n$ *(j = 1..k)*, представляет довольно большой интерес с прикладной и теоретической точек зрения. Для такого частного случая проблема также является алгоритмически разрешимой, а доказательство ее разрешимости конструктивно; при этом, алгоритм решения имеет программную реализацию в системе *Maple*, чья сложность зависит от вида проверяемой глобальной функции и/или ограничений, налагаемых на функции, составляющие композицию *(30)* [8,41,47].

Так называемая проблема *элементарного представления* глобальной функции перехода, заключающаяся в обнаружении функций $\tau^{(n)}$ с минимальными размерами шаблонов соседства, составляющих ее представление *(30)*, является довольно интересной, имея простой, но трудоемкий *конструктивный* алгоритм разрешения. Между тем, ввиду практической важности *d-ПДФ* и *d-ОПДФ* представляется важным получение принципиально конструктивных алгоритмов решения, позволяющих определять для глобальной функции $\tau^{(n)}$ невозможность решения данных проблем или дать *исчерпывающие* решения в виде требуемого конкретного разложения *(30)*. Таким образом, на уровне разрешимости как *d-ПДФ*, так и *d-ОПДФ (d≥1)* *эквивалентны*, тогда как на уровне возможности получать решение *вторая* проблема является гораздо более предпочтительной. Общая проблема алгоритмической разрешимости *d-РDГ (d ≥ 1)* является обобщением более частной проблемы декомпозиции, а именно:

Существует ли для произвольной глобальной функции перехода $\tau^{(n)}$ положительное решение d–ПДФ при условии принадлежности функций $\tau^{(n}{}_j$, составляющих ее представление (30), к некоторому базовому подмножеству SG множества определенных глобальных функций в тех же d–размерности и алфавите $A = \{0, 1, ..., a-1\}$?

В этом направлении есть следующий *основной* результат, имеющий немало довольно важных приложений. Результат подтверждается весьма полезными программными реализациями в системах *Maple* и *Mathematica* [27,41,42,173-177].

Теорема 155. Относительно произвольного базового подмножества W множества всех глобальных функций перехода d–размерности, определенных в конечном алфавите A, как d–ПДФ, так и d–ОПДФ алгоритмически разрешимы.

В определенной степени проблема единственности представления произвольной глобальной функции перехода $\tau^{(n)}$ композицией из конечного числа более простых функций является *промежуточной* между общей проблемой и частной проблемой алгоритмической *разрешимости*. В частности, если глобальная функция перехода $\tau^{(n)}$ имеет единственное представление в форме композиции *(30)* более простых глобальных функций перехода $\tau^{(n}{}_j$, то такие глобальные функции не будут представимы в форме *(30)*.

Из результатов исследования *d–ПДФ* известно про существование глобальных функций, для которых эта задача имеет *отрицательное* решение наряду с функциями, допускающими как минимум два различных нетривиальных положительных решения. В этой связи возникает весьма интересный вопрос о существовании глобальных функций перехода, допускающих лишь *1* положительное решение *d–ПДФ*. Здесь следует сразу же отметить довольно важное свойство глобальных функций, составляющих единственное представление в форме *(30)* для произвольной глобальной функции перехода, а именно – *отрицательное* решение *d–ПДФ* для каждой из них. Итак, необходимо искать похожие глобальные функции перехода среди глобальных функций перехода, имеющих отрицательное решение *d–ПДФ*. В частности, для этого вполне достаточно рассмотреть *класс W* линейных глобальных функций перехода, локальные функции перехода $\sigma^{(n)}$ которых определяются формулой *(31)*.

Показано, что в классе подобных линейных глобальных функций перехода существуют функции, которые допускают только одно положительное решение *d–ПДФ.* Более того, выполненный анализ показал, что среди уже всех классических одномерных бинарных глобальных функций с индексом соседства $X = \{0, 1, 2\}$ существуют функции, имеющие единственные представления *(30)* (*с номерами* **1,2,8,15,16,18,19,24,36,55,64,66,72,85,90,126,127**) вместе с единичными представлениями, состоящими из степеней одинаковых функций (*с номерами* **1,15,85,90,127**) [18,45]. Следовательно, среди глобальных функций *d*–размерности, определенных в конечном алфавите *A*, можно выделить как минимум четыре *непересекающихся* множества глобальных функций перехода относительно *возможного* решения *d–ПДФ* ($d \geq 1$), а именно:

♦ *глобальные функции перехода* $\tau^{(n)}$, *не имеющие положительного решения d–ПДФ* ($d \geq 1$);

♦ *глобальные функции, имеющие положительные решения d–ПДФ;*

♦ *глобальные функции* $\tau^{(n)}$, *имеющие единственное положительное решение d–ПДФ* ($d \geq 1$);

♦ *глобальные функции* $\tau^{(n)}$, *имеющие единственное положительное решение d–ПДФ, состоящее из степени некоторой более простой глобальной функции перехода* ($d \geq 1$).

Поэтому возникает достаточно интересный вопрос о зависимости *четырех* приведенных типов представлений глобальных функций *(30)* от *выбранного* множества глобальных функций. Таким образом, *расширение* классических *1*-мерных *бинарных* глобальных функций с индексом соседства $X=\{0,1,2\}$ до всех бинарных *ГФП* того же типа нарушает единственность представлений глобальных функций с номерами **1,15,85,90,127**, обеспечивая им двойные представления в виде *(30)*. Относительно класса одномерных линейных глобальных функций перехода наряду с представленными выше результатами есть некоторые достаточно интересные, имеющие немало довольно полезных применений в исследовании *динамики* классических *КА*-моделей. В частности, приведенные выше результаты могут быть полезны при исследовании представлений *ГФП*, а именно [44-49]:

Глобальная функция $\tau^{(n)}$, *определяемая локальной функцией вида*

$$\sigma^{(n)}(x_1, ..., x_n) = \sum_j x_j \ (mod \ a); \quad x_j \in A = \{0,1,...,a-1\}$$

имеет представление в форме $\tau^{(n)} = \left[\tau^{(a)}\right]^{(a^k-1)/(a-1)}$ *тогда и только тогда, когда n представимо в виде* a^k, *где k - натуральное число, и - простое число и* $\tau^{(a)}$ *- линейная глобальная функция перехода со* *связным шаблоном соседства размера а. Произвольная линейная глобальная функция перехода $\tau^{(n)}$ с локальной функцией перехода $\sigma^{(n)}(x_1, ..., x_n) = \sum_j x_j$ (mod a) допускает композицию $\tau^{(n)} = \tau_1^{(n/2+1)}\tau_2^{(n/2)}$, где a - произвольное целое, n - четное число, а линейные глобальные функции перехода τ_1 и τ_2, образующие аналогичное представление, имеют индексы соседства соответственно X1={0,n/2} и X2={0,1, ..., n/2–1}. Для других значений n линейная глобальная функция $\tau^{(n)}$ имеет отрицательное решение ПДФ в виде композиции функций того же вида. Для любых целых чисел n≥3 и a≥2 класс (31) функций содержит N(n,a) линейных функций, допускающих композиции из более простых функций $\tau^{(n)}$ того же класса, где N(n, a) – функция, растущая по переменным n и а.*

С проблемой представимости глобальных функций перехода $\tau^{(n)}$ в виде *композиции (30)* возникает вопрос взаимосвязи *основных* типов неконструируемости глобальных функций перехода $\tau^{(n)}$, а также глобальных функций, образующих их *композицию*. Так, замыкание множества *C(A,d,ϕ)* относительно *глобального* отображения, которое определяется глобальной функцией перехода $\tau^{(n)}$, играет довольно существенную роль в вопросе обладания ею неконструируемостью типов **НКФ, НКФ-1, НКФ-2 и НКФ-3**. В этой связи определенный интерес представляет также влияние на *незамкнутость* множества *C(A,d,∞)* относительно отображения, определяемого глобальной функцией перехода $\tau^{(n)}$, существование подобного свойства и для глобальных функций перехода $\tau^{(n_j)}$ (j = 1..p), которые составляют вышеупомянутую композицию. В этом направлении был получен целый ряд довольно интересных результатов [27,44-49,173-177].

Возможность неконструируемости **НКФ** формировать *бесконечные* конфигурации $c^{\infty}_j \in C(A,d,\infty)$, для которых возможно соотношение $c^{\infty}_j \tau^{(n_j)} = \square$ (j≥2), неконструируемыми, составляет основу получения ответа на данный вопрос; т.е. существует возможность запретить возникновение незамкнутости множества *C(A,d,∞)* относительно глобальной функции $\tau^{(n)}$ в целом. Ввиду сказанного, был найден пример композиции (*вообще говоря формы 30*), основанной на этой возможности, позволяющий сформулировать результат [27,40].

Теорема 156. Для того, чтобы глобальная функция перехода $\tau^{(n)}$, представимая в форме (30), определяла глобальное отображение, относительно которого множество C(A,d,∞) будет незамкнуто, *необходимо и достаточно существование по меньшей мере одной глобальной функции $\tau^{(n_j)}$ (j = 1..p) в представлении (30), которая определяет глобальное отображение, относительно которого множество C(A, d, ∞) незамкнуто. Глобальная функция перехода, представимая в виде (30), будет обладать неконструируемостью типа НКФ тогда и только тогда, когда хотя бы одна глобальная функция перехода $\tau^{(n_j)}$ (j = 1..p) в ее представлении (30) обладает свойством неконструируемости типа НКФ.*

С вопросом *единственности* решения *d–ПДФ* для некоторых типов глобальных функций перехода, в целом, тесно связано отсутствие *положительного* решения *d–ПДФ (d≥1)*. Каждый пример глобальной функции перехода, имеющей *единственное* решение *d–ПДФ (d ≥ 1)*, доказывает *отрицательность* решения *d–ПДФ* в целом. Ряд весьма интересных примеров такого типа можно найти в работах [44-49].

Рассмотрим еще один *алгебраический подход* к исследованию *d–ПДФ* и *d–ОПДФ*, представляющий значительный интерес для изучения динамических свойств классических моделей *d–КА (d ≥ 1)* в целом. В этом контексте некоторые ранее представленные результаты по проблеме *декомпозиции* были пересмотрены наряду с некоторыми новыми результатами, полученными благодаря этому подходу. В *основе* этого подхода лежит возможность представления некоторой локальной функции перехода $\sigma^{(n)}$, определенной в алфавите *A*, в полиномиальной форме следующего общего вида, а именно:

$$\sigma^{(n)}(x_1, x_2, ..., x_n) = \sum_{j=1}^{j=p} b_j Y_j \quad (mod\ a) \tag{32}$$

где $b_j \in A$ и Y_j – переменная из конечного множества $\{x_1,...,x_n\}$ (j=1..p) либо произведение степеней этих переменных. Один из основных результатов, касающихся *a*-значных логик *(a>2)*, гласит: **Каждая из функций a-значной логики представима в полиномиальной форме (32) тогда и только тогда, когда a - простое число.**

Этот результат представляется достаточно полезным не только для полиномиального представления вида *(32)* для *1*-мерных функций локального перехода, определенных в алфавите *A*. Этот результат может быть вполне успешно использован для *d*-мерных локальных функций $\sigma^{(n)}$, представляя индекс соседства классических моделей *d–КА (d≥1)* особым образом. Более того, по нашему мнению, способ *полиномиального* представления локальных функций перехода $\sigma^{(n)}$ может найти достаточно широкое применение в исследованиях по классическим *КА*–моделям и в их многочисленных приложениях. Такой прием был использован для дальнейшего исследования как общей проблемы, так и обобщенной проблемы декомпозиции для глобальных функций перехода в классических моделях *d*–*КА* (*d*≥1). При этом, теоретической *основой* этого приема служит следующий основной результат [8,18,27,44-48,173-177].

Теорема 157. *Любая локальная функция перехода* $\sigma^{(n)}$, *определенная в конечном алфавите A, представима в виде многочлена над G от n переменных степени не выше n*(a–1) тогда и только тогда, если алгебраическая система G = <A; +; x> будет полем.*

Если число *a* простое, то поле *М** = <*A; +; x*> также будет простым. Так как простое поле *М** изоморфно *кольцу* классов вычетов кольца целых чисел по модулю *a*, мы вполне можем ограничиться только репрезентативными полиномами по модулю *a*. Следует отметить, что при *a* = p^k (*p – простое и k > a – целое*) алгебраическая система *М** = <*A; +; x*> также может быть *преобразована* в поле, которое будет определять специфические операции умножения и/или сложения, однако в таком случае репрезентативные полиномы над полем *М** будут достаточно неудобны для исследования свойств локальных функций перехода. Поэтому при невозможности представления локальных функций перехода *полиномами* по модулю *a* во многих случаях целесообразно применять несколько иные подходы.

Более того, довольно интересный пример алгебраической системы для *полиномиальных* представлений *a*–*значных* логических функций в случае составного числа дается теоремой **64** и довольно подробно обсуждается в [18,90]. Проблема полиномиальной представимости локальных функций перехода имеет конструктивное решение для случаев как простого *a*, так и составного *a* в такой алгебраической системе, предполагая эффективную компьютерную реализацию на основе простого алгоритма, чье описание можно найти в [18,36,47]. Вопрос относительно полиномиальной представимости локальных функций перехода над полем *А* довольно тесно связан с вопросом приводимости данных полиномов над полем *А*, т.е. о возможности представления в виде *произведения* конечного числа более простых полиномов над полем *А,* а именно:

$$\sigma^{(n)}(x_1, x_2, ..., x_n) = \prod_{1}^{k} F_j(x_{j_1}, x_{j_2}, ..., x_{j_n}); \quad j_n \in \{1, 2, ..., n\} \quad (j = 1..p; p \le n)$$

В более общей постановке данный вопрос сводится к возможности *представления* многочлена, соответствующего локальной функции перехода $\sigma^{(n)}$, определенной в конечном алфавите *A*, в виде некоей функции *F простейших* многочленов или многочленов *специального* типа над полем *A*. Данный вопрос представляет интерес и с точки зрения изучения множества свойств локальных функций перехода в классических *КА*-моделях, и в случае практической реализации вычислительных и некоторых других дискретных систем разного назначения на их основе [7,9,32,36,44-49]. Проблема факторизации представляющих полиномов по модулю *a* напрямую тесно связана с вопросами исследования динамики классических *КА*-моделей с помощью алгебраических методов. Если для некоторой локальной функции представляющий ее полином допускает представление следующего общего вида:

$$P(x_1, ..., x_n) = (x_j - b)^k P_1(x_1, ..., x_n) \quad (mod\ a);\ j \in \{1,...,n\};\ b \in A \setminus \{0\};\ k \geq 1$$

то соответствующая ей *глобальная* функция перехода классической модели *1-КА* будет обладать неконструируемостью *НКФ (НКФ-3)* и/или *НКФ-1*. Итак, проблема приводимости представительского полинома по модулю *a* представляется весьма важным средством анализа динамики классических моделей *d-КА (d ≥ 1)*. Между тем, практическое использование данного подхода достаточно сложно, поскольку для числового поля *A* структура многочленов, которые *неприводимы* над *A*, достаточно сильно различается, в то время как общих алгоритмов, устанавливающих приводимость полиномов от *n>1* переменных, не существует. Таким образом, для выявления приводимости достаточно часто необходимо использовать весьма изощренные приемы либо решать задачи динамики классических *КА*-моделей с помощью других более приемлемых методов [8,47].

Среди множества всех многочленов над полем *A* можно выделить немало достаточно интересных классов. Полиномы в нормальной форме, когда все аддитивные мономы имеют одинаковую степень относительно совокупности переменных, играют особую роль. Эти полиномы называются *однородными* полиномами или *формами*. Так как *формы* могут быть довольно существенно *упрощены* с помощью замены переменных, то можно достаточно эффективно проводить изучение соответствующих им локальных функций перехода [47].

Так называемые *симметричные* полиномы составляют еще один достаточно интересный класс. Многочлен от *n>1* переменных над полем *A* называется *симметричным полиномом*, если он не меняется при любых обратимых перестановках его ведущих переменных.

Хорошо известно, что множество всех симметричных полиномов от n переменных образует подкольцо кольца всех полиномов от n переменных над полем A. Для наших исследований специальный интерес представляет случай, когда полином P над полем A может быть представлен некоей комплексной функцией в виде полинома из симметричных полиномов. При этом, симметричные полиномы над полем A, называемые *элементарными*, играют особую роль:

$$p_k(x_1, x_2, ..., x_n) = \sum_1^r R_j(k, x_1, x_2, ..., x_n); \qquad r = C_n^k / k!$$

$$p_1(x_1, x_2, ..., x_n) = \sum_{j=1}^n x_j; \qquad p_n(x_1, x_2, ..., x_n) = \prod_{j=1}^n x_j$$

где $R_j(k, x_1, x_2, x_3, ..., x_n)$ – различные перестановки *(с точностью до симметрии)* по k из элементов множества $\{x_1, x_2, ..., x_n\}$. В частности, *элементарные* полиномы $\{P_1, P_n\}$ имеют вид, представленный выше. Основной результат здесь формулируем следующим образом:

Произвольный симметричный полином над полем A может быть представлен только одним способом в виде некоторого полинома из элементарных симметричных полиномов Pk (k = 1..n).

Для практического решения данной задачи можно использовать известный метод неопределенных коэффициентов, применяя его к *элементарным симметричным* полиномам, на которые разлагается каждый симметричный полином. Теория *симметричных полиномов*, основанная на вышеприведенном *базовом* результате, имеет целый ряд приложений в различных областях теории полиномов.

Причины, определяющие роль симметричных полиномов, лежат достаточно глубоко и раскрываются только при изучении многих свойств автоморфизмов алгебраических полей. Более того, в свете **КА**-проблематики *симметричные* полиномы, которые определяют *симметричные* локальные функции перехода *классических* моделей, также представляют повышенный интерес, т.к. модели этого типа при определенных условиях обладают, например, универсальной или существенной воспроизводимостью в смысле *Мура* конечных конфигураций. Итак, **КА**-модели с симметричными локальными функциями перехода $\sigma^{(n)}$ представляют особый теоретический и прикладной интерес в био-медицинских науках, моделировании, математике, физике, вычислительной технике, а также во многих других приложениях [7,27,32,36,40,44-49,173-177].

Класс *элементарных симметричных* полиномов от n переменных над полем A весьма тесно связан с проблемой *декомпозиции* глобальных функций перехода $\tau^{(n)}$ в *классических* **КА**-моделях. Обозначим *класс* глобальных функций перехода $\tau^{(n)}$ у классических моделей *1–КА*, чьи локальные функции перехода $\sigma^{(n)}$ представимы *элементарными* симметричными полиномами через $\Psi(n, a)$. Легко убедиться, что любая глобальная функция перехода $\tau_j^{(n)} \in \Psi(n, a)$, за исключением *первой* (P_1) и *последней* (P_n) функций, в любом случае имеет общее представление следующего вида, а именно:

$$\tau_j^{(n)} = \tau_1^{(n-j+1)}\tau_j^{(j)}; \quad \tau_j^{(n)} \in \psi(j, a); \quad \tau_1^{(n-j+1)} \in \psi(n-j+1, a)$$

$$\sigma_1^{(n-j+1)}(x_1, ..., x_{n-j+1}) = \sum_1^{n-j+1} x_k \ (mod \ a); \quad \sigma_j^{(j)}(x_1, ..., x_j) = \prod_1^{j} x_k \ (mod \ a) \ \ (1 < j < n)$$

Вопрос о представимости первой глобальной функции перехода $\tau_1^{(n)} \in \Psi(n, a)$ довольно подробно обсуждался в разделе *7.1*. Так как произведение является некоторым аналогом операции сложения, результаты для функции $\tau_1^{(n)} \in \Psi(n, a)$ легко распространяются на функцию $\tau_n^{(n)} \in \Psi(n, a)$. При этом, для целого числа $n \geq 2$ глобальные функции перехода $\tau_1^{(n)}$ и $\tau_n^{(n)}$ называются *базовыми* функциями из множества $E(n, a)$ *всех симметричных* глобальных функций перехода $\tau^{(n)}$ из не более n переменных, определенных в конечном алфавите *А*. Итак, произвольная глобальная функция перехода $\tau_j^{(n)} \in E(n, a)$, исключая основные функции, может быть представлена в формате композиции из двух основных функций $\tau_1^{(n-j+1)}\tau_j^{(j)}$ *(1 < j < n)*. В то же время ни одна *базовая* функция множества $E(n, a)$ не может быть представлена в виде композиции более простых базовых функций. При этом, представленные аргументы позволяют сформулировать следующий достаточно интересный результат [18,27,44-49].

<u>*Теорема 158*</u>. *Каждая глобальная функция перехода $\tau^{(n)} \in E(n, a)$, за исключением основных функций, представима в виде композиции двух более простых базовых функций следующего вида $\tau_1^{(n-j+1)}\tau_j^{(j)}$ (1<j<n). При этом, далеко не каждая базовая функция множества $E(n, a)$ имеет подобные представления в форме композиции более простых глобальных функций перехода.*

Предложенный метод полиномиального представления *локальной* функции перехода $\sigma^{(n)}$ от n переменных над полем $A = \{0, 1, 2, ..., a-1\}$ для случая простого числа a естественным образом расширяется и на бинарный случай *(а = 2)*. Далее нам понадобятся определенные понятия и определения.

**Определение 28.** *Элементарная конъюнкция, которая не содержит отрицания переменных, называется монотонной; формула вида:*

$$P(x_1, x_2, x_3, ..., x_n) = \sum_{k=1}^{s} \Theta_k \quad (mod\ 2)$$

представляет многочлен Жегалкина, где Θ_k *(k = 1 .. s) определяют попарно различные монотонные элементарные конъюнкции над множеством различных бинарных кортежей* $<x_1,...,x_n>$*. Более того, максимальный из рангов элементарных конъюнкций, входящих в такой полином, будем называть степенью полинома Жегалкина.*

Из теории булевых функций следует, что булева функция может быть представлена полиномом *Жегалкина*, т.е. бинарная локальная функция перехода $\sigma^{(n)}$ может быть вполне *однозначно* представлена соответствующим полиномом *Жегалкина* от *n* переменных степени не выше *n*. В то же время в создании полинома *Жегалкина*, который реализует каждую бинарную локальную функцию перехода $\sigma^{(n)}$, используется ряд методов, среди которых можно выделить метод неопределенных коэффициентов, аналогичный случаю *a–значных логик*. Другой метод, имеющий компьютерную реализацию, может служить основой для доказательства возможности представления любой булевой функции с помощью полинома *Жегалкина* [7,44-49].

В более общей постановке необходимо иметь в виду, что бинарные **КА**–модели наиболее подходят для изучения в алгебре *Жегалкина*, являющейся разновидностью алгебры логики [7]. Об этом говорит простой факт, что в алгебре *Жегалкина* функция алгебры логики от *n* переменных может быть однозначно представлена приведенным полиномом от переменных степени не выше *1*, в то время как его коэффициенты являются элементами бинарного поля {0,1} (*k=1..n*). Кроме того, алгебра *Жегалкина* допускает естественное обобщение на случай *a*–значных логик, если *a* – степень некоторого простого числа. Это позволяет достаточно эффективно применять аппарат теории полиномов над конечными полями для исследования как многозначных логик, так и классических моделей *d–КА (d ≥ 1)* для случая более общих типов конечного алфавита *A*. Ряд обсуждений в данном направление можно найти, например, в [8,18,27,44-49].

Используя возможность *полиномиального* представления локальной функции перехода, определенной в алфавите *A = {0,1,2, ..., a–1}* (*a – простое число*), мы получаем возможность передоказать, обобщить или улучшить ряд ранее полученных результатов, относящихся к проблеме декомпозиции, а также продвинуть исследования в этом направлении. В частности, на основе изучения класса *G* локальных функций перехода, представляемых в форме полиномов вида:

$$\sigma^{(n)}(x_1, x_2, x_3, ..., x_n) = g \sum_{k=1}^{k=n} x_k \quad (mod \ a), \quad x_j \in A; \ j = 1..n; \ g \in A \setminus \{0\}$$

над указанным полем *A* вместе с классом *всех* бинарных локальных функций перехода, представимых полиномами *Жегалкина*, можно получить следующий основной результат [8,27,44-49,173-177].

Теорема 159. *Для простых чисел a и n далеко не каждая локальная функция* $\sigma^{(n)} \in G$ *может быть представлена в форме суперпозиции конечного числа более простых функций в том же алфавите A= {0,1,..., a-1}. Для каждого простого числа n $\geq$ 3 бинарные локальные функции перехода* $\sigma^{(n)} \in G$ *не могут быть представлены в форме суперпозиции из конечного числа простейших локальных функций перехода* $\sigma^{(j)} \in G$ *в том же самом бинарном алфавите A.*

Из доказательства теоремы следует, что, исходя из *полиномиального* представления локальных функций перехода $\sigma^{(n)}$ полиномами по модулю *a*, кроме случая составного числа *a*, возможно получать и конструктивные решения проблемы декомпозиции глобальных функций перехода, не используя вышеуказанного понятия базиса. Кроме того, на основе этой теоремы легко доказывается отсутствие *конечного базиса* для множества всех глобальных функций перехода $\tau^{(n)}$ классических моделей *d–CA (d $\geq$ 1)*. С учетом сказанного можно получить общий критерий решения проблемы декомпозиции для произвольной глобальной функции перехода $\tau^{(n)}$, определенной в конечном алфавите *A = {0,1, ..., a-1} (a – простое число)* [18,27,44-49].

Теорема 160. *Глобальная функция перехода* $\tau^{(n)}$ *представима в виде композиции конечного числа простейших функций, определенных в том же самом алфавите A, только тогда, если полином P_n (mod a), соответствующий ее локальной функции перехода* $\sigma^{(n)}$, *представим суперпозицией полиномов следующего общего вида, а именно:*

$$P_{n_k}(P_{n_{k-1}}(P_{n_{k-2}} \cdots (P_{n_1}) \cdots))) \quad (mod \ a); \quad n_j < n, \ j = 1..k$$

Тем не менее, метод решения проблемы декомпозиции на основе данного критерия содержит порой непреодолимые сложности для большого числа переменных, хотя в простых случаях может и быть довольно эффективным инструментом [45]. Так как предлагаемый метод исследования *КА*-моделей базируется на полиномиальном представлении локальных функций перехода $\sigma^{(n)}$ над полем A, то далее под алфавитами A_c и A_p будем понимать множество $A = \{0,1,$ ..., $a–1\}$ с *составным* и *простым* числом a соответственно. Сказанное, касающееся этого алгебраического подхода, относится к алфавиту A_p. Теперь представляем ряд достаточно интересных результатов, касающихся как *d–ПДФ*, так и *d–ОПДФ*, полученных посредством *полиномиальных* представлений локальных функций перехода $\sigma^{(n)}$ над полем A_p [8,18,27,44-49,173-177].

Теорема 161. *Для глобальной функции перехода* $\tau^{(n)}$, *определенной в алфавите* A_p, *d–ОПДФ, в общем, имеет отрицательное решение, исключая тривиальные случаи.*

Итак, снятие ограничений на глобальные функции, составляющие композицию *(30)* для глобальной функции $\tau^{(n)}$, не меняет, вообще говоря, отрицательности решения проблемы декомпозиции такого типа. Поскольку, в целом, *d–ПДФ* и *d–ОПДФ* не эквивалентны, то следующий результат представляет особый интерес, прежде всего, с точки зрения теоретического изучения *классических* **КА**-моделей.

Теорема 162. *Если для d–мерной глобальной функции перехода* $\tau^{(n)}$ *d–ПДФ и d–ОПДФ будут эквивалентны, то для этой глобальной функции перехода проблемы также алгоритмически разрешимы.*

Исследование проблемы декомпозиции во всей ее общности для глобальных функций перехода, определенных в алфавите A_p, дает возможность получить следующий результат [8,27,32,44-49].

Теорема 163. *Для d–мерной (d≥1) глобальной функции перехода* $\tau^{(n)}$, *определенной в произвольном конечном алфавите* A_p, *d–ОПДФ и d–ПДФ эквивалентны и алгоритмически разрешимы.*

Результат теоремы *163* позволяет получить ответы на предыдущие вопросы. Более того, результаты теорем *162* и *163* показывают, что *структура* алфавита A имеет существенное значение для вопроса об эквивалентности *d–ПДФ* и *d–ОПДФ (d≥1)*. А именно, для случая алфавита A_p имеет место эквивалентность и разрешимость обеих проблем, в то время как в общем случае для алфавита состояний A_c эти проблемы, вообще говоря, не эквивалентны, и вопрос об их разрешимости рассматривался выше на другой основе. Довольно важный результат позволяет существенно прояснить взаимосвязь решения *d–ПДФ* и *d–ОПДФ* для общего случая алфавита $A=\{0,1,2,$

..., $a-1$} (*a – простое число*); он дает весьма простое конструктивное решение этих *двух* проблем для глобальных функций перехода $\tau^{(n)}$ классических **КА**–моделей [8,27,44-49,173-177].

Теорема 164. *Для глобальной функции перехода $\tau^{(n)}$ d–размерности, определенной в алфавите A_p, как d–ПДФ, так и d–ОПДФ имеют положительные решения тогда и только тогда, когда глобальная функция перехода $\tau^{(n)}$ представима в виде композиции $\tau^{(n)} = \tau^{(m)}\tau^{(q)}$ ($m,q < n$; $m+q-1=n$; $n > d+1$) из 2 более простых d–мерных глобальных функций перехода, определенных в одном и том же алфавите A_p.*

Представленные подходы к проблеме представимости глобальных функций перехода в виде композиции более простых глобальных функций перехода позволяют в некоторых случаях решать *d–ПДФ* проще, чем с помощью процедуры полного перебора. Между тем, данный подход, несмотря на свою трудоемкость, позволяет решать *d–ПДФ* и *d–ОПДФ* в самом общем случае.

Вопросы общей проблемы декомпозиции абстрактных автоматов напрямую связаны с задачей оптимизации, в случае классических **КА**–моделей имеющей два аспекта: *(1) декомпозиция произвольной глобальной функции перехода на конечное число наиболее простых глобальных функции, и (2) декомпозиция произвольной глобальной функции перехода на минимальное число более простых функций.* Можно убедиться в наличии конструктивного алгоритма решения **ПДФ/ОПДФ** для произвольных *d*–размерности, индекса соседства и алфавита на основе процедуры полного перебора. Предыдущие доказательства данного факта иллюстрируют только допустимость использованной методики. Кроме того, вообще говоря, оба аспекта вышеупомянутой проблемы минимизации имеют конструктивное положительное решение. При этом, на основе теоремы *164* можно получить довольно интересный результат [27,44-49,173-177].

Теорема 165. *Для произвольного целого числа $n > d + 1$ существуют d–мерные глобальные функции перехода, определенные в алфавите A_p, для которых d–ПДФ и d–ОПДФ являются эквивалентными и обе имеют отрицательное решение ($d \geq 1$).*

Результат теоремы *165* представляет собой еще *одно* доказательство отрицательности решения как *d–ПДФ*, так и *d–ОПДФ* в целом. На основе доказательства теоремы *165* возможно решить интересный вопрос оценки числа глобальных функций перехода $\tau^{(n)}$, которые определены в алфавите A_p и чьи решения *d–ПДФ*, *d–ОПДФ* имеют

Виктор Аладьев, Вячеслав Ваганов, Михаил Шишаков

положительные решения. Следующий результат, имеющий вполне самостоятельный интерес, суммирует исследование этого вопроса.

Теорема 166. Почти для всех глобальных функций, определенных в произвольном алфавите состояний A_p, d–ПДФ и d–ОПДФ имеют отрицательное решение ($d \geq 1$).

Следовательно, мы получаем довольно неожиданный результат:

Доля всех глобальных функций перехода d–размерности, которые определены в произвольном алфавите A_p и которые допускают положительные решения d–ПДФ и d–ОПДФ, равна нулю ($d \geq 1$).

Итак, исследование **d–ПДФ** вместо доказательства существования *отрицательности* ее решения превратилось в поиск ее достаточно редких *положительных* решений. При этом, относительно операции *композиции* множество *всех* глобальных функций **d**–размерности, определенных в алфавите A_p, представляется нам довольно четко дифференцированным и имеет достаточно хорошие предпосылки для определения соответствующей иерархии сложности функций глобального перехода в классических **КА**–моделях.

7.4. Проблема сложности глобальных функций перехода для классических клеточных автоматов

Из наших результатов исследования **d–ПДФ** и **d–ОПДФ** возможно просто установить, что среди всех **d**–мерных глобальных функций перехода $\tau^{(n)}$ ($n \geq d + 1$), определенных в алфавите A_p, может быть определена некоторая иерархия сложности глобальных функций перехода $\tau^{(n)}$ по отношению к проблеме декомпозиции.

Определение 29. Произвольная глобальная функция перехода $\tau^{(n)}$ принадлежит s–уровню сложности [$s < n$; обозначение: $\tau^{(n)} \in L(s)$] только тогда, когда для данной глобальной функции перехода $\tau^{(n)}$ существуют представления в следующей форме:

$$\tau^{(n)} = \tau_1^{(n_1^p)} \tau_2^{(n_2^p)} \tau_3^{(n_3^p)} \dots \tau_{k_p}^{(n_{k_p}^p)}; \quad n > d+1; \quad s = min\left\{max\left\{n_1^p, \dots, n_{k_p}^p\right\} \middle| p = 1..m\right\}$$

то есть для глобальной функции $\tau^{(n)}$ ПДФ имеет положительное решение. Если ПДФ для глобальной функции перехода $\tau^{(n)}$ имеет отрицательное решение, то такая глобальная функция перехода приписывается классу сложности $L(n)$.

На основе вышеприведенных результатов, определений и теоремы *166* можно получить следующие асимптотические соотношения, имеющие много достаточно важных приложений в проблематике классических клеточных автоматов [8,27,44-49,173-177], а именно:

$$(\forall s \geq 2)(\#L(s) > 0); \quad \lim_{s \to \infty} \#L(s)/a^{a^s} \geq 1,$$

где *a* - простое число и *#G* - мощность конечного множества *G*.

Кроме того, на основе теоремы *163* и понятия сложности функций глобального перехода *d*-размерности по отношению к *d*–ПДФ и *d*–ОПДФ *(d≥1)* имеет место следующий довольно важный результат о разрешимости уровней сложности глобальных функций перехода в классических *КА*-моделях, представляющий, в первую очередь, теоретический интерес при исследовании *алгоритмических* свойств динамики классических моделей *d*–*KA* *(d ≥ 1)* как концептуальных моделей пространственно–распределенных динамических систем.

Теорема 167. Проблема определения принадлежности произвольной d–мерной глобальной функции перехода $\tau^{(n)}$, заданной в алфавите A, к s–уровню сложности (s ≤ n) алгоритмически разрешима.

На основе введенного понятия *сложности* для глобальных функций перехода относительно *d*–ПДФ *(d*–ОПДФ) *(d ≥ 1)* можно получить достаточно интересные характеристики глобальных функций $\tau^{(n)}$. Из приведенных выше результатов следует, что мы, по существу, использовали алгебраические свойства конечного алфавита A_p, т.к. локальная функция перехода может быть *однозначно* представлена полиномом по модулю *a* максимальной степени $n^*(a-1)$ над полем A_p, и наоборот. Тогда как в случае алфавита A_c далеко не каждая локальная функция перехода, заданная в алфавите данного типа, может быть представлена в *полиномиальной* форме вышеуказанного вида. А именно, имеет место следующий основной результат [9,48].

Теорема 168. Для произвольного конечного алфавита A_c={0,1,...,a-1} доля (W) локальных функций перехода $\sigma^{(n)}$, которые определены в алфавите состояний этого типа и допускающие полиномиальные представления по модулю a удовлетворяет соотношению:

$$\frac{1}{a^{a^n - 4^n}} \leq W \leq \frac{1}{a^{a^n - (a-2)^n}}$$

Из данного результата вытекает, что для случая составного целого числа *a* почти все локальные функции перехода, определенные в алфавите A_c, не могут быть представлены в *полиномиальной* форме по модулю *a* для достаточно больших значений *n* и/или *a*. В связи с этим вполне можно сформулировать следующий вопрос:

Можно ли определить такую алгебраическую систему, в которой можно было бы определять полиномиальное представление для локальной функции перехода, определенной в алфавите A_c?

В результате проведенного анализа был предложен один довольно интересный пример *алгебраической* системы, в среде которой *почти все* локальные функции перехода $\sigma^{(n)}$, определенные в алфавите A_c, могут быть однозначно представлены полиномами по модулю *a* (*теорема 64*). На основе доказательств теорем *64*, *164* и *165* получен следующий довольно интересный результат относительно *d–ПДФ* и *d–ОПДФ* в случае алфавита A_c классических моделей *d–КА*; этот результат представляет существенный теоретический интерес для *КА*-проблематики в целом наряду с рядом приложений [7,9,44-49].

Теорема 169. **По отношению к почти всем глобальным функциям перехода, определенным в алфавите A_c, чьи соответствующие им локальные функции перехода $\sigma^{(n)}$ допускают представления в виде полиномов в приведенной выше форме, d–ПДФ и d–ОПДФ будут и эквивалентными, и алгоритмически разрешимыми.**

Таким образом, на основании теорем *64* и *169* приведенные выше результаты исследования *d–ПДФ* и *d–ОПДФ* распространяются на практически все глобальные функции перехода, определенные в алфавите A_c. Тогда как пока мы не можем распространить все эти результаты на общий случай алфавита *A*, для которого требуются дополнительные исследования, кроме метода полного перебора.

Наряду с вышеупомянутым алгебраическим методом, основанным на *полиномиальных* представлениях локальных функций перехода, для их формальных исследований могут быть достаточно успешно использованы методы и результаты *алгебраической* теории *a-значных* логик, например, итерационные алгебры *Поста* [7,27]. В этой связи интересно определить и изучить класс некоторых *нетрадиционных* алгебраических систем, в рамках которых возможны приемлемые представления локальных функций перехода $\sigma^{(n)}$, определенных в произвольном алфавите *A*. Так, в качестве элементов алфавита *A* можно выбирать определенные объекты, которые были изучены в алгебраической теории чисел (*круговые целые числа, делители и др.*), наряду с использованием ряда результатов и методов *расширенной* алгебраической теории чисел [7,27,44-49,173-177].

Наконец, исследование различных множеств глобальных функций перехода, замкнутых относительно операции композиции, будет представлять достаточно существенный интерес со многих точек зрения. В связи с этим был исследован ряд аналогичных множеств, интересных с прикладной точки зрения в контексте динамических и экстремальных возможностей классических *KA*-моделей. Наряду с представлением глобальных функций перехода, основанным на *операции композиции*, достаточный интерес представляет также ряд других представлений, весьма полезных для многих теоретических исследований классических *KA*-моделей вместе с их прикладными аспектами. В наших работах можно найти множество достаточно интересных примеров использования некоторых других операций над глобальными функциями перехода, а также более подробное обсуждение **ПДФ/ОПДФ** [7,27,44-49,173-177].

На этом завершается обсуждение *базовых* результатов относительно проблемы декомпозиции глобальных функций в классических *KA*-моделях, которые решают эту проблему и определяют целый ряд интересных вопросов для исследований в этом направлении. В то же время, еще раз отметим, что отрицательность *решения* проблемы *декомпозиции* наряду с ее алгоритмической разрешимостью можно доказать довольно просто, тогда как используемые для этих целей подходы носят для задач исследования *KA*-моделей более общий характер. Наконец, результаты, основанные на решении *глобальной* проблемы *декомпозиции*, составляют довольно существенную часть основных методов исследования классических моделей *d–KA (d≥1)* и используются достаточно широко.

Глава 8. Некоторые прикладные аспекты классических клеточных автоматов (КА–моделей)

На сегодня сфера приложений **КА**–моделей при всей их общности достаточно обширна и требует особого рассмотрения, выходящего за рамки настоящей книги. Итак, здесь мы лишь вкратце отметим самые продвинутые области приложений; при этом, подробнее мы коснемся прикладных аспектов **КА**–проблематики *(с акцентом на некоторые полученные результаты)* в областях таких, как математика, биологические и вычислительные науки. Кроме того, в настоящее время **КА**–концепция наряду с самостоятельным интересом с разной степенью интенсивности используется в качестве важного объекта изучения в довольно широком диапазоне приложений, а именно: *кибернетика и физика, прикладная и чистая математика, синергетика, теория вычислений, распознавание образов и обработка сигналов, теория кодирования, теоретическая и математическая биология, урбанистика, математическое и физическое моделирование, геология, криптография, компьютерные науки, обработка информации и т.д.* Более того, разные **КА**–объекты могут довольно успешно моделировать самые общие феноменологические аспекты реального мира наряду с прямыми физическими законами и процессами на *микроскопическом* уровне [7,27,48]. Модели **КА** представляют определенный вид *формальных рекурсивных миров*, в то время как сама рекурсия является одним из фундаментальных понятий в *математике, физике, информатике, биологии, лингвистике* и даже в *искусстве*. По этой причине сегодня такие модели весьма востребованы, привлекая все большее число исследователей из самых различных областей естествознания.

Во многих случаях **КА**–модели могут представить альтернативный и весьма эффективный подход к анализу *динамики* сложных систем взамен *дифференциальных* уравнений. Поскольку пространственная дифференциация элементарных автоматов является неотделимым свойством **КА**–моделей, они являются просто незаменимыми там, где дифференциальные уравнения неэффективны или вообще не могут применяться. Во многих случаях просто не существует иного способа прояснить динамику развития некоторой системы, кроме как просто смоделировать ее поведение посредством подходящей классической **КА**–модели [7,27,32,36,40,44-49,61,63,64,173-177].

Такие *фундаментальные* свойства, как локальность и однородность, априори обеспечиваемые на уровне аксиоматики **КА**, совместно со свойством обратимости динамики на программируемом уровне, позволяют рассматривать **КА**-модели как довольно перспективную среду *физического* моделирования. Эти и целый ряд многих других существенных обстоятельств переносят **КА**-*проблематику* на весьма *серьезный* междисциплинарный уровень, превращая проблематику в определенную концептуальную среду моделирования, описания и изучения явлений, процессов и объектов из разных естественно-научных областей и некоторых других областей.

Между тем, возможности применения **КА** в качестве *нетривиальной* среды физического моделирования позволяют рассматривать их гораздо шире, чем просто самостоятельные объекты исследования. В связи с этим их можно рассматривать как новый перспективный *концептуальный* подход к организации *обратимых* вычислительных процессов в контексте исследования общей теории вычислений и разработки *новых* перспективных средств вычислительной техники [7,27]. Теперь вполне возможно констатировать, что концепция **КА** представляет собой довольно перспективную *среду* моделирования концептуальных и прикладных аспектов важных пространственно-распределенных динамических систем, из которых физические и биологические системы являются наиболее *важными* прототипами. Довольно полное представление в области прикладных аспектов **КА**-проблематики можно найти в [7-9,27,32,36,40-42,44-49,62,63,64] и в многочисленных оригинальных источниках, цитируемых в них.

После довольно краткого обсуждения некоторых математических приложений **КА**-концепции остановимся на ее применении для изучения достаточно интересных задач комбинаторного анализа, теории чисел и дискретной математики, тогда как математические приложения, представленные в этом разделе, являются далеко не исчерпывающими. Довольно интересный обзор приложений **КА**-концепции в математике, включая наши результаты, можно найти, в частности, в [7,27,32,36,40-42,44-49,62,63,64,173-177].

8.1. Решение комбинаторной проблемы Штейнгауза

Польский математик *Штайнгауз* более 85 лет назад сформулировал довольно интересную комбинаторную задачу, названную «*плюсы-минусы*», чья суть в нашей терминологии сводится к следующему [9,18,32]. Пусть $c(k) = p(1,1)p(1,2)p(1,3) \ldots p(1,k)$ будет первой строкой бинарных элементов $p(1, j) \in \{0, 1\}$; $(j = 1 .. k)$. Кроме того, значения k

Виктор Аладьев, Вячеслав Ваганов, Михаил Шишаков

выбираются только из набора $M=\{3+4t, 4+4t \mid t=0,1,2,3,4,5, ...\}$. Затем элементы j–й строки длины $(k-j+1)$ выводятся из элементов $(j-1)$–й строки длины $(k-j+2)$ согласно простому рекуррентному правилу:

$p(j, i) = p(j-1, i) + p(j-1, i+1) + 1 \pmod 2;$ $(i=1 .. k-j+1; j=2 .. k)$

Нетрудно убедиться, что в результате будет получена треугольная форма $T(k)$, которая будет состоять из $N = k*(k+1)/2$ символов $\{0,1\}$. Поскольку N являются четными числами для значений $k \in M$, то мы можем сформулировать следующий довольно интересный вопрос:

Можно ли определить для произвольного допустимого значения k из M формы $T(k)$, содержащие одинаковое число $k*(k+1)/4$ каждого из символов «0» и «1»?

В случае положительного ответа будем говорить, что такая строка $c(k)$ является решением задачи *Штейнхауза* для указанного числа k; в дальнейшем для краткости используется термин «*Ш–проблема*». Большое число любителей и профессиональных математиков был вовлечен в решение *Ш–проблемы*, которые получили ряд довольно интересных результатов. Между тем, решение *общей* *Ш*–проблемы оставалось открытым. Только на основе теоретических результатов по классическим моделям **2–КА** с использованием компьютерного моделирования удалось получить ряд новых довольно интересных результатов наряду с *исчерпывающим* решением общей *Ш–проблемы* [150]. В дальнейшем нам понадобится ряд основных определений, понятий и обозначений.

Определение 30. Решение Ш(k) Ш–задачи для произвольного целого числа k из M = {3+4t, 4+4t | t=0,1,2, ...} называется производным, если оно может быть представлено в виде конкатенации D(k) = Ш(k₁) Ш(k₂)Ш(k₃)...Ш(kₙ) решений для значений $k_j < k$ при $\sum_j k_j = k$ (j=1..n) [обозначение: D(k)]. Пусть Ш(k) - множество различных решений Ш–задачи для некоторого значения k. Несложно убедиться, что Ш(3) = {000, 011, 110, 101} и Ш(4) = {1101, 1011, 0011, 1100, 1010, 0101}; эти два множества решений называются базовыми. Производное решение Ш(k) будет называться базовым решением только, если в его D(k)–представлении имеет место определяющее соотношение Ш(kⱼ)∈Ш(3)∪Ш(4) (j = 1..n) {будем использовать обозначение B(k)}.*

Множества *производных* и базовых решений *(вместе с их элементами)* *Ш*–проблемы для любого целого числа k обозначаются $D(k)$ и $B(k)$ соответственно. Можно отметить, *базовые* решения представляют особый интерес, поскольку они состоят из элементарных базовых решений и в некоторой степени иллюстрируют один из примеров феномена самоусложнения. Исследование в терминах *классической* модели *2–КА*, определенной специальным образом, позволило нам получить ряд интересных свойств решений **Ш**–проблемы, которые раскрывают их внутреннюю структуру, тогда как довольно общий результат в этом направлении дает следующая теорема [27,47,150].

Теорема 170. Если Ш(k), D(k) и B(k) есть множества всевозможных, производных и базовых решений Ш–задачи для некоторого целого числа k∈M соответственно, то для каждого допустимого целого числа k > 2 множество Ш(k) непусто, а для каждого допустимого целого числа k>10 имеет место соотношение #Ш(k)>#B(k), где #J – мощность произвольного конечного множества J.

Таким образом, теорема дает исчерпывающее решение **Ш**–задачи, которая была сформулирована более *85* лет назад. Использование комбинированных методов *(теоретический анализ соответствующих моделей 2–КА совместно с компьютерным моделированием)* позволило получить достаточно интересные оценки для всех типов решений вышеуказанной **Ш**–задачи *(Ш–проблемы)* [27,44-49,150,173-177].

Теорема 171. Для каждого целого числа k∈{3+4t, 4+4t | t = 0,1,2,3,4, ...} существуют следующие определяющие соотношения, а именно:

$$\# S(k) \succ 2^{k-r(k)} \ \ for \ \ r(k) \le [k/2]; \quad \# B(k) \ge \begin{cases} 2^{3t-2}, & if \ \ k \in \{3+4t \mid t = 1,2,3,...\} \\ 2^{3t}, & if \ \ k \in \{4+4t \mid t = 1,2,3,...\} \end{cases}$$

Аналогичные определяющие соотношения верны для производных решений D(k) Ш–проблемы также.

Следует отметить, **Ш**–*проблема* может быть существенно обобщена следующим образом. Вместо символов *{0, 1}* используется алфавит *A={0,1, ..., a–1}*, типичный для классических *КА*–моделей, тогда как элементы строки *c(k)* выбираются из алфавита *A*. Более того, целые числа *k* выбираются только из множества *M={3+4t, 4+4t | t=0,1,2, ...}*. Затем элементы *j–й* строки длины *(k–j+1)* вычисляются в терминах элементов *(j-1)–й* строки длины *(k–j+2)* по следующему простому рекуррентному правилу, а именно:

$$p(j, i) = p(j-1, i) + p(j-1, i+1) + 1 \ \ (mod \ a); \quad (i=1 .. k-j+1; j=2 .. k) \quad (33)$$

Нетрудно убедиться, что в результате будет получена треугольная форма *T(k)*, состоящая из $N = k*(k+1)/2a$ символов алфавита *A*. Так как *N* являются целыми числами для значений *k∈M*, то мы можем сформулировать следующий довольно интересный вопрос:

*Можно ли определить для произвольного допустимого значения k
из M формы T(k), содержащие одинаковое число k(k+1)/2a каждого
из символов произвольного алфавита A={0,1,2,..., a–1}?*

Ш–проблема в данной постановке называется *обобщенной*. Вполне
разумно предположить, что *обобщенная* Ш–проблема вполне может
получить даже более широкую интерпретацию, а именно: индекс
соседства X={0,1,2, ..., n–1} полагается произвольным, а допустимые
целые числа k в данной постановке выбираются уже из множества
M*={n+t*(n–1) | t=0,1,2, ...}, тогда как ступенчатые формы J(k) будут
содержать L=[(n–1)*t²+(3n–1)*t+2*(n+1)]/2 символов из алфавита A.
При сделанных допущениях *общая* Ш*–проблема* сводится к вопросу
о существовании для каждого допустимого целого числа k формы
J(k), содержащей равное число L/a вхождений каждого символа из
алфавита A. При этом, обобщение методов решения классической
Ш*–проблемы* позволяет сформулировать основной результат в этом
направлении [27,44-49,150,173-177].

*Теорема 172. Для любого алфавита A={0,1,2, ..., a–1} и допустимого
целого числа k≥2a обобщенная Ш–проблема имеет по крайней мере
2*a решений. Число G(k) решений обобщенной Ш–проблемы для A =
{0,1,2} и допустимых целых чисел k∈{2+3t,3+3t | t=1,2,...} составляет
G(k)>2*k–1. Для каждого допустимого целого числа k∈M*, индекса
соседства X={0,1,2,...,n–1} и алфавита A общая Ш–проблема имеет
не менее 2*k решений.*

В заключение отметим, что результаты теорем *170–172* могут быть
обобщены на случаи более высокой размерности и рекуррентных
правил *(33)* более общего вида. Более того, достаточно интересные
результаты исследований в этом направлении можно найти в [150].

8.2. Решение проблемы Улама из теории чисел

Эвристическое исследование проблемы роста уже для случая двух
и трех измерений раскрывает все многообразие растущих фигур,
которые достаточно сложно удовлетворительно охарактеризовать
формальными методами. Поэтому в целях упрощения изучения
данной проблемы *С. Улам* сделал попытку ввести соответствующие
определения в одномерном случае с надеждой, что определенные
базовые свойства так называемых *последовательностей однозначно
определяемых сумм (ПООС)* помогут прояснить картину в данном

направлении [89,151-153]. Данная проблема получила достаточную популярность и в свое время привлекла внимание исследователей не только с точки зрения формальной проблемы роста, но, прежде всего, в связи с теорией чисел. Основная суть проблемы достаточно проста и может быть представлена следующим образом, при этом, предварительно введя необходимые понятия и определения.

На множестве натуральных чисел $M = \{1,2,3,...\}$ определяем простую бинарную операцию следующим образом: $\varphi\colon x + y \Rightarrow z$, где $x, y, z \in M$. Элементы z образуют *подмножество* $M^* \subset M$. При этом, на операцию φ накладываются следующие ограничения, а именно:

(1) начиная с целых чисел a и b $(a < b)$, все последующие элементы $z = x + y$ получаются как сумма любых двух предыдущих элементов $x, y \in M$ ранее полученной последовательности, однако в них мы не включаем те *суммы*, которые возможно получить более, чем одним способом;

(2) более того, сами с собой числа не суммируются и при операции сложения должен участвовать крайний элемент сгенерированного числового сегмента (a, b) *ПООС*.

Полученную таким образом числовую последовательность будем называть *ПООС(a, b)*. В частности, первые двенадцать элементов из *ПООС(1, 2)* составляют следующие натуральные числа, а именно: *1, 2, 3, 4, 6, 8, 11, 13, 16, 18, 26, 28.*

Пары смежных элементов в *ПООС(a, b)*, отличающиеся на число $p = p(a, b)$, называются *близнецами*. Любые множества пар *близнецов* будем обозначать $T(p)$. Так, $T(a + b)$ – множество пар *близнецов* вида $p(a, b) = a + b$. Первоначальная постановка задачи С. *Улама* состоит в определении мощности множества $T(2)$ для *ПООС(1, 2)*, то есть пар *смежных* элементов множества M^*, различающихся по значению на **2**. В этой связи С. *Улам* высказал гипотезу о *бесконечности* множества $T(2)$. Так как мы исследовали проблему в более общей постановке, то нам потребуется ряд дополнительных понятий и определений.

Дополнительно к последовательности *ПООС(a, b)* мы рассмотрим последовательность *ПООС1(a, b)*, отличающуюся от первой только отсутствием для нее обязательного участия в бинарной φ–*операции* крайнего элемента уже сгенерированного числового сегмента (a, b) для *ПООС*. При этом, оба представленных варианта *ПООС* наряду с самостоятельным интересом в теории чисел имеют много весьма интересных *биологических* интерпретаций, связанных с проблемой роста, формализованной для простейшего одномерного случая. По правде говоря, эта формализация довольно натянута в отношении естественных процессов роста, поэтому каждая интерпретация для полученных результатов во многом относительна. По отношению к данной проблеме мы исследовали ряд вопросов поведения *ПООС*, формулируемые следующим образом [8,9,27,40,44-49,154,173-177]:

♦ *определение частичных плотностей ПООС, начиная с заданного элемента;*

♦ *степень роста элементов ПООС, начиная с заданного элемента;*

♦ *изменение частичных плотностей пар близнецов относительно всей ПООС;*

♦ *изменение расстояния между ближайшими парами близнецов в ПООС;*

♦ *оценка числа пар близнецов в заданном отрезке ПООС.*

Кроме того, все указанные вопросы касаются как *ПООС(a, b)*, так и *ПООС1(a,b)* для любых натуральных чисел *a* и *b* (*a<b*). Полученные в этом направлении основные результаты можно охарактеризовать следующим образом. Прежде всего, установлено, что *ПООС1(a, b)* должна обладать бесконечным множеством пар близнецов хотя бы одного из трех типов: *T(a)*, *T(b)* или *T(a + b)*. Показано, что если a_k - k-й элемент *ПООС1(a,b)*, то k-м элементом *ПООС1(ja,jb)* будет ja_k.

Это свойство действительно также для таких последовательностей, как *ПООС(a,b)*. Иная картина имеет место для *ПООС(a,b)*, где были получены, практически, исчерпывающие решения для целого ряда вариантов *обобщенной* проблемы *Улама*. Например, *ПООС(1, b)* для *b≥5* содержит бесконечные множества *T(b)* и *T(b + 1)* пар близнецов, тогда как ее элементы a_k вычисляются по простым рекуррентным формулам, а именно:

$$a_k = \begin{cases} b+k-2, & if \quad k \in \{3,4,...,b+2\} \\ 4*b-2, & if \quad k = b+3 \\ (k-b+1)*b+[(k-b-3)/2]-2, & otherwise \end{cases}$$

Плотность данной последовательности относительно множества *N* равна ρ = 2/(2b + 1). Последовательность *ПООС(a,b)* для случая *a > 1* и *b/a - [b/a] > 0* имеет бесконечное множество *T(a)* пар близнецов, а ее плотность относительно множества *N* равна ρ = 1/a. Элементы этой последовательности, начиная с номера *k ≥ 3*, вычисляются по простой рекуррентной формуле $a_k = b + (k-2)a$. В [44-49,154] можно найти много других интересных примеров **ПООС(a,b)**, для которых можно получать явные функциональные соотношения $a_k = F(k,a,b)$ и выяснить множество других интересных поведенческих свойств числовых последовательностей подобного типа.

Для описания поведения **ПООС(1, 2)**, т.е. классической проблемы *С. Улама* и, следовательно, **ПООС(a, 2a)**, мы поступаем следующим образом. Наряду с множествами **K** и **A(k)** чисел **k** и значениями a_k (**k-х элементов**) последовательности соответственно определяем **P** множество *разностей* вида $\Delta_k = a_{k+1} - a_k$, то есть изменений значений элементов **ПООС**. Оказалось, что структура указанного множества **P** гораздо удобнее для изучения; начиная с **k=14**, в множестве **P** уже прослеживается вполне определенная закономерность.

Элемент $\Delta_k \in P$ называется *скачком*, если $\Delta_k \neq \{2,8\}$. Элемент $\Delta_k \in P$ мы называем *растущим скачком*, если он имеет максимальное значение среди всех скачков Δ_k (*j < k*). Растущие скачки не ограничиваются сверху, тогда как их значения растут с ростом значения *k*. Назовем интервал из *четырех* элементов <2,8,2,Δ_k> (Δ_k – *скачок, не обязательно растущий) базовым интервалом*. Можно показать, так как число **k=14**, то множество **P** будет состоять лишь из *базовых интервалов*, которые соприкасаются друг с другом, то есть **P** может быть представлено в виде следующей последовательности элементов, а именно:

$$P = \{<2,8,2,\Delta_1>, <2,8,2,\Delta_2>, <2,8,2,\Delta_3>, <2,8,2,\Delta_4>, ..., <2,8,2,\Delta_j>, ...\}$$

Итак, исследование множества **P** сводится к изучению поведения подмножества **P1** = $\{\Delta_k\}$ его скачков. Показано, что распределение *растущих скачков* в множестве **P** подчиняется вполне определенной *закономерности*, позволяющей определить следующее соотношение $a_k = F(k,d)$ для **ПООС(d,2d)**, что позволяет получить полное решение классической проблемы *С. Улама* [27,44-49,173-177].

Теорема 173. **ПООС(1, 2)** *имеет бесконечное множество **T(2)** пар близнецов, тогда как его плотность относительно множества **N** натуральных чисел определяется следующим соотношением:*

$$\lim_{k \to \infty} \frac{4*(2^{k+2}-4)+14}{(12+P_0)*(2^{k+2}-4)+72*P_0*5^{2k-10}} = 0$$

В частности, для экспериментальных исследований **ПООС** разных типов была разработана специальная имитационная программа, которая позволила получить ряд очень интересных эмпирических результатов. В частности, было показано, что частичные плотности **ПООС(1, 2)** монотонно стремятся к пределу согласно *эмпирической* формуле $r(k) = 14/k^4 + m$ *(0 ≤ m < 0.002)*, тогда как скорость *сходимости* к данному пределу определяется формулой $\Delta(k) = 1150*k^{-2.31}$. Ряд иных оценок и дискуссий в этом направлении можно найти в [154]. Полученные результаты по *обобщенной* проблеме *С. Улама* наряду с чисто математическим интересом представляют также интерес и в исследовании формальных моделей роста в одномерных случаях и с точки зрения как прикладной теории *сложности* вычислительных алгоритмов, так и прикладных аспектов **КА–проблематики** в целом.

Исследование многих других типов *числовых* последовательностей, которые в определенной степени имеют формальные аналогии с процессом роста и иными биологическими явлениями в *1*–мерном случае, представляет вполне определенный интерес. В настоящее время в этом направлении мы исследовали множество достаточно интересных *числовых последовательностей*, которые с определенной степенью формализации могут быть связаны с рядом *биологических* явлений в *одномерном* случае. В частности, на основе специальных типов классических моделей **2–КА** мы исследовали ряд интересных нетривиальных арифметических свойств *обобщенного треугольника Паскаля* (**ОТП**) и чисел *Фибоначчи* [44-49]. Поскольку треугольник *Паскаля* и числа *Фибоначчи* имеют тесную связь с биномиальными коэффициентами, факториалами, рядом важных математических формул и таблиц, то это исследование представляет определенный интерес для *параллельных* вычислений, основанных на **КА**–моделях. Более того, линейность локальной функции перехода **КА**–модели, генерирующей **ОТП**, дает возможность попытаться увязать сугубо математические свойства подобных моделей **2–КА** с универсальной воспроизводимостью в смысле *Мура* конечных конфигураций [49].

8.3. Некоторые прикладные аспекты клеточных автоматов (КА–моделей) в биологических науках

Последние годы характеризуются интенсивным проникновением новейших математических понятий и подходов в *био–медицинские* науки. Прежде всего, это связано с дальнейшим становлением как теоретической биологии, так и математической биологии, а также массовым применением современной вычислительной техники, позволяющей с довольно высокой степенью визуализации изучать различные *био–медицинские* модели. Более того, предпринимаются интенсивные, интересные и перспективные попытки исследования эволюционных биологических систем. Математическому анализу подверглась одна из наиболее интригующих и сложных областей современной биологии – биология развития живых систем.

Изучая вопросы *дискретного* моделирования биологии развития на основе **КА**-*концепции*, следует иметь в виду, что этот подход может быть вполне успешно использован в создании и изучении многих других биологически мотивированных формальных моделей. При этом, следует иметь в виду, что **КА**-концепция имеет существенно более общий характер, включающий в себя как фундаментальную медицинскую, так и биологическую проблематику наряду с рядом биофизических направлений. Более детальное обсуждение данных вопросов можно найти в литературе, цитируемой в [7,27], а также в *Интернете* по соответствующим ключевым фразам.

Довольно подробное рассмотрение прикладных аспектов моделей **КА** в качестве среды исследования биологически мотивированных проблем можно найти в наших работах [2,11,16-18], тогда как здесь представлен только их краткий экскурс. В частности, с основными предпосылками такого модельного подхода к биологии развития вместе с его историческими этапами читатель может ознакомиться в [7], в многочисленных цитируемых в них источниках, а также в таких известных журналах, как *«Mathematical Biology»*, *«Biophysics»*, *«Mathematical Biosciences»*, *«Journal of Theoretical Biology»*, и др. Наши интересы в данном направлении были связаны с моделированием *биологии развития* с *кибернетической* точки зрения с определенным акцентом на дискретном аспекте моделирования.

Рост и *регенерация* живого организма осуществляются на основе непрерывного процесса самовоспроизводства клеток в организме, главным образом, тогда как дифференциация клеток в процессе роста значительно сложнее для понимания, поскольку, по общему мнению современных биологов, все клетки содержат тот же самый набор генетических правил – новые клетки будут генотипически идентичны предшественникам. Таким образом, возникает важный вопрос: **Как клетки живого организма, которые отличаются друг от друга, превращаются в тщательно продуманные и устойчивые пространственные формы?**

Кроме того, все развитие строго контролируется изнутри так, что разные части развивающегося организма развиваются в требуемых пропорциях относительно друг друга и организма в целом. Кроме того, организм в процессе своего развития и даже после серьезных повреждений, которые вызваны *внешними* причинами, способен их устранять, то есть организм в определенных пределах способен к *регенерации*. Естественно, развитие использует строгие механизмы контроля, регулирования и адаптации. Между тем, на сегодня мы не знаем *лучшего* ответа на все эти вопросы, чем решение подобных проблем для искусственных систем, то есть использования некоего принципа моделирования для исследования развития. Кроме того, необходимо иметь в виду, что исследование феномена *развития* привело многих исследователей к довольно важному выводу о том, что организм не может рассматриваться как некая искусственная машина – *искусственный автомат*.

Таким образом, с точки зрения биологической науки, кибернетики и общей теории систем весьма важно попытаться выяснить важный *гносеологический* вопрос, а именно: *Может ли некий искусственный автомат развиваться аналогично живым системам в целом и как мы можем обеспечить это?*

Суть данного вопроса достаточно подробно обсуждается в [92,155]. Биологическое развитие включает в себя два важных явления: *рост организма наряду с дифференцировкой клеток, составляющих организм.* Известно, что *рост* – это простое увеличение размера организмов, главным образом, за счет контролируемого самовоспроизведения их клеток, тогда как *дифференциация* является существенно более сложным явлением, поэтому достаточно целесообразно различать как *минимум* два ее типа – *пространственную* и *фенотипическую*, названную *М. Аптером функциональной дифференциацией*[156,157].

В растущей ткани можно *дифференцировать* изменение как формы, так и самой конфигурации межклеточной связи (*пространственная дифференциация*) наряду с увеличением при дифференцировке ее отдельных типов клеток (*фенотипическая дифференциация*). Следует отметить, что для пространственной дифференциации в биологии развития существует устоявшийся термин «*морфогенез*», однако для целей нашего моделирования используется именно *первый* термин как более естественный. Понятно, *фенотипическая дифференциация* представлена и в пространственной дифференциации, между тем, с целью большей прозрачности задач моделирования это не будет учитываться при условии преобладающей роли пространственной дифференциации [2,11-13,15-17,27,40,92,155-157,173-177].

Но *развивающийся* организм характеризуем не только *возможностью* достижения весьма сложной пространственной и фенотипической дифференциацией, но и в большей либо меньшей мере наличием способности к *регуляции* и *регенерации* в процессе своего развития и дальнейшего функционирования. Под *регулированием* понимается возможность организма развиться в нормального человека даже в случае возникновения повреждений во время развития, например, если происходит *удаление* или *реорганизация* его клеток, исключая критические случаи, смертельные для организма. Под *регенерацией* мы понимаем возможность организма в определенных пределах восстанавливать любое нарушение, которое организм получил за время своего полного развития.

Несмотря на важность понимания самих процессов *биологического* развития, в том числе как *пространственной*, так и *фенотипической дифференциации, регуляции* и *регенерации*, совместно с феноменом самовоспроизведения, первые попытки достичь успеха в данном направлении можно отнести к первому этапу модельного подхода, который характеризуется моделированием отдельных явлений из общего развития в целом. Между тем, основная роль первого этапа биологического моделирования может быть охарактеризована той удовлетворительной формализацией, которая была дана многим достаточно сложным явлениям общего процесса биологического развития, а затем корректировалась, базируясь на анализе многих формальных моделей. Последующий анализ целого ряда моделей позволил по-новому взглянуть на некоторые важные *регуляторные* механизмы развития. Однако у нас имелось несколько моделей, не связанных общей теоретической базой. Разумеется, эта позиция не способствовала формированию единого аппарата моделирования в биологии развития.

Между тем, уже в рамках первого этапа возникли два формальных аппарата моделирования ряда явлений биологического развития: *клеточные автоматы* (**КА**) и *параллельные грамматики Линденмайера*. Модели **КА** впервые были использованы *Джоном фон Нейманом* для исследования проблемы самовоспроизведения [7,19,20], тогда как параллельные грамматики *впервые* были введены *А. Линденмайером* [7,112,116-118] для моделирования процессов *морфогенеза* растений и впоследствии получили название «*L-систем*». В настоящее время **КА** и **L**-системы представляют собой наиболее *общий* и *популярный* аппарат *дискретного* моделирования биологии развития, тогда как математическая теория *формальных* средств моделирования весьма хорошо развита и позволяет исследовать формальными методами на клеточном уровне явления развития такие, как *рост*, *регуляцию*, *дифференциацию*, *самовоспроизведение* и *регенерацию*.

Наряду с данными проблемами *КА*-модели позволяют приемлемо изучать множество вопросов развития: сложность развивающихся систем, процессы, контролирующие *рост*, *регуляцию* и *регенерацию*, необходимые и достаточные условия и регенерации, и регуляции, устойчивость развития и т.д. [91]. Между тем, аппарат *КА*-моделей вызывает и ряд весьма существенных сложностей в исследованиях многих *биологически* мотивированных явлений. Принципиальные сложности связаны с достаточно большой чувствительностью *КА* к важному фактору такому, как *размерность*, и с весьма серьезными *ограничениями*, связанными с делением клеток внутри произвольно моделируемого развивающегося организма, т.е. с наличием весьма жесткой системы координат в *КА*-моделях.

Принимая во внимание существенные сложности симулирования в *КА*-моделях некоторых биологических явлений и процессов, *А. Линденмайер* представил системы, известные в настоящее время как *L*-системы. В рамках *L*-систем для моделирования морфогенеза и растущих структур *Линденмайер* предложил алгоритмы ветвления, в то время как многие исследователи для моделирования развития и роста представили графические порождающие системы [117]. На основе *L*-систем было реализовано много достаточно интересных алгоритмов роста; довольно хороший обзор можно найти в работе [118]. За последнее время на основе *L*-систем разработано большое число моделей как *фактического* роста, так и роста в рамках общего явления развития. Но, несмотря на большую предпочтительность *L*-систем как среды моделирования в биологии развития, модели *КА* представляют собой достаточно интересное средство изучения многих процессов и явлений развития, ибо они хорошо отвечают клеточной природе биологических систем и позволяют создавать *эффективные* модели развития, которые можно весьма качественно визуализировать посредством современных компьютеров.

Можно со всей определенностью констатировать, что *КА*-модели и *L*-системы хорошо *дополняют* друг друга, существенно стимулируя создание *современного* аппарата, который наследует лучшие черты обоих вышеуказанных систем моделирования в *биологии* развития. Определение *L*-систем наряду с более подробным обсуждением их применимости для решения задач биологического моделирования можно найти в [7,18,27,44-49,114,116,173-177].

В частности, было показано, что *L*-системы довольно существенно расширяют одномерные *KA*-модели в смысле порождаемых ими множеств слов. И с точки зрения биологической адекватности *L*-системы получают довольно удовлетворительные интерпретации, отлично проявляющие себя при описании многих биологических процессов; в настоящее время они являются наиболее развитыми, возможно, в математическом плане, представляя собой адекватный аппарат в *биологическом* отношении для многих задач дискретного моделирования в биологии развития. Что касается методологии, строго говоря, то *L*-системы являются более абстрактными, чем *KA*-модели, потому что они не связаны жестко с координатами и, по сути, они являются одним из типов параллельных формальных грамматик, которые в настоящее время интенсивно изучаются [7]. Более того, следует иметь в виду, что *KA*-модели вполне возможно рассматривать как определенный тип параллельных формальных τ_n-грамматик *(глава 5)*. В [44-49] модели *KA* и *L*-системы подробно проанализированы в контексте потенциальных возможностей для моделирования в биологии развития, раскрывая недостатки обоих.

Поэтому, недостатки, присущие обоим системам, и предполагают необходимость продолжения работ по созданию математического аппарата, который наиболее адекватен для задач биологического моделирования. В данном направлении проводится достаточно интенсивное исследование с существенным использованием как междисциплинарных подходов, так и с привлечением большого количества известных специалистов, которые работают в смежных областях. Подробное обсуждение возможных подходов к созданию нового аппарата для *дискретного* моделирования биологии наряду с прогнозируемыми этапами создания и дальнейшего становления этого подхода для *дискретных* моделей в биологии развития и ряда других областей математической биологии можно найти в [7,27,45].

С другими аспектами моделирования биологии развития читатель может достаточно подробно познакомиться в цитированной выше литературе и многочисленных источниках, содержащихся в них. Начнем обсуждение с моделирования такого общего явления для всего живого вещества, как *самовоспроизведение*. Эта проблема стала *краеугольным* камнем базовых дискуссий о возможностях *автоматов* и *живых систем* и, по праву, стала одним из *основных* катализаторов стимулирования к изучению абстрактных автоматов как аналогов или даже заменителей развитых живых систем, включая человека. Актуальность данной проблематики имеет достаточно большой и чрезвычайно многогранный характер, включая и весьма сложный во всех отношениях вопрос относительно происхождения жизни и ее предназначения в общей системе мироздания.

Вышеуказанное явление самовоспроизведения является наиболее характерной чертой живой природы, и неудивительно, что первые попытки кибернетического моделирования затронули именно этот процесс. *Первым* к детальному изучению возможности воплощения в автомате процесса самовоспроизведения, пожалуй, приступил Д. *Нейман*, предложивший некий *концептуальный* подход к решению данной проблемы [19]. Результаты, полученные в дальнейшем по молекулярной генетике, обнаруживают поразительные аналогии между элементами самовоспроизводящегося автомата Д. *Неймана* и процессами в живой биологической клетке. Многие исследователи исследовали проблему *самовоспроизведения* с математической точки зрения. Среди этих исследователей можно отметить таких, как *А.Р. Смит, Э. Мур, Дж. Майхилл, С. Улам, Р. Лейнг, М. Арбиб* и другие [7].

Однако *Г. Херман* показал, что данное требование не защищает от случаев достаточно тривиального самовоспроизведения [158]. Это обстоятельство говорит о требовании более тщательного подхода к подбору условий к конфигурациям **КА**-моделей, которые следует интерпретировать как определенные биологические процессы и явления, а собственно к **КА** как формальной среде моделирования биологических процессов и явлений. Поэтому нам представляется достаточно актуальным следующий вопрос: *существует ли другая удовлетворительная мера сложности для самовоспроизводящихся конфигураций в КА-моделях, которая не базируется на концепции универсальной вычислимости?*

В отличие от *Дж. Неймана Э. Мур* в изучении самовоспроизведения на основе **КА**-моделей не ограничивает себя рамками *универсальной* вычислимости [58]. Определения Э. *Мура* охватывают лишь общую сущность процесса самовоспроизведения, позволяя сосредоточить внимание только на нем *(раздел 3.2)*. В этом направлении получено немало оригинальных моделей, но все они представляют интерес только с самой общей точки зрения на довольно сложный процесс самовоспроизведения; кроме того, эти модели не могут получить достаточно удовлетворительной биологической интерпретации.

В частности, существование *классических* **КА**–моделей, для которых на основе одной конечной конфигурации в совокупности может быть сгенерировано все множество конфигураций *конечных блоков*, не только дает довольно интересный пример *классических* моделей **КА**, обладающих свойством универсальной воспроизводимости в смысле *Мура*, но и ставит вопрос об адекватности биологических интерпретаций такого важного процесса, как *самовоспроизведение*. Подобные моменты следует иметь в виду в случае биологической интерпретации **КА**–моделей в плане их адекватности различным моделируемым процессам и, прежде всего, в живой природе.

Вышеупомянутые и многие другие модели самовоспроизведения в некотором смысле, на наш взгляд, связаны только с копированием генетической информации в ядре клетки, но не с неким реальным самовоспроизведением организмов [47]. Поэтому в перспективе в данном направлении еще достаточно серьезные исследования. В зависимости от *анализа* существующих в настоящее время моделей самовоспроизведения и подходов к моделированию этого явления следует, что они представляют *определенный* интерес лишь с точки зрения самовоспроизведения роботов, а не живых организмов. Но это лишь наша личная точка зрения на данный вопрос.

Феномен *роста* в той или иной мере присущ любой эволюционной системе. С биологической точки зрения *рост*, пожалуй, является одним из самых простых компонентов общего развития, но целый ряд открытых вопросов существует и здесь. Рост является одним из неотъемлемых свойств живых организмов, так как для выживания любого вида составляющие его индивиды должны будут достигать вполне определенного веса, без чего невозможно выполнение ими всех необходимых жизненно важных функций. Так, человек имеет конечные размеры, достигнутые в процессе, который называется *ростом*. Общепринятой точкой зрения является такая, что размеры организмов определяются генетически. В настоящее время *единого* мнения о степени влиянии на процесс роста различных факторов таких, как *метаболические, экологические, термодинамические и т.д.*, нет, наряду со степенью абстрагирования от частичных явлений. Не вдаваясь в глубокую суть процесса роста как одного из базовых компонентов *общего* развития, на формальном уровне рассмотрим только три основные проблемы, характеризующие рост в качестве самостоятельного *биологического* феномена, который представляет несомненный интерес со многих точек зрения.

Одна из основных проблем развития – *Как можно воспроизвести определенный организм, используя, по возможности, наименьшее количество инструкций?* Этот вопрос весьма важен с точки зрения понимания развития в живых системах, поскольку зигота должна быть несколько *проще*, чем сам организм, которому она дает жизнь. Вторая же проблема связана с ограничением размеров организма, растущего в различных условиях, если данный процесс полностью обусловлен некоторым *генотипом* клеток, самовоспроизводящихся в процессе роста. Третий круг вопросов касается изучения такого роста, когда может иметь место *пространственная дифференциация* при непрерывном самовоспроизведении исходного набора команд без влияния определенного внешнего воздействия.

Для ответа на этот и другие вопросы были предложены различные формальные модели роста. Современное разнообразие моделей роста объясняется распространенностью механизмов ограничения роста *развивающегося* организма, которые широко распространены, а также самого процесса *самовоспроизведения*. Более того, изучение механизмов регуляции роста является актуальным для понимания феномена морфогенеза, поскольку рост можно рассматривать как одномерный аналог морфогенеза. Читатель может ознакомиться с довольно детально рассмотренной проблематикой непрерывных моделей роста в коллективной монографии [91] и приведенной в ней очень обширной библиографии, а также в библиографии [7].

Некоторые простейшие модели роста были изучены посредством компьютерных экспериментов *С. Уламом* и его коллегами, которые были одними из первых инициаторов изучения феномена роста с помощью дискретного аппарата, однако гораздо раньше проблема исследовалась рядом исследователей. (*А. Томпсон, Л. Берталанфи и др.*) с использованием непрерывного аппарата моделирования [7]. Модели дискретного роста, изученные группой *С. Улама*, являются наиболее удобными для описания некоторых *абиотических* систем, подобных кристаллическим структурам, простым растениям либо простым органическим молекулам, но не для реальных сложных биологических систем. Несмотря на это, работа с аналогичными моделями позволила прояснить множество вопросов роста форм при различных ограничениях, таких как *логические, геометрические* и некоторые другие [7,27,89,91,151-153,157,173-177].

При работе с *дискретными* моделями роста *С. Улама* мы применили аппарат классических моделей **2–КА**, что позволило нам получить много новых довольно интересных свойств дискретного процесса роста, подчиненного различным *рекуррентным* правилам, которые позволили изучать явление формальными средствами [7,27,44-49]. Дальнейшее развитие **КА** как основы дискретного моделирования явления роста было получено Дж. *Баттлером* и С. *Нтафосом* [132]. С точки зрения изучения процессов роста несомненный интерес представляет проблема *распространения возбуждений* в **КА**-моделях с рефрактерностью. На основе этого класса **КА**-моделей нами был предложен ряд интересных моделей *возбудимых* сред; некоторые из них можно использовать для изучения процессов *самоорганизации* в системах клеточного характера различного типа [9,11-18,27,44-49].

Для изучения дискретного феномена роста М. *Аптер* использовал классические машины *Тьюринга* и исчисление высказываний [7,156, 157]. Ряд интересных вопросов, связанных с выращиванием в **КА**-моделях пространственных форм *различной* геометрии, рассмотрен в [142]. Ранее мы отмечали, что классические **КА**-модели довольно хорошо имитируют *процессы* роста на основе относительно весьма простых порождающих правил и ограничений. Но такие правила недостаточно сложные для моделирования естественного роста и множества других явлений развития живых систем. Поэтому часто мы вынуждены использовать типы **КА**-моделей, которые отличны от классических, для задач дискретного моделирования.

Принимая во внимание, что результаты уже на *полигенных* моделях **КА** показывают, что они могут быть довольно успешно применены для моделирования довольно сложных растущих реальных систем, которые моделируют некоторые естественные явления роста. Так, в [159] полигенные модели **2-КА** успешно используются для задач моделирования процесса роста *соцветий*. Базируясь на результатах такого моделирования был представлен интересный *сравнительный* анализ классификаций роста соцветий на ботанической основе и на основе моделей **2-КА**; при этом, показана *конкурентоспособность* **КА**-*моделей* в сравнении с **L**-*системами* по ряду задач *моделирования роста* и *морфогенеза* растений. Между тем, **КА**-модели такого типа недостаточно простые, чтобы снабдить исследователя удобным и наглядным аппаратом моделирования явлений, которые сами по себе достаточно сложны. Но использование *полигенных* **КА**-моделей вместе с компьютерным моделированием, возможно, может весьма серьезно улучшить такую ситуацию. Для моделирования проблем биологического развития были предложены **КА**-модели с памятью, которые довольно просто реализуют сети растущих автоматов [8,9] *Аптера*, позволяя моделировать процессы роста довольно сложных пространственно-дифференцированных форм и образований.

Весьма интересные проблемы *оптимизации* возникают касательно вопросов ограничения процесса роста. Действительно, настоящие биологические организмы не растут без ограничений, полностью контролируя собственный рост в течение всего своего развития и выполнения его жизненных функций. В связи с этим *Д. Гайски* и *Х. Ямада* изучали правила роста в **КА**-моделях, которые позволяли бы выращивать формы заданного ограниченного размера [160]. Здесь основная задача сводится к выявлению максимально возможного размера пассивных конфигураций, генерируемых классическими **КА**-моделями, из простых начальных конечных конфигураций. Довольно интересные результаты, касающиеся низших оценок для размеров таких *максимальных пассивных* конфигураций в терминах различных базовых **КА**-параметров, наряду с весьма интересными обсуждениями *биологических* интерпретаций результатов, которые получены в этом направлении, можно найти в [7]. Ряд интересных вопросов выращивания *цепочек* конечных автоматов нужной длины можно найти в довольно интересных работах [7,27,40,161-164].

Работы, отмеченные в этом направлении, довольно тесно связаны с нашими результатами по *проблеме ограниченного роста* (**ПОР**) (*см. в разделе* **3.2**). **ПОР** относится к классу так называемых минимаксных задач в **КА**-проблематике, представляющих вполне определенный интерес с точки зрения развития клеточных систем разного типа. Действительно, процесс роста в реальных биологических системах ограничен, строго контролируем изнутри и зависит от *генетических* и некоторых внешних факторов. Кроме того, **ПОР** имеет довольно определенную познавательную значимость, позволяя в некотором смысле оценить количество информации, необходимой для роста сложных многоклеточных организмов. Ввиду *прикладных* аспектов следует отметить **ПОР** для изучения проблемы информационной связи *межклеточных* взаимодействий развивающихся систем вместе с формированием определенных *соображений* в связи с характером генетического кода. В отличие от вышеупомянутых **КА**-моделей, изучающих **ПОР** и объясняющих механизм управления процессом ограничения на основе **КА**-концепции, существует ряд и других **КА**-моделей, объясняющих это явление с некоторых других точек зрения, таких как принцип сходства, термодинамические законы адаптация к внешней среде, механическая устойчивость и т.д. При этом, все разнообразие данного рода интерпретаций необходимо и позволяет проводить комплексные исследования проблем роста и развития в целом. В определенной степени можно рассматривать его как биологический аналог принципа дополнительности.

С *кибернетической* точки зрения было показано, что определенные особенности развития, такие как *рост* и *самовоспроизведение*, могут быть присущи и искусственным системам. Ниже мы попытаемся кратко рассмотреть вопросы дискретного моделирования и более сложные явления процесса развития – *дифференциацию, регуляцию* и *регенерацию. Дифференциация* клеток представляет собой одну из важнейших проблем современной биологии развития. Несмотря на довольно большое число работ, посвященных тем или другим особенностям *клеточной* дифференцировки, на сегодняшний день у нас нет общей теории дифференцировки клеток – большинство исследований и гипотез касаются лишь молекулярных механизмов клеточной дифференцировки. Итак, сегодня нет количественной теории дифференциации и подходы к построению такой теории даже не вполне ясны. Это в значительной степени обусловлено как *неоднозначностью* концепции дифференциации, так и отсутствием точных критериев получения ее числовых оценок. Между тем, сам феномен *формообразования (морфогенез)* наряду с пространственной дифференциацией является достаточно существенным признаком собственно биологического развития [7,27,91,156,157,173-177].

Итак, биологическое моделирование направлено на иллюстрацию возможности реализации различных явлений развития на уровне довольно общих предположений. При этом, **КА**–модели, которые создаются в этом направлении, достаточно хорошо иллюстрируют возможности такие, как формирование иерархических структур, управление процессами роста, регенерации и регуляции, и т.д. На сегодняшний день такие модели интенсивно изучаются не только с биологической точки зрения, но и в рамках такой новой научной дисциплины, как *дискретная синергетика* [7]. Некоторые алгоритмы управления, используемые в этих моделях, могут оказаться весьма полезными для параллельных вычислительных систем [47]. Теперь переходим к вопросу некоей формализации проблемы развития и регулирования биологической структуры.

Центральная проблема развития сводится к следующему вопросу: *Как может развиваться яйцо, которое кажется на первый взгляд совершенно недифференцированным и простым в структурном отношении, в довольно сложный многоклеточный организм?* При этом, в этой связи было высказано предположение, что яйцо будет содержать только некоторую программу развития, но не полную *спецификацию* всего организма, из которой он должен развиваться. Например, в формулировке *Уоддингтона* проблема формирования пространственной структуры организма сводится к определению *непосредственных* причин разделения *однородной* клеточной области на отдельные части, которые расположены в пространстве в строго определенном порядке [7,27,44-49,91,155,173-177].

Вместе с тем мы должны прийти к выводу, что дифференцировка клеток у высокоорганизованных живых существ является прямым результатом действия весьма сложных регуляторных механизмов. Прежде всего, по-видимому, действительно необходимы довольно эффективные действующие модели, *цель которых должна состоять* в том, чтобы помочь с формализацией проблемы и, по-видимому, найти ключ к пониманию базовых подходов к решению проблемы на языке точной науки. В дальнейшем экспериментальный подход к этой проблеме позволил сформулировать множество интересных понятий и упростить задачу; среди них возможно выделить такие принципы, как доминирование и градиенты [9,91,155,157]. Первую достаточно серьезную попытку при создании работающей модели, способной к развитию и регуляции осевой структуры, предпринял *С. Роуз* [7,165]. В дальнейшем было предложено много достаточно интересных моделей. Между тем, наиболее известной формальной моделью *дифференциации, регуляции* и *регенерации* является *проблема французского флага* (**ПФФ**), которая была предложена *Л. Вольпертом*. В элементарнейшей постановке **ПФФ** формулируется следующим образом, а именно [8,27,155,173-177]:

Существует одномерная связная система из 3*m клеток, каждая из которых имеет одно из состояний «красный», «белый», «синий». Следует определить правила функционирования этой клеточной системы, конечным состоянием которой является конфигурация Французского флага (КФФ), которая в определенной мере будет устойчива к внешним воздействиям и повреждениям.

Для решения **ПФФ** в его *классической* постановке было предложено много математических и автоматных моделей, и был проведен их анализ с биологической точки зрения [1,2,8,9,91]. Например, были обсуждены вопросы формулировки **ПФФ** как формальной модели дифференциации, регуляции и регенерации *осевых* биологических структур для конкретных биологических объектов [7,27].

Для решения и исследования **ПФФ** были применены **КА**–модели нескольких типов, что ставило перед моделированием множество задач. Во–первых, нас интересовал вопрос *минимальной* сложности модели, способной к дифференциации, регуляции и регенерации. Так, показано, что при моделировании **ПФФ** на основе *полигенных* моделей *1–КА* алгоритмом, решающим ее, должен быть алгоритм над алфавитом **А**, чьими элементами являются символы, которые составляют "*конфигурацию французского флага*" (**КФФ**). Кроме того, дополнительные состояния модели должны допускать разумную интерпретацию в соответствующих биологических категориях [11-18,27,32,36,44,45,91,173-177].

Тогда как, второй вопрос – определение тех достаточных условий, которые способствовали бы решению **ПФФ**, вместе с их достаточно удовлетворительной биологической *интерпретацией*. С этой точки зрения, многие модели были исследованы на основе **КА**–*концепции*. Так, одна из таких моделей способна к достаточно совершенному регулированию и несколько напоминает известную модель *Арбиба* [7,166], однако она более проста и свободна от ряда недостатков его модели. Более того, *основными* свойствами нашей модели являются отсутствие градиента и порогов, а также наличие в ней *полярности*, *спонтанные* самоограничивающиеся реакции и *двусторонний* поток управляющей информации [18,91]. К модели в смысле ее основных особенностей, определяющих решение **ПФФ**, примыкает также и модель на основе класса моделей *1–КА**, позволяющая определять **ПФФ** в ее обобщенной постановке. Расширение **ПФФ** может быть определено следующим образом – в модели *1–КА** задается некая конфигурация c_o длины *r* из состояний элементарных автоматов следующего общего вида, а именно:

$$c_o = \Box x_1 x_2 x_3 x_4 \dots x_r \Box; \qquad x_j \in A = \{0,1,2,3, \dots, a-1\} \quad (j = 1 \dots r)$$

Обобщенная **ПФФ** будет сводиться к определению *функционального* алгоритма, *сложность* которого не зависит от числа *r* элементарных автоматов дифференциируемой цепочки, позволяя устанавливать и поддерживать в модели *1–КА** конфигурацию следующего вида, состоящую из указанных состояний алфавита **А**, а именно:

$$C_f = \nabla b_{1_1} \dots b_{1_q} b_{2_1} \dots b_{2_q} \dots b_{(a-3)_1} \dots b_{(a-3)_q} b_{(a-2)_1} \dots b_{(a-2)_q} b_{(a-1)_1} \dots b_{(a-1)_k} \nabla$$
$$b_{p_j} = p; \ p = 1..(a-2); \ j = 1..q; \ q = [r/(a-1)]; \ b_{(a-1)_i} = a-1; \ i = 1..k; \ k = r - (a-2)q$$

Из-за использования для решения обобщенной **ПФФ** **КА**-подхода мы в первую очередь хотели бы определить наиболее простой тип **КА**-моделей, решающих эту проблему. В данном направлении был получен следующий результат, а именно [5,27,32,36,173-177]:

Обобщенная **ПФФ**, *определенная в конечном алфавите* W *общего типа, не может быть определена на основе одномерной полигенной* **КА**-*модели, определенной в том же самом алфавите* W.

Итак, для решения обобщенной **ПФФ** даже в классе полигенных **КА**-моделей нам необходимо использовать расширение алфавита, относительно его исходного состояния, возможно, наряду с рядом других предположений. Так, в одной из моделей на основе модели *1-КА** используется элементарный вариант *символьной* сортировки, позволяющий решать **ПФФ** в формулировке *Л. Вольперта* не более, чем за $t=3m$ шагов; тогда как для *1*-мерной **КАнР**-модели величина t существенно лучше - $t = m\text{-}1$, где m – длина дифференцируемой цепочки элементарных автоматов модели. Кроме того, сортировка выступает как один из типов логического градиента, в то время как сами модели позволяют делать некоторые достаточно интересные выводы биологического характера, правда, на весьма абстрактном уровне. Симулирующая **КАнР**-модель определяется как кортеж из пяти базовых компонентов $КАнР \equiv <Z^1, A, m, \Psi^{(2)}, \Xi>$, где первые две компоненты Z^1 и A аналогичны случаю классических **КА**-моделей, m – *число единичных автоматов дифференцируемых цепочек, на которые разбито пространство* Z^1; $\Psi^{(2)}$ – *локальная блочная функция перехода (ЛБФ)*; Ξ – *правила* переключения блоков пространства Z^1. *Функционирование* моделей $d\text{-}КАнР$ $(d \geq 1)$ весьма просто и подробно рассмотрено в *2.4*. Для нашего случая *ЛБФ* принимает следующий вид $\boxed{a}\boxed{b} \to if(a \leq b, \boxed{a}\boxed{b}, \boxed{b}\boxed{a})$, тогда как *правила переключения блоков* Ξ состоят в *сдвиге* блоков на *позицию* вправо и обратно. Весьма просто убедиться, что такая модель *1-КАнР* решает обобщенную **ПФФ** за время не более m шагов методом "пузырьковой" сортировки. Итак, *функциональные* алгоритмы моделей **КА*** и *1-КАнР*, формирующие *обобщенную* **КФФ**, позволяют сформулировать результат [5,8,27,91].

<u>*Теорема 174.*</u> *Существует модель 1-КА* с алфавитом A={0,1,...,a-1} и функциональным алгоритмом, сложность которого не зависит от длины G дифференцируемой цепочки единичных автоматов и которая решает обобщенную ПФФ за не более, чем $t = [G/2]$ шагов для достаточно больших G. Существует модель 1-КАнР с ЛБФ, Ξ*

и алфавитом A={0,1,...,a–1}, чья сложность функционирования не зависит от алфавита A и длины S дифференцируемой цепочки элементарных автоматов, и которая решает обобщенную ПФФ за не более, чем t = S–1 шагов. Множество всех решений обобщенной ПФФ, минимальных во временном отношении, нерекурсивно.

Результат, представленный теоремой *174*, является решением **ПФФ** *обобщенного* типа, которое на сегодняшний день является лучшим во временном отношении. Из этой теоремы, в частности, следует, что *при достаточно больших значениях a и/или G время решения **ПФФ** асимптотически приближается к половине длины дифференцируемой цепочки единичных автоматов КА*-модели.* В этой связи, возникает вопрос: **Существуют ли функциональные алгоритмы иного типа, которые решают эту проблему лучшим образом?** На наш взгляд, существенное понижение времени решения обобщенной **ПФФ**, определяемого теоремой *174*, не представляется возможным.

Наряду с этим возникает интересный вопрос изучения *обобщенной* **ПФФ** для случая высших *d*-размерностей, когда вместо линейных цепочек элементарных автоматов рассматриваются сети *d*-мерных дифференцирующих элементарных автоматов. Показано [44-49], что результаты решения обобщенной **ПФФ** довольно существенно зависят также от типа *d*-размерности **КФФ** (*d≥2*). Вышеупомянутые **КА**-модели, решающие **ПФФ**, в значительной степени позволяют прояснить вопросы такие, как: *свойства элементарных автоматов, характер связей между ними, управляющие импульсы ввода/вывода среди* автоматов, а также множество других предпосылок, порождающих деление клеточной системы вдоль оси на сегменты, *расположенные* в определенном порядке. Подробный анализ с биологической точки зрения этих и других моделей дифференцировки, регенерации и регуляции в **КА** можно найти в вышеупомянутых работах. Анализ основных подходов к дискретному моделированию феноменов в биологическом развитии со всей очевидностью показывает, что в настоящее время **КА**-концепция и **L**-системы являются одними из основных компонентов аппарата моделирования в этой области. В заключение следует акцентировать наше внимание на *современных* достижениях био-инженерии, которые позволяют совершенно по-другому взглянуть на различные аспекты предыдущих моделей в биологии развития. Поэтому модельный подход к исследованию биологии развития должен быть существенно пересмотрен [27,91].

В частности, посредством **КАнР**-модели за линейное время можно решать и задачу *обращения* строк. В этом случае решающая *КАнР-*модель также определяется как кортеж из пяти базовых компонент *КАнР* ≡ <Z^1,*A*,*m*,$\Psi^{(2)}$,Ξ>, где компоненты Z^1, *A*, *m* и Ξ аналогичны предыдущему случаю использования *1-КАнР* для решения задачи сортировки символов в строке (*а точнее, решения обобщенной ПФФ методом сортировки*), в то время как локальная блочная функция перехода $\Psi^{(2)}$ принимает следующий вид $\boxed{a}\boxed{b} \to \boxed{b}\boxed{a}$, а правила Ξ переключения блоков состоят в сдвиге блоков на позицию вправо и обратно. Несложно убедиться, что такая модель *1–КАнР* решает проблему *обращения* строки, состоящей из *m* символов, за время не более *m* шагов. Итак, функциональный алгоритм модели *1–КАнР*, обращающий произвольную строку, позволяют сформулировать следующий результат, а именно:

Существует модель <Z^1,*A*,2,$\Psi^{(2)}$,Ξ> *с алфавитом A={0,1,2,...,a–1}, ЛБФ, определенной параллельными блочными подстановками вида* $\boxed{a}\boxed{b} \to \boxed{b}\boxed{a}$; *a,b∈A, и правилом Ξ переключения блоков, состоящим в сдвиге блоков на позицию вправо и обратно, решающей проблему обращения строки длины m, состоящей из элементов алфавита A, за не более, чем t = m шагов, сложность которой не будет зависеть от алфавита A и длины m обращаемой строки.*

Между тем, классическая модель *2–КА* с алфавитом *A={0,1,...,a–1}* и простейшим индексом соседства *X={(0,0),(0,1),(-1,1)}*, не обладающая неконструируемостью типа *НКФ*, решает задачу *обращения* строки $c = \Box x_1 x_2 x_3 x_4 ... x_r \Box$; $x_j \in A$ (j = 2 .. r-1); $x_1, x_r \in A \setminus \{0\}$ за не более, чем *n–1* шагов модели, где *n* – длина конфигурации *c*. Однако, увеличение размерности модели даже на *1* – довольно высокая цена за решение *1-*мерной задачи.

Между тем, *уже модель* <Z^1,*A*,2,$\Psi^{(2)}$,Ξ> *с алфавитом A={0,1,...,a–1}, ЛБФ, определяемой параллельными блочными подстановками вида* $\boxed{0}\boxed{0} \to \boxed{0}\boxed{0}$, $\boxed{0}\boxed{p} \to \boxed{p}\boxed{0}$ *и* $\boxed{p}\boxed{0} \to \boxed{0}\boxed{p}$; *0,p∈A, и правилом Ξ переключения блоков, состоящим в сдвиге блоков на позицию вправо и обратно, не может симулироваться моделью 1-КА, определенной в том же самом алфавите A и с произвольным индексом соседства.* Просто убедиться, что подобной моделью *1-КАнР* из начальной *КФ* $\Box pp\Box$ будет генерироваться следующая $\Re$-последовательность конечных *КФ* $\Re = \{\Box pp\Box$ && $\Box p0^k p\Box \mid k = 2,4,6,8,...$ && $\Box\ p0^{k-1}p\Box \mid k = 3,5,7,9,...\}$, 0^n - строка из *n* элементарных автоматов в состоянии покоя *"0"*. С другой стороны, последовательности конечных конфигураций $\Re$

формы не могут генерироваться с помощью произвольной модели *1-КА* с тем же самым алфавитом *A* внутренних состояний. С этой целью создана довольно простая процедура *CAonSplitting*, которая на основе начальной конечной *КФ* печатает последовательности *КФ* *(по n шагов в зависимости от ответа на запросы "Continue? – y/n")* *1-КАнР* модели <Z^1,*A*,*m*,$\Psi^{(h)}$,Ξ> с локальной блочной функцией *f*, определяемой полностью либо частично определенным списком параллельных блочных подстановок. Исходный код процедуры с примером ее применения приводится ниже [27,42,173-177].

```
In[942]:= CAonSplitting[S_String, f_List, m_Integer, n_Integer] :=
        Module[{a = StringRepeat["0", 1000], b, c, g, k, t = 1},b = a <> S <> a;
        Label[G];      c = ""; For[k = 1, k <= StringLength[b]/m – 1, k++,
                     c = c <> Replace[StringTake[b, {m*k – 1, m*k}], f]];
                     Print[StringTrim[c, ("0" | "0") ...] // FullForm];
                     If[OddQ[t], b = "0" <> c, Null]; t++;
                 If[t >= n + 1, g = InputString["Continue? – y/n"];
                     If[g == "y", t = 1; Goto[G]], Goto[G]]]

In[943]:= f = {"00"→"00", "0p"→"p0", "p0"→"0p"}; CAonSplitting["pp", f, 2, 10]
        "pp"
        "p00p"
        "p00p"
        "p0000p"
        "p0000p"
        "p000000p"
        "p000000p"
        "p00000000p"
        "p00000000p"
        "p0000000000p"
```

В приведенном фрагменте полагается *A*={0,1,2,...,a–1} и $p \in A \setminus \{0\}$.

Итак, в целом модели *КАнР* имеют более развитые динамические восможности. Вполне естественны обобщения и на случай высших размерностей. Поэтому невозможность генерации моделями *1-КА* $\Re$-подобных *КФ* вполне можно рассматривать как определенный тип *генерационной* неконструируемости. В то же время, проблема возможности генерации классической моделью *1-КА* произвольной последовательности конечных *КФ* алгоритмически неразрешима. Если *КАнР*, в целом, немоделируема классической моделью *1-КА*, то вторая достаточно просто моделируется посредством *1-КАнР*. В качестве подтверждения приведем следующее соображение. Весьма хорошо известно, что произвольная классическая *1-КА* с индексом соседства $X=\{0,1,2,...,n-1\}$ моделируется *1–КА* с индексом соседства $X1 = \{0, 1\}$, чья *ЛФП* определяется параллельными подстановками вида $x_1x_2 \to x_1\grave{}$. Для моделирования такой *1–КА* будем использовать композицию двух *КАнР* $<Z^1, A1, 2, \Psi^{(2)}, \Xi>$, чей алфавит *A1* состоит из *2–уровневых* элементов. Ниже приведена принципиальная схема, иллюстрирующая сам принцип моделирования, а именно:

$$\begin{bmatrix} .....x_{j-5}x_{j-4}x_{j-3}x_{j-2}x_{j-1}x_jx_{j+1}x_{j+2}x_{j+3}x_{j+3}x_{j+5}..... \\ .....x_{j-5}x_{j-4}x_{j-3}x_{j-2}x_{j-1}x_jx_{j+1}x_{j+2}x_{j+3}x_{j+3}x_{j+5}..... \end{bmatrix}$$ – произвольная *КФ 1–КАнР*,

эквивалентная *КФ* классической модели *1–КА*; x_j ($j=0,\pm1,\pm2,\pm3,...,$) – символы алфавита *A* моделируемой *1–КА*. Правило Ξ *переключения* блоков состоит в сдвиге блоков на *одну* позицию вправо и обратно, а размер блока равен 2. Тогда как две *ЛБФ* в композиции *1–КАнР* определяются параллельными блочными подстановками вида:

$$\begin{bmatrix} x_j \\ x_j \end{bmatrix}\begin{bmatrix} x_{j+1} \\ x_{j+1} \end{bmatrix} \to \begin{bmatrix} x_j\grave{} \\ x_j \end{bmatrix}\begin{bmatrix} x_{j+1} \\ x_{j+1} \end{bmatrix} \text{ и } \begin{bmatrix} x_j \\ x_j \end{bmatrix}\begin{bmatrix} x_{j+1} \\ x_{j+1} \end{bmatrix} \to \begin{bmatrix} x_j \\ x_j\grave{} \end{bmatrix}\begin{bmatrix} x_{j+1} \\ x_{j+1} \end{bmatrix}$$

соответственно, базируясь на параллельных подстановках для *ЛФП* $x_jx_{j+1} \to x_j\grave{}$ моделируемой *1–КА*. Следующая схема весьма наглядно иллюстрирует симулирование стилизованной *КФ* модели *1–КА* на двух шагах первой *1–КАнР* из композиции и на двух второй.

позволяя сформулировать следующее предложение, а именно:

Каждый шаг произвольной модели 1–КА симулируется с помощью композиции, состоящей из двух моделей 1–КАнР, за 4 шага; в число шагов не включаются переключения блоков пространства.

Приведенные рассуждения вполне естественно распространяются и на размерности, отличные от одномерного случая [27].

Заключение

Публиковать время от времени различные обзоры интересных и довольно полезных результатов из той или иной области знания - хорошая идея. Это помогает кратко обобщить текущее состояние и сформулировать наиболее важные направления исследований с учетом ранее полученных результатов. Ряд обзоров предыдущих результатов по **КА**-проблематике наряду с формулировкой ряда нерешенных проблем можно найти в наших работах [8,9,13-18,61] и некоторых других [7], тогда как некоторые комментарии в этом направлении можно найти, в частности, в [167,168] и в некоторых других источниках. В частности, в [168] *различие между нашими обзорами нерешенных проблем в **КА**-моделях и опубликованными С. Вольфрам (Physica Scripta T9, 1985)* охарактеризовано следующим образом: "*Принципиальное различие между статьей С. Вольфрама и др. (В. Аладьев и др.) состоит в том, что остальные концентрируются на математических аспектах **КА**-проблематики (представленные здесь проблемы касаются вопросов конструируемости, неконструируемости, иерархических возможностей, моделирования, сложности, декомпозиции и динамики конфигураций в классических **КА**-моделях), в то время как С. Вольфрам не находится на таком уровне абстракции*".

В предлагаемой книге как на содержательном уровне, так и в виде достаточно строгих математических формулировок приведен ряд результатов в основных разделах математической теории моделей **КА**, которые получены нами либо ранее, либо обобщены наряду с уточненными, а также некоторые новые результаты. Не охватывая в то же самое время всей обширной проблематики данной области современной математической кибернетики, эти результаты лежат в основе основных современных направлений, формируя довольно существенную часть современного состояния исследований в этом направлении. Модели **КА** являются ярким примером генерации сложных объектов и их динамики на основе достаточно простых исходных элементов и предпосылок. В данном смысле клеточные автоматы значительно лучше отвечают математическим моделям, используемым в ряде абстрактных областей теоретической *физики*, дискретной *синергетики* и математической биологии развития, чем более практичным моделям компьютерных наук, основанным на современных микроэлектронных технологиях. При этом, хотя при дальнейшеем развитии технологий, прежде всего, *нанотехнологии*, они, возможно, смогут играть все более возрастающую роль в этой области как формальные модели и прототипы *высокопараллельных* систем обработки информации. В последние годы классические **КА**-модели являются одной из наиболее перспективных сред для моделирования разных высокопараллельных дискретных *объектов*, *процессов* и *явлений*, допускающих *обратимую динамику*, что прежде всего, довольно важно с физической точки зрения.

Еще раз необходимо отметить, что **КА**-концепция в значительной степени является уникальным явлением, являясь, с одной стороны, основой для формального моделирования различных процессов, явлений и объектов в довольно широком спектре направлений, а с другой стороны, **КА**-концепция имеет эквивалентные технические реализации, например, такие как **САМ** *Т. Тоффоли*, систолические структуры, сети транспьютеров, сотовые процессоры, и т.д., что и делает **КА**-концепцию довольно привлекательным средством как теоретического, так и прикладного характера для исследования во многих областях, с довольно веским основанием того, что данная концепция переходит на новый *междисциплинарный* уровень. Итак, **КА** – более, чем очень полезная абстракция, так как они обладают рядом фундаментальных свойств, могущих привести к созданию на основе **КА**-моделей *обратимых* вычислений *новой перспективной* архитектуры высокоэффективных компьютерных систем и блоков управления системами искусственного интеллекта последующих поколений, а также сыграть роль перспективной моделирующей среды для весьма широкой области приложений.

И опять же, мы абсолютно не согласны с точкой зрения *Вольфрама* по **КА**-проблематике как нового вида науки. Наш богатый опыт в **КА**-проблематике и на теоретическом, и на прикладном уровнях говорит о совершенно ином, а именно: *(1)* **КА** представляют один из типов бесконечных абстрактных автоматов со специфической внутренней структурой, допускающей довольно высокий уровень параллельной обработки информации и вычислений; **КА**-модели формируют специальный класс дискретных динамических систем, работающих сугубо параллельно на основе принципа локального взаимодействия, и *(2)* **КА** возможно рассматривать как формальные математические объекты, представляющие также и несомненный самостоятельный интерес. И далее, **КА** могут рассматриваться как вполне независимая часть дискретной математики, кибернетики, абстрактных бесконечных автоматов с определенной внутренней организацией, параллельных дискретных динамических систем, но никак не как новый тип науки. Уже само название увесистого опуса «*A New Kind of Science*» [39] сразу ставит ловушку, не позволяя рассматривать его в качестве весьма серьезного научного издания, скорее, сводя его к претензии на определенную значимость.

Так, на примерах компьютерного исследования довольно простых **1**-мерных клеточных автоматов *С. Вольфрам* делает «*весьма глубокие*» научные выводы, которые были известны очень давно. Кроме того, в большинстве случаев он пытается представить себя их пионером, игнорируя их настоящих пионеров. В частности, он приписал себе немало результатов и предположений известного ученого *К. Цузе* и других исследователей, упомянутых в настоящей книге. А это уже не что иное, как плагиат по самым *высоким* оценкам, не говоря уже о полном игнорировании исторической справедливости. При этом, если западные исследователи все еще иногда упоминаются им, то уже советские исследователи полностью игнорируются, хотя они и получили немало фундаментальных результатов по теории **КА**, а их прикладные аспекты *несоизмеримы* по важности с заключениями автора вышеупомянутого тенденциозного опуса [39].

Отметим, наша точка зрения на большинство «*фундаментальных*» выводов указанного опуса вполне согласуется с многочисленными обзорами опуса [39]. Приведем только выдержку из одного обзора опуса *С. Вольфрама*, что соответствует нашему мнению о нем [168]: *But he does know Goedel and Zuse and Turing. He must see that his own work is minor in comparison. Why does he desparately try to convince us otherwise? When I read Wolfram's first praise of the originality of his own ideas I just had to laugh. The tenth time was annoying. The hundredth time was boring. And that was my final feeling when I laid down this extremely repetitive book: viz. exhaustion and boredom. In hindsight I know I could have saved my time. But at least I can warn others.*

Мы также рассматриваем данный опус как некую саморекламу как автора, так и самой теории **КА** независимо от устоявшихся фактов и реальной ситуации. Следовательно, на наш взгляд, адекватность названия «*A New Kind of Science*» сущности самой книги находится на том же уровне, что и название известной компьютерной игры «*Жизнь*», основанной на довольно простом двумерном бинарном клеточном автомате, что и реальной жизни. Между тем, мы все же рекомендуем на досуге познакомиться с этим опусом хотя бы для общего ознакомления с **КА**-проблематикой. Вне независимости от того, что было о нем сказано, опус имеет положительное значение для привлечения определенного круга специалистов и любителей к *КА*-проблематике наряду с определенной ее популяризацией.

Возвращаясь к настоящей книге, отметим, что ее содержательный уровень утверждений, иллюстрируемых примерами и отдельными доказательствами, позволяет использовать книгу весьма широкой аудитории читателей различных сфер *потенциального* применения методов, результатов и *КА*-концепции в целом. Для более полного ознакомления с современным состоянием *КА*-проблематики была представлена довольно обширная библиография, которая, в свою очередь, содержит ссылки на множество различных публикаций в этом направлении. По нашему мнению, данная книга представит несомненный интерес для студентов, а также тех, кто работает над ученой степенью на соответствующих факультетах университетов наряду с преподавателями дисциплин таких, как моделирование, математика, кибернетика, теория автоматов, биология развития, физика, информатика и многие другие.

Литература

В процессе исследований в теории клеточных автоматов нами была подобрана весьма обширная *библиография* источников различного уровня как непосредственно по теории, так и по ее приложениям в различных областях. Естественно, наша библиография не является исчерпывающей, но она может представлять вполне определенный интерес для исследователей в данной области, в первую очередь, начинающих. Между тем, у читателя есть возможность дополнить представленную библиографию отсутствующими в ней ссылками. Более обширная библиография источников по теории **КА** и по ее многочисленным приложениям может быть найдена в [7-9,11-18,26-35,37-39,61,116,141,169,170], тогда как заинтересованный читатель по подходящим ключевым фразам может обратиться и к *Интернету*.

Мы надеемся, что данная библиография позволит лучше очертить круг исследователей в данной области и широту рассматриваемых ими проблем. В первую очередь, это касается *советских* и *российских* исследователей, получивших немало приоритетных результатов, с которыми англоязычные исследователи или недостаточно хорошо знакомы, или вовсе не знакомы (*поэтому целый ряд из них был заново открыт другими исследователями*). Это особенно актуально и по той причине, что некоторые советские исследователи непосредственно стояли у истоков становления **КА**-*проблематики* как новой области современной математической кибернетики. Между тем, вниманию здесь представлен лишь неполный список работ, которые касаются основных материалов настоящей книги.

1. Aladjev V.Z. *To Theory of Homogeneous Structures.-* Tallinn: Estonian Academy Press, 1972, 190 p. *(in Russian with English summary)*

2. Aladjev V.Z. Pertain questions arising in theory of homogeneous structures // Proc. of the Estonian Academy of Sciences. Biology, **19**, no. 3, 1970, pp. 266–277 *(in Russian with extended English summary)*

3. Aladjev V.Z. A theorem in the theory of homogeneous structures // Proc. of the Estonian Academy of Sciences. Phys.-Math., **19**, no. 3, 1970, pp. 365–368 *(in Russian with extended extended English summary)*

4. Aladjev V.Z. *Computability in Homogeneous Structures.-* Moscow: VINITI Press, 1971, 465 p. *(in Russian with extended English summary)*

5. Aladjev V.Z. *To Theory of Homogeneous Structures.-* Moscow: VINITI Press, 1971, 288 p. *(in Russian with extended English summary)*

6. *Aladjev V.Z.* Pertain estimations for Neumann–Moore structures // Proc. of the Estonian Academy of Sciences. Phys.-Math., **20**, no. 3, 1971, pp. 335–342 *(in Russian with extended English summary)*

7. *http://www.hs-ca.narod.ru; http://www.ca-hs.weebly.com; https://bbian.webs.com/publications.htm (Библиография по КА)*

8. *Aladjev V.Z. Mathematical Theory of Homogeneous Structures and Their Applications.-* Tallinn: Valgus Press, 1980.

9. *Aladjev V.Z. Homogeneous Structures: Theoretical and Applied Aspects.-* Kiev: Technics Press, 1990, 272 p., *(in Russian with English summary)*

10. *Aladjev V.Z. Homogeneous Structures: Theoretical and Applied Aspects / Aladjev V.Z., Tupalo V.G. Computer Reader.-* Kiev: Ukrainian Soviet Encyclopedia, 1993, 480 p.

11. *Aladjev V.Z., Hunt U.Ja., Shishakov M.L. Questions of Mathematical Theory of Classical Homogeneous Structures.-* Gomel: BELGUT Press, 1996, ISBN 5-063-56078-5 *(in Russian with extended English summary)*

12. *Aladjev V.Z., Hunt U.Ja., Shishakov M.L. Mathematical Theory of the Classical Homogeneous Structures.-* Tallinn–Gomel: TRG & VASPO & Salcombe Eesti Ltd., 1998 *(in Russian with extended English summary)*

13. *Aladjev V.Z., Hunt U.Ja., Shishakov M.L. Mathematical Theory of the Classical Homogeneous Structures.-* Tallinn–Gomel: TRG & VASPO & Salcombe Eesti Ltd., 1999 *(in Russian with extended English summary)*

14. *Aladjev V.Z., Boiko V., Rouba E. Classical cellular automata: Theory and application.-* Belarus: Grodno State University, 2008, 485 p.

15. *Aladjev V.Z. Classical Cellular Automata. Homogeneous Structures.-* USA, PA: Palo Alto, Fultus Porporation, 2010, 480 p.

16. *Aladjev V.Z., Grinn D.S., Vaganov V.A. Classical Homogeneous Structures: Mathematical Theory and Applications.-* Kherson: Oldi–Plus Press, 2014, 520 p.

17. *Aladjev V.Z. Classical Cellular Automata: Mathematical Theory and Applications.-* Saarbrücken: Scholar's Press, 2014, 517 p.

18. *Aladjev V.Z., M.L. Shishakov, V.A. Vaganov. Selected problems in the theory of classical cellular automata.-* USA: PreateSpace, 2018, 410 p.

19. *Von Neumann J. Theory of Self–Reproducing Automata / Ed. A.W. Burks.-* Urbana: University of Illinois Press, 1966, 324 p.

20. *Essays on Cellular Automata / Ed. A.W. Burks.-* Urbana: University of Illinois Press, 1970.

21. *Zuse K. Rechnender Raum.-* Braunschweig: Friedrich Vieweg & Sohn, 1969, [*Calculating Space*, MIT Technical Translation *AZT-70-164-GEMIT*,

MIT *(Project MAC)*, Pambridge, Mass. 02139, Feb. 1970].

22. Zuse K. On self-reproducing systems // Elect. Rechenanl., *9*, 1967.

23. Zuse K. Rechnender Raum, Elektronische Datenverarbeitung, vol. *8*, pp. 336–344, 1967.

24. Gardner M. On cellular automata, self-reproduction, the Garden of Eden and the game *«Life»* // Scientific American, *224*, 1971.

25. *Mathematical Problems in Biology* / Ed. **R. Bellman.**- New–York: Academic Press, 1962.

26. Ilachinski A. *Cellular Automata: A Discrete Universe.*- World Scientific Publishing Po., 2001, ISBN 981-02-4623-4.

27. Aladjev V., Boiko V., Gostev A., Hunt Ü., Rouba E., Shishakov M., Grinn D., Vaganov V. *Selected Books and Software published by members of Baltic branch of the International Academy of Noosphere.*- Tallin: TRG press, 2019, ISBN 978-9949-9876-3-4.

28. Palash Sarkar. *A brief history of cellular automata //* APM Pomputing Surveys, Vol. 32, No. 1, 2000.

29. Nishio H. A classified bibliography on cellular automata theory – With focus on recent Japanese references // The 1st Intern. Symp. on **USAL**, Tokyo, Japan, 1975.

30. Smith A.R. Introduction to and survey of polyautomata theory // Automata, Languages, Development / *Eds.* **A. Lindenmayer** *and G.* **Rozenberg.**- Amsterdam, 1976.

31. Toffoli T. *Cellular Spaces – An Extensive Bibliography.*- Michigan: University of Michigan, 1976.

32. Aladjev V.Z. *Survey of Researches in Theory of Classical Homogeneous Structures and their Appendices* / Tech. Rept., no. *18-1-12/88 (revised and extended report).*- Tallinn: Project-Technological Institute of Industry, 1989, 2067 p. *(in Russian with extended English summary)*

33. Golze U. *Bibliographie uber Zellraume* / Unveroffentlichtes Manuskript, 1978.

34. Wargalla L. *A Very Extensive Bibliography on Cellular Automata and Random Fields* / Manuskript.- Aachen: Aachen Univ., 1977, 124 p.

35. Bayrak C., et al. The annotated bibliography on cellular automata / Tech. Rep. 90-PSE-30, Southern Methodist University, 1990.

36. Aladjev V.Z. *Survey of Researches in Theory of Classical Homogeneous Structures and Their Appendices* / Tech. Rept., no. *18-12/88.*- Tallinn: MPSM, Project-Technological Institute of Industry, 1988, 2012 p.

37. Sarkar P. A brief history of cellular automata // *ACM* Pomp. Surveys, *32*, no. *1*, 2000.

38. Shalyto A.A. Работы по однородным структурам и клеточным автоматам, выполненные в СССР, России и бывших советских республиках, ***www.computer-museum.ru/articles/books/1066/***

39. Wolfram S. A New Kind of Science.- N.Y.: Wolfram Media Inc., 2002.

40. Aladjev V.Z., et al. Selected questions of homogeneous structures theory: Computer modelling / Annual Report # 69/11, 2011, 534 p.

*41. Aladjev V.Z. A Library of release 2.2215 for **Maple** system: The Library can be freely downloaded from* ***https://yadi.sk/d/hw1rnmsbyfVKz***

*42. Aladjev V.Z. Packages of Procedures and Functions for **Mathematica** system.*- Tallinn, 2018; *the packages can be freely downloaded from web–sites* ***https://yadi.sk/d/oC5lXLWa3PVEhi, https://yadi.sk/d/2GyQU2pQ3ZETZT***

*43. Aladjev V.Z., Shishakov M.L. Software Etudes in the **Mathematica**.*- PreateSpace, An Amazon.com Pompany, 2017, 614 p., ISBN 1979037272

44. Aladjev V.Z., Hunt Ü.Ja. Fundamental Problems in the Theory of the Classical Homogeneous Structures / ***TRG** Research Rept. **TRG**–55/97.*- Tallinn: Vasco Press, 1997, 1870 p.

45. Aladjev V.Z. Decision of a series of problems in the mathematical theory of homogeneous structures and their appendices / Scientific Report ***TR–14–0683.***- Tallinn: Silikaat Press, 1983, 2566 p.

46. Aladjev V.Z., Zinkevich T.G. The classical homogeneous structures / Scientific Report ***TR–04–1084.***- Tallinn: Silikaat Press, 1984, 947 p.

47. Aladjev V.Z. Recent results in the theory of homogeneous structures / Scientific Report ***TR–11–1285.***- Tallinn: Silikaat Press, 1985, 942 p.

48. Parallel Information Processing and Parallel Algorithms / Ed. ***Aladjev V. Z.**- Tallinn: Valgus Press, 1981, 296 p. (in Russian with English summary)*

49. Parallel Systems of Information Processing / Ed. ***Aladjev V.Z.***- Tallinn: Valgus Press, 1983 *(in Russian with extended English summary)*

50. Sipper M. Evolution of Parallel Cellular Machines.- Berlin–Lausanne: Springer–Verlag, 1997, 199 p.

51. Studies on Cellular Automata.- Tokyo: Research Institute of Electrical Pommunications, 1975.

52. The First Internat. Symposium on ***USAL**, Tokyo, Japan, 1975.

53. Proc. Intern. Symp. on Math. Topics in Biology, Kyoto, Japan, 1978.

54. Yamada H., Amoroso S. A completeness problem for pattern generation in tessellation automata // *JCSS*, ***4**, 1970, pp. 137–176.

55. Nasu M., Honda M. A completeness property of one–dimensional tessellation automata // *JCSS*, ***12**, 1976, pp. 36–48.

56. Maruoka A., Kimura M. Pompleteness problem of ***1**–dimensional binary scope–3 tessellation automata // *JCSS*, ***9**, 1974, pp. 31–47.

57. Maruoka A., Kimura M. Pompleteness problem of multi-dimensional tessellation automata // Inform. and Pontr., *35*, 1977.
58. Moore E. Machine models of self-reproduction // Proc. Symp. Appl. Math., *14*, 1962.
59. Myhill J. The converse of *Moore's Garden-of-Eden* theorem // Proc. Amer. Math. Soc., *14*, no. *4*, 1963, pp. 685–686.
60. Golze U. Endliche, Rationale und Recursive Zellulare Konfigurationen / Doctoral Diss., Hannover: Technical Univ. of Hannover, 1975.
61. Aladjev V.Z., Boiko V.K., Rovba E.A. Classical cellular automata: Theory and Appendices.- Grodno: GrSU Press, 2008, 485 p. *(in Russian)*
62. Ikaunieks E. About information properties of cellular structures // Problems of information transfer, vol. *6*, no. 4, 1970, pp. 57–64 *(in Russian)*
63. Aladjev V.Z., et al. Selected questions of homogeneous structures theory: Applied aspects / Annual Report # *70/12*, 2012, 424 p.
64. Aladjev V.Z., et al. Selected questions of homogeneous structures theory: Dynamic properties / Annual Report # *71/13*, 2013, 348 p.
65. Adamatzky A., Wuensche A. Nonconstructible blocks in *1D* cellular automata: *Minimal generators and natural systems* // Applied Math. Pomp., *3*, 1996.
66. Maruoka A., Kimura M. Pondition for injectivity of global maps for tessellation automata // Information and Pontrol, *32*, 1976.
67. Smith A.R. Cellular Automata Theory / PhD Thesis.- Stanford: Stanford University, 1970.
68. Banks E.R. Information Processing and Transmission in Cellular Automata / PhD Thesis.- Massachusetts: MIT Press, 1971, 215 p.
69. Burks A.W. On backwards–deterministic, erasable and Garden-of-Eden automata / Tech. Rept. no. *012520-4-T.*- Michigan: University of Michigan, 1971.
70. Culik K., Yu S. Undecidability of CA classification schemes // Pomplex Systems, *2*, 1988.
71. Lebedev A. Stochastic methods of classification of cellular automata / Fundamental and Applied Math., *8*, no. 2002, pp. 621–626 *(in Russian)*
72. Toffoli T. CAM: A high–performance cellular–automaton machine // Physica *10D*, 1984.
73. Tucker J. CAM: The ultimata parallel computer // High Technology, *4* (*6*), 1984.
74. Toffoli T., Margolus M. The *CAM-7* Multiprocessor: *A Cellular Automata Machine* / Tech. Memo *LCS-TM-289*, MIT Lab. for Pomp. Sciences, 1985.

75. Hedlund G. Endomorphisms and automorphisms of the shift dynamical systems // Math. System Theory, *3*, 1969, pp. 320–375.

76. Maruoka A., Kimura M. Injectivity and surjectivity of parallel maps for cellular automata // *JCSS, 18*, 1979, pp. 47–64.

77. Nasu M. Local maps inducing surjective global maps of one-dimensional tessellation automata // Math. Sys. Theory, *11*, 1978.

78. Fredkin E., Toffoli T. Conservative logic // Int. J. of Theor. Physics, vol. *21*, no. 3/4, 1982.

79. Richardson D. Tessellation with local transformations // *JCSS, 6*, 1972.

80. Amoroso S., Patt Y. Decision procedure for surjectivity and injectivity of parallel maps for tessellation structures // *JCSS, 6*, 1972, pp. 448–464.

81. Kari J. Decision Problems Concerning Cellular Automata.- Turku: University of Turku, 1990.

82. Morita K., et al. A 1-tape 2-symbol reversible *Turing* machine // Trans. of *IEICE, E72*, no. 3, 1989.

83. Morita K., et al. Pomputation universality of one-dimensional reversible cellular automata // Trans. of *IEICE, E72*, no. 6, 1989.

84. Toffoli T., Margolus N. Invertible cellular automata: *A review* // Physica *D45*, 1990.

85. Malcev A.I. Algorithms and Recursive Functions.- Moscow: Science Press, 1986 *(in Russian with extended English summary)*

86. Yaku T. The Ponstructability of a Ponfigurations in a Pellular Automata // *JCSS*, no. *7*, 1973.

87. Yaku T. Surjectivity of nondeterministic parallel maps induced by nondeterministic cellular automata // *JCSS, 12*, 1976, pp. 1–5.

88. Ulam S. A Collection of Mathematical Problems.- N.Y.: Interscience Publisher, 1960.

89. Ulam S. On some mathematical problems connected with pattern of growth of figures / Proc. of Symp. in Applied Mathematics, *14*, pp. 215–224, 1962.

90. Aladjev V.Z. An algebraic system for polynomial representation of *K*-valued logical functions // App. Math. Letters, no. 3, 1988.

91. Aladjev V.Z., et al. Mathematical Biology of Development.- Moscow: Science Press, 1982, 256 p. *(in Russian with extended English summary)*

92. Aladjev V.Z. Certain algorithmical questions of mathematical biology of development // Proc. of the Estonian Academy of Sciences. Biology, *22*, no. *1*, 1973 *(in Russian with extended English summary)*

93. Kolmogorov A.N. Three approaches to concept of quantity of information // Problems of information transfer, vol. *1*, 1965, pp. 3–11

94. Ginzburg S. Mathematical theory of context-free languages.- Moscow: Mir Press, 1970 *(in Russian with extended English summary)*

95. Gross M., Lanten A. The Theory of Formal Grammars.- Moscow: Mir Press, 1971 *(in Russian with extended English summary)*

96. Aladjev V.Z. Tau(n)-grammars and languages generated by them // Proc. of the Estonian Academy of Sciences. Biology, *23*, no. *1*, 1974, pp. 67–87 *(in Russian with extended English summary)*

97. Aladjev V.Z. Operations Over Languages Generated by *Tau(n)*-grammars // Pomment. Math., University Parolinae Praga, *154*, no. *2*, 1974, pp. 211–220.

98. Aladjev V.Z. About the Equivalence of *Tau(n)*-grammars and *Sb(m)*-grammars // Pomment. Math., University Parolinae Praga, *157*, no. *4*, 1974, pp. 717–726.

99. Aladjev V.Z. Survey of Research in the Theory of Homogeneous Structures and Their Applications // Mathematical Biosciences, *22*, 1974, pp. 121–154.

100. Aladjev V.Z. Theory of Homogeneous Structures and Their Applications / Proc. of the second Intern. Ponf. on Mathem. Modelling, Sant-Louis, USA, 1979, pp. 121–142.

101. Aladjev V.Z. The general modern problems in the mathematical theory of homogeneous structures // Abstracts of Intern. Workshop *PARCELLA-82.*- Berlin: Springer-Verlag, 1982.

102. Aladjev V.Z. Homogeneous structures in mathematical modelling / The *4th* Intern. Ponf. on Mathem. Modelling.- Zurich, 1983.

103. Aladjev V.Z. New Results in the Theory of Homogeneous Structures // Informatik-Skripten, no. *3*, Braunschweig, 1984.

104. Aladjev V.Z. New Results in the Theory of Homogeneous Structures // *MTA* Szamitastechnikai es. Autom. Tanulmanuok, *158*, Budapest, 1984, pp. 3–14.

105. Aladjev V.Z. A Few Results in the Theory of Homogeneous Structures // Mathematical Research, Band *25*.- Berlin: Akademie-Verlag, 1985, pp. 168–175.

106. Aladjev V.Z. Recent Results in the Theory of Homogeneous Structures / *MTA* Szamitastechnikai es. Automat. Tanulmanuok, *185*, Budapest, 1986, pp. 261–280.

107. Aladjev V.Z. Recent Results in the Mathematical Theory of Homogeneous Structures // Trends, Techniques and Problems in

Theoret. Comp. Science / Lecture Notes in Comp. Sci., Band *281*.-
Heidelberg: Springer-Verlag, 1986, pp. 110–128.

108. Aladjev V.Z. Recent Results in the Theory of Homogeneous
Structures // Parallel Processing by Cellular Automata and Arrays.-
Amsterdam: North–Holland, 1987, pp. 31–48.

109. Aladjev V.Z. Unsolved Theoretical Problems in Homogeneous
Structures // Mathematical Research, Band *48*.- Berlin: Akademie-
Verlag, 1988, pp. 33–49.

110. Smetanich Ja., Ivanickii G. Models of developing biological objects
on the basis of *L*–systems // Biophysics, *XXII*, vol. 5, 1979.

111. Dassow J. On Finite Properties of Biologically Motivated
Languages // Rostocker Mathematical Kolloquium, *4*, 1977.

112. L-Systems / *Eds. Rozenberg G., Salomaa A.*- Heidelberg–Berlin:
Springer-Verlag, 1974.

113. Wang P., Grosky W. The Relation Between Uniformly Structured
Tessellation Automata and Parallel Array Grammars / Proc. of Intern.
Symp. on *USAL*, Tokyo, 1975.

*114. Prusinkiewicz P., Hanan J. Lindenmayer Systems, Fractals, and
Plants.*- Berlin–London–Heidelberg: Springer-Verlag, 1992, 120 p.

115. Smith A.R. Cellular automata and formal languages / Proc. of the
11th *IEEE* Conf. on Switching and Automata Theory, 1972.

116. Rozenberg G. Bibliography of *L*–Systems // Theor. and Com. Sci.,
1, no. 5, 1977.

117. Lindenmayer A., Culik K. Growing cellular systems // Intern. J.
Gen. Sys., 1981.

118. Lindenmayer A. Developmental algorithms for multicellular
organisms: *A survey of L–systems* // J. of Theor. Biology, *54*, 1975.

119. Scherbakov E.S. About figured operations of parallel substitution
and monadic algebras generated by them / Computer technics and
questions of cybernetics, vol. *10*.- Leningrad: Leningrad State Univ.,
1974, pp. 90–99 *(in Russian with extended English summary)*

120. Aladjev V.Z. Survey of Research in the Theory of Homogeneous
Structures and Their Applications // Mathematical Biosciences, *22*,
1974, pp. 121–154.

121. Aladjev V.Z. Some New Results in the Theory of Homogeneous
Structures / Proc. Intern. Symp. on Mathem. Topics in Biology, Kyoto,
Japan, 1978, pp. 193–226.

122. Mahajan M. Studies in language classes defined by different types
of time-varying cellular automata / Ph.D. Dissertation, 1992.

123. Willson S. Cellular automata can generate fractals // Discret. Appl. Math., *8*, 1984.

124. Brauer W. *Automaten Theorie.*- Stuttgart: B.G. Teubner, 1984.

125. Adamatzky A.I. Identification of the distributed intelligence // Technical cybernetics, 5, 1993 *(in Russian with English summary)*

126. Adamatzky A.I. *Identification of Cellular Automata.*- London: Taylor & Francis, 1994.

127. Adamatzky A.I. About complexity of identification of cellular automata / Automatics and telemechanics, *9*, 1992, pp. 160-171.

128. Frumkin M.A. *Systolic Calculations.*- Moscow: Science Press, 1990 *(in Russian with extended English summary)*

129. Buttler J. A note on cellular automata simulations // Information and Control, *3*, 1974.

130. Podkolzin A.S. About complexity of modelling in homogeneous structures / Problems of cybernetics, vol. *30.*- Moscow: Fizmatlit Press, 1975, pp. 199-225 *(in Russian with extended English summary)*

131. Podkolzin A.S. About behaviour of homogeneous structures / Problems of cybernetics, v. *31.*- Moscow: Fizmatlit Press, 1976, pp. 133-166 *(in Russian with extended English summary)*

132. Butler J., Ntafos S. The vector string descriptor as a tool in the analysis of cellular automata systems // Math. Biosci., 35, 1977.

133. Yamada H., Amoroso S. Structural and behavioural equivalence of tessellation automata // Inform. and Contr., *18*, 1971, pp. 1-31.

134. Bodnarchuk C.A., Tseitlin G.E. About algebras of periodically defined transformations of the infinite register // Cyberneticsa, *1.*- Kiev: Naukova Dumka Press, 1969, pp. 38-44 *(in Russian)*

135. Tseitlin G.E. Formalization of synchronous parallel processing by heterogeneous periodically determined transformations // Trans. of Institute of Cybernetics, Kiev, 1982 *(in Russian with English summary)*

136. Poupet V. Simulating *3D* Cellular Automata with *2D* Cellular Automata / LNCS 3153.- Berlin: Springer-Verlag, 2004.

137. Rroka Z. Simulations between cellular automata on Cayley graphs // Theor. Comp. Sci., 225, 1999.

138. Martin B. A geometrical hierarchy on graphs via cellular automata // Fundamenta Informaticae, 52, 2002, pp. 157-181.

139. Hemmerling A. On the power of cellular parallelism // *Proceedings of the 3rd International Workshop on PARCELLA-86 / Eds. G. Wolf et al.*- Amsterdam: North-Holland, 1986.

140. Kobuchi Y. A Note on symmetrical cellular spaces // Inf. Proc. Letters, *23*, 1987.

141. Aladjev V.Z., et al. Electronic Library of Books and Software for Scientists, Experts, Teachers and Students in Natural and Social Sciences.- CA: Palo Alto: Fultus Corporation, 2005, *CD-edition*, ISBN 1596820136

142. Kudrjvcev V.B., et al. Basics of Theory of Homogeneous Structures.- Moscow: Science Press, 1990 *(in Russian with extended English summary)*

143. Toffoli T. Cellular automata mechanics / Tech. Rep. no. *208.-* University of Michigan, 1977.

144. Toffoli T. Computational and Construction Universality of Reversible Cellular Automata / Tech. Rep. no. *192.-* University of Michigan, 1976.

145. Nishio H., Kobuchi Y. Fault tolerant cellular spaces // *JCSS, 11,* 1975.

146. Aladjev V.Z. Homogeneous Structures: A model of perspective parallel computing systems // *New Trends and Facilities of Analog-numerical Transformation and Information Processing.-* Tallinn: Estonian Academy of Sciences, 1988, pp. 76-125.

147. Amoroso S., Epstein J. Indecomposable parallel maps in tessellation structures // *JCSS, 13,* 1976.

148. Buttler J. Synthesis of one-dimensional binary cellular automata systems from composite local maps // Information and Control, *43,* no. *3,* 1979, pp. 42-54.

149. Buttler J. Decomposable maps in general tessellation structures // *JCSS, 32,* 1979, pp. 120-137.

150. Aladjev V.Z. A solution of the *Steinhays* combinatorical problem // Appl. Math. Letters, no. *1,* 1988.

151. Schrandt R., Ulam S. On patterns of growth of figures in two dimensions // Notices of the Amer. Math. Society, *7,* p. 642, 1960.

152. Holladay J., Ulam S. On some combinatorial problems in pattern of growth // Notices of the Amer. Math. Society, *7,* p. 234, 1960.

153. Schrandt R., Ulam S. On recursively defined geometrical objects and patterns of growth *(in the collection* [20]*,* pp. 232-243*)*

154. Barinov V., et al. To the Ulam-Aladjev problem, *in transactions* [48].

155. Towards a Theoretical Biology / Ed. *C. Waddington,* vol. 1-4.- Edinburgh: Edinburgh Univ. Press, 1970.

156. Apter M. A formal model of biological development // Proc. of Estonian Academy of Sciences. Phys. and Math., *22,* no. *3,* 1973.

157. Apter M. Cybernetics and Development.- Moscow: Mir Press, 1970.

158. Herman G. On universal computer-constructors // Inf. Proc. Lett., *2,* 1973, pp. 73-76.

159. Adamatzky A. Simulation of inflorescence growth in cellular automata // Chaos, Solitons and Fractals, *7*, no. *7*, pp. 1065–1094.

160. Gaiski D., Yamada H. A busy beaver problem in cellular automata / Proc. of the *1ˢᵗ* Intern. Symp. on *USAL.–* Tokyo, 1975.

161. Blishun A. The generation of the cellular chain of assigned length // Technical Cybernetics, *6*, 1975, pp. 95–98.

162. Gerhart M., et al. A cellular automata model of exitable media // Physica, *D46*, 1990.

163. Luck H., Luck J. Automata theoretical explanation of tissue growth / Proc. Int. Symp. on Math. Topics in Biology, Kyoto, 1978.

164. Griffeath D., Gravner J. Cellular automaton growth on Z^1: *Theorems, examples, and problems //* Adv. in Appl. Math., *21*, 1998.

165. Rose S. Cellular interaction during differentiation // Biol. Rev., *32*, 1958, pp. 351–382.

166. Arbib M. Simple self-reproducing universal automata // Inform. and Contr., *9*, 1966.

167. https://mathoverflow.net/questions/29219/book-recommendations-on-cellular-automata

168. http://www.amazon.com/New-Kind-Science-Stephen-Wolfram/product-reviews/1579550088

169. Chiff J. Introduction to Cellular Automata. The book can be found on site http://psoup.math.wisc.edu/pub/Schiff_CAbook.pdf

170. Ferber R.G.-F. Raumliche und Zeitliche Regeimassigkeiten Zellularer Automaten.– Marburg: Philipps-Universitat Marburg, 1988, 114 p.

171. Aladjev V.Z., Shishakov M.L., Vaganov V.A. Selected problems in the theory of classical cellular automata.– USA: CreateSpace, 2018, 410 p.

172. Aladjev V.Z., Shishakov M.L., Vaganov V.A. Selected problems in the theory of classical cellular automata: Second edition.– USA: Lulu Press, 2018.

173. http://packagedata.net/index.php/links/search/350/MathToolBox

174. www.google.com/search?q=Aladjev+Victor&tbm=isch&source=hp&sa =X&ved=2ahUKEwit6auC76fiAhU16KYKHQ2RCIoQsAR6BAgJEAE&biw =1920&bih=955

175. https://www.goodreads.com/author/show/4033545.Victor_Aladjev

176. https://bbian.webs.com/Our_publications_2019.pdf

177. https://bbian.webs.com/books.htm

178. https://www.abebooks.com/servlet/SearchResults?sts=t&cm_sp= SearchF-_-home-_-Results&an=Aladjev&tn=&kn=&isbn=

Виктор Аладьев, Вячеслав Ваганов, Михаил Шишаков

Монографии, учебники и книги по теории клеточных автоматов, системам компьютерной математики, информатике, общей теории статистики, подготовленные и опубликованные сотрудниками Балтийского филиала в 1995 – 2019 гг.

Классические клеточные автоматы (Однородные структуры)

1. Aladjev V.Z., Hunt Ü.J., Shishakov M.L. *Questions of Mathematical Theory of Classical Homogeneous Structures (Cellular Automata).–* Gomel: BELGUT Press, 1996, 151 p., ISBN 5063560785 (in Russian)

2. Aladjev V.Z., Hunt Ü.J., Shishakov M.L. *Mathematical Theory of the Classical Homogeneous Structures.–* Tallinn–Gomel: TRG & VASCO & Salcombe Eesti Ltd., 1998, 300 p., ISBN 9063560789 (in Russian)

3. Aladjev V.Z., Boiko V.K., Rovba E.A. *Classical homogeneous structures: Theory and Applications.–* Belarus: Grodno: Grsu, Tallinn: TRG Press, 2008, 488 p., ISBN 9789985950845 (in Russian with extended English summary)

4. Aladjev V.Z. *Classical Homogeneous Structures: Cellular Automata.–* USA: Palo Alto: Fultus Corporation, 2009, 536 p., ISBN 159682137X

5. Aladjev V.Z. *Classical Homogeneous Structures: Cellular Automata.–* USA: Palo Alto: Fultus Corporation, 2009, 536 p., Adobe Acrobat eBook (pdf), ISBN 9781596821385 (in Russian with extended English summary)

6. Aladjev V.Z., Grinn D.S., Vaganov V.A. *Classical Homogeneous Structures: Mathematical Theory and Applications.–* Ukraine: Kherson: Oldi-Plus Press, 2014, ISBN 9789662890358, 520 p.

7. Aladjev V.Z. *Classical Cellular Automata: Mathematical Theory and Applications.–* Germany: Saarbrücken: Scholar`s Press, 2014, 517 p.

8. Aladjev V.Z., Shishakov M.L., Vaganov V.A. *Selected problems in the theory of classical cellular automata.–* USA: CreateSpace, 2018, 410 p.

9. Aladjev V.Z., Shishakov M.L., Vaganov V.A. *Selected problems in the theory of classical cellular automata.–* USA: Lulu Press, 2018, 410 p.

10. Aladjev V.Z., Vaganov V.A., Shishakov M.L. *Basic elements of cellular automata theory.–* USA: Lulu Press, 2019, 418 p. (in Russian)

Общая теория статистики

11. Aladjev V.Z., Veetõusme R.A., Hunt Ü.J. *General Theory of Statistics: Textbook.–* Tallinn: TRG & SALCOMBE Eesti Ltd., 1995, 201 p., ISBN 1995146428 (in Russian with extended English summary)

12. Aladjev V.Z., Hunt Ü.J., Shishakov M.L. *Course of General Theory of Statistics: Textbook.–* Gomel: BELGUT Press, 1995, 201 p., ISBN 1995146429 (in Russian with extended English summary)

13. Aladjev V.Z. *Interactive Course of General Theory of Statistics.- Tallinn: International Academy of Noosphere, the Baltic Branch, 2001, CD with Booklet, ISBN 9985608666 (in Russian with extended English summary)*

14. Aladjev V.Z., Haritonov V.N. *General Theory of Statistics.- USA: Palo Alto: Fultus Corporation, 2004, 256 p., ISBN 1596820128*

15. Aladjev V.Z., Haritonov V.N. *General Theory of Statistics.- USA: Palo Alto: Fultus Corporation, 2004, Adobe Acrobat eBook, ISBN 1596820160*

16. Aladjev V.Z., Haritonov V.N. *General Theory of Statistics.- USA: Palo Alto: Fultus Corporation, 2006, 256 p., ISBN 1596820861, Adobe Acrobat eBook (pdf), ISBN 1596820810 (in Russian with extended English summary)*

17. Aladjev V.Z., Vaganov V.A. *General Statistics.- Tallinn: International Academy of Noosphere, the Baltic Branch, eBook, (pdf), 2014, 259 p.*

Системы компьютерной математики

18. Aladjev V.Z., Hunt Ü.J., Shishakov M.L. *Mathematics on Personal Computer.- Gomel: BELGUT Press, 1996, 498 p., ISBN 34206140233*

19. Aladjev V.Z., Shishakov M.L. *Introduction into Mathematical Package* **Mathematica 2.2.** *- Moscow: Filin Press, 1997, 363 p., ISBN 5895680046*

20. Aladjev V.Z., Vaganov V.A., Hunt Ü.J., Shishakov M.L. *Introduction into Environment of Mathematical Package* **Maple V.** *- Minsk: International Academy of Noosphere, the Baltic Branch, 1998, 452 p., ISBN 1406425698*

21. Aladjev V.Z., Vaganov V.A., Hunt Ü., Shishakov M.L. *Programming in Environment of Mathematical Package* **Maple V.** *- Minsk-Moscow: Russian Ecology Academy, 1999, 470 p., ISBN 4101212982 (in Russian)*

22. Aladjev V.Z., Bogdevicius M.A. *Solution of Physical, Technical and Mathematical Problems with* **Maple V.** *- Tallinn-Vilnius, TRG, 1999, 686 p., ISBN 9986053986 (in Russian with extended English summary)*

23. Aladjev V.Z., Vaganov V.A., Hunt Ü.J., Shishakov M.L. *Workstation for Mathematician.- Tallinn-Minsk-Moscow: Russian Academy of Natural Sciences, 1999, 608 p., ISBN 3420614023 (in Russian with English summary)*

24. Aladjev V.Z., Shishakov M.L. *Workstation of Mathematician.- Moscow: Laboratory of Basic Knowledge, 2000, 752 p. + CD, ISBN 5932080523*

25. Aladjev V.Z., Bogdevicius M.A. **Maple 6:** *Solution of Mathematical, Statistical, Engineering and Physical Problems.- Moscow: Laboratory of Basic Knowledge, 2001, 850 p. + CD, ISBN 593308085X (in Russian)*

26. Aladjev V.Z., Bogdevicius M.A. *Special Questions of Operation in Environment of the Mathematical Package* **Maple.** *- Vilnius: International Academy of Noosphere, the Baltic Branch & Vilnius Gediminas Technical University, 2001, 208 p. + CD with Library, ISBN 9985927729 (in Russian)*

27. Aladjev V.Z., Bogdevicius M.A. *Interactive* **Maple**: *Solution of Mathematical, Statistical, Engineering and Physical Problems.– Tallinn: International Academy of Noosphere, the Baltic Branch, 2001–2002, CD with Booklet, ISBN 9985927710*

28. Aladjev V.Z., Vaganov V.A., Grishin E.P. *Additional Software of Mathematical Package* **Maple** *of releases 6 and 7.– Tallinn: International Academy of Noosphere, the Baltic Branch, 2002, 314 p. + CD with Library, ISBN 9985927737 (in Russian with extended English summary)*

29. Aladjev V.Z. *Effective Operation in Mathematical Package* **Maple**.– *Moscow: BINOM Press, 2002, 334 p. + CD, ISBN 593208118X (in Russian)*

30. Aladjev V.Z., Liopo V.A., Nikitin A.V. *Mathematical Package* **Maple** *in Physical Modeling.– Grodno: Grodno State University, 2002, 416 p., ISBN 3093318313 (in Russian with extended English summary)*

31. Aladjev V.Z., Vaganov V.A. *Computer Algebra System* **Maple**: *A New Software Library.– Tallinn: International Academy of Noosphere, the Baltic Branch, 2002, CD with Booklet, ISBN 9985927753*

32. Aladjev V.Z., Bogdevicius M.A., Prentkovskis O.V. *A New Software for Mathematical Package* **Maple** *of Releases 6, 7 and 8.– Vilnius: Vilnius Gediminas Technical University and International Academy of Noosphere, the Baltic Branch, 2002, 404 p., ISBN 9985927745, 9986055652*

33. Aladjev V.Z., Vaganov V.A. *Systems of Computer Algebra: A New Software Toolbox for* **Maple**.– *Tallinn: International Academy of Noosphere, the Baltic Branch, 2003, 270 p. + CD, ISBN 9985927761*

34. Aladjev V.Z., Bogdevicius M.A., Vaganov V.A. *Systems of Computer Algebra: A New Software Toolbox for* **Maple**. *Second edition.– Tallinn: International Academy of Noosphere, 2004, 462 p., ISBN 9985927788*

35. Aladjev V.Z. *Computer Algebra Systems: A New Software Toolbox for* **Maple**.– *USA: Palo Alto: Fultus Corp., 2004, 575 p., ISBN 1596820004*

36. Aladjev V.Z. *Computer Algebra Systems: A New Software Toolbox for* **Maple**.– *USA: Palo Alto: Fultus Corporation, 2004, Adobe Acrobat eBook, ISBN 1596820152*

37. Aladjev V.Z., Bogdevicius M.A. Maple: *Programming, Physical and Engineering Problems.– USA: Palo Alto: Fultus Corporation, 2006, 404 p., ISBN 1596820802, Adobe Acrobat eBook (pdf), ISBN 1596820810*

38. Aladjev V.Z. *Computer Algebra Systems.* **Maple**: *Art of Programming.– Moscow: BINOM Press, 2006, 792 pp., ISBN 5932081899 (in Russian with extended English summary)*

39. Aladjev V.Z. *Foundations of programming in* **Maple**: *Textbook.– Tallinn: International Academy of Noosphere, 2006, 300 p., (pdf), ISBN 998595081X, 9789985950814 (in Russian with extended English summary)*

40. Aladjev V.Z., Boiko V.K., Rovba E.A. *Programming and applications elaboration in* **Maple:** *Monograph.– Belarus: Grodno: Grsu, Tallinn: International Academy of Noosphere, 2007, 456 p., ISBN 9789854178912, ISBN 9789985950821 (in Russian with extended English summary)*

41. Aladjev V.Z., Vaganov V.A. *Modular programming:* **Mathematica vs Maple,** *and vice versa.– USA, CA: Palo Alto, Fultus Corporation, 2011, ISBN 9781596822689, 418 p.*

42. Aladjev V.Z., Bezrukavyi A.S., Haritonov V.N., Hodakov V.E. *Programming: System* **Maple** *or* **Mathematica?–** *Ukraine: Kherson, Oldi-Plus Press, 2011, ISBN 9789662393460, 474 p.*

43. Aladjev V.Z., Boiko V.K., Rovba E.A. *Programming in systems* **Mathematica** *and* **Maple:** *A Comparative Aspect.– Belarus: Grodno, Grodno State University, 2011, 517 p. (in Russian with extended English summary)*

44. Aladjev V.Z., Grinn D.S., Vaganov V.A. *The extended functional tools for system* **Mathematica.–** *Ukraine: Kherson: Oldi-Plus Press, 2012, ISBN 9789662393590, 404 p. (in Russian with extended English summary)*

45. Aladjev V.Z., Grinn D.S. *Extension of functional environment of system* **Mathematica.–** *Ukraine: Kherson: Oldi-Plus Press, 2012, ISBN 9789662393729, 552 p. (in Russian with extended English summary)*

46. Aladjev V.Z., Grinn D.S., Vaganov V.A. *The selected system problems in software environment of system* **Mathematica.–** *Ukraine: Kherson: Oldi-Plus Press, 2013, ISBN 9789662393729, 556 p.*

47. Aladjev V.Z., Vaganov V.A. *Extension of the* **Mathematica** *system functionality.– USA: Seattle, CreateSpace, An Amazon.com Company, 2015, ISBN-13: 9781514237823, ISBN-10: 1514237822, 590 p.*

48. Aladjev V.Z., Vaganov V.A. *Toolbox for the Mathematica programmers.– USA: Seattle, CreateSpace, An Amazon.com Company, 2016, ISBN-13: 9781532748837, ISBN-10: 1532748833, 630 p.*

49. Aladjev V.Z., Boiko V.K., Shishakov M.L. *The Art of Programming in the* **Mathematica** *System.– Estonia: Tallinn, TRG Press, 2016, ISBN: 9789985950890, 735 p. (in Russian with extended English summary)*

50. Aladjev V.Z., Boiko V.K., Shishakov M.L. *The Art of Programming in the* **Mathematica** *System. Second edition.– USA: Raleigh, Lulu Press, 2016, ISBN: 9781365560736, 735 p.*

51. Aladjev V.Z., Shishakov M.L. *Software Etudes in the* **Mathematica.–** *CreateSpace, An Amazon.com Company, 2017, 614 p., ISBN 1979037272*

51. Aladjev V.Z., Shishakov M.L. *Software Etudes in the* **Mathematica.–** *Amazon Digital Services LLC, ASIN: B0775YSH72, 2017, https://www.amazon.com/dp/B0775YSH72*

53. Aladjev V.Z., Shishakov M.L., Vaganov V.A. *Practical programming in the* **Mathematica.** *Fifth edition.– USA: Lulu Press, 2017, 613 p.*

Информатика

54. Aladjev V.Z., Hunt Ü.J., Shishakov M.L. *Basics of Computer Informatics: Textbook.– Tallinn–Gomel: Russian Academy of Noosphere & TRG, 1997, 396 p., ISBN 5140642545 (in Russian with English summary)*

55. Aladjev V.Z., Hunt Ü.J., Shishakov M.L. *Basics of Computer Informatics: Textbook.– Moscow, Filin Press, 1998, 496 p., ISBN 5895680682*

56. Aladjev V.Z., Hunt Ü.J., Shishakov M.L. *Basics of Computer Informatics: Textbook, Second edition.– Moscow, Filin Press, 1999, 545 p.*

Научные отчеты и сборники книг

57. Aladjev V.Z., Hunt Ü.J., Shishakov M.L. *Scientific–research Activity of the Tallinn Research Group: Scientific Report over a period 1995 – 1998.– Tallinn–Gomel–Moscow: TRG & VASCO, 1998, 80 p., ISBN 140–6429–856 (in Russian with extended English summary)*

58. Aladjev V. et al. *Electronic Library of Books and Software for Scientists, Experts, Teachers and Students in Natural and Social Sciences.– USA: Palo Alto: Fultus Corporation, 2005, CD–edition, ISBN 159–6820–136*

59. Aladjev V.Z., Boiko V., Grinn D., Haritonov V., Hunt Ü., Rouba Y., Shishakov M., Vaganov V. *Books miscellany on Cellular Automata, General Statistics Theory,* **Maple** *and* **Mathematica.**– *Estonia: Tallinn, TRG Press, CD–edition, 2016, ISBN 13: 978-9949-9876-0-3*

60. Aladjev V., Boiko V., Gostev A., Hunt Ü., Rouba E., Shishakov M., Grinn D., Vaganov V. *Selected Books and Software published by members of Baltic branch of the International Academy of Noosphere.– Estonia: Tallinn: TRG press, 2019, CD–edition, ISBN 13: 978-9949-9876-3-4*

Таллинн, Эстония, июнь – июль, 2019